改訂版

耳から覚える 日本語能力試験 語彙トレーニング N1

本書で勉強する方へ

日本語を勉強するとき、土台となるのは言葉と漢字と文法です。

言葉は世界を広げます。聞く、話す、読む、書く、どの分野でも、知っている言葉の数が多ければ多いほど、それが力となります。

では、言葉を知るというのはどういうことでしょうか。聞いたり読んだりしたときに意味がわかるというのはもちろんですが、それだけでは十分でないと考えます。その言葉を使って話したり書いたりできて初めて、その言葉が本当に身に付いたと言えるでしょう。

「この名詞は『する』を付けて使えるのか？」「一緒に使う助詞は？」「他のどんな言葉と一緒に使えるのか？」「意味の範囲は？『窓ガラスが破れる』と言えるのか？」「この言葉が使える場面は？　書くときに使ってもいいのか？」

ふつうの辞書は、あまりこれらの疑問に答えてくれません。本書は日本語能力試験N1レベルの勉強をなさる方が、そのレベルの言葉を覚え、そして使えるようになることを願って作りました。

●本書の構成

1　品詞別になっています（カタカナは名詞＋形容詞）。各ユニットの中では、なるべく関連のある語を近くに置くようにしました。自動詞と他動詞は並んでいます。

2　難易度を４段階に分けてあります。レベルが上がるほど難しくなります。

3　一つ一つの言葉に例文と、英語、中国語、韓国語、ベトナム語の訳が付いています。ただし、多くの意味がある場合には、全部の訳が付いていないこともあります。

4　コロケーション（連語＝よくひとまとまりになって使われる表現）を重視し、連にはなるべく多くの情報を盛り込むようにしました。

5　２種類の問題が付いています。練習問題は、学んだことが身に付いているかどうかを確認する問題、確認問題は日本語能力試験と同じ形式の問題です。

6　覚えておくとよい言葉を集めた「コラム（1～26)」を作りました。

※　音声には、見出し語と最初の例文が入っています。

●勉強のアドバイス

1　知っている言葉でも、例文と連語を読んで、使い方を確認しましょう。意味は一つとは限りません。知らない意味があったら、一緒に覚えましょう。日本語は語彙の多い言語です。対義語、類義語、合成語、関連語を見て、言葉の数を増やしましょう。

2　音声を聞きながら勉強すると効果的です。目、耳、さらに口を使ったほうがよく覚えられますから、聞くだけでなく、声を出してリピートしましょう。

音声の使い方は他にもいろいろ考えられます。例えば、電車の中などで聞いて覚える、何ページか勉強したら、その部分を聞いて、すぐに意味がわかるかどうか確認する、などです。

3 練習問題で自分の力をチェックしましょう。少しレベルが高い問題もありますが、くり返すうちに力がつきます。確認問題は日本語能力試験と同じ形式の問題ですから、受験する方は、直前にもう一度やってみてください。

4 なるべく、漢字も一緒に覚えましょう。少なくとも、読めるようにしましょう。

5 語彙索引がチェックリストになっています。確認のために利用してください。

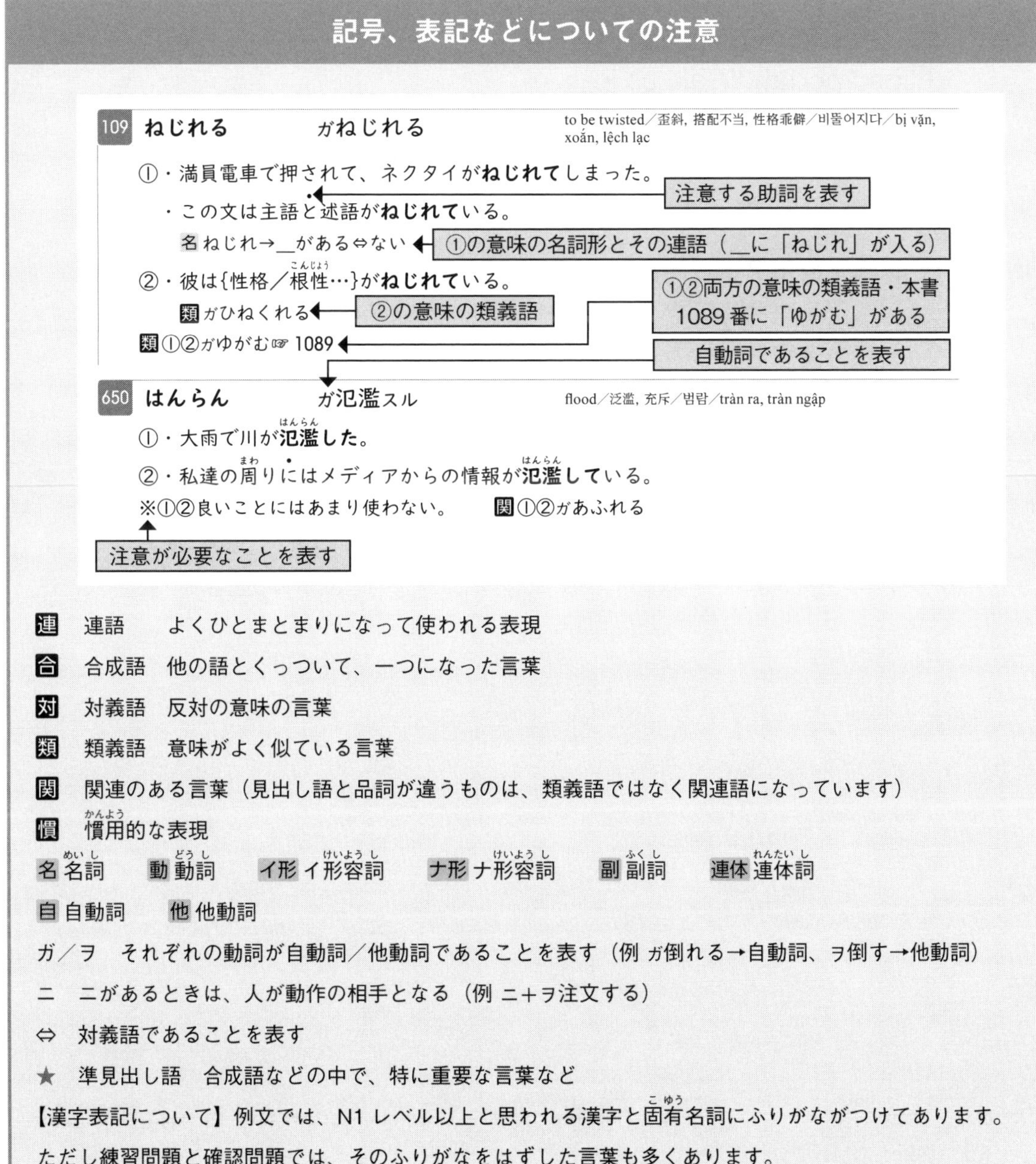

記号、表記などについての注意

連 連語　よくひとまとまりになって使われる表現

合 合成語　他の語とくっついて、一つになった言葉

対 対義語　反対の意味の言葉

類 類義語　意味がよく似ている言葉

関 関連のある言葉（見出し語と品詞が違うものは、類義語ではなく関連語になっています）

慣 慣用的な表現

名 名詞　動 動詞　イ形 イ形容詞　ナ形 ナ形容詞　副 副詞　連体 連体詞

自 自動詞　他 他動詞

ガ／ヲ　それぞれの動詞が自動詞／他動詞であることを表す（例 ガ倒れる→自動詞、ヲ倒す→他動詞）

ニ　ニがあるときは、人が動作の相手となる（例 ニ＋ヲ注文する）

⇔　対義語であることを表す

★　準見出し語　合成語などの中で、特に重要な言葉など

【漢字表記について】例文では、N1 レベル以上と思われる漢字と固有名詞にふりがながつけてあります。ただし練習問題と確認問題では、そのふりがなをはずした言葉も多くあります。

無料ダウンロード音声について

🔊00 は、そのページの「見出し語＋例文」の音声のトラック番号を表します。
本書の音声はパソコンやスマートフォンに無料でダウンロードできます。

パソコンの場合

アルクダウンロードセンターで、「改訂版　耳から覚える日本語能力試験　語彙トレーニングN1」か、商品コード「7021014」で検索して、音声をダウンロードしてください。

アルクダウンロードセンター
https://portal-dlc.alc.co.jp

スマートフォンの場合

1. 語学学習用アプリ「booco」をダウンロード／インストールする

2. 本書の音声をダウンロードして聞く

ホーム画面下の「さがす」で、商品コード「7021014」で本書を検索して、無料音声をダウンロードして聞いてください。

「booco」のインストール方法と使い方は、以下で確認できます。
https://cdn2.alc.co.jp/sa/booco/pdf/howtoboocoj.pdf

本書は、2012年発行の『耳から覚える日本語能力試験　語彙トレーニングN1』の内容を一部改め、ベトナム語訳を追加して改訂版として出版したものです。

CONTENTS

Unit 01 名詞 A

1 ～ 100

レベル ★☆☆☆

02

1 **せいしゅん** 青春 youth／青春／청춘／thanh xuân

・**青春**時代を懐(なつ)かしく思い出す。

合 __時代

2 **ばんねん** 晩年 one's last years／晩年／만년／cuối đời

・彼は若い頃(ころ)は不遇(ふぐう)だったが、**晩年**は幸せに過ごした。

合 最__

3 **そうしき** 葬式 funeral／葬礼／장례식／đám tang

・知人の**葬式**(そうしき)に参列した。　・父の**葬式**(そうしき)は仏式(ぶっしき)で行った。　・叔母(おば)の**葬式**(そうしき)に行った。

連 __をする、__を出す、__に行く　類 葬儀(そうぎ)　関 ヲ埋葬(まいそう)スル、墓地(ぼち)、墓(はか)、墓参り(はかまいり)

4 **せたい** 世帯 household, family／家庭／세대／hộ gia đình

・都市部は一人(ひとり)住(ず)まいが多いので、**世帯**数が多い。

・二**世帯**住宅で、三世代が一緒(いっしょ)に暮らしている家庭もある。

合 __主(ぬし)、__数、二__住宅

5 **せけん** 世間 world, society／社会, 世间／세상／xã hội, thế gian

①・汚職事件が**世間**を騒(さわ)がせている。　・彼女はまだ若いから、**世間**を知らない。

合 __知らず、__話(ばなし)、ガ__離(ばな)れスル、__並み　類 世の中、社会

慣〈ことわざ〉渡る世間に鬼(おに)はなし

②・１億円の宝くじに当たったが、**世間**の口がうるさいので彼は黙(だま)っていた。

・彼はすぐに敵を作って、自分で**世間**を狭くしている。

合 __体(てい)　連 __が狭い⇔広い

6 **しょみん** 庶民 the masses, ordinary people／老百姓, 平民／서민／dân thường

・こんな立派(りっぱ)で広い家は、**庶民**(しょみん)には縁(えん)がない。

合 __的な（・彼女は**庶民的な**(しょみんてき)アイドルとして人気がある。）、__階級

7 **おんぶ** ガ／ヲおんぶスル piggyback (carry on one's back), dependence (on)／背, 依靠／어부바, 기댐／cõng, dựa vào

①・昔の母親は赤ん坊を**おんぶして**家事(かじ)をしていたものだ。

関 ヲだっこスル

②・姉は結婚しているのに、何かにつけて実家(じっか)に**おんぶしている**。

関 ガ依存スル　慣 おんぶにだっこ

8 **かたこと** 片言 a few words, a smattering／只言片语／떠듬떠듬／một vài từ, bập bõm

・1歳の誕生日(たんじょうび)を過ぎ、息子が**片言**を話すようになった。

・母は**片言**の英語しか話せないが、アメリカでの一人旅は楽しかったそうだ。

9 **よふかし** ガ夜更かしスル staying up late／熬夜／밤늦게까지 안 자는 것／thức khuya

・休みの前の日は、ビデオを見て**夜更(よふ)かし(を)する**。

関 夜更(よふ)け

10 **いえで** ガ家出スル leaving home, running away from home／离家出走／가출／bỏ nhà đi

・高校生のとき、親に反発して**家出**をしたことがある。

11 **とじまり** ガ戸締まりスル locking/closing up／锁门／문단속／cài then, khóa cửa

・寝る前に**戸締(とじ)まり**を確かめた。　・しっかり**戸締(とじ)まり(を)して**出かけた。

12 **ずぶぬれ** a soaking, a drenching／全身湿透／흠뻑 젖음／ướt sũng

・歩いていると、急に雨が降り出し、**ずぶぬれ**になった。　・**ずぶぬれ**の服

13 **かおつき** 顔つき face, expression／表情, 相貌／표정, 얼굴 생김새／vẻ mặt

①・医者の厳(きび)しい**顔つき**から、母の病状が良くないことがわかった。

類 表情　関 目つき

②・あの子は男の子だが、性格も優しく、**顔つき**も女の子のようだ。

類 顔立ち　関 体つき

14 **みなり** 身なり personal appearance／装束／옷차림／bề ngoài, diện mạo

・このレストランの客は、みな立派(りっぱ)な**身なり**をしている。

・人前に立つ職業の人は、**身なり**にも気を遣(つか)うことが多い。

連 __がいい⇔悪い、__が立派(りっぱ)だ⇔みすぼらしい、__に気を遣(つか)う、__を気にする

類 服装

15 **みのまわり** 身の回り one's daily life, (things) in the vicinity (of a person)／日常生活／신변／(việc) cá nhân, xung quanh mình

・祖母は98歳だが、**身の回り**のことはすべて自分でできる。

・最近、**身の回り**でいろいろな出来事(できごと)があった。

類 身辺(しんぺん)

16 **みぶり** 身振り gesture／动作／몸짓／cử chỉ, điệu bộ

・コミュニケーションでは、言葉だけでなく**身振(みぶ)り**も重要な役割を果たす。

・外国で、道を**身振(みぶ)り**手振(てぶ)りで教えてもらった。

関 振(ふ)り、手振(てぶ)り、ジェスチャー、振(ふ)り付(つ)け

03

17 **りょうしん**　　**良心**　　conscience／良心／양심／lương tâm

・やむを得ずうそをついたが、いつまでも**良心**が{痛んだ／とがめた}。

・彼女は**良心**の痛みに耐(た)えられず、罪を告白した。

連 __がある⇔ない、__が痛む、__の痛み、__に恥じる、__がとがめる、__の呵責(かしゃく)

合 __的な（・この店は高級な革製品を**良心的な**値段で売っている。）

18 **そしつ**　　**素質**　　talent, potential／素质, 资质／소질／tố chất

・あの子は音楽の**素質**(そしつ)がある。　・教師は生徒の**素質**(そしつ)を見抜いた。

連 __がある⇔ない　類 才能

19 **こうい**　　**好意**　　affection, good will／好意, 美意, 善意／호의／cảm tình, thiện ý

・彼は一目見て彼女に**好意**を持った。

・先輩(せんぱい)の{**好意**／厚意(こうい)}に甘え、10万円貸してもらった。

・人からの言葉は、なるべく**好意**的に解釈(かいしゃく)するようにしている。

連 ニ__を持つ、ニ__を抱く、ニ__を寄せる、__を無にする、__に甘える　合 __的な

対 敵意(てきい)　関 好感

※「厚意(こうい)」は自分に対する他者の気持ちに使う。

20 **ためいき**　　**ため息**　　sigh／叹气, 长吁短叹／한숨／cái thở dài

・減っていく貯金残高(ざんだか)を見つめながら、彼女は{深い／大きな}**ため息**をついた。

連 __をつく、深い__

21 **どわすれ**　　ヲ**ど忘れ**スル　　(momentary) lapse of memory／一时想不起来, 突然忘记／깜빡 잊어버림／bất chợt quên

・好きな俳優(はいゆう)の名前を**ど忘れして**しまい、どうしても出てこない。

22 **ようじん**　　ガ／ヲ**用心**スル　　precaution, vigilance／注意, 小心, 提防, 留神／조심, 주의／cẩn thận

・夜道(よみち)を歩くときは、**用心**のために防犯ブザーを持っておくといい。

・「振(ふ)り込(こ)め詐欺(さぎ)には十分**用心して**ください」

・たぶん大丈夫(だいじょうぶ)だと思うが、**用心する**に越したことはない。

合 __深(ぶか)い　対 不(ぶ)__ナ　関 ガ／ヲ注意スル、ヲ警戒(けいかい)スル、気をつける　慣 火の用心

23 **よかん**　　ヲ**予感**スル　　premonition／预感, 预兆／예감／dự cảm

・今日はなんだかいいことがありそうな**予感**がする。　・何か嫌(いや)な**予感**がする。

・彼が遺言状(ゆいごんじょう)を書いたのは、死を**予感した**からかもしれない。

連 ～__がする、～__がある、嫌(いや)な__、悪い__

24 **しせん**　　**視線**　　line of sight, gaze／视线／시선／ánh mắt nhìn

・**視線**(しせん)を感じて振(ふ)り向(む)くと、知らない人が私を見ていた。

・私は身長が2メートルもあるので、どこへ行っても好奇(こうき)の**視線**(しせん)を浴びる。

連 ト__が合う・ト__を合わせる、カラ__をそらす、カラ__をはずす、__を浴びる

25 **めいしん**　　**迷信**　　superstition／迷信／미신／mê tín

・「玄関が北にあるのは、縁起が悪いんだって」「そんなの**迷信**だよ」

連 __を信じる

26 **えん**　　**縁**　　connection, relationship／缘分, 关系, 因缘／인연, 관계／duyên nợ, quan hệ

①・「またお会いしましたね。ご**縁**がありますね」

②・祖父は政治家だが、私はこれまで政治とは**縁**のない人生を送ってきた。

合 無__(な)　類 関係

連 ①② __がある⇔ない、__が深い

③・家の財産を使い果たして、父に親子の**縁**を切られた。

合 血__、__故、ヲ離__スル、ガ／ヲ絶__スル、{親類／親戚}__者、__起

★ 名 **縁起**

・「もし手術が失敗したら……」「**縁起**でもないこと、言わないで」

・日本では八は**縁起**のいい数、四と九は**縁起**の悪い数ということになっている。

※もともとは仏教用語。　連 __がいい⇔悪い、__でもない、__を担ぐ

27 **つかいすて**　　**使い捨て**　　disposable／一次性的／일회용／dùng một lần rồi vứt

・**使い捨て**の紙コップは便利だが、資源の無駄になるかもしれない。

・**使い捨て**のマスク　・何でも**使い捨て**にせず、大切に使うようにしたい。

連 __にする

28 **したどり**　　**ヲ下取りスル**　　trade in, part exchange／折价回收／인수／bán đồ mới mua lại đồ cũ

・新しい車や大型電気製品を買うと、古い方は普通、業者が**下取りして**くれる。

連 __に出す　合 __価格

29 **けんやく**　　**ヲ倹約スル**　　frugality, thrift／节俭／절약／tiết kiệm

・給料が減ったので、もっと**倹約しなければ**ならない。

連 __に努める　合 __家　類 ヲ節約スル

※「節約」は資源や時間に関しても使えるが、「倹約」は使えない。　関 ヲ切り詰める

30 **しゅっぴ**　　**ヲ出費スル**　　expenditure, expenses／开支／출비／chi tiêu

・今年は子供の進学で**出費**がかさんだ。

連 __が多い⇔少ない、__がかさむ、__を切り詰める

31 **かいけい**　　**会計**　　accounts, bill／会计, 结账／회계, 계산／kế toán, thanh toán tiền

①・私はサークルで**会計**を担当している。

合 __報告、__係、(公認)__士

②・**会計**を済ませて店を出ると10時だった。　・「(お)**会計**、お願いします」

連 __を済ませる　類 ヲ勘定スル　関 ヲ計算スル

04

32 **しょとく**　　所得　　income／收入／소득／thu nhập

・**所得**の範囲内で生活する。　・第二次世界大戦後、政府は「**所得**倍増計画」を打ち出した。

連 __が高い⇔低い　合 __格差、__控除、__税　関 収入

33 **さいよう**　　ヲ採用スル　　hiring, adoption／录用, 采纳／채용／tuyển dụng, chọn

①・新入社員を５人**採用する**ことになった。　・**採用**試験を受ける。

合 __試験、現地__、__条件、__基準　関 ヲ採る、ヲ雇用スル

②・会議で、私の案が**採用された**。

関 ヲ採り上げる

対 ①②不採用（×不採用する　○不採用にする）

34 **こよう**　　ヲ雇用スル　　employment, hiring／雇用, 就业／고용／tuyển dụng, tuyển người

・人手不足のため、会社は新たに５人を**雇用した**。

・**雇用**を促進するため、政府はさまざまな政策を打ち出した。

合 終身__、__主、__条件、__者⇔被__者、__促進　対 ヲ解雇スル

関 ヲ雇う☞160、ヲ採用スル、ヲ採る

35 **しょぞく**　　ガ所属スル　　member／属于／소속／thuộc

・人事異動で営業部の**所属**になった。　・私は区のボランティア会に**所属している**。

合 __部隊　関 ガ属する

36 **たいぐう**　　ヲ待遇スル　　treatment, reception／待遇／대우／đãi ngộ, tiếp đãi

①・あの会社は給与も高く、従業員の**待遇**がいい。

・課長は地位に見合った**待遇**を受けていないと思う。　・彼は部長**待遇**で入社した。

関 ヲ処遇スル

②・息子の華やかなパーティーで、田舎から上京した両親は冷たい**待遇**を受けていた。

・大臣は、訪問した国で国賓**待遇**のもてなしを受けた。

関 もてなし

連 ①②__がいい⇔悪い、～__を受ける

合 ①②［名詞］＋待遇

37 **はけん**　　ヲ派遣スル　　dispatch, deployment／派遣, 派出／파견／phái, cử

・国連は内戦の起きたＡ国に調査団を**派遣した**。

・今回のオリンピックには、過去最高の数の選手が**派遣された**。

合 人材__（会社）、__労働、災害__

38 **ふにん**　　ガ赴任スル　　moving to a different location with your job／上任／부임／được điều động công tác

・辞令を受けて東京本社から大阪支社{へ／に}**赴任した**。

合 単身__、海外__、__地、__先

39 **じもと**　　**地元**　　local area／当地／현지 지역／địa phương

①・親元から離れたくないので、**地元**の会社で働きたい。

②・あの政治家は**地元**の声に耳を傾けている。

40 **げんえき**　　**現役**　　active duty, working, 3rd year high school student who passes a university entrance exam／现役, 应届／현역／trạng thái đang làm việc/hoạt động

①・長島選手は 40 歳を超えているが、まだ**現役**としてがんばっている。

・**現役**の{選手／医者／歌手…}　・生涯**現役**を貫きたい。

[連]＿＿を退く、＿＿を引退する

②・**現役**で東京大学に合格するとはすごい。

[合]＿＿合格　[対]浪人　[関]一浪、二浪

41 **さしず**　　ニ＋ヲ**指図**スル　　instructions／指示／지시, 명령／chỉ dẫn, chỉ thị

・メンバーはリーダーの**指図**で動いている。　・部下{を／に}**指図して**会議の準備をさせた。

・「あなたの**指図**は受けたくない」

[連]ニ／カラ＿＿を受ける、＿＿に従う　[類]ヲ指揮スル　[関]ニ＋ヲ指示スル、ニ＋ヲ命令スル

42 **そうじゅう**　　ヲ**操縦**スル　　controlling, piloting／驾驶, 操纵／조종, 꽉 잡다／thao tác, điều khiển

①・将来は飛行機を**操縦する**パイロットになりたい。　・船を**操縦する**。

※「操縦」は飛行機や船舶などを動かすときに使う。

[合]＿＿かん（・**操縦かん**を握る）＿＿士、＿＿席、＿＿性　[関]ヲ運転スル、ヲ操る☞ 1057

②・あの家は、妻が夫をうまく**操縦して**いる。

[関]ヲ操る☞ 1057

43 **しゅしょく**　　**主食**　　staple food／主食／주식／món chính

・日本人は米を**主食**にしている。

[対]副食、おかず　[関]ごはん

44 **しょくもつ**　　**食物**　　food／食物, 食品／음식／thức ăn, thực phẩm

・**食物**によって引き起こされるアレルギーもある。

・**食物**本来のおいしさを味わうには少し硬めの方がいいそうだ。

[合]＿＿繊維、＿＿連鎖

45 **こくもつ**　　**穀物**　　cereal, grain／粮食／곡물／lương thực, ngũ cốc

・日本は、米以外の**穀物**は輸入に頼っている。

※米以外の穀物としては、麦、マメ、トウモロコシなどがある。　[類]穀類

46 **ほうさく**　　**豊作**　　bumper crop／丰收／풍작／được mùa

・今年は米が**豊作**だ。

[対]不作、凶作

47 **れいねん**　例年　average/ordinary year／往年／예년／hàng năm

・**例年**(は)11月に行われる学園祭が、今年は10月に繰(く)り上(あ)げられた。

・今年の夏は、**例年**にない暑さだった。　・今年も新入生歓迎会(しんにゅうせいかんげいかい)が**例年**通りに行われた。

連 __にない＋[名詞]、__になく＋[形容詞など]

48 **たね**　種　seed/stone, subject, trick／种子, 话题, 秘密／씨, 거리, 소재, 술책, 트릭／hạt

①・庭にアサガオの**種**をまいた。　・桃(もも)は**種**が大きい。

連 __をまく、__を{取る／取り除く}　合 __なし(・**種なし**ぶどう)

②・いつまでたっても心配の**種**が尽(つ)きない。　・小説の**種**を探す。

連 悩みの__、話の__　慣 自分でまいた種

※俗語(ぞくご)で「ネタ」という言い方がある。(・話の**ネタ**　・すしの**ネタ**)

③・手品の**種**を教えることはできない。

連 __を明かす　慣 種も仕掛けもない

49 **とげ**　thorn, splinter, cutting, sharp (words)／刺／가시／gai

①・バラには**とげ**がある。

②・古い木材を触っていたら、**とげ**が刺さってしまった。　・**とげ**を抜く。

連 ①②__が刺さる、__を抜く

③・**とげ**のある言葉

連 ①③__がある⇔ない

50 **どく**　毒　poison, temptation, venom／毒, 害处, 恶意／독, 독기／chất độc, độc hại, độc ác

①・このキノコには**毒**があるから、食べてはいけない。　・薬も飲みすぎると**毒**になる。

連 __がある⇔ない　合 有__ナ⇔無__ナ、ヲ消__スル、中__、__物(ぶつ)、__薬、ヲ__殺スル

②・タバコの吸い過ぎは体に**毒**だ。

・ダイエットしている私にとって、お菓子のコマーシャルは目の**毒**だ。

慣 目の毒

③・意地悪な彼女は、ライバルに**毒**を含んだ言葉を浴びせかけた。

コラム 1 日本文化(にほんぶんか)

Japanese Culture／日本文化／일본 문화／Văn hóa Nhật Bản

【文学(ぶんがく)】

・物語(ものがたり)
・随筆(ずいひつ)
・詩(し)　短歌(たんか)
　　俳句(はいく)

【古典芸能(こてんげいのう)】

能(のう)　狂言(きょうげん)　歌舞伎(かぶき)　人形浄瑠璃(にんぎょうじょうるり)

【武道(ぶどう)】

柔道(じゅうどう)　剣道(けんどう)　合気道(あいきどう)　弓道(きゅうどう)　空手(からて)

相撲(すもう)

【美術(びじゅつ)】

日本画(にほんが)　墨絵(すみえ)　浮世絵(うきよえ)

【楽器(がっき)】

笛(ふえ)　鼓(つづみ)　三味線(しゃみせん)　尺八(しゃくはち)　琴(こと)

【その他(た)】

華道(かどう)(生(い)け花(ばな)／お花)　茶道(さどう)(お茶)　書道(しょどう)(習字(しゅうじ))

Unit 01 名詞A 練習問題

1 ～ 50

レベル ★☆☆☆

Ⅰ 「～する」の形になる言葉に○を付けなさい。

ど忘れ　下取り　使い捨て　戸締(とじ)まり　夜更(よふ)かし　ずぶぬれ　家出　迷信(めいしん)
主食　待遇(たいぐう)　所得　採用　指図

Ⅱ 「～がある⇔ない」の形で使う言葉に○を付けなさい。

縁(えん)　毒(どく)　とげ　片言(かたこと)　素質(そしつ)　視線(しせん)　良心(りょうしん)　会計　庶民

Ⅲ （　　）に入る言葉を下から選んで書きなさい。

1．（　　）なりのいい人　　2．厳しい（　　）つき
3．ため（　　）をつく。　　4．（　　）振りをつけて話す。
5．（　　）の回りをきちんとする。

息　顔　身

Ⅳ 対義語を書きなさい。

1．主食　⇔　（　　　／　　　）
2．採用　⇔　（　　　）
3．豊作　⇔　（　　　／　　　）

Ⅴ 正しい言葉を〔　　〕の中から一つ選びなさい。

1．良心が〔　病(や)む　痛む　傷つく　〕。
2．葬式(そうしき)を〔　開く　出す　持つ　〕。
3．とげが〔　立つ　突(つ)く　刺(さ)さる　〕。
4．視線を〔　入れる　受ける　浴びる　〕。
5．待遇(たいぐう)が〔　いい　高い　強い　〕。
6．所得が〔　悪い　低い　弱い　〕。
7．〔　お米　お酒　お菓子(かし)　〕が豊作だ。

Ⅵ 次の説明に合う言葉を書きなさい。

1．一生の終わりに近い時期　（　　　）
2．子供などを背負(せお)うこと　（　　　）
3．考えを伝えるための体の動き　（　　　）
4．まだ引退(いんたい)しないで活躍(かつやく)していること　（　　　）
5．組織に一員として加わっていること　（　　　）

Ⅶ　正しい言葉を〔　　　〕の中から一つ選びなさい。

1．飛行機を〔　運転　操縦(そうじゅう)　〕する。

2．企業の〔　採用　雇用(こよう)　〕試験を受けた。

3．ミスがないかどうかよく〔　用心　注意　〕する。

4．この店は一日８万円の〔　所得　収入　〕がある。

5．10万円の予算から９万円〔　出費　支出　〕した。

6．ヒトは哺乳類(ほにゅうるい)に〔　属している　所属している　〕。

7．この地域は、〔　穀物(こくもつ)　食物(しょくもつ)　〕の生産が盛(さか)んだ。

8．地球上の生物には、未知の〔　種(たね)　種(しゅ)　〕も多い。

9．日本では数字の「八」は〔　縁(えん)　縁起(えんぎ)　〕がいいそうだ。

10．将来のために資源を〔　節約　倹約　〕する必要がある。

11．入社してアメリカへ〔　派遣(はけん)　赴任(ふにん)　〕することになった。

12．今日は何かいいことがありそうな〔　予期　予感　〕がする。

Ⅷ　（　　　）に入る言葉を下から選んで書きなさい。

A　1．卒業後、（　　　　　　）に帰って就職した。

2．この事件は（　　　　　　）を大きく騒がせた。

3．お酒は、飲みすぎると体に（　　　　　　）だ。

4．このアパートには５つの（　　　　　　）が入っている。

5．娘は生後10カ月頃(ごろ)から（　　　　　　）を言い始めた。

6．古いパソコンを（　　　　　　）に出して新しいのを買った。

7．明るくて優しい彼は、誰(だれ)からも（　　　　　　）を持たれる。

8．この子は、とてもいいサッカーの（　　　　　　）を持っている。

かたこと	こうい	したどり	じもと
せけん	せたい	そしつ	どく

B　1．（　　　　　　）のカメラで写真を撮った。

2．急な雨に降られて（　　　　　　）になった。

3．（　　　　　　）をすると朝起きるのがつらい。

4．（　　　　　　）時代をなつかしく思い出した。

5．食事を終え、（　　　　　　）を済ませて店を出た。

6．昨年は（　　　　　　）になく雪がたくさん降った。

7．今月は、冠婚葬祭(かんこんそうさい)で家計の（　　　　　　）が多かった。

8．いつも会っている人なのに、名前を（　　　　　　）してしまった。

かいけい	しゅっぴ	ずぶぬれ	せいしゅん
つかいすて	どわすれ	よふかし	れいねん

05

51 くじ lot, straw, fortune／签, 抽签／제비／sổ xố, lá thăm

・発表の順番を**くじ**で決めた。　・神社でおみ**くじ**を引いたら大吉だった。

・私は**くじ**運が悪く、当たったことがない。

連 __を引く、__{が／に}当たる　合 宝__、__引き、__運、おみ__、当たり__、あみだ__

52 けた　桁 digit, class／（数学）位数, 级别／자리, 자릿수／chữ số

・計算するとき、一**桁**間違えてしまった。　・日本では、二**桁**の掛け算は小学校３年で学ぶ。

・同じ貿易会社でも、Ａ社とＢ社では資産の**桁**が違う。

連 __が違う　合 __違い（・山口選手は他の選手とは**桁違い**の強さを発揮した。）

53 たんい　単位 unit, credit／单位,（课程的）学分／단위, 학점／đơn vị

①・リットルは量の**単位**で、１リットルは 1,000cc に当たる。

②・夫婦は家族の最小**単位**だ。

③・大学に入ったら、１年生でできるだけ多くの**単位**を取りたい。

連 __を取る、__を収める

54 いっかつ　ヲ一括スル bundle, lump／一次, 全部／일시불, 일괄, 한꺼번에／một lần, cả cục

・授業料１年分を**一括**で納付した。

・亡くなった岡田教授の蔵書は、**一括して**市の図書館に寄贈された。

合 __払い（⇔分割払い）　関 ヲまとめる

55 かたまり　塊／固まり lump, group, bundle／块儿, 成群, 热衷于／덩어리, 무리, 떼／khối, cục, nhóm

①・ご飯をかまずに**塊**で飲み込む。　・{砂糖／塩／脂肪／土…}の**かたまり**

②・小さい魚は敵に襲われないように、**固まり**になって泳ぐ。　・一**固まり**になって走る。

動 ①②が固まる

③・子供は好奇心の**固まり**だ。

56 たけ　丈 length, height, (to) pour your heart out／长短, 全部／기장, 길이, 전부／chiều dài, tất cả

①・スカートの**丈**をつめる。

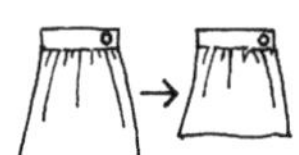

合 背__　類 長さ

②・彼女は彼に思いの**たけ**をぶつけた手紙を書いた。

57 らん　欄 column／栏, 栏目／난, -란／cột, ô

①・〈書類など〉「ファックス番号はこの**欄**の中に書いてください。なければ空**欄**にしておいてください」

合 空__、__外、解答__、回答__

②・新聞の投書**欄**に私の投書が載った。

・〈新聞・雑誌など〉{社会／番組／テレビ／料理…}**欄**

関 コラム

58 **すみ** 隅 corner／角落, 边上／구석／góc

・「その箱、邪魔だから、部屋の**隅**に置いといて」　・写真の**隅**に写っているのが私です。

合 __っこ　対 真ん中、中央

慣 隅から隅まで（・**隅から隅まで**探したが見つからなかった。）、隅に置けない

59 **ふち** 縁 rim, edge／边, 缘／(용기의) 가, 테, 테두리, 가장자리／cạnh

・茶わんの**ふち**が欠けてしまった。　・{メガネ／帽子／テーブル／池…}の**縁**

合 __取り、額縁、崖っぷち　関 へり

60 **ひび** crack／裂纹, 裂痕／틈, 금／vết nứt

・地震の揺れでビルの壁に**ひび**が入った。　・金銭問題で人間関係に**ひび**が入ることもある。

連 ニ__が入る　合 __割れ、ガ__割れる　類 亀裂

61 **ぶんれつ** ガ分裂スル split, divide／分裂, 裂开／분열／chia cắt, phân liệt

・政党が二つに**分裂した**。　・{国／細胞／グループ…}が**分裂する**。

合 ガ内部__スル、細胞__、核__　対 ガ／ヲ統一スル

62 **しんどう** ガ振動スル vibration, swing／振动／진동／rung động, dao động

・このマンションは大通りに面しているので、**振動**がひどい。　・携帯電話が**振動した**。

・1分間の振り子の**振動**数は振り子の長さが長くなるほど少なくなる。

連 __が激しい　合 __計、__公害、__数、　類 揺れ　関 公害、騒音

63 **ふっとう** ガ沸騰スル (come to) a boil, peak／沸腾, 热烈／끓어오름, 폭등／sôi, sôi sục

①・水は100℃で**沸騰する**。

②・この歌手は今、人気が**沸騰している**。　・{話題／世論／株価…}が**沸騰する**。

合 話題__、人気__

64 **じゅんかん** ガ循環スル circulation, circle／循环／순환／tuần hoàn

・血液の**循環**が悪い。　・やせるために運動すると、おなかがすいて食べて太る。悪**循環**だ。

・景気は周期的に**循環している**。　・このバスは、市内を**循環している**。

連 __がいい⇔悪い　合 悪__、__器、__バス　関 ガ回る、ガ巡る

65 **かいしゅう** ヲ回収スル collection／回收, 收回／회수／thu hồi

・ペットボトルを**回収して**リサイクルに回す。

・{アンケート／テスト問題／欠陥商品／資金…}を**回収する**。

66 **かくとく** ヲ獲得スル acquisition／获得, 取得／획득／giành được

・選挙で勝って政権を**獲得した**。　・{自由／権利／地位／メダル…}を**獲得する**。

関 ヲ取得スル、ヲ勝ち取る、ヲ得る

67 **くかん** **区間** section, segment／地段, 区间／구간／phân khu, đoạn

・〈鉄道〉この**区間**はトンネルが多い。　・乗車**区間**

・〈駅伝〉選手が走る距離は**区間**によって違う。　・**区間**記録

関 区画、ヲ区分スル

68 **しせつ** **施設** facility, institution／设施, 福利设施／시설／tiện ích, cơ sở

・駅のそばに、図書館や市民ホールなど、公共の**施設**がいくつかある。

・私は子供の頃両親をなくし、（養護）**施設**で育った。

合 公共＿、娯楽＿、医療＿、養護＿、老人福祉＿

69 **うんえい** **ヲ運営スル** management, administration／运作, 管理／운영／tổ chức, vận hành

・学園祭の**運営**は、すべて学生たちによって行われた。

・{組織／学校／会議…}を**運営する**。

70 **めんかい** **ガ面会スル** meeting／会见, 会面／면회／hội kiến, gặp mặt

・首相はホワイトハウスで大統領{と／に}**面会した**。

・PTAが子供の指導について話し合いたいと、校長に**面会**を求めた。

合 ＿時間、〈病院など〉＿謝絶（・彼は重体で**面会謝絶**の状態だ。）

71 **へんきゃく** **ヲ返却スル** return／归还, 退还／반납／trả lại

・図書館に本を**返却する**。

合 ＿期限　関 ヲ返す

72 **とうしょ** **ガ投書スル** readers' letters (newspaper/magazine, etc.)／投稿, (给有关部门) 写信／투서／gửi bài

・新しい法律についての意見を新聞に**投書した**。

・**投書**欄を見ると、いろいろな考え方があることがわかる。

合 ＿欄

73 **けんさく** **ヲ検索スル** search, look up／检索, 查看／검색／tìm kiếm

・インターネットで**検索すれ**ば、たいていのことは調べられる。　・ネット**検索**

・漢和辞典は漢字の画数で**検索できる**。　・{情報／データ…}を**検索する**。

74 **ふしょう** **ヲ負傷スル** injury／受伤／부상／bị thương

・サッカーの試合中、選手が転倒して足を**負傷した**。・バスの事故で大勢の**負傷**者が出た。

合 ＿者　類 けが

75 **かんせん** **ガ感染スル** infection, contagion／感染／감염／lây nhiễm

・病気のウイルスに**感染して**も、症状が出るとは限らない。

・この病気は鳥から人に**感染する**。

※「感染される」とは言わない。

合 ＿症、＿者、＿源、二次＿、＿経路、院内＿　関 ガ伝染スル、ガうつる

76 **さよう** ガ**作用**スル　effect／作用, 起作用／작용／tác dụng

・薬の副**作用**で胃が悪くなった。　・放射能は人体にどのような**作用**を及ぼすのだろうか。

・この薬は神経に**作用して**痛みを和らげる。　連ニ__を及ぼす　合副__、反__

77 **いぞん／いそん** ガ**依存**スル　dependence／依靠, 依赖（于）／의존／phụ thuộc

・25歳の姉は、まだ経済的には親に**依存している**。

・この国の経済はアメリカへの**依存**を強めつつある。

合__心、ガ相互__スル、__症（・アルコール**依存症**）　関ガ頼る

78 **かいしょう** ガ／ヲ**解消**スル　resolution, relief, cancellation／解除, 取消, 消灭／해소／loại bỏ hết, hủy

・先輩のアドバイスのおかげで悩みが**解消した**。　・不安が**解消する**。

・ストレスを**解消する**にはカラオケが一番だと思う。

・{契約／婚約…}を**解消する**。

合ストレス__、ガ婚約__スル　関ガなくなる、ヲなくす

コラム 2 病院　Hospitals／医院／병원／Bệnh viện

◆種類

大学病院	university hospital／大学附属医院／대학 병원／bệnh viện thuộc trường đại học
総合病院	general hospital／综合医院／종합 병원／bệnh viện tổng hợp
診療所	doctor's office, clinic／诊（疗）所／진료소／phòng khám
個人病院	private hospital／私人医院／개인 병원／bệnh viện tư
クリニック	clinic／诊所, 私立医院／클리닉／phòng khám tư
歯科医院	dental clinic／牙科医院／치과 의원／phòng khám nha khoa

◆場所

受付	reception／挂号／접수／tiếp tân
外来	outpatients／门诊／외래／(bệnh nhân) ngoại trú
病棟	hospital ward／病房楼, 住院楼／병동／dãy nhà trong bệnh viện
ナースステーション	nurses' station／护士值班室／간호사 스테이션／trung tâm y tá
医局	doctors' office／诊疗部门, 医务室／의국／phòng bác sĩ
薬局	pharmacy, dispensary／药房, 取药处, 药店／약국／phòng dược

◆書類・カード

保険証	insurance card／保险证／보험증／thẻ bảo hiểm
診察券	patient card／挂号证／진찰권／thẻ khám bệnh
問診票	medical questionnaire, medical history form／病况调查表（卡）／문진표／tờ câu hỏi khám bệnh
カルテ	medical chart, medical records／病历, 病历簿／카르테, 진료 기록카드／sổ khám bệnh, sổ y bạ
診断書	doctor's certificate, medical certificate／诊断书／진단서／đơn chẩn bệnh
処方箋	prescription／处方, 药方／처방전／đơn thuốc

◆人

患者	patient／患者／환자／bệnh nhân
看護師／ナース	nurse／护士／간호사／y tá
医師／ドクター	doctor／医生／의사／bác sĩ
臨床検査技師	clinical laboratory technician／临床检查技师／임상 검사 기사／kỹ thuật viên kiểm tra lâm sàng
レントゲン技師	radiographer／X光检查技师／엑스레이 기사／kỹ thuật viên X quang
理学療法士	physiotherapist, physical therapist／理学治疗师／이학요법사／nhà vật lý trị liệu
薬剤師	pharmacist／药剂师／약사／dược sĩ

◆検査など

採血	blood test／抽血／채혈／lấy máu
レントゲン	X-ray／X光／뢴트겐, 엑스레이／tia X quang
尿（お小水）、便	urine, stool／尿, 小便／오줌, 소변／nước tiểu
心電図	ECG／心电图／심전도／điện tâm đồ
超音波	ultrasound／超声波／초음파／siêu âm
ＣＴスキャン	CT scan, CAT scan／CT扫描／CT스캔／chụp CT
ＭＲＩ	MRI／磁共振成像／MRI／(thiết bị) tạo ảnh cộng hưởng từ
手術	surgery, operation／手术／수술／phẫu thuật, mổ

79 そくしん　　ヲ促進スル　　promotion, encouragement／促进／촉진／xúc tiến

・脱原発を図るため、自然エネルギーの開発を**促進する**。

・販売**促進**のため、取引先へのマージンを高くした。

【合】販売＿＿　【対】ヲ阻害スル☞985　【関】ヲ推進スル☞641

80 いこう　　意向　　intention, position／意向, 打算, 意图／의향／ý định, tâm tư

・佐藤氏は市長選挙に立候補する**意向**を固めたようだ。

・「マンションの建て直しに関し、住人の皆様のご**意向**をお聞かせください」

・会社は組合側の**意向**を無視して大規模なリストラを行った。

【連】＿＿を固める、＿＿に従う、ニ＿＿を問う、ニ＿＿を打診する

81 いと　　ヲ意図スル　　intention, aim／意图, 用意／의도／ý đồ, dụng ý

・提案の**意図**を説明した。　・この法律は、低所得者層の税負担の軽減を**意図して**制定された。

【連】＿＿がある⇔ない　【合】＿＿的な（・情報を**意図的に**漏らす。）　【類】ねらい、目的

【関】ヲ狙う、ヲ図る☞1056

82 こうじょう　　ガ向上スル　　improvement／提高／향상／được nâng cao

・生活水準が**向上する**と、平均寿命が伸びる。　・{学力／技術／レベル／意識…}の**向上**

【合】＿＿心（・**向上心**が強い　・**向上心**がある）　【対】ガ低下スル　【関】ガ進歩スル、ガ上向く

83 かっき　　活気　　energy／活力／활기／sự sôi động, sức sống

・市場は**活気**に満ちていた。　・このクラスは**活気**があって楽しい。

【連】＿＿がある⇔ない、＿＿に満ちる、＿＿にあふれる、＿＿に乏しい

84 はくりょく　　迫力　　intensity／气势, 感染力／박력／sức mạnh truyền ra

・ナイアガラの滝は、近くで見るとすごい**迫力**だ。

・「この大画面テレビでは、**迫力**のある映像をご覧になれます」

・この俳優は舞台で見ると**迫力**に欠ける。

【連】＿＿がある⇔ない、＿＿に欠ける　【合】大＿＿、＿＿満点

85 しょうり　　ガ勝利スル　　win, victory／胜利／승리／thắng, thắng lợi

・Ａチームは B チームに**勝利した**。　・今回の選挙で、野党は与党に対し**勝利**を収めた。

【連】＿＿を収める　【合】＿＿者、＿＿投手、＿＿宣言　【対】ガ敗北スル　【関】ガ勝つ、ガ敗退スル

86 てきおう　　ガ適応スル　　adaptation, conformity／适应, 顺应, 适合／적응／thích ứng

・弟は気が弱く、新しい環境になかなか**適応できない**のに対し、私は**適応**力がある方だ。

・この薬の**適応**症は以下の通りです。　・動物は環境に**適応した**ものが生き残る。

【合】＿＿力（・**適応力**がある⇔ない）、＿＿性（・**適応性**に富む　・**適応性**に欠ける）、＿＿症

【類】ガ順応スル

87 **ちょうわ**　ガ調和スル　harmony／调和, 协调, 搭配, 和谐／조화／hài hòa, hòa hợp

・ファッションでもインテリアでも、全体の**調和**がとれている方が美しい。

・あの建物は新しいが、古い町並み{と／に}よく**調和している**。

・日本の組織では人との**調和**が重んじられる。

連＿がある⇔ない、＿がとれる・＿をとる、＿を欠く　関釣り合い、バランス、ガ／ヲ統一スル

88 **けんりょく**　権力　power／权力／권력／quyền lực

・この国では、大統領は強大な**権力**を持っている。　・**権力**の座につく。　・**権力**を行使する。

連＿を握る、＿をふるう　合＿者、＿闘争、国家＿　関権限

89 **けんい**　権威　authority／权威／권위／quyền uy

①・戦争に敗れ、王の**権威**は失われた。

合＿者　類権勢　慣権威を笠に着る

②・ノーベル賞は、世界でも最も**権威**(の)ある賞の一つだ。

③・佐藤教授は植物学の**権威**だ。

90 **あっぱく**　ヲ圧迫スル　pressure／压迫／압박／đè nén, áp chế

①・出血がひどいときは、傷口を強く**圧迫する**とよい。

・何か胸を**圧迫される**ような感じがする。

②・物価高が庶民の生活を**圧迫した**。　・武力で隣国を**圧迫する**。

関ヲ抑圧スル

合①②＿感

91 **きょうせい**　ニ＋ヲ強制スル　coercion, force／强制, 强迫／강제／cưỡng chế

・ボランティア活動は、**強制されて**するものではない。

・会社が社員に寄付を**強制する**のは問題だと思う。　・**強制**的に働かせる。

合＿的な、＿送還、＿労働　関ニ＋ヲ強要スル、ニ＋ヲ強いる☞147

92 **きせい**　ヲ規制スル　regulation, control／限制, 管制／규제／qui định, hạn chế

・このあたりでは、建物の高さは法律によって**規制されている**。

・産業界は自由競争をしやすくするため、**規制**(の)緩和を求めている。

・マラソン大会のため、交通**規制**が敷かれた。

連＿がある⇔ない、＿を強める⇔緩める、＿を敷く⇔{解く／解除する}

合＿緩和、交通＿、＿解除　類ヲ制限スル

93 **きょひ**　ヲ拒否スル　refusal, veto／拒绝, 否决, 反对／거부／từ chối, phủ quyết

・会社側は組合の要求を**拒否した**。　・国連の常任理事国は**拒否**権を持つ。

・国民の多くは増税に**拒否**反応を示した。

合＿権、＿反応　対ヲ承諾スル☞311　類ヲ拒絶スル　関ヲ拒む☞146

08

94 **たいこう** ガ対抗スル opposition, rival／对抗, 抗衡／대항, 대응／đọ sức, đối kháng

・数学では彼に**対抗できる**学生はいない。 ・クラス**対抗**リレーで私のクラスが優勝した。

・選挙で、与党のA氏の**対抗**馬として、野党はB氏を立てた。

合 __策、__馬、__戦

95 **こうぎ** ガ抗議スル protest, objection／抗议／항의／kháng nghị, phản kháng

・増税に**抗議する**デモが行われた。 ・審判の判定に**抗議した**が、聞き入れられなかった。

連 __を申し入れる 合 __集会、__デモ 慣 抗議の声を上げる

96 **かくしん** ヲ革新スル reform／革新／혁신／cải cách

・平等な社会の実現のためには、思い切った政治の**革新**が必要だ。

合 __的な、__政党、技術__ 対 保守 類 ヲ改革スル

97 **げんそく** 原則 general rule／原则／원칙／nguyên tắc

・この奨学金は、卒業後に返済するのが**原則**だ。 ・私は**原則**的には消費税値上げに賛成だ。

・**原則**として大学卒以上の学歴がなければ、この仕事には応募できない。

連 __として 合 __的な 関 法則

98 **けいか** ガ経過スル passage, progress, transition／经过, 过程／경과／trôi qua, quá trình, diễn biến

①・事件から3カ月が**経過した**。 関 ガ過ぎる

②・手術後の**経過**は順調だ。 ・交渉の**経過**を見守る。 ・試合の途中**経過**

合 途中__ 関 経緯☞962

99 **ちゅうけい** ヲ中継スル broadcast／(广播, 电视) 转播, 直播, 中转／중계／truyền hình

・イギリス王室の結婚式の模様は、世界中に**中継された**。

・宇宙の様子は人工衛星を**中継して**地球に送られた。

・テニスの試合を**中継する**。

合 __局、__車、__放送、衛星__、生__、実況__

100 **きぼ** 規模 size, scope, scale／规模／규모／qui mô

・会社の**規模**は10年で2倍になった。 ・調査は全国的な**規模**で実施された。

・遺跡の**規模**から、ここが大きな町だったことがわかる。

連 __を拡大する⇔縮小する、__を広げる

合 大__な⇔小__な(・**大規模な**{工事／調査…}) 類 スケール 関 サイズ

コラム 3 買い物（かいもの） Shopping／买东西／쇼핑／Mua sắm

コンビニ（←コンビニエンスストア）	convenience store／（24小时）便利店／편의점／cửa hàng tiện lợi
ドラッグストア	drugstore／（兼售简单饮食，杂志，日用百货的）药店／약국, 의약품과 일상용품을 파는 가게／cửa hàng bán thuốc và các tạp hóa khác
薬局（やっきょく）	pharmacy, drugstore／药店／약국／hiệu thuốc
ベーカリー	bakery／面包房，饼屋／제과점／hiệu bánh mì
100円（えん）ショップ	100 yen store／百元店／100엔 샵／cửa hàng 100 yên
ディスカウントショップ	discount store／折扣廉卖店／할인점／cửa hàng giảm giá
バラエティショップ	variety store／流行物品综合杂货店／잡화점／cửa hàng tổng hợp
ホームセンター	hardware store, home improvement store／大型家居装修用品店／홈센터, 생활용품 가게／cửa hàng đồ gia dụng
キオスク	kiosk／站前售货亭／역 매점／quầy bán lẻ

小売店（こうりてん）	retail store／零售店／소매점／cửa hàng bán lẻ
卸売店（おろしうりてん）	wholesale store／批发店／도매점／cửa hàng bán sỉ

生花店（せいかてん）	flower shop, florist／鲜花店／꽃집／cửa hàng hoa
青果店（せいかてん）	greengrocer／蔬菜，水果店／채소 가게／cửa hàng rau quả
書店（しょてん）	book store／书店／서점／hiệu sách
雑貨店（ざっかてん）	general store, household goods store／日用杂货店／잡화점／hiệu tạp hóa
文（房）具店（ぶん（ぼう）ぐてん）	stationery store／文具商店／문구점／hiệu văn phòng phẩm
家電量販店（かでんりょうはんてん）	electronics retail store／家电批量销售廉价商店／가전 양판점／cửa hàng đồ điện tử gia dụng

駅（えき）ビル	station building／车站大厦／역빌딩／tòa nhà ga
ファッションビル	fashion building (shopping mall, department store, etc. that stocks the latest fashions)／时尚大厦／패션 빌딩／tòa nhà thời trang
ショッピングセンター	shopping center／购物中心／쇼핑 센터／trung tâm thương mại
ショッピングモール	shopping mall／大型购物商城／쇼핑몰／trung tâm mua sắm
アウトレット	outlet store/mall／廉价品专卖店（又称奥特莱思）／아웃렛／cửa hàng tiêu thụ
専門店街（せんもんてんがい）	specialty stores/mall／专营商店街／전문 상점 거리／khu phố cửa hàng chuyên dụng
商店街（しょうてんがい）	shopping street／商店街／상점가／khu phố mua sắm
地下街（ちかがい）	underground mall／地下商店街／지하가／khu phố ngầm
デパ地下（ちか）（←デパートの地下（ちか））	basement of a department store／百货商场地下商店街／백화점 지하／tầng hầm của bách hóa

Unit 01 名詞 A 練習問題

51 ～ 100

レベル ★☆☆☆

Ⅰ　(　　)に助詞を書きなさい。

1．戦い(　　　)勝利した。

2．人が病気(　　　)感染(かんせん)する。

3．党が二つ(　　　)分裂した。

4．バスが市内(　　　)循環(じゅんかん)している。

5．この薬は胃(い)(　　　)作用(さよう)して食欲を増す。

6．田中(たなか)氏(　　　)対抗して３人が立候補(りっこうほ)した。

7．この映画は映像(　　　)音楽がよく調和している。

8．子供(　　　)労働(　　　)強制してはいけない。

Ⅱ　「～的」が付く言葉に○を付けなさい。

作用　革新(かくしん)　強制　規制　原則　意図(いと)　面会　一括

Ⅲ　「～がある⇔ない」の形で使う言葉に○を付けなさい。

意図(いと)　向上　活気　迫力(はくりょく)　圧迫(あっぱく)　規制　権力

Ⅳ　(　　　)に下から選んだ語を書いて、一つの言葉にしなさい。

1．(　　　)欄(らん)　2．(　　　)作用(さよう)　3．(　　　)中継(ちゅうけい)

4．(　　　)循環(じゅんかん)　5．(　　　)規模(きぼ)

大　悪　空　副　生

Ⅴ　対義語を書きなさい。

1．勝利　⇔　(　　　　　　)　2．革新(かくしん)　⇔　(　　　　　　)

Ⅵ　下線の言葉と似た意味になるよう、□に漢字を１字書きなさい。

1．けがをする。　→ □傷する

2．賞金を得る。　→ □得する

3．病気がうつる。　→ □染する

4．時間が経(た)つ。　→ 経□する

5．本を図書館に返す。　→ 返□する

6．親に頼(たよ)る。　→ 依□する

Ⅶ　正しい言葉を〔　　　〕の中から一つ選びなさい。

1．申し出を〔　否定　拒否　〕する。　　2．命令に〔　抵抗　対抗　〕する。

3．権利を〔　強制　規制　〕する。　　4．退職の〔　意向　意図(いと)　〕を固める。

5．市民団体を〔　経営　運営　〕する。　　6．新聞に〔　投書　送信　〕する。

7．能力が〔　向上　進歩　〕する。　　8．たけが〔　高い　長い　〕。

Ⅷ　正しい言葉を〔　　　〕の中から一つ選びなさい。

A　1．ひびが〔　入る　走る　割れる　〕。

2．くじを〔　取る　引く　上げる　〕。

3．規模(きぼ)が〔　大きい　広い　高い　〕

4．卒業に必要な単位を〔　取る　持つ　つかむ　〕。

5．カップの〔　はし　わき　ふち　〕が欠ける。

6．部屋の〔　かど　すみ　かげ　〕に机がある。

B　1．〔　頭　薬　機械　〕が作用(さよう)する。

2．〔　怒(いか)り　不安　心配　〕を解消する。

3．〔　環境　習慣　条件　〕に適応する。

4．〔　仕事　就職　雇用(こよう)　〕を促進(そくしん)する。

5．〔　情報　データ　アンケート　〕を回収する。

Ⅸ　(　　　)に入る言葉を下から選んで書きなさい。

1．ネットで情報を(　　　　　　)した。

2．山本(やまもと)教授は生物学(せいぶつがく)の(　　　　　　)だ。

3．傷口(きずぐち)を(　　　　　　)して血を止めた。

4．体罰(たいばつ)を行った教師に親が(　　　　　　)した。

5．このバスは乗車(　　　　　　)によって料金が違う。

6．火にかけたやかんの湯が(　　　　　　)している。

7．前の道路をトラックが通ると、家が(　　　　　　)する。

8．公共の(　　　　　　)は大切に利用しなければならない。

9．大企業と中小企業では、売上額(うりあげがく)の(　　　　　　)が違う。

10．日本語は、もともと縦書(たてが)きにするのが(　　　　　　)だ。

11．ランナーは、10人ほどがひと(　　　　　　)になって走った。

あっぱく　かたまり　くかん　けた　けんい　けんさく げんそく　こうぎ　しせつ　しんどう　ふっとう

Unit 01 名詞A 確認問題

1 〜 100

レベル ★☆☆☆

Ⅰ （　　）に入れるのに最もよいものを、a・b・c・dから一つ選びなさい。

1．（　　　）をきちんと整えて面接に行った。

a 身ごろ　b 身たけ　c 身なり　d 身ぶり

2．うそをついていつまでも（　　　）がとがめた。

a 良心　b 真心（まごころ）　c 善意　d 誠意

3．この国の経済は、貿易に大きく（　　　）いる。

a 任せて　b 背負って　c 依頼して　d 依存して

4．身の（　　　）をきれいに整理整頓（せいとん）した。

a 回り　b 辺り　c 周囲　d 周辺

5．健康に対する人々の意識は大きく（　　　）した。

a 発展　b 発達　c 進歩　d 向上

6．（　　　）として、提出された履歴書はお返ししません。

a 規則　b ルール　c 原則　d 基本

7．支社を手伝うため、本社から社員が（　　　）された。

a 赴任（ふにん）　b 着任　c 派遣　d 派出

8．光は音に比べて（　　　）違いの速度で進む。

a 桁　b 分　c 量　d 単位

9．私は新しい（　　　）になかなか適応できない。

a 環境　b 習慣　c 友人　d 製品

10．国の政策に（　　　）するデモが行われた。

a 対抗　b 抗議　c 苦情　d 批判

Ⅱ ＿＿＿の言葉に意味が最も近いものを、a・b・c・dから一つ選びなさい。

1．彼女はいい<u>素質</u>を持っている。

a 特徴　b 性格　c 才能　d 感覚

2．息子は<u>世間</u>をよく知らないので、少し心配だ。

a 常識　b 一般　c 世界　d 社会

3．彼の発言の<u>意図</u>がよくわからない。

a 計画　b 意志　c 目的　d 目標

4．夜道を歩くときは<u>用心</u>している。

a 心配　b 警戒　c 準備　d 防止

5．家賃の半年分を<u>一括して</u>払った。

a 一回　b 一度に　c 一斉に　d 一時的に

6．体を血液が<u>循環している</u>。

a　流れて　　b　走って　　c　動いて　　d　めぐって

7．ペットボトルを<u>回収する</u>。

a　回す　　b　集める　　c　片づける　　d　処分する

Ⅲ　次の言葉の使い方として最もよいものを、a・b・c・dから一つ選びなさい。

1．指図

a　資料を<u>指図</u>しながら説明した。

b　<u>指図</u>を見ながら目的地へ行った。

c　弟を<u>指図</u>して部屋を片付けさせた。

d　レポートの中に<u>指図</u>を入れて読みやすくした。

2．中継

a　二人の出会いは、私が<u>中継</u>した。

b　訪ねてきた客を社長に<u>中継</u>した。

c　いったんやめた仕事をまた<u>中継</u>した。

d　テレビ局がサッカーの試合を<u>中継</u>した。

3．待遇

a　お客様を手作りの料理で<u>待遇</u>した。

b　初めて会う人への<u>待遇</u>には気を遣う。

c　彼は、ここよりもっと<u>待遇</u>のいい会社に移った。

d　教師の学生に対する<u>待遇</u>に不満の声が上がった。

4．検索

a　見知らぬ土地を<u>検索</u>して歩いた。

b　データをさまざまな方法で<u>検索</u>する。

c　調子の悪い機械の内部を<u>検索</u>した。

d　転職したいので新しい仕事を<u>検索</u>している。

5．革新

a　政権が代わって、内閣が<u>革新</u>された。

b　憲法の<u>革新</u>にかかわる議論が盛んだ。

c　増産のために工場の機械を<u>革新</u>した。

d　古いシステムには思い切った<u>革新</u>が必要だ。

Unit 02 動詞 A　101 ～ 190

レベル ★★★★

09

101 **こする**　ヲこする　to rub, scrub, scrape／擦, 搓, 揉, 蹭／문지르다, 비비다, 긁히다／cọ, dụi

・このなべは、固いたわしで**こする**と傷(きず)が付く。　・両手を**こすって**温(あたた)めた。

・目にごみが入ったとき、**こすって**はいけない。

・塀(へい)の角(かど){に／で}**こすって**車に傷(きず)をつけてしまった。

合 ヲこすり付ける　関 ヲなでる、ヲさする

102 **さする**　ヲさする　to rub／抚摩／어루만지다／xoa

・気持ちが悪かったので、背中を**さすって**もらった。

関 ヲなでる、ヲこする

103 **なでる**　ヲなでる　to stroke／抚摸, 抚摩, 吹拂／쓰다듬다, (바람이) 스치다／xoa, vuốt

・日本人は小さな子供を褒(ほ)めるときに、頭を**なでる**ことが多い。

・ネコはのどを**なでて**やると、気持ちが良さそうだ。　・柔(やわ)らかい風がほおを**なでた**。

関 ヲさする　慣 胸をなでおろす

104 **いじる**　ヲいじる　to fiddle with／摆弄, 改动／만지다, 손대다／nghịch

①・髪の毛を**いじる**のが彼女の癖(くせ)だ。

②・授業中スマホを**いじって**いたら、突然大きな音が出て、慌(あわ)ててしまった。

・この文章は**いじり**すぎて、かえって読みづらくなっている。

※マイナスの意味で使うことが多い。

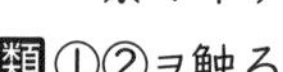

類 ①②ヲ触る

105 **かきまわす**　ヲかき回す　to stir, ransack／搅拌, 翻找, 扰乱／휘젓다, 뒤지다／quấy, khoắng

①・スープを火にかけ、焦(こ)げないように**かき回す**。

②・判子(はんこ)が見つからず、引き出しの中を**かき回して**探した。

・彼は議長の静止(せいし)も聞かず勝手に発言して、会議を**かき回した**。

類 ヲ引っかき回す

★動 **ヲかく**

①・かゆいところを**かく**。

合 ヲかきむしる

②・落ち葉をくまででかく。　・手で水を**かいて**水中を進む。

合 ヲかき集める、ヲかき混ぜる、ヲかき回す、ヲかき乱す

106 **つむ**　　ヲ摘む　　to pick／摘, 采／따다, 뜯다, 뽑다／ngắt, hái

・花を**摘む**。　・イチゴ狩りに行って、おいしそうなイチゴをたくさん**摘んだ**。

・茶を**摘む**。　・悪い芽は早めに**摘み**取ったほうがいい。

合 ヲ摘み取る

107 **つまむ**　　ヲつまむ　　to pinch, pick at, pick up／捏住, 挟, 吃／쥐다, 집다, (집어) 먹다／bóp, bốc, gắp

①・ひどい匂いに、思わず鼻を**つまんだ**。

・食卓のてんぷらを**つまんで**食べた。　・箸で豆を**つまむ**のは難しい。

名 つまみ(・酒の**つまみ**に枝豆を頼んだ。　・ふたの**つまみ**)

②・今日のお昼はサンドイッチを少し**つまんだ**だけだ。

合 ヲかい＿　(・「要点を**かいつまんで**お話します」)

108 **つかむ**　　ヲつかむ　　to catch/get/take hold of, capture／抓住, 到手, 领会／잡다, 붙잡다, 쥐다, 사로잡다, 터득하다／nắm, cầm, giành được

①・警官は逃げようとする犯人の腕を**つかんだ**。

・母は子供の手を**つかむ**とぎゅっと握った。

類 ヲ握る　　慣〈ことわざ〉溺れるものは藁をもつかむ　　自 ガつかまる

②・宝くじに当たって思いがけない大金を**つかんだ**。

③・彼女は人々の心を**つかみ**、大スターへと上り詰めた。　・固定客を**つかむ**。

④・スケートの練習でジャンプのこつを**つかんだ**。　・チャンスを**つかむ**。

連 こつを＿

類 ①③④ヲ捉える☞153

109 **ねじれる**　　ガねじれる　　to be twisted／歪斜, 搭配不当, 性格乖僻／비뚤어지다／bị vặn, xoắn, lệch lạc

①・満員電車で押されて、ネクタイが**ねじれて**しまった。

・この文は主語と述語が**ねじれて**いる。

名 ねじれ→＿がある⇔ない

②・彼は{性格／根性…}が**ねじれて**いる。

類 ガひねくれる

類 ①②ガゆがむ☞1089

110 **ねじる**　　ヲねじる　　to twist／拧／돌리다, 틀다, 꼬다, 비틀다／vặn, xoắn

①・ペンチで針金を**ねじって**切る。　・ガス栓を**ねじる**。

・このキャンディーは一つずつ紙で包んで、両端を**ねじって**ある。

・相手の腕をつかんで**ねじり**あげる。

合 ヲねじりあげる

②・{体／足首…}を**ねじる**。

類 ①②ヲひねる☞111①

※「ひねる」より「ねじる」の方が、力が必要。また、両端を逆方向に回す、あるいは一方が固定されている場合によく使う。

10

111 ひねる ヲひねる

to tweak, turn, make tricky, puzzle over, be perplexed／拧, 扭伤, 别出心裁, 绞尽脑汁, 伤脑筋／돌리다, 삐다, 꼬다, 색다르다, 짜내다, 갸웃거리다／xoáy, đánh đố, vắt (óc)

①・蛇口を**ひねって**水を出す。　・走っていて足首を**ひねった**。

・袋の口を**ひねって**輪ゴムで止めた。

②・先生はいつもテストに**ひねった**問題を出す。

名①②ひねり

③〈慣用表現〉・いいアイデアを出そうと一生懸命頭を**ひねった**。

・説明書に書いてあることがよく理解できず、首を**ひねった**。

112 ちぎれる ガちぎれる

to tear, break off／扯断, 撕破, 撕掉／찢어지다, 끊어지다／đứt

・みんなで引っ張ったので、紐が**ちぎれた**。　・**ちぎれん**ばかりにハンカチをふった。

・寒さで耳が**ちぎれ**そうだ。

関ガ切れる、ガ破れる

113 ちぎる ヲちぎる

to tear, rip／撕／뜯다, (잘게) 찢다／xé

・レタスは手で**ちぎった**ほうが味がしみこんでおいしい。　・紙を手で**ちぎる**。

合ヲかみ＿、ヲ食い＿

114 たばねる ヲ束ねる

to tie up, bundle, manage／包, 捆, 扎, 管理／묶다／bó, buộc, quản lý

①・古新聞を**束ねて**回収日に出した。　・暑いので、長い髪を一つに**束ねた**。

類ヲくくる

②・この会社の部長は50人の部下を**束ねて**いる。

115 あおぐ ヲ扇ぐ

to fan／扇 (风) ／부치다／quạt

・エアコンを使わず、うちわや扇子で**扇いで**夏を過ごした。

116 くむ ヲくむ

to draw, fill, understand／打水, 理解, ／푸다, 헤아리다／múc, nắm bắt

①・バケツで井戸水を**くむ**。

②・田中氏は上司の意を**くんで**、山田さんを課長にした。　連意を＿

117 くわえる ヲくわえる

to hold in one's mouth／叼, 衔／물다／ngậm, ngoạm

・子供は指を**くわえて**、うらやましそうに友達のおもちゃを見ていた。

・動物は子供を口に**くわえて**運ぶ。　・{タバコ／パイプ…}を**くわえる**。

118 なめる ヲなめる

to lick, make fun of, make light of／舔, 轻视／핥다, 빨다, 얕보다／liếm, coi nhẹ

①・うちの犬はうれしいとき、すぐに私の顔や手を**なめる**。

・{ソフトクリーム／あめ／くちびる…}を**なめる**。

慣なめるようにかわいがる

②・あの若い教師はすっかり学生に**なめられて**いる。

・昨年勝った相手だからといって**なめて**かかると、負けるかもしれない。

連ヲなめてかかる　類ヲ侮る、ヲ軽く見る、ヲ甘く見る

119 **うつむく**　　　ガうつむく　　　to look down／俯首, 垂头／고개를 숙이다／cúi gằm

・その子はいじめられても、黙(だま)って**うつむいて**いるだけだった。　・叱(しか)られて**うつむく**。

・花がしおれて**うつむいて**いる。

合 うつむき加減(かげん)(・**うつむき加減**(かげん)に歩く。)　対 ガ仰向(あおむ)く

120 **はう**　　　ガはう　　　to crawl, creep／匍伏, 爬, 爬行, 攀爬／기다, 뻗다／bò

①・敵(てき)に見つからないよう、**はって**進んだ。　・赤ん坊が**はう**。

②・{虫／へび…}が{地面／壁(かべ)…}を**はう**。

③・植物のつるが壁(かべ)を**はって**いる。　・壁(かべ)にツタを**はわせる**。

121 **くぐる**　　　ガくぐる　　　to pass through, evade／(从物体的下面或中间) 低头通过, 穿过, 钻空子／통과하다, 빠져나가다／chui (qua)

①・のれんを**くぐって**店に入った。　・{門／鳥居(とりい)／トンネル／戦火(せんか)…}を**くぐる**。

②・監視(かんし)の目を**くぐって**試験中にカンニングをしていた学生が、退学処分となった。

・法の網(あみ)の目を**くぐる**。

合 ①②ガくぐり抜ける

122 **ささやく**　　　ニ+ヲささやく　　　to whisper, gossip／低声私语／소곤거리다, 속삭이다, 수군거리다／nói thầm, đồn đại

①・「ちょっと来て」と田中さんが耳元で**ささやいた**。　・恋人に愛を**ささやく**。

関 ヲつぶやく

※「つぶやく」は独(ひと)り言(ごと)に、「ささやく」は相手に向かって言うときに使う。

②・あの会社は危ないのではないかと**ささやかれて**いる。

関 噂(うわさ)

名 ①②ささやき

123 **わめく**　　　ガ／ヲわめく　　　to shout, scream／喊叫／외치다, 소리치다／kêu, gào thét

・夜中に通りで誰(だれ)かが大声で**わめいて**いた。

合 ガ泣き__、ガ／ヲわめき散らす、わめき声

慣 泣いてもわめいても(・**泣いてもわめいても**明日はもう締(し)め切(き)りだ。)

124 **いいつける**　　　ニ+ヲ言いつける　　　to order, tell on, report／吩咐, 命令, 告状／명령하다, 일러바치다／sai khiến, mách

①・母は姉に掃除(そうじ)をするよう**言いつけた**。　・課長は私にばかり仕事を**言いつける**。

類 ニ+ヲ命じる　　名 言いつけ→__を守る、__に背(そむ)く

②・あの子は私達が悪いことをすると、すぐに先生に**言いつける**。

関 ガ／ヲ告(つ)げ口(ぐち)(を)する

125 **うちあける**　　　ニ+ヲ打ち明ける　　　to be frank/open／坦白／털어놓다, 고백하다／thổ lộ

・過去の過(あやま)ちを親友に**打ち明けたら**、心が軽くなった。　・本心を**打ち明ける**。

類 ニ+ヲ告白(こくはく)する

11

126 **みかける**　ヲ見かける　to see, catch sight of／(偶然) 看见／보다／nhìn thấy

・昨日街(まち)で課長が家族と歩いているのを**見かけた**。

・この言葉は最近メディアでよく**見かける**。

・「不審(ふしん)な荷物を**見かけた**方は、駅員までお知らせください」

類 ヲ目にする　名 見かけ

127 **みわける**　ヲ見分ける　to distinguish／识别, 判断／분간하다, 가리다／phân biệt, nhận định

・ひよこの雄(おす)と雌(めす)を**見分ける**のは難しい。

・会社の面接は、応募者(おうぼしゃ)の中から将来性のある人を**見分ける**ために行われる。

類 ヲ識別する

名 見分け→__がつく⇔つかない(・この人工ダイヤは、本物とまったく**見分けがつかない**。)

128 **みわたす**　ヲ見渡す　to look out over, survey／放眼望去, 环视, 通盘看／내려다보다, 보다, 둘러보다／nhìn bao quát

①・山に登って平野(へいや)を**見渡した**。　・目の前は**見渡す**限りの砂漠(さばく)だった。

・電車に乗って周囲を**見渡す**と、全員が携帯(けいたい)のゲームをやっていた。

慣 見渡す限り

②・工程全体を**見渡して**、不具合(ふぐあい)のある個所(かしょ)を修正(しゅうせい)した。

129 **みおとす**　ヲ見落とす　to overlook, miss／看漏／간과하다, 빠뜨리다／bỏ sót

・レポートの誤字(ごじ)や脱字(だつじ)を**見落として**提出(ていしゅつ)してしまった。

類 ヲ見逃す☞723②

名 見落とし→__がある⇔ない

(・「用紙に記入したら、**見落としがない**かどうか確認してください」)

130 **のりすごす**　が乗り過ごす　to miss one's stop/station (train, bus, etc.)／坐过站／지나치다／đi quá

・本に夢中になっていて、一駅**乗り過ごして**しまった。

関 が乗り越す→乗り越し(料金)

131 **のりこえる**　が乗り越える　to climb over, surpass, overcome／越过, 渡过 (困难), 超越／뛰어넘다, 극복하다, 이겨내다／vượt qua

①・泥棒(どろぼう)は塀(へい)を**乗り越えて**侵入(しんにゅう)したものと見られる。

②・この論文で、新井氏(あらいし)は師(の業績)を**乗り越えた**と言えるだろう。

類 ヲ追い抜く

③・災害(さいがい)で生き残った者は、悲しみを**乗り越えて**前へ進まなければならない。

類 ヲ克服(こくふく)する

132 **あゆむ**　が歩む　to walk, go on foot／走上／걷다／bước đi

・グループ解散後、3人は別々の道を**歩んだ**。　・苦難の人生を**歩む**。

※「歩く」より文学的で、抽象的(ちゅうしょうてき)な意味で使うことが多い。

合 が歩み寄る　名 歩み(・戦後60年の日本の**歩み**を振(ふ)り返(かえ)る。)

133 **もつ**　　　　　がもつ　　to last／保存, 经用, 保持／오래가다, 견디다／để/dùng/chịu được

・卵は、冷蔵庫の中でなら10日以上**もつ**。

・この洗濯機は買って20年になる。よくここまで**もった**ものだ。

・いくらダイエットだといっても、毎日果物(くだもの)ばかりでは体が**もたない**。

慣 体がもたない、身がもたない(・こんなに働かされては**身がもたない**。)

名 もち→＿がいい⇔悪い、日もち(・「これは**日もち**がしないので、早く食べてください」)

134 **たもつ**　　　　　ヲ保つ　　to maintain, preserve／保持, 维持／유지하다, 지키다／giữ, duy trì

①・この部屋は、コンピューターにより、20度に**保(たも)たれて**いる。　・秩序を**保(たも)つ**。

・{均衡(きんこう)／平静…}を**保(たも)つ**。

②・モデルたちはスタイルを**保(たも)つ**ため、厳(きび)しい食事制限をしている。

・{若さ／健康(けんこう)…}を**保(たも)つ**。

類 ①②ヲ維持(いじ)する

135 **きずく**　　　　　ヲ築く　　to build, construct／建造, 建立／구축하다, 쌓다, 이루다／xây dựng

①・この城は17世紀(せいき)に**築かれた**ものだ。　・{ダム／堤防(ていぼう)／建物の土台…}を**築く**。

②・「二人で力を合わせて幸せな家庭を**築きたい**と思います」

・{信頼関係／新しい社会／富(とみ)／繁栄(はんえい)／～の基礎(きそ)…}を**築く**。

合 ヲ築き上げる

136 **たえる**　　　　　が絶える　　to stop, cease, be discontinued／断绝, 消失／끊기다／ngớt, mất, đoạn tuyệt

・山本(やまもと)先生の話は面白いので、いつも授業中、笑い声が**絶えない**。

・{消息(しょうそく)／連絡／子孫／家系／息／国交(こっこう)…}が**絶える**。

類 が途絶(とだ)える☞139

137 **たつ**　　　　　ヲ断つ／絶つ　　to sever, abstain from／断绝, 戒, 绝命, 消失／단절되다, 끊다／cắt đứt, bỏ, mất

①・両国は国交(こっこう)を**断つ**に至(いた)った。　・健康(けんこう)のために{酒／タバコ}を**たつ**ことにした。

関 ガ／ヲ断絶(だんぜつ)する

②・失恋した青年は、山の中で命を**絶った**。　・会社再建の望みは**絶たれた**。

③・亡命した彼は、消息(しょうそく)を**絶った**。　・家系が**断たれる**。　・{連絡／退路…}を**絶つ**。

138 **とぎれる**　　　　　が途切れる　　to pause, be interrupted／间断, 中断／끊어지다, 중단되다／ngừng, đứt quãng

・車の流れが**途切れない**ので、道が渡れない。

・会話の途中で話が**途切れ**、気まずい雰囲気(ふんいき)になった。

・中学卒業以来30年、彼女との付き合いは**途切れる**ことなく続いている。

・{通信／交流／連絡／記憶(きおく)／人通り…}が**途切れる**。

合 途切れ途切れ(・彼女は**途切れ途切れ**に状況を語った。)　関 が途絶(とだ)える☞139

139 とだえる　　が途絶える　　to stop, cease／断绝, 消失／끊어지다／mất, hết

・登山隊(とざんたい)からの連絡が**途絶えた**。遭難(そうなん)した恐れがある。

・この辺(あた)りは、夜8時を過ぎると人通りが**途絶える**。　・{送金／交流／通信…}が**途絶える**。

類 が絶える☞136、がなくなる　関 が途切れる☞138

140 くだる　　が下る　　to be handed down, pass, descend, be less than, have diarrhea／宣(判决), 下(命令), (时代)推移, 少于, 拉肚子, 下(坡、楼梯), 渡／내려지다, 내려오다, 밑돌다, 설사하다, 내려가다／được đưa ra/ban xuống, trôi qua, xuống

①・1年にわたった裁判(さいばん)が終わり、被告に判決が**下った**。

・{宣告(せんこく)／指令／評価(ひょうか)／天罰(てんばつ)…}が**下る**。

②・時代が**下る**。

③・この事故(じこ)による損害は百万円を**下らない**だろう。

※否定形で使う。　類 が下回る

④・腹が**下る**。

※「下痢(げり)になる／下痢(げり)をする」「腹を下す」とも言う。

⑤・山道を3時間ほど**下る**と、駅に出た。　・{坂／階段…}を**下る**。　・船で川を**下る**。

141 くだす　　ヲ下す　　to make (a decision), defeat, have diarrhea／下达, 攻下, 拉肚子／내리다, 이기다, 설사하다／đưa ra/ban xuống, hạ, ỉa chảy

①・部長はいつも的確(てきかく)な判断を**下す**ので、尊敬されている。

・{結論／評価(ひょうか)／判定／解釈(かいしゃく)／判決…}を**下す**。

②・対戦相手を大差(たいさ)で**下した**。

類 が勝つ(・相手に**勝つ**。)

③・食べ過ぎて腹を**下した**。

※「下痢(げり)をする／下痢(げり)になる」「腹が下る」とも言う。

142 たれる　　が／ヲ垂れる　　to hang, droop, drip／低垂, 下垂, 流下, 低下／늘어지다, 처지다, 떨어지다, 숙이다／trễ/xệ/chảy/cúi xuống

①・柳(やなぎ)の枝が**垂(た)れて**いる。　・台風で切れた電線が**垂(た)れ**下がっている。

・パンダは目が**垂(た)れ**下がっていているように見えて、可愛(かわい)い。

合 が垂(た)れ下がる　類 が下がる

②・冬の朝、屋根の氷が溶けて水滴(すいてき)が**垂(た)れて**くる。　・{よだれ／鼻水}が**垂(た)れる**。

類 が落ちる

③・校則違反をして捕(つか)まった学生たちは、首を**垂(た)れて**校長の叱責(しっせき)を聞いていた。

・「実るほど頭(こうべ)を**垂(た)れる**稲穂(いなほ)かな」

他 垂(た)らす(・{髪／釣(つ)り糸(いと)／よだれ／鼻水(はなみず)…}を**垂(た)らす**。)

143 しげる　　が茂る　　to be in full leaf, grow thickly／(草木)繁茂／우거지다, 무성하다／um tùm, mọc tốt

・山は木が**茂(しげ)って**暗いくらいだった。　・この木は、葉は**茂(しげ)る**が花は咲かない。

合 が生い＿

144 **たがやす**　　　ヲ耕す　　　to cultivate／耕种／갈다, 일구다／cày xới

・農家は田畑に肥料をまいて**耕す**。

145 **いかす**　　　ヲ生かす　　　to make (the best) use of, keep alive／活用, 有效地利用, 发挥, 留活命／살리다, 살려두다／sử dụng (tối đa), tận dụng, cho sống

①・得意な英語を仕事に**生かして**いきたい。

・日本料理には、素材そのものの味を**生かした**ものが多い。

対 ヲ殺す（・あの映画では、この女優の個性が**殺されて**いる。）

②・獲物の動物を、すぐに殺さずに**生かして**おいた。

自 生きる

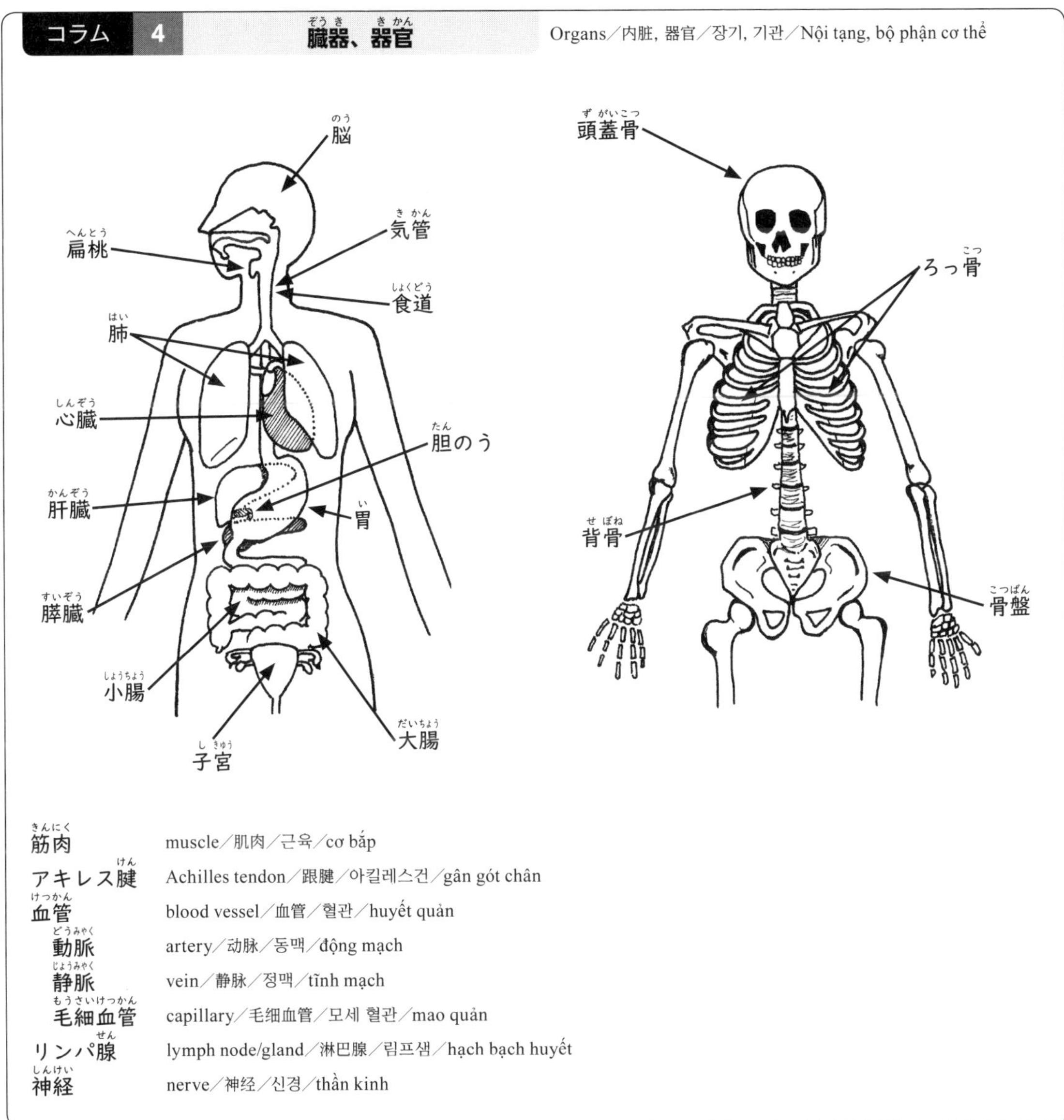

筋肉	muscle／肌肉／근육／cơ bắp
アキレス腱	Achilles tendon／跟腱／아킬레스건／gân gót chân
血管	blood vessel／血管／혈관／huyết quản
動脈	artery／动脉／동맥／động mạch
静脈	vein／静脉／정맥／tĩnh mạch
毛細血管	capillary／毛细血管／모세 혈관／mao quản
リンパ腺	lymph node/gland／淋巴腺／림프샘／hạch bạch huyết
神経	nerve／神经／신경／thần kinh

Unit 02 動詞A 練習問題

101 ～ 145

レベル ★☆☆☆

Ⅰ （　）に助詞を書きなさい。

1．虫が壁（　）はっている。
2．門（　）くぐって寺に入った。
3．大声（　）わめく。
4．温度（　）20度（　）保（たも）つ。
5．日本語（　）仕事（　）生かしたい。
6．対戦相手（　）下す。
7．動物は子供（　）口（　）くわえて運ぶ。

Ⅱ 「ます形」が名詞になる言葉に○を付けなさい。　例：ねじれる→ねじれ

摘（つ）む　つまむ　ねじる　ひねる　ちぎれる　ささやく　あおぐ　もつ
言いつける　打ち明ける　見分ける　見落とす　見渡す　乗り越える
かき回す　歩（あゆ）む　茂（しげ）る

Ⅲ A、Bから一つずつ言葉を選び、一つの言葉にしなさい。

A

かく　築（きず）く　くぐる　摘（つ）む
泣く　乗る　~~見る~~

B

上げる　~~落とす~~　越える　取る
抜ける　回す　わめく

例：見落とす　＿＿＿＿＿＿　＿＿＿＿＿＿　＿＿＿＿＿＿

＿＿＿＿＿＿　＿＿＿＿＿＿　＿＿＿＿＿＿

Ⅳ 一緒（いっしょ）に使う言葉を下から選んで書きなさい。Cは、似た意味の言葉を選びなさい。

A

1．（　　　）を摘（つ）む。
2．（　　　）をつまむ。
3．（　　　）をつかむ。
4．（　　／　　）をひねる。
5．（　　／　　）を束（たば）ねる。
6．（　　　）をくむ。
7．（　　／　　）をなでる。
8．（　　　）をなめる。
9．（　　　）を築（きず）く。
10．（　　　）を絶つ。

頭　あめ　髪　蛇口（じゃぐち）　消息　ダム　チャンス　花　鼻　水

（二度使う語もある）

B

1．うちわで（　　　）。
2．手で（　　　）。
3．口に（　　　）。
4．息が（　　　）。
5．ネクタイが（　　　）。
6．葉が（　　　）。
7．愛を（　　　）。
8．畑（はたけ）を（　　　）。
9．鼻水（はなみず）を（　　　）。

あおぐ　くわえる　ささやく　しげる　たえる　たがやす　たらす　ちぎる　ねじれる

C　1．本心を(　　　　　／　　　　　)。

2．健康を(　　　　　／　　　　　)。

3．連絡が(　　　　　／　　　　　)。

4．部下に仕事を(　　　　　／　　　　　)。

5．本物と偽物(にせもの)を(　　　　　／　　　　　)。

言いつける　維持(いじ)する　打ち明ける　告白する　識別する 保(たも)つ　途絶(とだ)える　なくなる　見分ける　命じる

Ⅴ　一緒(いっしょ)に使う言葉を選びなさい。(　　)の数字は選ぶ数です。

1．[　うわさ　指令　判決　損害　坂道　時代　]が下る。(3)

2．[　頭　腹　チャンピオン　部下　評価　判断　見解　]を下す。(4)

3．[　体　腕　技術　こつ　人の心　希望　]をつかむ。(3)

Ⅵ　正しい言葉を選びなさい。(Bの答えは一つとは限りません。)

A　1．「これは柔らかい素材(そざい)でできているので、固いもので〔　いじら　こすら　さすら　なで　〕ないでください」

2．歩き回って疲れている母の足を〔　いじって　こすって　さすって　〕あげた。

3．ひげを伸ばし始めた弟は、気になるのか、しょっちゅう〔　いじって　こすって　さすって　〕いる。

4．最近お隣のおばあさんを〔　見かけない　見分けない　見逃さない　〕。どうしたのだろう。

5．会場を〔　見かけた　見分けた　見渡した　〕が、外国人は私一人のようだった。

6．交通標識(ひょうしき)を〔　見分けなくて　見落として　見直して　〕、交通違反をしてしまった。

7．寝ていたので、一駅(ひとえき)〔　乗り越えて　乗り過ごして　〕しまった。

8．何とかしてこの不況を〔　乗り越え　乗り過ごし　〕、会社を存続させたい。

B　1．あの子は性格が〔　ねじって　ねじれて　ひねって　ゆがんで　〕いる。

2．あの先生のテストには、〔　ねじった　ねじれた　ひねった　ゆがんだ　〕問題がよく出る。

3．ガス栓を〔　ねじっても　ひねっても　〕ガスが出ない。

Ⅶ （　　）に入る言葉を下から選び、適当な形にして書きなさい。

1．先生に叱られた学生は、黙って(　　　　　　　　)いた。
2．荷物を入れすぎて、紙袋のひもが(　　　　　　　　)しまった。
3．このあたりでは夜9時を過ぎると、人通りが(　　　　　　　　)。
4．高校卒業後、クラスメート40人はそれぞれの道を(　　　　　　　　)。
5．輪ゴムは紙幣を(　　　　　　　　)ために作られたそうだ。
6．山道でヘビが(　　　　　　　　)いるのを見て、姉は悲鳴を上げた。
7．昨夜酒を飲み過ぎ、12時過ぎからの記憶が(　　　　　　　　)いる。
8．このスープは、最後に卵を入れ、(　　　　　　　　)出来上がりです。
9．「すみません、このお菓子、どのくらい(　　　　　　　　)か」
10.「あんな新人に(　　　　　　　　)、先輩として恥ずかしくないのか」
11.「彼女、前髪を(　　　　　　　　)と感じが変わったね」
12. 日本では昔、好きなものを(　　　　　　　　)、神に願い事(ごと)をしたそうだ。

あゆむ	うつむく	かきまわす	たつ	たばねる	たらす
ちぎれる	とぎれる	とだえる	なめる	はう	もつ

13

146 **こばむ** ヲ拒む to refuse／拒绝，阻挡／거부하다, 거절하다／cưỡng lại, cự tuyệt

・組織(そしき)の人間である以上、理由なく異動(いどう)や転勤を**拒む**ことはできない。

・{要求／申し出／支払い…}を**拒む**。

類 ヲ拒否(きょひ)する☞93、ヲ拒絶(きょぜつ)する、ヲ断る ※「断る」より「拒(こば)む」の方が硬(かた)い言葉で、意味も強い。

147 **しいる** ニ+ヲ強いる to force, coerce／强迫／강요하다／ép buộc

・同窓会館(どうそうかいかん)の改築のために寄付を**強いられた**。 ・会社は彼女に単身赴任(たんしんふにん)を**強いた**。

類 ヲ強制する☞91、ニ+ヲ強要する、ニ+ヲ押し付ける☞401 慣 苦戦を強いられる

148 **きんじる** ニ+ヲ禁じる to prohibit／禁止，不准／금하다, 금지하다／cấm

・20歳未満の飲酒(いんしゅ)は法律で**禁じられて**いる。 ・医者は患者(かんじゃ)に激(はげ)しい運動を**禁じた**。

※古くは「禁ず／禁ずる」。

合 ヲ禁じ得ない（・被害者には同情を**禁じ得ない**。） 類 ヲ禁止する

149 **きそう** ヲ競う to compete (with)／竞争／겨루다, 다투다／tranh đua

・参加者たちはコンテストで技を**競った**。 ・人と{優劣(ゆうれつ)／勝敗／腕…}を**競う**。

・男子学生たちは**競って**彼女の関心を引こうとした。 ※副詞的な用法。

合 ヲ競い合う 類 ガ／ヲ競争する、ガ／ヲ争う

150 **まかす** ヲ負かす to defeat, be beaten／打败，击败，战胜／이기다, 패배시키다／đánh bại

・彼女は将棋(しょうぎ)が強くて、何度やっても**負かされて**しまう。

合 ヲ言い__ 類 ヲ破る 関 ガ勝つ、ヲやっつける

自 負ける

151 **やっつける** ヲやっつける to see off, dash off／打败，打垮，干完／쳐부수다, 해치우다／đánh cho thua, làm xong

・敵(てき)を徹底的(てっていてき)に**やっつけた**。 ・早くこの仕事を**やっつけて**飲みに行こう。

※会話的な言葉。 関 ヲ負かす

152 **はげむ** ガ励む to make an effort, strive／努力，刻苦，辛勤／열심히 하다, 힘쓰다／phấn đấu, nỗ lực

・オリンピック出場を目指(めざ)して、毎日練習に**励(はげ)んで**いる。

・{仕事／勉強／研究…}に**励(はげ)む**。

名 励(はげ)み→__になる・__にする（・周囲の声援(せいえん)を**励(はげ)みにして**がんばった。）

他 励(はげ)ます

153 **とらえる** ヲ捉える to capture, grasp／抓住，陷入，捕捉／파악하다, 사로잡다, 잡다／nắm bắt, chiếm, bắt được

①・上手な似顔絵(にがおえ)は、うまく特徴(とくちょう)を**捉(とら)えて**描(か)かれている。

・{チャンス／真相(しんそう)／要点…}を**捉(とら)える**。 関 ヲ把握(はあく)する☞674

②・その新しい音楽は、瞬(また)く間に若者の心を**捉(とら)えた**。

・自分の無力さを知り、自己嫌悪(じこけんお)に**捉(とら)えられた**。

類 ①②ヲつかむ☞108

③・レーダーが機影(きえい)を**捉(とら)えた**。

13

154 **とらえる**　　ヲ捕らえる　　to apprehend, arrest, capture／抓住, 捕抓／잡다／bắt, nắm

①・店員たちは協力して泥棒を**捕らえた**。　・猟師は動物を**捕らえる**のが仕事だ。

・戦争中、祖父は敵に**捕らえられて**捕虜になったそうだ。

類 ヲ捕まえる

②・警官は逃げようとする犯人の足を**捕らえて**離さなかった。

類 ヲつかむ☞108

155 **かばう**　　ヲかばう　　to cover for, cover up, protect／庇护, 保护／감싸다／bảo vệ, bao che, ôm

①・彼は、罪を犯した恋人を**かばって**警察に自首した。

②・高橋投手は、けがをした肩を**かばい**ながら投球を続けた。

156 **からかう**　　ヲからかう　　to tease／嘲笑／놀리다, 조롱하다／trêu chọc

・私は何をやっても不器用で、よく家族に**からかわれる**。

類 ヲ冷やかす☞729　　名 からかい

157 **おそう**　　ヲ襲う　　to attack, target／袭击, 侵袭, 侵扰／습격하다, 덮치다, 사로잡히다／tấn công

①・銀行が強盗に**襲われ**、1億円奪われた。　・動物が{人／獲物}を**襲う**。

・台風が四国地方を**襲った**。

合 ガ襲いかかる　　関 ヲ攻める、ヲ襲撃する　　慣 不意を襲う

②・眠気に**襲われる**。　・恐怖(の念)に**襲われて**、現場から逃げ出した。

※受身形で使うことが多い。

158 **あがる**　　ガ挙がる　　to go up, turn up, be listed, increase／举起, 举出, 提名, 取得, 列出, 找到／오르다, 드러나다／giơ lên, thu được, nêu danh

①・司会者が意見を求めると、多くの手が**挙がった**。

②・ようやく犯人につながる証拠が**挙がった**。

③・この映画はアカデミー賞の候補として名前が**挙がって**いる。

④・毎月100万円の利益が**挙がって**いる。

159 **あげる**　　ヲ挙げる　　to raise, give (an example), praise, uproot, summon up, increase, conduct (a ceremony), arrest, rise up／举手, 举例, 提名, 举国, 举家,竭尽全力, 取得, 举行, 检举, 举兵／들다, 꼽다, 다하다, 올리다, 붙잡다, 일으키다／giơ lên, nêu, đề cử, dốc sức, cử hành

①・「賛成の方は手を**挙げて**ください」

対 ヲ下ろす　　関 ガ挙手(を)する

②・例を**挙げて**説明するとわかりやすい。

③・次期社長候補として、野村氏を**挙げる**声が多い。

④・国を**挙げて**オリンピック選手を応援する。　・一家を**挙げて**カナダへ移住する。

⑤・佐藤氏は全力を**挙げて**患者のために尽くした。

⑥・新しい仕事を始めても、すぐに利益を**挙げる**ことは難しい。

⑦〈その他〉・結婚式を**挙げる**。(＝挙式する)　・犯人を**挙げる**(＝検挙する)

・兵を**挙げる**。(＝挙兵する)

160 やとう　　ヲ雇う　　to employ, hire／雇用, 租用／고용하다, 쓰다／tuyển dụng

①・この工場は新たに５人の従業員を**雇った**。

　合 雇い主、雇い手、日雇い　　類 ヲ雇用する☞34

②・市内の一日観光にタクシーを**雇った**。

161 やしなう　　ヲ養う　　to support, cultivate／抚养, 养育, 养精蓄锐, 培养／부양하다, 키우다, 회복하다／nuôi, nuôi dưỡng, bồi dưỡng

①・彼女は一人で家族を**養っている**。　・子供を**養う**。

　類 ヲ扶養する

②・山登りで体力を**養っている**。　・夏休みに仕事を離れて英気を**養った**。

　・{実力／知力／読解力…}を**養う**。

　連 英気を＿

162 まじわる　　ガ交わる　　to intersect, associate, mingle with／交叉, 交往／교차하다, 교제하다／giao nhau, giao lưu

①・線と線が90°に**交わった**角を直角という。

　・国道に県道が**交わっている**。

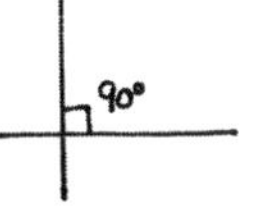

　類 ガ交差する、ガクロスする

②・このサークルでは先輩とも後輩とも親しく**交わる**ことができる。

　類 ガ付き合う、ガ交際する、ガ交流する　　※「交わる」は１対１の付き合いには使わない。

　名 交わり　　慣〈ことわざ〉朱に交われば赤くなる

163 まじえる　　ヲ交える　　to include, combine, cross／夹杂, 参加, 促膝谈心／포함하다, 섞다, (머리를) 맞대다／pha trộn, cho tham gia

①・仕事上の発言に私情を**交えて**はいけない。　・専門家を**交えて**審議する。

　・{ジェスチャー／手振り身振り／ユーモア…}を**交えて**話す。

　関 ヲ交ぜる

②〈慣用表現〉・教師は、問題を起こす生徒とひざを**交えて**話し合った。

　・言葉を**交える**(＝言葉を交わす☞188)。

164 よこす　　ニ＋ヲよこす　　to call (phone), send (e-mail, letter, etc.), give (hand over)／打电话, 发信件, 交给／하다, 보내오다, 내놓다／gọi/chuyển/gửi đến, đưa

・最近、父がしばしば私に電話を**よこす**ようになった。

・{便り／手紙／メール／使い…}を**よこす**。

・〈目の前の相手に〉「それをこっちへ**よこせ**(＝渡せ)」

165 あせる　　ガ／ヲ焦る　　to be in a hurry, be flustered/worried／着急／서두르다, 조급하게 굴다, 초조하다／cuống, vội, nóng vội, lo

①・遅刻しそうで**焦って**いたので、大事な書類を家に忘れてきてしまった。

　・**焦る**とろくなことはない。落ち着いて考えよう。

②・経験の浅い選手は、勝利を**焦って**固くなり、自滅してしまうことも多い。

関 ①②気がはやる、気がせく　　名 ①②焦り

③「学校をさぼったことが親にばれそうになって、**焦った**よ」　　※会話的な言葉。

14

166 **せかす**　ヲせかす　to rush／催促／재촉하다, 독촉하다／thúc giục

・外出しようとする母親は、小さい子供を「早く早く」と**せかした**。

・**せかされる**とかえって時間がかかることも多い。　・上司は部下に会計処理を**せかした**。

類ヲ急がせる　関ヲ促す☞737

167 **たえる**　ガ耐える　to endure, withstand／忍耐, 承受, 经受／참다, 견디다／chịu đựng, trụ vững

①・ダイエットの一番の課題は空腹に**耐える**ことだ。

・{訓練／痛み／禁断症状…}に**耐える**。

関ヲ我慢する

②・この家は象の重さにも**耐える**コマーシャルで話題になった。

・ロケット「はやぶさ」は、度重なるアクシデントに**耐えて**地球に戻ってきた。

168 **むっとする**　ガむっとする　to be sullen/petulant, to be stifled/suffocated／怒上心头, 闷得慌／불끈하다, 후덥지근하다, 숨이 막힐 듯하다／nổi cáu, hầm hập

①・しつこくからかわれて、**むっとした**。　・**むっとした**顔をする。

②・暑い日に一日閉め切ってあったので、帰宅して部屋に入ると**むっとした**。

・**むっとする**暑さ

169 **ぞっとする**　ガぞっとする　to shudder／心有余悸／오싹해지다, 소름이 끼치다／rùng mình, rợn người

・先日自転車で転んだ。もしあの時、車がそばを走っていたらと思うと**ぞっとする**。

関怖い、恐怖

170 **ぎょっとする**　ガぎょっとする　to be startled／大吃一惊／흠칫하다, 깜짝 놀라다／giật mình, hoảng sợ

・夜道で突然声をかけられ、**ぎょっとして**振り向くと、おまわりさんだった。

関ガびっくりする、ガ驚く

171 **くるう**　ガ狂う　to go mad, go wrong／疯狂, 失常, 乱套, 沉溺于／미치다, 빗나가다, 틀어지다, 이상해지다／điên khùng, mê qua đâm mất trí, xáo trộn

①・彼は嫉妬のあまり、気が**狂った**ようになってしまった。

・しばらく練習していなかったら、勘が**狂った**。

・「すぐにキレて人を殺すなんて、今の世の中は**狂って**いると思う」

連気が＿、勘が＿　合ガ荒れ＿、ガ怒り＿

②・あの人はギャンブルに**狂って**、全財産を無くしたそうだ。　・〈文学的〉恋に**狂う**。

③・突然来客があり、仕事の予定が**狂った**。　・{順番／ペース／手元／時計…}が**狂う**。

172 **てれる**　ガ照れる　to be shy／羞涩, 难为情／쑥스러워지다, 부끄러워하다／thẹn thùng

・先生に、成績がいいのに謙虚だとほめられて**照れて**しまった。

・幼稚園でほめられた男の子は**照れて**、怒ったように横を向いた。

合照れくさい、照れ屋

173 **かえりみる**　ヲ省みる　to reflect／反省／반성하다／nhìn lại mình, phản tỉnh

・毎晩日記を書いて、我が身を**省みる**ことにしている。　類ヲ反省する

174 **かえりみる**　　ヲ顧みる　　to look back (over one's shoulder), reflect, consider／回顾, 往回看, 顾及, 顾虑, 照顾／회상하다, 뒤돌아보다, 무릅쓰다, 돌보다／nhìn lại, ngoảnh nhìn, nghĩ đến

①・青春時代を**顧みる**と、恥ずかしかったことばかりが思い出される。

類 ヲ回顧する、ヲ振り返る☞ 478

②・母親は後ろからついてくる息子を**顧みた**。

関 ヲ振り向く

③・父親は子供を救うため、危険を**顧みず**火の中に飛び込んだ。

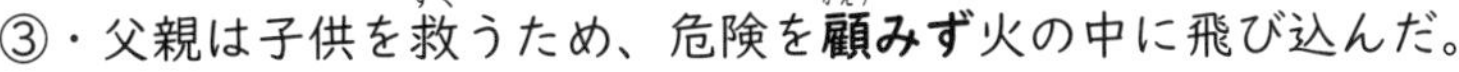

・失礼を**顧みず**、佐藤教授に依頼の手紙を出した。　・家庭を**顧みない**。

※否定形で使うことが多い。

175 **こころがける**　　ヲ心がける　　to try to, aim to／留心, 注意／마음에 두다, 노력하다, 조심하다／cố gắng, lưu tâm

・健康のため、十分栄養を採るよう**心がけて**いる。

・{倹約／省エネ／早寝早起き／安全運転／整理整頓…}を**心がける**。

名 心がけ→＿がいい⇔悪い

176 **こころみる**　　ヲ試みる　　to try／尝试／시도하다, 해 보다／thử

・いろいろ**試みた**が、病気は一向に良くならなかった。

・{説得／抵抗／脱出／新しい方法…}を**試みる**。

類 ヲ試す　　※「試みる」の方が硬い言葉。　　名 試み

177 **あんじる**　　ヲ案じる　　to be concerned about／担心, 挂念／걱정하다／lo

・母はいつも、単身赴任中の父のことを**案じて**いる。　・ことの成り行きを**案じる**。

類 ヲ心配する

178 **しみる**　　ガ染みる　　to permeate, sting／沾染, 渗透, 刺痛／배어들다, 스며들다, 따갑다, 아리다／ám vào, thấm vào

①・喫煙席に座ったら、服や髪にタバコの匂いが**染み**付いた。

・煮込んで味の**しみた**おでん

合 ガ染み込む、ガ染み付く、[名詞]＋染みる(・所帯**染みて**いる)

名 染み(・服にコーヒーの**しみ**がついた。)

②・この目薬は目に**しみる**。

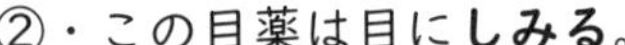

179 **にじむ**　　ガにじむ　　to run, stain, blur, brim, bead, show／渗, 渗透, 模糊, 渗出, 流露出／번지다, 배다, 맺히다／nhòe, loang lổ, mờ mờ, lấm tấm

①・この紙に字を書いても、インクが**にじんで**読めない。　・血の**にじんだ**包帯を取り替える。

関 ガ染み込む

②・涙で町の明かりが**にじんで**見えた。

③・緊張して、額に汗が**にじんだ**。　・目に涙が**にじむ**。

慣 血のにじむような努力

④・彼の声には怒りが**にじんで**いた。　・この文章からは筆者の教養が**にじみ**出ている。

合 ③④ガにじみ出る

180 **ぼやける**　　ガぼやける　　to be blurred/dim／模糊, 不清楚／흐려지다, 희미해지다／mờ đi, nhạt nhòa

・霧(きり)が出て視界(しかい)が**ぼやけた**。　・涙で目の前が**ぼやけた**。

・この写真は焦点(しょうてん)が**ぼやけて**いる。　・その時の記憶(きおく)はなぜか**ぼやけて**いる。

類ガぼんやりする、ガぼける　他ぼやかす

181 **よわる**　　ガ弱る　　to weaken, be dejected／衰弱, 困窘／약해지다, 곤란해지다／yếu đi, khốn quẫn

①・年を取ると足腰(あしこし)が**弱って**くる。

・体が**弱って**いると風邪(かぜ)をひきやすい。

②・終電に乗り遅れて、**弱って**しまった。

類ガ困る

182 **ふける**　　ガ老ける　　to age／衰老, 苍老／늙다, 나이를 먹다／già đi, già

・あの人はしばらく会わない間にぐっと**老けた**。　・彼は20代なのにずいぶん**老けて**見える。

関ガ老(お)いる　※「老いる」は、本当に年をとった場合に使う。

183 **こごえる**　　ガ凍える　　to freeze／冻僵／추위로 인해 몸의 감각이 둔해지다／lạnh cóng, đông cứng

・寒さで手が**凍えて**、指がうまく動かせない。　・今日は**凍える**ような寒さだ。

関ガ凍(こお)る

184 **かなう**　　ガかなう　　to come true／能实现, 能如愿以偿／이루어지다／thành hiện thực

・努力すれば、いつか必ず夢は**かなう**と信じている。

・歌手になるのは、**かなわぬ**夢だとあきらめた。

連願いが__、夢が__　類ガ実現する　慣かなわぬ夢

185 **かなえる**　　ヲかなえる　　to come true／实现愿望／이루어지게 하다／làm thành hiện thực

・彼はオリンピックで金メダルを取り、ついに夢を**かなえた**。

連願いを__、夢を__　類ヲ{実現する／実現させる}

186 **かける**　　ヲ懸ける／賭ける　　to risk, gamble／赌输赢, 冒险／걸다／mạo hiểm, đánh cược

[懸]・若者たちは国を守るために、命を**懸(か)けて**戦った。　・投手はその一球に勝負を**懸(か)けた**。

連ニ命を__、勝負を__　合命がけ→__で戦う

[賭]・競馬(けいば)では、多くの観客が金を**賭(か)ける**。

・どちらのチームが勝つかに昼ご飯を**賭(か)けた**。

合賭(か)け事(ごと)　関ギャンブル　名賭(か)け→__をする

187 **よす**　　ヲよす　　to give up／放弃, 停止／그만두다／thôi, từ bỏ

・海外旅行に誘(さそ)われたが、お金がないので今回は**よす**ことにした。

・無駄遣(むだづか)いはもう**よそう**と思う。　・〈けんかをしている人に〉「**よしなさい！**」

類ヲやめる

188 **かわす**　　　ヲ交わす　　　to exchange／交换／나누다, 주고받다／trao đổi

・朝、お隣の人と挨拶を**交わした**。　・{言葉／握手／視線／約束／さかずき…}を**交わす**。

合 ヲ見__、ヲ取り__（・契約書を**取り交わす**。）

189 **にぎわう**　　　ガにぎわう　　　to be crowded, cause a sensation／热闹, 大肆报导, 丰富／북적거리다, 떠들썩하다／náo nhiệt, khuấy động

・夕方になると、商店街は買い物客で**にぎわう**。

・最近、有名タレントのスキャンダルが週刊誌を**にぎわせて**いる。

※他動詞「にぎわす」のテ形「にぎわして」も使う。

名 にぎわい（・町にかつての**にぎわい**を取り戻したい。）　関 にぎやかな

他 にぎわす（・父が釣ってきた魚の料理が食卓を**にぎわした**。）

190 **うけいれる**　　　ヲ受け入れる　　　to accept, agree／接受, 采纳／받아들이다／tiếp nhận, chấp nhận

①・日本はまだあまり多くの難民を**受け入れて**いない。

合 受け入れ先（・ホームステイの**受け入れ先**）、受け入れ態勢（・**受け入れ態勢**を整える。）、受け入れ準備

②・彼の提案は全会一致で**受け入れられた**。　・会社側は組合の要求を**受け入れた**。

類 ヲ認める

名 ①②受け入れ

Unit 02 動詞A 練習問題

146 ～ 190

レベル ★☆☆☆

Ⅰ （　）に助詞を書きなさい。

1．痛み（　）耐える。　　2．医者は患者（　）運動（　）禁じた。

3．練習（　）励む。　　4．命（　）かけて戦う／命がけ（　）戦う。

5．煙（　）目（　）しみる。　　6．安全運転（　）心がけている。

7．観光客（　）にぎわう。　　8．勘（　）狂う／嫉妬（　）狂う。

Ⅱ 「ます形」が名詞になる言葉に○を付けなさい。　例：歩む→歩み

負かす　励む　かばう　からかう　襲う　老ける　交わる　案じる　凍える

あせる　せかす　耐える　心がける　試みる　かなう　にぎわう　受け入れる

Ⅲ 一緒に使う言葉を下から選んで書きなさい。

1．（　　）が弱る。　2．（　　）を賭ける。　3．（　　）がぼやける。

4．（　　）を競う。　5．（　　）をかなえる。　6．（　　）に襲われる。

金　体　焦点　願い　眠気　優劣

Ⅳ 下線の言葉と似た意味の言葉を下から選んで書きなさい。6は下線部と同じ形にしなさい。

1．新しい方法を試みる。（　　）　2．けんか相手を負かす。（　　）

3．泥棒を捕らえる。（　　）　4．「早く早く」と急がせる。（　　）

5．人の心を捉える。（　　）　6．もうけんかはやめろ。（　　）

せかす　ためす　つかまえる　つかむ　やっつける　よす

Ⅴ 下線の言葉と同じ意味になるよう、□に漢字を１字書きなさい。

1．相手の要求を拒む。→拒□する　　2．社員に残業を強いる。→強□する

3．従業員を雇う。→雇□する　　4．子供を養う。→□養する

5．道が交わる。→交□する　　6．多くの人と交わる。→交□する

7．1年を顧みる。→□顧する　　8．自分を省みる。→□省する

Ⅵ 関係のある感情を下から選んで書きなさい。

1．案じる　―（　　）　2．照れる　―（　　）

3．むっとする　―（　　）　4．ぞっとする　―（　　）

5．ぎょっとする　―（　　）

怒り　驚き　恐怖　心配　恥ずかしさ

Ⅶ　一緒(いっしょ)に使う言葉を選びなさい。(　　)の数字は選ぶ数です。

1.［　手　例　力　家族　利益　全力　］を挙(あ)げる。(4)
2.［　家　家族　国民　集中力　訓練　色彩(しきさい)感覚　英気(えいき)　］を養(やしな)う。(4)
3.［　気　調子　行為　時計　予定　未来　計算　文字　］が狂(くる)う。(5)
4.［　目　視線　握手(あくしゅ)　手　意見　思い出　約束　メール　］を交(か)わす。(5)

Ⅷ　(　　)に入る言葉を下から選び、適当な形にして書きなさい。

A
1. 各テレビ局は視聴率を(　　　　　　　)いる。
2. この写真は、写っている人の内面までを(　　　　　　　)いる。
3. ノーベル物理学賞の候補として、日本人の名前が(　　　　　　　)いるそうだ。
4. 落ち込んでいるときに励まされ、その友人の優しさが心に(　　　　　　　)。
5. そのハガキは雨にぬれてインクが(　　　　　　　)、とても読みにくかった。
6. 兄が亡くなってから、両親は一気に(　　　　　　　)ように見える。
7. クラスのみんなが、転校生である私を温かく(　　　　　　　)くれた。
8. 伊藤(いとう)教授のユーモアを(　　　　　　　)講義は、わかりやすくて人気がある。
9. 頭を打ったせいか、事故当時の記憶が(　　　　　　　)いる。
10. A国は今、国を(　　　　　　　)オリンピック誘致(ゆうち)に取り組んでいる。
11. 失恋の悲しみを忘れようと、彼はいっそう仕事に(　　　　　　　)。

あがる	あげる	うけいれる	きそう	しみる	とらえる
にじむ	はげむ	ふける	ぼやける	まじえる	

B
1. 父は自分勝手な人で、家族はいつも我慢を(　　　　　　　)きた。
2. 自転車がぶつかってきそうになったとき、母親は子供を(　　　　　　　)自分がけがをした。
3. 息子ときたら、イギリスへ行ったきり、電話一本(　　　　　　　)。
4. この問題は、(　　　　　　　)にゆっくり考えればできるはずだ。
5. 「言(い)い訳(わけ)は(　　　　　　　)」
6. 「電車が不通？　(　　　　　　　)なあ」
7. 親からは早く結婚しろと(　　　　　　　)いるが、私はまだその気になれない。
8. 友達にしつこく(　　　　　　　)、子供はとうとう泣き出してしまった。
9. 溺(おぼ)れている子供を助けようと、青年は危険を(　　　　　　　)に、川に飛び込んだ。
10. 寒波(かんぱ)に(　　　　　　　)、多くの羊(ひつじ)が(　　　　　　　)死んだ。

あせる	おそう	かえりみる	かばう	からかう
こごえる	しいる	せかす	よこす	よす	よわる

Unit 02 動詞A 101 ～ 190

確認問題

レベル ★☆☆☆

Ⅰ （　　）に入れるのに最もよいものを、a・b・c・dから一つ選びなさい。

1．落ちていたごみを（　　）ごみ箱に捨てた。
　a　ちぎって　　b　にぎって　　c　つんで　　d　つまんで

2．信頼関係を（　　）には、ある程度の時間がかかるだろう。
　a　築く　　b　蓄える　　c　建設する　　d　蓄積する

3．友達を信頼して秘密を（　　）明けた。
　a　振り　　b　告げ　　c　打ち　　d　取り

4．暖房が効きすぎていて、部屋は（　　）ほど暑かった。
　a　むっとする　　b　そっとする　　c　ぞっとする　　d　すっとする

5．そんなに（　　）と照れるよ。
　a　しかられる　　b　ほめられる　　c　泣かれる　　d　喜ばれる

6．プレゼンテーションでは、初めの１分で相手の心を（　　）かどうかが勝負だ。
　a　生かせる　　b　かき回せる　　c　見分けられる　　d　つかめる

7．子供の頃からの習慣は、すっかり体に（　　）いる。
　a　くっついて　　b　受け入れて　　c　染み付いて　　d　巻き込んで

8．動物は傷口を（　　）治してしまう。
　a　なめて　　b　かじって　　c　くわえて　　d　かんで

9．あの人は怒るとすぐに大声でどなったり（　　）する。
　a　つぶやいたり　　b　ささやいたり　　c　しゃべったり　　d　わめいたり

10．けが人は額からぽたぽたと血を（　　）いた。
　a　流れさせて　　b　たらして　　c　出して　　d　落として

Ⅱ ＿＿＿の言葉に意味が最も近いものを、a・b・c・dから一つ選びなさい。

1．彼女はうつむいて私の話を聞いていた。
　a　上を向いて　　b　下を向いて　　c　正面を向いて　　d　そっぽを向いて

2．対戦相手を下した。
　a　に勝った　　b　に破れた　　c　に負けた　　d　を攻めた

3．そんなにからかったらかわいそうだ。
　a　そっけなくしたら　　b　軽蔑したら　　c　ひどく責めたら　　d　笑い者にしたら

4．田中氏は10時間に及ぶ手術に耐え、１カ月後には退院した。
　a　に従い　　b　を我慢し　　c　を乗り越え　　d　を拒み

5．彼女は自分も非難されることを恐れず、友人をかばった。
　a　友人の方が悪いと言った　　b　友人は悪くないと言った
　c　友人の責任を追及した　　d　友人からの非難を受け止めた

Ⅲ　次の言葉の使い方として最もよいものを、a・b・c・dから一つ選びなさい。

1．さする

a　おじいさんは「かわいいなあ」と言いながら、犬の頭を<u>さすった</u>。

b　固いもので<u>さすった</u>ところ、傷が付いてしまった。

c　道を歩いていて、ちょっと肩（かた）が<u>さすって</u>しまい、にらまれた。

d　子供のせきがひどいので、母親は背中を<u>さすって</u>やった。

2．ねじる

a　今回の試験は<u>ねじった</u>問題が多く、平均点が悪かった。

b　さまざまな誤解が、二人の関係を<u>ねじった</u>。

c　窓の外を見ようと体を<u>ねじった</u>とたん、激痛が走った。

d　失敗の原因がわからず、彼は頭を<u>ねじった</u>。

3．束ねる

a　リーダーは人を<u>束ねて</u>一つの目的に向かわせるのが仕事だ。

b　近所の人たちの希望を<u>束ねて</u>、私が市に提出することになった。

c　いろいろな資料やら本やらが、机の上に雑然と<u>束ねて</u>置いてある。

d　脱いだ靴はきちんと<u>束ねて</u>、隅（すみ）に並べておいてください。

4．養う

a　子供に一人暮らしをさせるのは、独立心を<u>養う</u>ためだ。

b　若者は大きな夢を<u>養う</u>ことが大切だ。

c　国家は国民を<u>養う</u>ためにあるのだと思う。

d　健康のためには、体を大切に<u>養う</u>ことが必要だ。

5．垂（た）れる

a　悲しくて涙が<u>垂れ</u>そうだ。

b　眠くて目が<u>垂れ</u>そうだ。

c　だるくて足が<u>垂れ</u>そうだ。

d　寒くて鼻水が<u>垂れ</u>そうだ。

6．凍える

a　冬になるとこの川は<u>凍える</u>。

b　吹雪の中で、多くの家畜が<u>凍えて</u>死んだ。

c　冷凍庫の肉は<u>凍えて</u>いるので、解凍しなければならない。

d　当分、空気が<u>凍える</u>ほどの寒さが続くそうだ。

Unit 03 形容詞 A 191 ～ 280

レベル ★★★★

16

191 **がんじょうな　頑丈な**　solid, sturdy／结实／튼튼한, 단단한／bền, vững chắc

・この家具は**頑丈に**できているから、100年でももつだろう。

・**頑丈な**{家／ドア／体つき…}

合 頑丈さ　関 丈夫な、がっしりした

192 **じゅうなんな　柔軟な**　flexible／柔软, 灵活／유연한／mềm dẻo, linh hoạt

①・体が**柔軟で**ないと、バレリーナになるのは無理だ。

合 柔軟体操、柔軟剤　類 柔らかい

②・「緊急事態に際しては、**柔軟に**対処してください」　・**柔軟な**{考え方／姿勢…}

関 しなやかな☞900、杓子定規な

合 ①②柔軟さ、柔軟性

193 **たいらな　平らな**　flat, smooth／平坦, 整平／평탄한, 평평한／bằng phẳng

・このあたりの道は**平らな**ので走りやすい。　・石の表面を削って**平らに**する。

関 平たい

194 **へいこうな　平行な**　parallel, concurrent／平行, 并行／평행한／song song, cùng lúc

①・この2本の直線は**平行である**。　・話し合いは**平行**線をたどった。

合 平行線→＿をたどる、平行四辺形、平行棒　関 垂直な

②[動 ガ平行する]・2面のコートで{**平行**／並行}**して**試合が行われている。

関 同時に

195 **てぢかな　手近な**　handy, familiar, near／近旁, 常见／가까운, 손에 닿는, 흔한／dễ kiếm, gần gũi

・この本に載っている料理は、**手近な**材料で作れるものばかりだ。

・今日は忙しいから、お昼は**手近な**ところで済ませよう。　・**手近な**例を挙げて説明する。

名 手近(・防災グッズはいつも**手近**に置くようにしている。)

196 **しぶい　渋い**　bitter, sober, grim, tight-fisted／涩, 素雅, 不快, 吝啬／떫다, 수수하다, 떨떠름하다, 인색하다／chát, nền nã, cau có, chắt bóp

①・お茶の葉を入れすぎて、お茶が**渋く**なってしまった。

合 渋み

②・母は好んで**渋い**色の着物を着ている。

類 落ち着いた

③・姉が大学院に進学したいと言うと、父は**渋い**顔をした。

④・あの会社は支払いが**渋い**。

関 ヲ渋る

合 ①②④渋さ

197 **こうばしい　香ばしい**　fragrant／香气扑鼻／구수하다, 향기롭다／thơm phưng phức/ngào ngạt

・パンを焼く**香ばしい**匂いがする。　・**香ばしい**{お茶／コーヒー…}の香り

合 香ばしさ

198 **はなやかな　華やかな**　showy, florid／华丽／화려한／lộng lẫy

・アカデミー賞授賞式の会場は、**華やかな**雰囲気に包まれていた。

・成人の日には、**華やかに**装った若者たちが街にあふれる。

合 華やかさ　関 華々しい(・**華々しい**活躍)

199 **せいだいな　盛大な**　grand, magnificent／隆重, 热烈／성대한／long trọng

・選手団の激励会が**盛大に**行われた。　・演奏が終わると、**盛大な**拍手が湧き上がった。

合 盛大さ

200 **あざやかな　鮮やかな**　vibrant, vivid, skillful／鲜艳, 清晰, 巧妙, 精湛／선명한, 산뜻한, 뚜렷한, 멋진／rực rỡ, tươi tắn, diệu nghệ

①・このポスターは色が**鮮やかで**目を引く。　・新緑が目に**鮮やかな**季節になった。

・30年ぶりに級友たちの顔を見たとたん、当時のことを**鮮やかに**思い出した。

合 色＿、鮮やかさ　対 不鮮明な　類 鮮明な

②・鈴木さんは素人とは思えない、**鮮やかな**手品の腕前を披露した。

・柔道の山下選手は決勝で**鮮やかな**一本勝ちを決めた。

類 見事な☞865

201 **なめらかな　滑らかな**　smooth, fluent／光滑, 流利／매끄러운, 유창한／trơn tru, trôi chảy

①・大理石を磨いて表面を**滑らかに**する。　・**滑らかな**{肌／布…}

関 すべすべ、スムーズな☞848

②・アメリカに留学していたことがあるだけに、彼女の英語は**滑らかだ**。

関 ぺらぺら

合 ①②滑らかさ

202 **へいぼんな　平凡な**　ordinary／平凡, 平庸／평범한／bình phàm, bình thường

・私は特に誇れるようなところのない、ごく**平凡な**人間だ。

・**平凡な**{人生／生活／成績／作品…}

合 平凡さ　対 非凡な(・**非凡な**才能)　類 ありふれた☞797

203 **そぼくな　素朴な**　simple／简单, 单纯／소박한／mộc mạc, đơn thuần

①・この民宿は田舎ならではの**素朴な**料理が売り物だ。　・**素朴な**人柄

類 飾り気がない　関 質素な

②・子供の**素朴な**疑問に答えるのは案外難しい。

関 簡単な、単純な

合 ①②素朴さ

17

204 せいみつな　精密な　precise／精密, 精确／정밀한, 정확한／tinh xảo, chính xác

①・この機械は極めて**精密に**できている。
　合 精密機械　類 精巧な　関 緻密な☞875

②・この機械を使えば、距離を**精密に**測定することができる。
　合 精密検査　類 詳しい　関 綿密な

合 ①②精密さ

205 きょくたんな　極端な　extreme／极端／극단적인, 지나친／cực đoan

・子供に競争させるべきではないというのは、少し**極端な**意見だと思う。

・この子は**極端に**口数が少ない。
　合 極端さ　名 極端→両__ナ

206 もうれつな　猛烈な　violent, intense／猛烈, 异常／맹렬한, 심한／mãnh liệt, vô cùng

・**猛烈な**嵐が船を襲った。　・リストラで社員が減ったので、**猛烈に**忙しくなった。
　合 猛烈さ　関 強烈な

207 げんじゅうな　厳重な　strict, rigorous／严格, 严厉／엄중한／nghiêm cẩn

・アメリカ大統領の来日とあって、警察は**厳重な**警備態勢を敷いた。

・**厳重に**{保管する／注意する／取り締まる…}。
　合 厳重さ、厳重注意　類 厳しい

208 じゅうぶんな　十分な　satisfactory, enough／充足, 充分, 足够／충분한／đủ

・健康のためには、**十分な**睡眠と栄養が必要だ。　・準備の時間は**十分に**ある。

・それだけ食べれば、もう**十分だろう**。

・あの女優はもう60歳だが、今でも**十分(に)**美しい。
　対 不十分な

209 おおはばな　大幅な　substantial／大幅度／대폭적인／nhiều

・食料品の**大幅な**値上げが庶民の生活を直撃した。　・計画が**大幅に**変更された。
　対 小幅な

210 ぼうだいな　膨大な　enormous, huge／庞大, 巨大／방대한／khổng lồ, rất lớn

・東京都民が1日に出すごみは**膨大な**量に上る。

・現代人は便利な生活を維持するために、**膨大な**エネルギーを消費している。

・大企業が**膨大な**負債を抱えて倒産した。　・**膨大な**{資金／資料／データ／損害…}
　合 膨大さ　類 莫大な☞926、多大な、おびただしい☞927

211 とぼしい　乏しい　poor, limited／缺乏／모자라다, 부족하다／nghèo, thiếu

・日本は地下資源が**乏しく**、多くを輸入に頼っている。

・彼は能力は高いが経験に**乏しい**。　・{資金／知識／才能…}が**乏しい**。
　合 乏しさ　対 豊かな　類 不足している、足りない　関 が富む☞753、が欠乏スル☞992

212 **わずかな**　　**僅かな**　　little, only／仅仅, 一点点／약간의, 적은／một chút, ít

・足を骨折したので、**わずかな**距離でも移動が大変だ。

・100メートル走で、浅野選手は高原選手に**わずかに**及ばなかった。

・今年も残り{**わずかだ**／**わずかに**なった}。　・毎月**わずか**ずつだが貯金している。

副 わずか(・昨年のこの試験の合格率は**わずか**1割だった。

・あの子は**わずか**5歳で、漢字2,000字が読めるそうだ。)

連 残り＿　合 わずかさ　類 少ない、少し、たった

213 **かすかな**　　faint／隐约, 微弱／희미한, 어렴풋한／mờ nhạt, yếu ớt

・遠くに**かすかに**船が見える。　・**かすかな**{音／匂い／光／記憶…}

・彼は事故直後はまだ**かすかに**息があったのだが、病院に運ばれる途中で亡くなった。

類 わずかな、ほのかな　関 うっすら(と)

214 **びみょうな**　　**微妙な**　　subtle, complicated, doubtful／微妙／미묘한／tinh tế, khó phân biệt

①・外国語の**微妙な**ニュアンスの違いまで理解するのは難しい。

・この偽札は本物そっくりだが、紙の感触が**微妙に**違う。

②・今年度、黒字になるかどうかは**微妙だ**。

合 ①②微妙さ

215 **きゅうげきな**　　**急激な**　　sudden／急剧, 骤然／급격한／gấp, đột ngột

・山では天候の**急激な**変化に気をつけなければならない。　・株価が**急激に**上昇した。

関 急速な

216 **きゅうそくな**　　**急速な**　　rapid／快速／급속한／nhanh chóng

・明治以降、日本は**急速に**近代化が進んだ。　・**急速な**発展はどこかに無理を生じる。

合 急速冷凍　関 急激な

※「急激な」は程度の変化を、「急速な」は時間的な変化を表すことが多い。

217 **きょうこうな**　　**強硬な**　　strong, unyielding／强硬／강경한／cương quyết

・野党はその法案に**強硬に**反対した。　・**強硬な**態度

合 強硬採決、強硬突破　関 柔軟な☞192

218 **よけいな**　　**余計な**　　unnecessary, surplus, excess, more than ever／无用, 多余, 更加／쓸데없는, 불필요한, 더, 더욱더／không cần thiết, thừa, thêm

①・荷物は軽い方がいいから、**余計な**ものは入れないようにしている。

・弁当を一人分**余計に**注文してしまった。　・親に**余計な**心配はかけたくない。

類 必要以上の　慣 よけいなお世話(・見合いの話なんて、**よけいなお世話**だ。)

②・アルバイト収入を増やすため、今までより1時間**余計に**働くことにした。

類 ①②余分な☞344

③[副 よけい(に)]・見てはいけないと言われると、**よけい(に)**見たくなる。

類 さらに、いっそう

18

219 ふしんな　　不審な　　suspicious／可疑／수상한, 의심쩍은／đáng ngờ

・**不審な**男がうちの周りをうろうろしていたので、警察に電話した。

・警察は被害者の隣人の話を**不審に**思い、ひそかに調べ始めた。

合 挙動__、不審者　　類 怪しい、疑わしい☞234　　慣 不審(の念)を抱く

220 こうしきな　　公式な　　official, formula／正式, (数学) 公式／공식적인, 공식／chính thức, công thức

①・この件に関する政府の**公式な**見解はまだ発表されていない。

合 公式見解、公式訪問、公式文書　　対 非公式{な／の}　　関 正式{な／の}

②[名 公式]・数学の**公式**

221 せいとうな　　正当な　　justifiable, legitimate, proper／正当, 公正／정당한／chính đáng

・労働者を**正当な**理由なく解雇することは許されない。　・**正当な**{権利／報酬…}

・あの画家は生前は**正当に**評価されなかった。

合 正当性、ヲ正当化スル(・彼はいつも自分を**正当化しよう**とする。)　　対 不当な

222 せいじょうな　　正常な　　normal／正常／정상적인／bình thường

・患者は意識を失っているが、血圧、脈拍は**正常だ**。

名 正常(・鉄道は停電のため一時ストップしたが、現在は**正常**に戻った。)

合 正常さ　　対 異常な

223 かんぺきな　　完璧な　　perfect／完美／완벽한／hoàn hảo

・〈体操競技など〉彼女の演技は**完璧だった**。

・「何でも**完璧に**こなそうとすると、疲れてしまうよ」

合 完璧さ　　関 完全無欠な

224 かんけつな　　簡潔な　　concise, brief／简洁／간결한／ngắn gọn

・「要点を**簡潔に**述べてください」　・**簡潔な**{文章／表現／言い方…}

合 簡潔さ　　対 冗長な、冗漫な

225 めいはくな　　明白な　　obvious, clear／明白, 清楚／명백한／rõ ràng, minh bạch

・監視カメラの映像を見れば、この交通事故の原因がどちらにあるかは**明白だ**。

・**明白な**{事実／証拠…}　・裁判を通して、事件の全体が**明白に**なった。

合 明白さ　　類 明らかな　　関 明瞭な

226 きゃっかんてきな　　客観的な　　objective／客观的／객관적인／khách quan

・多くの国で女性の方が男性より平均寿命が長いというのは、**客観的な**事実だ。

・当事者ではなく、第三者の**客観的な**意見が聞きたい。　・**客観的に**{考える／述べる…}。

対 主観的な　　関 客観性、ヲ客観視スル

227 えんきょくな　　えん曲な　　in a roundabout way, euphemistic／婉转, 委婉／완곡한／khéo, uyển chuyển, vòng vo

・交際を申し込んだが、**えん曲に**断られた。　・日本語には**えん曲**表現が多い。

合 えん曲さ、えん曲表現　　類 遠回しな

228 **ふかけつな　不可欠な** indispensable, essential／必不可少／불가결한／không thể thiếu

・決断力は、リーダーに**不可欠な**資質だと思う。

・生物が生きて行くのに、水は必要**不可欠だ**。

合 必要__　類 欠かせない

229 **ゆうりな　有利な** advantageous, profitable／有利／유리한／có lợi, có lợi thế

・少しでも自社に**有利な**条件で取り引きしたい。　・A チームは終始**有利に**試合を進めた。

・この企業は円安(えんやす)が**有利に**働いて、売り上げを伸ばした。

合 有利さ　対 不利な

230 **ゆうぼうな　有望な** promising／有前途, 有希望／유망한／có triển vọng

・今年の新入社員の中で、木村(きむら)さんが最も**有望だ**と思う。

・**有望な**ベンチャー企業(きぎょう)に投資したい。

合 有望さ、前途__（・**前途有望な**青年）

231 **まちどおしい　待ち遠しい** anxiously awaited, looked forward to／急切盼望／몹시 기다려지다／mong ngóng

・帰国して家族に会える日が**待ち遠しい**。

合 待ち遠しさ　関〈待たせた相手に〉「おまちどおさま」

232 **よろこばしい　喜ばしい** happy／喜悦／기쁘다, 반갑다／vui mừng

・我(わ)が校(こう)出身の横山氏(よこやまし)がノーベル賞を受賞したとは、**喜ばしい**限りだ。

・**喜ばしい**知らせに、泣き出す人もいた。

合 喜ばしさ　対 嘆(なげ)かわしい、悲しい　動 ヲ喜ぶ

233 **のぞましい　望ましい** desirable, hoped for／最好, 最希望／바람직하다／tốt nhất, tốt

・A 社の求人案内(きゅうじんあんない)に「大学院卒が**望ましい**」と書いてあった。

・これ以上解決を先に延ばすのは**望ましくない**。

合 望ましさ　動 ヲ望む

234 **うたがわしい　疑わしい** doubtful, suspicious／有疑问, 可疑／의심스럽다／đáng ngờ, đáng nghi

・この記事が本当かどうか**疑わしい**。　・容疑者(ようぎしゃ)の中で最も**疑わしい**のは A だ。

・この実験の成功(せいこう)は**疑わしい**。　・「**疑わしき**は罰(ばっ)せず」が法の精神だ。

合 疑わしさ　類 怪(あや)しい、不確かな、不審(ふしん)な☞219　動 ヲ疑う

235 **らっかんてきな　楽観的な** optimistic／乐观的／낙관적인／lạc quan

・私は**楽観的な**性格で、あまり将来を心配していない。　・**楽観的な**{見方／考え方／性格…}

対 悲観的(ひかんてき)な

★名 **ヲ楽観スル**

・来年の景気の動向は**楽観**を許さない。　・会社の将来について、私は**楽観している**。

合 ヲ__視(し)スル、__主義(しゅぎしゃ)(者)　対 ヲ悲観スル→__的な、__主義(しゅぎしゃ)(者)

Unit 03 形容詞A 練習問題

191 ～ 235

レベル ★☆☆☆

Ⅰ 「～性」「～化」「不～」「非～」という形になるよう、下から言葉を選び、適当な形に変えて（　　）に書きなさい。

1．～性 …（　　　　）性　（　　　　）性　（　　　　）性
2．～化 …（　　　　）化
3．不～ … 不（　　　　）
4．非～ … 非（　　　　）

柔軟（じゅうなん）な　正当な　十分な　客観的な　公式な

Ⅱ 対義語を書きなさい。

1．平凡な　⇔（　　　　）　2．正当な　⇔（　　　　）
3．正常な　⇔（　　　　）　4．有利な　⇔（　　　　）
5．乏（とぼ）しい　⇔（　　　　）　6．楽観的な　⇔（　　　　）
7．客観的な　⇔（　　　　）

Ⅲ （　　）に下から選んだ語を書いて、一つの言葉にしなさい。

1．平行（　　　　）　2．強硬（きょうこう）（　　　　）　3．厳重（げんじゅう）（　　　　）
4．公式（　　　　）　5．精密（　　　　）　6．えん曲（　　　　）
7．（　　　　）有望（ゆうぼう）

見解　検査　採決　線　前途　注意　表現

Ⅳ 下線の言葉と似た意味の言葉を下から選んで（　　）に書きなさい。

1．彼はがっしりした体つきをしている。　→（　　　　）
2．テレビにあざやかな画像が映っている。　→（　　　　）
3．あやしい人物が家の周りをうろついていた。　→（　　　　）
4．遠回しでやわらかい言い方で批判した。　→（　　　　）
5．彼女は、将来が期待できるピアニストだ。　→（　　　　）
6．これは、経験が絶対に必要な仕事だ。　→（　　　　）
7．遠くからほんの小さな音が聞こえてくる。　→（　　　　）
8．血圧（けつあつ）を測ると、問題のない値だった。　→（　　　　）

えんきょくな　かすかな　がんじょうな　せいじょうな せんめいな　ふかけつな　ふしんな　ゆうぼうな

Ⅴ　正しい言葉を〔　　　〕の中から一つ選びなさい。

1．〔　急激に　急速に　〕空腹を感じた。

2．〔　膨大(ぼうだい)な　大幅(おおはば)な　〕数の失業者が出た。

3．この国は資源が〔　貧(まず)しい　乏(とぼ)しい　〕。

4．昨日のテストは〔　完全　完璧(かんぺき)　〕だった。

5．あの先生は出席にとても〔　厳重(げんじゅう)だ　厳しい　〕。

6．コップに〔　かすかに　わずかに　〕水が入っている。

7．今彼に〔　余分な　余計な　〕ことを言わない方がいい。

8．二人は〔　正式に　公式に　〕は結婚していない。

9．姉は〔　盛大(せいだい)な　華(はな)やかな　〕服装で出かけて行った。

Ⅵ　正しい言葉を〔　　　〕の中から一つ選びなさい。

1．平(たい)らな〔　面　線　形　〕

2．明白な〔　事実　報道　発表　〕

3．精密な〔　機械　情報　解答　〕

4．急激な〔　状態　変化　行動　〕

5．香(こう)ばしい〔　音　色　におい　〕

6．なめらかな〔　味　音　手触(てざわ)り　〕

7．楽観的な〔　仕事　商品　性格　〕

8．柔軟(じゅうなん)な〔　服装　考え　食べ物　〕

9．簡潔(かんけつ)に〔　見る　働く　述べる　〕。

10．正当に〔　努力する　評価する　協力する　〕。

11．強硬(きょうこう)に〔　製造する　破壊する　反対する　〕。

Ⅶ　(　　　)に入る言葉を下から選び、適当な形にして書きなさい。

1．彼女は飾らない(　　　　　　　　　)人柄(ひとがら)だ。

2．冷蔵庫にある(　　　　　　　　　)材料で料理を作った。

3．お茶の葉を入れすぎて、お茶が(　　　　　　　　　)なってしまった。

4．妹は(　　　　　　　　　)恥(は)ずかしがりやで、知らない人とは話せない。

5．(　　　　　　　　　)台風が上陸して、各地に大きな被害を及ぼした。

6．この偽札(にせさつ)は本物そっくりだが、手触(てざわ)りが(　　　　　　　　　)違う。

7．外国に行っている恋人の帰りが(　　　　　　　　　)。

8．自分の住む町が発展しているのは(　　　　　　　　　)ことだ。

9．CO_2を増やすのは、温暖化防止の点から(　　　　　　　　　)ない。

10．この雑誌の記事が本当かどうか、大いに(　　　　　　　　　)。

11．創立50周年の記念パーティーが(　　　　　　　　　)行われた。

12．山本(やまもと)さんは(　　　　　　　　　)条件で新しい会社に迎えられた。

13．今年度は、昨年度より(　　　　　　　　　)収益(しゅうえき)が増えた。

うたがわしい　おおはばな　きょくたんな　しぶい　せいだいな　そぼくな　てぢかな
のぞましい　びみょうな　まちどおしい　もうれつな　ゆうりな　よろこばしい

236 **くすぐったい** ticklish, embarrassing／发痒, 不好意思／간지럽다, 쑥스럽다／buồn, nhột, thẹn thùng

①・足の裏を触(さわ)られると、誰(だれ)でも**くすぐったい**だろう。

動 ヲくすぐる

②・みんなの前で褒(ほ)められ、**くすぐったい**気持ちだった。

合 ①②くすぐったさ

237 **だるい** sluggish／困倦／나른하다／uể oải, mỏi

・熱があって全身が**だるい**。　・{足／腕}が**だるい**。

合 だるさ、気(け)__

238 **ゆううつな**　**憂鬱な** painful, depressing／郁闷, 烦闷／우울한／u buồn, phiền muộn

・明日上司(じょうし)に今日のミスを報告しなければならないと思うと**憂鬱(ゆううつ)だ**。

・花粉症(かふんしょう)の私にとって、春は**憂鬱(ゆううつ)な**季節(きせつ)だ。

合 憂鬱(ゆううつ)さ

239 **きんべんな**　**勤勉な** diligent／勤劳／근면한, 부지런한／siêng năng

・戦後日本人は**勤勉に**働き、短期間に復興(ふっこう)を遂(と)げた。

合 勤勉さ　対 怠惰(たいだ)な

240 **れいせいな**　**冷静な** calm, composed／冷静／침착한, 냉정한／bình tĩnh

・何があっても慌(あわ)てず**冷静な**上司(じょうし)を、私は尊敬している。　・**冷静な**態度(たいど)をとる。

・「感情的にならないで、**冷静に**話しましょう」

合 冷静さ、冷静沈着(ちんちゃく)な　関 冷たい、情熱的な

241 **けんめいな**　**賢明な** wise, intelligent／明智／현명한／khôn ngoan, thông minh

・社長には逆(さか)らわない方が**賢明だ**。　・**賢明な**{判断／やり方／人…}

合 賢明さ　類 利口な☞253②、賢い

242 **おんわな**　**温和な／穏和な** moderate, mild／温暖, 性情温和, 意见稳妥／온화한, 원만한／ôn hòa

①・このあたりは気候が**温和で**住みやすい。

類 温暖な

②・父は**穏和(おんわ)な**性格で、大声を出すところなど、見たことがない。　・**穏和(おんわ)な**意見

類 温厚(おんこう)な

類 ①②穏(おだ)やかな

243 **おおらかな**　**大らかな** big-hearted, broad-minded／胸襟开阔／털털한／xuề xòa, rộng lượng

・佐藤(さとう)さんは**大らかな**性格で、細かいことは気にしない人だ。

合 大らかさ　対 神経質な

244 **のんきな**　carefree, heedless／乐天派, 满不在乎／느긋한, 한가로운／vô lo

・私は生まれつき**のんきな**性格で、あまり先のことを心配したりしない方だ。

・「来月海外旅行に行くのに、まだパスポートも取ってないなんて、**のんきだね**」

合のんきさ　関のんびりした、神経質な

245 **おおざっぱな**　**大ざっぱな**　rough, haphazard／大大咧咧, 粗略／어림잡아, 데면데면한／sơ sơ, đại khái

・旅費は**大ざっぱに**計算して５万円ぐらいだろう。

・妹は**大ざっぱな**性格で、几帳面(きちょうめん)な姉とは対照的だ。

類おおまかな、雑(ざつ)な　関几帳面(きちょうめん)な

246 **おおげさな**　**大げさな**　exaggerated, grandiose／夸张, 铺张／과장된, 요란스러운／quá lên, phóng đại

・小さな切(き)り傷(きず)なのに、妹は**大げさに**痛がった。

・結婚式といっても、**大げさな**ことはしないつもりだ。

・**おおげさな**{話し方／表現／しぐさ…}

類オーバーな　関ヲ誇張(こちょう)スル☞319

247 **まえむきな**　**前向きな**　positive／乐观, 积极／적극적인／tích cực

・彼女はいつも新しい課題に**前向きに**取り組んでいる。　・**前向きな**{考え方／姿勢(しせい)…}

・「あなたの提案(ていあん)は**前向きに**検討(けんとう)したいと思います」

コラム 5 自動車(じどうしゃ)／道路(どうろ)　Automobiles/Roads／汽车／道路／자동차/도로／Ô tô, đường đi

◆自動車(じどうしゃ)	Automobiles／汽车／자동차／Ô tô
ガソリン車(しゃ)	gas-powered automobile/car／汽油汽车／가솔린차／xe dùng xăng
ディーゼル車(しゃ)	diesel automobile/car／柴油汽车／디젤차／xe dùng dầu
電気自動車(でんきじどうしゃ)	electric automobile/car／电动汽车／전기 자동차／ô tô điện
ハイブリッド・カー	hybrid automobile/car／混合动力汽车／하이브리드카／ô tô hỗn hợp
◆一般道路(いっぱんどうろ)	Public highways／（指高速公路以外的）一般道路／일반도로／Đường thường
ガソリンスタンド／サービスステーション	gas station/service station／加油站/服务站／주유소/급유소, 주유소／trạm xăng / trạm dịch vụ
立体交差(りったいこうさ)	multi-level crossing／立体交叉／입체 교차／giao cắt lập thể
中央分離帯(ちゅうおうぶんりたい)	median strip, central reservation／中央分离带／중앙 분리대／giải phân cách
ガードレール	guard rail, crash barrier／公路护栏／가드레일／hàng rào chắn
交通標識(こうつうひょうしき)	traffic sign／交通标识／교통안전 표지／bảng hiệu giao thông
駐車場(ちゅうしゃじょう)／パーキング	parking lot／停车场／주차장／chỗ đỗ xe ô tô
◆高速道路(こうそくどうろ)	Freeways／高速公路／고속도로／Đường cao tốc
インターチェンジ	interchange／高速公路出入口／인터체인지／chỗ ra vào đường cao tốc
サービスエリア	rest area, rest stop／服务区／휴게소／trạm nghỉ ngơi
パーキングエリア	rest area, rest stop／停车区／주차장／khu đỗ xe, trạm nghỉ ngơi
ETC	Electronic Toll Collection System／高速公路全自动电子收费系统／논스톱 자동 요금 지불 시스템／hệ thống thu phí điện tử

248 **ようきな　陽気な**　cheerful, weather/season／开朗, 气候温暖宜人／쾌활한, 흥겨운, 날씨／vui nhộn, tiết trời

①・うちは家族が皆**陽気な**性格なので、笑い声が絶(た)えない。　・**陽気な**{音楽／仲間…}
合 陽気さ　対 陰気(いんき)な　類 明るい、朗(ほが)らかな

②[名 陽気]・まだ２月なのに、春のような**陽気だ**。　・いい**陽気**になった。
類 気候、天候

249 **わかわかしい　若々しい**　youthful／年轻, 有朝气／젊다／trẻ trung

・あの俳優(はいゆう)はもう70代のはずだが、いつまでも**若々しい**。

・**若々しい**{表情／声…}
※本当に若い人には使わない。　合 若々しさ

250 **びんかんな　敏感な**　sensitive to, attuned to／敏感／민감한／mẫn cảm, nhạy cảm

・新聞記者は社会の動きに**敏感で**(びんかん)なければならない。　・私は薬に**敏感な**(びんかん)体質だ。

・息子は卵アレルギーで、少量食べただけでも**敏感に**(びんかん)反応(はんのう)する。
合 敏感(びんかん)さ　対 鈍感(どんかん)な

251 **ゆうかんな　勇敢な**　brave, heroic／勇敢／용감한／dũng cảm

・若者たちは**勇敢に**(ゆうかん)独裁者(どくさいしゃ)と戦った。

・火の中から子供を助け出した**勇敢な**(ゆうかん)行為(こうい)は、多くの人の感動を呼んだ。

・彼は正義感(せいぎかん)が強く、**勇敢な**(ゆうかん)青年だ。
合 勇敢(ゆうかん)さ　対 臆病(おくびょう)な☞255　類 勇(いさ)ましい

252 **むくちな　無口な**　taciturn／沉默寡言／과묵한／ít nói, trầm

・父は**無口で**、自分からはめったに話さない。　・**無口な**人
対 口数が多い、おしゃべりな　類 寡黙(かもく)な　関 口が重い

253 **りこうな　利口な**　clever, smart, obedient／聪明, 明智／영리한, 똑똑한, 현명한, 말 잘 듣는／thông minh, khôn ngoan, ngoan

①・カラスは**利口な**鳥だと言われている。　・**利口な**{子供／動物…}
合 利口さ　類 賢い

②・社長には逆(さか)らわない方が**利口だ**。　・**利口な**{やり方／手口…}
合 利口さ　類 要領(ようりょう)がいい　関 賢明(けんめい)な☞241

③・「お**利口に**していてね」　※子供に対して使う。

254 **おろかな　愚かな**　foolish, stupid／愚蠢／어리석은／ngu ngốc

・１カ月分の給料をギャンブルで失うという、**愚かな**(おろ)ことをしてしまった。
合 愚(おろ)かさ、愚(おろ)か者　対 賢(かしこ)い　類 ばかな

255 **おくびょうな**　**臆病な**　timid, fearful／胆怯, 胆小／겁이 많은／nhút nhát

・私は恐がりで**臆病な**、よく泣く子供だった。

・妹は一度失恋してからというもの、恋愛に**臆病に**なってしまったようだ。

連 臆病になる　合 臆病さ、臆病者　対 勇敢な☞251、大胆な☞269

類 小心な

256 **ようちな**　**幼稚な**　childish, infantile／幼稚, 不成熟／유치한／ngây thơ, non dại

・弟はもう中学生なのに、**幼稚な**ことばかり言っている。

・「そんな**幼稚な**うそ、すぐばれるよ」　・**幼稚な**{考え／行動／人／文章…}

合 幼稚さ、幼稚園　類 子供っぽい、稚拙な、未熟な

257 **みじゅくな**　**未熟な**　inexperienced, unripe, premature／技术不熟练, 不成熟, 水果等未熟, 婴儿不足月／미숙한／chưa đủ chín, non nớt, thiếu tháng

①・あの選手はまだ技術は**未熟だ**が、将来伸びそうだ。

・「**未熟**者ですが、よろしくお願いします」

合 未熟者　関 が円熟スル

②・この果物はまだ**未熟だ**。

類 未成熟な

関 ①②が成熟スル☞659、②が完熟スル

③・妹は**未熟**児として生まれた。

合 ①～③未熟さ

258 **ひんじゃくな**　**貧弱な**　poor, meager／瘦弱, 空洞／빈약한／gầy yếu, nghèo nàn

・彼は運動選手としては**貧弱な**体格をしている。　・この論文は内容が**貧弱だ**。

合 貧弱さ　関 みすぼらしい、乏しい☞211

259 **あわれな**　**哀れな**　pathetic, pitiful／可怜／불쌍한, 애처로운／đáng thương

・雨にぬれた子犬は、やせて、**哀れな**姿をしていた。　・**哀れな**身なり

合 哀れさ、哀れっぽい　類 みじめな、みすぼらしい、気の毒な

名 哀れ→__を覚える、__を誘う

260 **なまいきな**　**生意気な**　impertinent, cheeky／傲慢／건방진／kiêu căng, ngạo nghễ

・新入社員のくせに先輩に説教するなんて、**生意気だ**。　・**生意気な**口をきく。

合 生意気さ、生意気盛り(・息子は高校生。**生意気盛り**の年頃だ。)

261 **あつかましい**　**厚かましい**　brazen, shameless／不害羞, 厚脸皮／뻔뻔스럽다／không biết ngượng, trơ trẽn

・あいつはいつも食事時にやってきてうちで食べていく、**厚かましい**やつだ。

・「**厚かましい**お願いで恐縮ですが、本田教授にご紹介いただけないでしょうか」

合 厚かましさ　類 ずうずうしい

262 **らんぼうな　乱暴な**　violent, rude／粗暴, 蛮横, 胡来／난폭한, 거친, 강간／ngỗ ngáo, thô bạo, hành hung

①・あの子は**乱暴な**子で、よくものを壊したり、人を叩いたりする。　・物を**乱暴に**扱う。

・**乱暴な**{言葉／字／意見／論理…}

合乱暴さ

②[名が乱暴スル]・新聞によると、酔って駅員に**乱暴**を働く人が増えているそうだ。

・若い女性が「**乱暴された**」と警察に訴えた。

連ニ__を働く　関暴力

263 **りこてきな　利己的な**　selfish／自私自利的／이기적인／ích kỷ, tư lợi

・あの人は自分のことしか考えない**利己的な**人だ。

関利己主義(者)、自己中心的な

264 **ごうまんな　傲慢な**　haughty／傲慢／거만한／ngạo mạn

・彼は態度が**傲慢だ**から、あまり好かれていない。　・**傲慢な**{人／考え方…}

合傲慢さ　対謙虚な　類高慢な

265 **ひきょうな　卑怯な**　unfair, cowardly／卑鄙, 胆怯／비겁한／hèn hạ, hèn nhát

・あの人は勝つためなら、どんな**卑怯な**手段でも使うだろう。

・正々堂々と戦わず、逃げるなんて**卑怯だ**。

合卑怯さ、卑怯者　類卑劣な、ずるい

266 **むちゃな　無茶な**　ridiculous, ludicrous／不合理, 蛮不讲理／당치 않은, 터무니없는, 무리한／vô điều độ, quá mức, phi lí

・「そんな**無茶な**生活をしていると、体を壊すよ」

・「この仕事、明日までに頼むよ」「そんな**無茶な**」

・**無茶な**{やり方／話／扱い／ダイエット…}

※会話的な言葉。　合むちゃくちゃな　類めちゃくちゃな

名無茶→__を言う、__をする

267 **めちゃくちゃな**　messy, wrecked, absurd, extremely／乱七八糟, 胡说八道, 特别／엉망진창인, 뒤죽박죽인, 무지무지한／hỗn độn, tan tành, lung tung, vô cùng

①・出席者がけんかを始めたせいで、パーティーは**めちゃくちゃに**なった。

・バスと衝突した車は**めちゃくちゃに**壊れていた。

連めちゃくちゃになる

②・酔っぱらいの言っていることは**めちゃくちゃで**、理解不能だった。

類①②めちゃめちゃな

③[副めちゃくちゃ]・「今日の試験は**めちゃくちゃ**難しかった」

※会話的な言葉。　類ひどく、めちゃめちゃ

268 **やかましい**　noisy, strict, fussy／吵闹, 严格, 讲究／시끄럽다, 엄하다, 까다롭다／ồn ào, xét nét, cầu kỳ

①・工事の音が**やかましくて**、勉強に集中できない。

②・課長は時間に**やかましい**ので、１分の遅刻も許されない。

・子供の頃、箸の持ち方を母に**やかましく**注意された。

合口＿＿　類厳しい

③・山田さんはラーメンの味に**やかましく**、あちこち食べ歩いている。

合①～③やかましさ　類①～③うるさい

269 **だいたんな**　**大胆な**　daring, audacious／大胆／대담한／bạo dạn

・未経験者が冬山に一人で登るなんて、**大胆**というより無謀だ。

・あのデザイナーは**大胆な**デザインで人気がある。

・「学界の権威である山本教授に反論するとは、**大胆な**！」

合大胆さ、大胆不敵な　対小心な、臆病な☞255

270 **けいかいな**　**軽快な**　light, nimble, taking a turn for the better／轻快, 减轻／경쾌한／nhanh nhẹn, nhẹ nhàng, thuyên giảm

①・前夜到着した選手たちは、移動の疲れをものともせずに、**軽快な**動きを見せた。

・**軽快な**{足取り／身のこなし／音楽…}

合軽快さ

②[動ガ軽快する]・入院して１カ月、病気はようやく**軽快した**。

271 **きゅうくつな**　**窮屈な**　tight, formal, constrained／窄小, 死板, 拘束／갑갑한, 불편한, 거북한／chật, gò bó

①・太って、服が**窮屈に**なってしまった。　**窮屈な**{靴／座席…}

対ゆったりした☞1124　類きつい

②・「お見合いだからといって**窮屈に**考えず、気楽に会えばいいですよ」

類堅苦しい

③・偉い人たちとの食事は**窮屈で**、食べた気がしない。

類気詰まりな

合①～③窮屈さ

272 **ちゅうじつな**　**忠実な**　faithful, loyal／忠实, 忠诚／충실한／trung thành, trung thực

①・犬は飼い主に**忠実だ**と言われる。　・言いつけを**忠実に**守る。　・**忠実な**部下

②・これは小説を**忠実に**映画化している。

類正確に、ありのままに

合①②忠実さ

273 **あやふやな**　vague, uncertain／模糊, 模棱两可／애매한／mơ hồ, mập mờ

・あの日のことは記憶が**あやふやで**、はっきり思い出せない。

・結婚するのかどうか聞いても、彼は**あやふやな**返事しかしない。

・{証言／知識／態度…}が**あやふやだ**。

類あいまいな

274 **ざんこくな**　残酷な　cruel, harsh／残酷, 残忍／잔혹한, 참혹한／tàn nhẫn, tàn khốc

・映画で**残酷な**場面を見て、思わず目を背けた。　・**残酷な**{仕打ち／運命…}
合 残酷さ、残酷性　類 残忍な

275 **ひさんな**　悲惨な　wretched, disastrous／悲惨, 凄惨／비참한／bi thảm

・水も食べ物もない子供たちの**悲惨な**光景を見て、自分の無力さが辛かった。
・祖父の弟は戦場で**悲惨な**最期を遂げたそうだ。
連 __最期　合 悲惨さ

276 **なさけない**　情けない　shameful, miserable／没出息, 不光彩, 无情／한심스럽다, 비참하다／tủi hổ, đáng thương

①・チームの中で私だけが予選落ちとは、我ながら**情けない**。
類 嘆かわしい
②・我々は国の代表チームなのだから、あまり**情けない**負け方はできない。
類 みっともない☞858
③・入院したのに見舞いにも来てくれない。子供からこんな**情けない**仕打ちを受けるとは。
関 無情な、思いやりがない
合 ①～③情けなさ

277 **ねづよい**　根強い　deep-seated／根深蒂固／뿌리 깊다, 탄탄하다／thâm căn cố đế, ăn sâu

・私の田舎には古い習慣が**根強く**残っている。　・**根強い**{偏見／人気…}
合 根強さ

278 **みっせつな**　密接な　close, to be closely (connected)／密切, 密集／밀접한／mật thiết, sát

①・天候と商品の売れ行きには**密接な**関係がある。
合 密接さ
②[動 が密接する]・この地区は住宅が**密接して**建てられているので、火事になったら大変だ。

279 **かんだいな**　寛大な　tolerant, lenient／宽容, 宽大／관대한／khoan dung

・若い人の失敗には**寛大で**ありたいものだ。　・**寛大な**{人／性格…}
・彼が犯行に至った経緯に同情すべき点が多いので、裁判官には**寛大な**判決を求めたい。
合 寛大さ　類 寛容な

280 **ふさわしい**　suitable, appropriate／合适, 适当／어울리다, 걸맞다／thích hợp, phù hợp

・チームの次期キャプテンとして、上野さんが最も**ふさわしい**と思う。
・華やかすぎる服は、面接に着て行くには**ふさわしくない**。
合 ふさわしさ　類 適当な、適切な

コラム 6 地形・地勢

Geography/Topography／地形・地势／지형・지세／Địa hình, địa thế

【陸】

島

island／岛屿／섬／đảo

半島

peninsula／半岛／반도／bán đảo

岬

headland／海角／곶／mũi

平野

plain／平原／평야／đồng bằng

丘

hill／山岗／언덕／đồi

高原

highlands／高原／고원／cao nguyên

山

mountain／山／산／núi

山地

mountainous area／山地, 山区／산지／vùng núi

山脈

mountain range／山脉／산맥／dãy núi

火山

volcano／火山／화산／núi lửa

火山帯

volcanic zone／火山带／화산대／khu vực núi lửa

湖

lake／湖泊／호수／hồ

池

pond／池塘／연못／ao

沼

marsh／池沼／늪／đầm

湿原

wetland／沼泽, 湿原／습원, 습지／đầm lầy, đất ngập nước

【海】

海峡

channel, strait／海峡／해협／eo biển

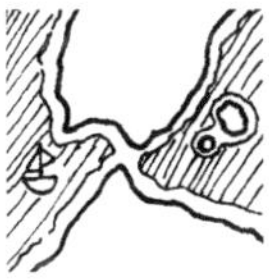

海流

ocean current／海流／해류／hải lưu

大陸棚

continental shelf／大陆架／대륙붕／thềm lục địa

リアス式海岸

ria coast／沉降海岸（又称里阿斯式海岸）／리아스식 해안／bờ biển dạng Rias

Unit 03 形容詞A 練習問題

236 ～ 280

レベル ★☆☆☆

Ⅰ （　　）に助詞を書きなさい。

1．世の中の動き（　　）敏感になる。　2．母は時間（　　）やかましい。

3．恋愛（　　）臆病になる。　4．彼は首相（　　）ふさわしい人物だ。

5．犬は飼い主（　　）忠実だ。

Ⅱ 対義語を書きなさい。

1．怠惰な ⇔（　　　　）　2．陽気な ⇔（　　　　）　3．敏感な ⇔（　　　　）

4．無口な ⇔（　　　　）　5．勇敢な ⇔（　　　　）

Ⅲ 似た意味の言葉を下から選んで（　　）に書きなさい。

1．勇敢な　―（　　　　）　2．利口な　―（　　　　）

3．貧弱な　―（　　　　）　4．窮屈な　―（　　　　）

5．幼稚な　―（　　　　）　6．大げさな　―（　　　　）

7．厚かましい ―（　　　　）　8．やかましい ―（　　　　）

いさましい　うるさい　オーバーな　かしこい　きつい こどもっぽい　ずうずうしい　みすぼらしい

Ⅳ 「～する」の形になる言葉に○を付けなさい。

軽快な　傲慢な　忠実な　乱暴な　勤勉な　敏感な　憂鬱な

Ⅴ 性格や人柄を表す言葉に○を付けなさい。

軽快な　卑怯な　貧弱な　根強い　利己的な　のんきな　大らかな

ふさわしい　温和な

Ⅵ 正しい言葉を〔　　〕の中から一つ選びなさい。

1．勇敢に〔　勝つ　負ける　戦う　〕。

2．冷静に〔　話す　笑う　黙る　〕。

3．軽快に〔　急ぐ　走る　休む　〕。

4．前向きに〔　読む　眺める　考える　〕。

5．大ざっぱに〔　話す　動く　食べる　〕。

6．敏感に〔　判断する　影響する　反応する　〕。

7．勤勉に〔　進歩する　努力する　苦労する　〕。

Ⅶ　正しい言葉を〔　　　〕の中から一つ選びなさい。

1．足の裏を触（さわ）られると〔　だるい　くすぐったい　〕。
2．退職して〔　大らかに　のんきに　〕暮らしている。
3．裁判所は被告に対して〔　寛大（かんだい）な　大胆（だいたん）な　〕判決を下した。
4．まだ18才の彼は、見た目からして〔　若い　若々しい　〕。
5．会社を辞（や）めたのは〔　賢明（けんめい）な　ふさわしい　〕判断だった。
6．この論文は内容が〔　貧（まず）しい　貧弱（ひんじゃく）だ　〕。
7．捨て犬の〔　悲惨（ひさん）な　哀（あわ）れな　〕姿を見て胸が痛んだ。
8．彼女は、社会人としてはまだまだ〔　未熟だ　生意気だ　〕。
9．地震で建物が〔　むちゃに　めちゃくちゃに　〕壊（こわ）れた。

Ⅷ　（　　　）に入る言葉を下から選び、適当な形にして書きなさい。

A　1．社員たちは新しい企画に(　　　　　　)取り組んでいる。
2．「(　　　　　　)お願いですが、先生に推薦状（すいせんじょう）を書いていただけないでしょうか」
3．ドアを(　　　　　　)閉めて壊（こわ）してしまった。
4．彼の態度は(　　　　　　)偉そうなので、周りから嫌われている。
5．この服はデザインが(　　　　　　)すぎて、着るのが恥ずかしい。
6．この職場には、女性への偏見（へんけん）がまだ(　　　　　　)残っている。
7．多くの人が犠牲（ぎせい）になった戦場には(　　　　　　)光景が広がっていた。
8．動物は、気象の変化を(　　　　　　)感じ取る。
9．「忙しいからといって(　　　　　　)生活をしていると体を壊（こわ）すよ」

あつかましい　ごうまんな　だいたんな　ねづよい　ひさんな
びんかんな　まえむきな　むちゃな　らんぼうな

B　1．災害時には、パニックにならず(　　　　　　)行動することが大切だ。
2．このドラマは、実在の人物の生涯（しょうがい）を(　　　　　　)描（えが）いている。
3．いくら相手が強いといっても、30対1で負けたとは(　　　　　　)。
4．父は「礼儀作法（さほう）を守れ」といつも私に(　　　　　　)言う。
5．彼の言うことは(　　　　　　)、信頼性に欠ける。
6．子供には、ドラマで人を殺すような(　　　　　　)場面を見せたくない。
7．天候と食べ物の売れ行きには(　　　　　　)関係がある。
8．上司と一緒（いっしょ）に食事をするのは(　　　　　　)、あまり楽しくない。
9．(　　　　　　)手を使って勝つことは、スポーツマン精神に反する。

あやふやな　きゅうくつな　ざんこくな　ちゅうじつな　なさけない
ひきょうな　みっせつな　やかましい　れいせいな

Unit 03 形容詞 A 191 ～ 280

確認問題

レベル ★☆☆☆

Ⅰ （　　）に入れるのに最もよいものを、a・b・c・dから一つ選びなさい。

1．彼はパーティーのような（　　）場は苦手らしい。
　a　温和な　　b　厳かな　　c　軽快な　　d　華やかな

2．経験はあるが、まだ技術は（　　）ので努力したい。
　a　幼稚な　　b　未熟な　　c　平凡な　　d　生意気な

3．彼は、相撲取り（すもうと）のわりには（　　）体つきをしている。
　a　貧しい　　b　乏しい　　c　貧弱な　　d　欠乏した

4．踏切事故があって、電車に（　　）遅れが出た。
　a　大幅な　　b　膨大な　　c　大規模な　　d　大げさな

5．彼女は怖いもの知らずの（　　）性格だ。
　a　大胆な　　b　寛大な　　c　大らかな　　d　大ざっぱな

6．基準点に（　　）及ばず、不合格になってしまった。
　a　細かく　　b　小さく　　c　かすかに　　d　わずかに

7．うちの犬はとても（　　）、言いつけをきちんと守る。
　a　賢明で　　b　利口で　　c　敏感で　　d　敏しょうで

8．みんなにほめられて、なんだか（　　）。
　a　あつかった　　b　かゆかった　　c　だるかった　　d　くすぐったかった

9．私は（　　）者だから、怖い場所には行きたくない。
　a　内気　　b　臆病　　c　慎重　　d　卑怯

10．A国の要人が、非（　　）に我が国を訪れた。
　a　正式　　b　正規　　c　公式　　d　公的

Ⅱ ＿＿＿の言葉に意味が最も近いものを、a・b・c・dから一つ選びなさい。

1．母は料理の味つけに<u>やかましい</u>。
　a　敏感だ　　b　詳しい　　c　うるさい　　d　工夫をする

2．彼は大統領に<u>ふさわしい</u>人物だ。
　a　適当な　　b　相当する　　c　似合っている　　d　なる可能性が高い

3．この方法はどう考えても<u>望ましくない</u>。
　a　あり得ない　　b　実現が困難だ　　c　現実的ではない　　d　いいとは言えない

4．全員が課題に<u>前向きに</u>取り組んでいる。
　a　協力して　　b　工夫して　　c　積極的に　　d　目標を決めて

5．このアクセサリーは、<u>手近な</u>材料で作ることができる。
　a　安価な　　b　身近な　　c　簡単な　　d　手ごろな

Ⅲ　次の言葉の使い方として最もよいものを、ａ・ｂ・ｃ・ｄから一つ選びなさい。

1．喜ばしい

a　おいしい料理をゆっくりと味わうのは喜ばしい。

b　人から親切にしてもらうことは喜ばしいことだ。

c　昔の親友と久しぶりに再会できて、とても喜ばしかった。

d　我が子が一人前になった姿を見るのは、親として喜ばしい。

2．情けない

a　彼は心の冷たい情けない人だ。

b　意志が弱くて依存心の強い我が子が情けない。

c　うちのチームが惜しくも負けて、情けなかった。

d　雨にぬれた子犬が情けなくて、うちに連れて帰った。

3．無口

a　会議で彼はただ一人意見を言わず、無口にしたままだった。

b　この国には言論の自由がなく、国民は政権に対して無口だ。

c　いろいろな噂(うわさ)が飛んだが、本人は無口に沈黙を守った。

d　彼は無口な人と思われているが、実はよくしゃべる。

4．根強い

a　彼女はどんな問題もあきらめず、根強く解決していった。

b　若い頃スターだった彼は、年を取っても根強い人気がある。

c　このビルは土台が根強いので、大きな地震がきても大丈夫だ。

d　合格するためには、毎日こつこつと根強く努力することが大切だ。

5．余計

a　映画はもう上映期間を過ぎていて、買ったチケットが余計になった。

b　彼は独立してしっかりやっているようだから、心配は余計だ。

c　子供は親から禁止されると、余計にやりたくなるものだ。

d　客がたくさん来そうなので、余計な料理を準備しておいた。

Unit 04 名詞B　281～345

レベル ★★☆☆

23

281 **ないしん**　内心　(in) one's heart/mind／内心, 心中／내심／nội tâm, trong lòng

・顔には出さなかったが、うそがばれないか、**内心**ではドキドキしていた。

・力を入れて書いたレポートの評価が思ったほど良くなく、**内心**がっかりした。

類 心中

282 **やるき**　やる気　willingness, motivation／干劲／의욕／lòng ham muốn, sự hăng hái

・最初は気が進まなかったが、報酬がいいと聞いて**やる気**になった。

・娘にピアノを習わせているが、本人はあまり**やる気**がないようだ。

連 __がある⇔ない、__になる、__が出る・__を出す、__を持つ、__がわく

合 __満々（・彼は希望のポストにつくことができて、**やる気満々**だ。）　類 意欲

283 **ゆうえつかん**　優越感　superiority complex／优越感／우월감／cảm giác ưu việt

・彼女は、周りの誰よりも歌がうまいことに**優越感**を持っていた。

連 ニ__を持つ、ニ__を抱く、__に浸る　対 劣等感

284 **ほこり**　誇り　pride／自豪, 骄傲／긍지, 자랑／niềm tự hào

・平和憲法を持っていることは、我が国の**誇り**だ。

・災害現場で人命救助に尽くした父のことを**誇り**に思う。

連 __がある⇔ない、__を持つ、__に思う、__が傷つく・__を傷つける　合 __高い

類 プライド　関 自尊心　動 ヲ誇る

★動 ヲ**誇る**

①・自動車は我が国が世界に**誇る**工業製品だ。

※主に連体修飾の形で使う。

②・彼女は名家の出であることを**誇っている**。　・才能を**誇る**。

イ形 誇らしい

285 **けつだん**　ヲ決断スル　decision／决断／결단／quyết định

・経営状態が悪いので、役員たちは会社の縮小を**決断した**。

・延命措置の申し出を断るのは、家族としてつらい**決断**だった。

連 __を下す、ニ__を迫る　合 __力（・**決断力**がある⇔ない）

類 ヲ決心スル、ヲ決意スル　関 ヲ決定スル

286 **くしん**　ガ苦心スル　hard work, difficulty／煞费苦心／고심／lao tâm khổ tứ

・「この肖像画では、モデルの優しさを表現するのに**苦心しました**」　・**苦心**の作

※経済的、身体的な面では使えない。　関 ガ苦労スル

287 **しっと**　　　が嫉妬スル　　　jealousy／嫉妒／질투／ghen tị

・子供は生まれたばかりの弟に**嫉妬して**、弟を泣かせた。

・ライバルの才能に**嫉妬する**。　・田中さんは**嫉妬**心が強い。

合 __心　類 やきもち、妬み

★動 ヲ**妬む**

・姉は親にかわいがられている妹を**妬んで**、陰で意地悪をした。

・人の{幸せ／幸運／成功／才能…}を**妬む**。

名 妬み　イ形 妬ましい

288 **ぜつぼう**　　　が絶望スル　　　despair, hopelessness／绝望／절망／tuyệt vọng

・すべてを失った彼は、人生に**絶望して**自殺を図った。

・事故の被害者の救出は**絶望**的な状況だ。

合 __的な、__感

289 **つうかん**　　　ヲ痛感スル　　　full realization／深切地认识到／통감／cảm nhận thống thiết

・チームが連敗していることに対し、彼は監督として責任を**痛感して**いるようだ。

・{力不足／無力さ…}を**痛感する**。

290 **せんにゅうかん**　先入観　　　prejudice／成见, 偏见／선입관／định kiến, thành kiến

・派手な身なりの彼女に悪い**先入観**を抱いてしまった。　・「**先入観**を捨てて判断しなさい」

連 ニ__を持つ、ニ__を抱く　関 偏見☞613、予断

291 **あやまち**　　　過ち　　　fault, error／错误, 过错／잘못, 과오, 실수／sai lầm, lỗi lầm, tội lỗi

①・彼は自分の**過ち**をなかなか認めようとしない。

・会社に損害を与えたのは、契約書をよく確認しなかった私の**過ち**によるものだ。

連 __を認める　類 失敗、ミス

②・無実の人を逮捕するという**過ち**は、決してあってはならない。

・取り返しのつかない**過ち**を犯す。

連 __を犯す、__を償う　類 過失

292 **よく**　　　欲　　　greed, ambition, desire／贪心, 野心／욕심, 욕망／lòng tham, sự ham muốn

・**欲**を出して危ない株に手を出し、破産してしまった。

・「仕事が楽しければ別に出世しなくてもいいよ」「**欲**がないんだねえ」

連 __がある⇔ない、__が深い、__を出す、
__を言えば(・新居には大体満足だが、**欲を言えば**、もう少し収納スペースが多ければよかった。)

合 食__、物__、性__、__望、__張りナ、__深ナ

慣 欲に目がくらむ、欲の皮が突っ張っている

293 はじ　　恥　　embarrassment, shame／丢脸, 耻辱, 羞耻／수치, 창피／sự xấu hổ

・結婚式のスピーチで、新婦の名前を間違えて**恥**をかいてしまった。

・海外で集団犯罪を行って裁判にかけられるなど、我が国の**恥**だ。

・「信頼してくれる人をだまして利益を得ようとは。**恥**を知れ！」

連 __をかく、ニ__をさらす　合 __知らず　関 恥ずかしい　動 ガ／ヲ恥じる

慣 恥を知る、恥の上塗り

★動 ガ／ヲ**恥じる**

①・彼は、詐欺に簡単にだまされてしまった自分の愚かさを**恥じた**。

・容疑者は「私は人に**恥じる**ようなことは何もしていない」と言っているそうだ。

・親からいつも「良心に**恥じる**ようなことはするな」と言われて育った。

慣 良心に恥じる

②・田中選手の試合内容は、チャンピオンの名に**恥じない**すばらしいものだった。

慣 ～の名に恥じない

294 ばつ　　ヲ罰スル　　punishment／惩罚, 处罚／벌／trừng phạt, xử phạt

・悪いことをしたら**罰**を受けるのは当然だ。　・犯罪を厳しく**罰する**。

・音楽の無断複製は法律によって**罰せられる**。

連 ニ__を与える⇔カラ__を受ける　合 罰金、罰則、賞__、天__　類 ヲ処罰スル

関 ヲ制裁スル

※神や仏が下す場合は「罰」ともいう。(・罰が当たる・罰を当てる)

※動詞の受身形は「罰せられる」。

295 ねん　　念　　feeling, concern, confirmation／心情, 注意／마음, 다짐, 만약／lòng, chú ý

①・つらいことがあっても笑顔でがんばる友に尊敬の**念**を抱いた。

・{感謝／不安／不審…}の**念**

類 気持ち

②・「本当にいいんですね？」と彼は私に何度も**念**を押した。

・出張する朝、寝ぼうしないよう、**念**のために目覚まし時計を２つセットしておいた。

連 ニ__を押す、__のため(に)、ニ__を入れる　関 注意、確認

慣 念には念を入れる　動 ヲ念じる

296 ほんね　　本音　　true feelings／真心话／본심, 본마음, 속／tâm tình thực

・お酒を飲んで、上司のことが嫌いだとつい**本音**をもらしてしまった。

・**本音**を言うと、大学に入ったのは親が望んだからにすぎない。

連 ニ__をもらす、__を吐く　対 建前　類 本心

※「本音」は「本心」が言葉として表れたもので、やや感情的な言い方。

297 **べんかい**　　ニ＋ヲ弁解スル　　justification, excuse／辩解／변명／thanh minh, biện hộ

・学生は、試験に遅れたこと{を／について}教師にいろいろと**弁解した**。

・信頼を裏切った彼の行為には**弁解**の余地はない。

連ニ__の余地がある⇔ない　合__がましい　類ガ言い訳スル　関ヲ弁明スル

298 **ちんもく**　　ガ沈黙スル　　silence／沉默／침묵／im lặng

・出席者は皆、**沈黙した**まま下を向いていた。最初に**沈黙**を破ったのは野村氏だった。

・当事者が**沈黙**を守ったので、真実は誰にもわからなかった。

連__を守る、__を破る　関無言、ガ黙る　慣沈黙は金

299 **ぼっとう**　　ガ没頭スル　　immersion／沉迷, 专心致志／몰두／đắm chìm, mải mê

・今、趣味の写真に**没頭している**。　・寝食も忘れて研究に**没頭した**。

関ガ熱中スル、ガ夢中になる

300 **せんねん**　　ガ専念スル　　absorption, (give) undivided attention (to)／专心致志／전념／chuyên tâm

・勉強に**専念する**ためにアルバイトをやめた。

301 **じゅうじつ**　　ガ充実スル　　fullness, enrichment／充实／충실／sung túc, đầy đủ

・**充実した**毎日を送っている。　・この本は高いだけあって、内容が**充実している**。

×充実だ、×充実な、×充実的な　合__感(・**充実感**を味わう)

302 **じりつ**　　ガ自立スル　　independence, self-reliance／自立, 独立／자립／tự lập

・女性の**自立**には経済的**自立**が重要だと思う。

・彼は精神的に**自立してい**ない。

合__的な、__性、__心　関ガ独立スル、ガ自活スル

303 **あいしょう**　　相性　　compatibility／投缘, (相互间的) 配合／궁합／tương thích

・占いによると、私と彼は**相性**がいいらしい。

・うちのチームはあのチームとは**相性**が悪く、負けることが多い。

連__がいい⇔悪い、__が合う、__がぴったりだ

304 **きょうかん**　　ガ共感スル　　empathy／同感, 共鸣／공감／đồng cảm, đồng tình

・その歌の歌詞に、多くの若者が**共感した**。　・山口氏の訴えは人々の**共感**を呼んだ。

・筆者の意見に、私も**共感**を覚えた。

×共感だ　連__を覚える、__を呼ぶ　関ガ同感スル、ガ共鳴スル

305 **きょうちょう**　　ガ協調スル　　cooperation／协调, 协力／협조／hợp tác, phối hợp

・環境問題の解決には、各国の**協調**が必要だ。

・労使が**協調して**会社の危機に立ち向かった。　・彼は**協調**性に欠ける。

合__的な、__性(・**協調性**がある⇔ない)、国際__　関ガ協力スル

306 **きょうどう**　ガ共同スル　combination, common／共同／공동／chung, cùng nhau

・この寮の学生のシャワーは各階の学生が**共同**で使用している。

・この技術は２社が{**共同**で／**共同して**}開発した。

合＿体、＿作業、＿生活、＿戦線(・**共同戦線**を張る。)　対単独　類ガ協同スル

307 **げきれい**　ヲ激励スル　encouragement／激励／격려／khích lệ

・選手団を**激励する**ために、大勢の人が集まった。

合＿会　関ヲ励ます

308 **しえん**　ヲ支援スル　support, assistance／支援／지원／trợ giúp

・公害の被害者を**支援する**団体を立ち上げた。　・この活動は国の**支援**を受けている。

連＿を受ける　合＿者、＿団体、＿金　類ヲ援助スル　関ヲ後押しスル

309 **してき**　ニ＋ヲ指摘スル　identification, indication／指出／지적／nêu ra

・経済評論家は、景気の悪さの原因を的確に**指摘した**。　・次の文の誤りを**指摘しなさい**。

310 **りょうかい**　ヲ了解スル　understanding, consent／知道, 明白／납득, 이해／hiểu rồi, hiểu được

①・「商談が終わったら、結果を電話で報告してください」「**了解しました**」
　※親しい人同士や通信などでは「了解」と短く言うこともある。　類ヲ承知スル

②・彼の真意を聞いて、本当は何をやりたいのか初めて**了解した**。
　類ヲ理解スル

311 **しょうだく**　ヲ承諾スル　consent, agreement／同意／승낙／đồng ý

・先生は学生の**承諾**を得て、彼の作文をみんなに読ませた。

・上司の**承諾**を得ずに外出して注意された。　・父に結婚の**承諾**を得る。

連ニ／カラ＿を得る　合＿書　対ヲ拒否スル☞93

312 **いやがらせ**　嫌がらせ　harassment／讨厌的言行, 骚扰／괴롭히는 것, 장난하는 것, 짓궂은 짓／quấy rối

・町議会で一人だけ反対意見を述べたら、**嫌がらせ**をされるようになった。

・**嫌がらせ**の電話が頻繁にかかってきて困っている。

連ニ＿をする、＿を受ける

313 **ぼうがい**　ヲ妨害スル　obstruction／妨碍／방해／cản trở, phá quấy

・相手チームのプレーを**妨害して**反則になった。

・総会に**妨害**が入らないよう、会場が閉鎖された。

連＿が入る　合営業＿、安眠＿、公務執行＿

314 **せっとく**　ヲ説得スル　persuasion／说服, 劝说／설득／thuyết phục

・親を**説得して**留学を認めてもらった。　・両親は息子に大学に行くように**説得した**。

・悪い仲間と付き合わないよう友人を**説得した**。

合＿力(・**説得力**がある⇔がない　・**説得力**に欠ける)　関ヲ説く、ヲ説き伏せる

315 **りくつ**　　**理屈**　　reason, argument, theory／道理, 歪理／이치, 이론／lí lẽ

①・円高なのに輸入品が値上がりしているのは、**理屈**に合わない話だ。

・客だから何をしてもいいなどという**理屈**は{通らない／通用しない}。

連__に合わない、__が通らない、__が通用しない　類道理、論理

②・あの人は**理屈**を言うばかりで、実行が伴わない。

・彼はいろいろ**理屈**をこねているが、結局はその仕事をやりたくないだけだ。

連__を言う、__をこねる　合__っぽい(・**理屈っぽい**人)、へ__、__屋

316 **ろんり**　　**論理**　　logic／逻辑, 道理／논리／lôgíc

・この論文は構成はいいが、**論理**の面で問題がある。

・社会には、まともな**論理**が通らないことがしばしばある。

連__が通らない　合__的な、__性(・彼の話は**論理性**{に欠ける／を欠く}。)、__力、__立てる(・「**論理立てて**きちんと説明してください」)

類理屈　※「理屈」は「論理」よりも個人的な場面で使われやすい。

317 **すいり**　　**ヲ推理スル**　　deduction, reasoning／推理／추리／suy đoán

・状況から犯人を**推理する**。

合__小説、__作家、__力　関ヲ推量スル、ヲ推測スル、ヲ推定スル

318 **こんきょ**　　**根拠**　　basis, foundation／根据, 据点／근거／căn cứ

①・彼の話には何の**根拠**もない。　・相手を納得させるためには、**根拠**を示す必要がある。

連__がある⇔ない、__を示す

②・反政府勢力は首都郊外のビルを**根拠**地とした。

合__地　類本拠

319 **こちょう**　　**ヲ誇張スル**　　exaggeration／夸张／과장／khuếch trương

・事件を**誇張せず**、ありのままに書く。　・彼の話には**誇張**が多い。

関大げさな☞246、誇大な

320 **あんじ**　　**ヲ暗示スル**　　(auto) suggestion, hint／暗示／암시／ám chỉ, ám thị

①・映画の最後の場面の音楽が、主人公の運命を**暗示している**。

合__的な　対ヲ明示スル

②・催眠術というのは、**暗示**によって人を眠った状態にさせるものである。

・不安なときは、「絶対だいじょうぶ」と自分に**暗示**をかけることにしている。

連__にかかる・__にかける　合自己__

321 **さっかく**　　**ヲ錯覚スル**　　illusion, hallucination／错觉, 错认为／착각／ảo giác, nhầm

・線Aの方が線Bより長く見えるのは、目の**錯覚**だ。

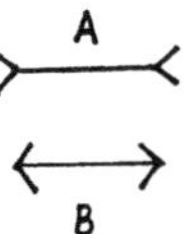

・今日は木曜日なのに、金曜日と**錯覚していた**。

連目の__、__に陥る

322 **しや** 視野 view, outlook／视野, 见识／시야／tầm nhìn

①・山頂に着くと、360度**視野**が開けた。　・突然人影が**視野**に入ってきた。

連 __が開ける⇔さえぎられる、__をさえぎる、__に入る⇔__から消える　類 視界

②・息子には留学して**視野**を広げてほしい。　・**視野**の広い人

連 __が広い⇔狭い、__が広がる・__を広げる、__を狭める

323 **くうはく** 空白 blank／空白／공백／khoảng trống

・日記を書く時間がなかったので、３日分が**空白**になっている。

・政治に**空白**は許されない。　・記憶の**空白**

連 __を埋める　合 __期間

324 **せっしょく** ガ接触スル contact, touch／接触, 相碰, 交往／접촉／tiếp xúc

①・CDプレーヤーが動いたり止まったりする。どこか**接触**が悪いのだろうか。

・狭い道で、その車は危うく自転車と**接触する**ところだった。

連 __が悪い　合 __事故、__感染

②・刑事は容疑者に**接触しよう**とした。

・彼女は昔の仲間と**接触**を断っている。

連 ト__を断つ

325 **こうしょう** ガ／ヲ交渉スル negotiation, connection／谈判, 交涉, 交往, 联系／교섭, 관계／thương thuyết, đàm phán, giao tiếp

①・取引の条件に関し、現在Ａ社と**交渉して**いるところだ。

・待遇改善{を／について}**交渉する**。

・組合は会社側に、**交渉**の場を設けるよう申し込んだ。

連 __がまとまる⇔決裂する、__を重ねる　合 団体__、労使__

②・あの家は近所との**交渉**が全くない。　・叔父とは10年前から没**交渉**だ。

連 __がない、__を持つ、__を断つ　合 没__　関 関係、かかわり合い

326 **だきょう** ガ妥協スル compromise／妥协／타협／thỏa hiệp

・彼女は何事にも**妥協しない**人だ。　・この法律は与野党間の**妥協**の産物だった。

連 __の余地がない　合 __点、__案　関 ガ協調スル☞305

327 **こうしん** ヲ更新スル improvement, renewal, update／更新, 刷新／경신, 갱신／thay mới, cập nhật

①・吉田選手はレースのたびに日本記録を**更新して**いる。

②・アパートの賃貸契約を**更新する**。　・{運転免許／ビザ／ブログ…}の**更新**

328 **せいさん** ヲ精算スル settlement (bill, fare, etc.)／结算／정산／thanh toán

・切符の**精算**をする。　・「一人がまとめて払って、後からみんなで**精算しよう**」

合 __所、__額、__書

329 **そんがい**　　**損害**　　damage, loss／损失, 损害／손해／thiệt hại

・今回の火災で２億円の**損害**が出た。　・私のミスで会社に**損害**を与えてしまった。

連 __が出る・__を出す、__を与える⇔{受ける／被る}、__を償う、__を賠償する

合 __額、__賠償、__保険

330 **りがい**　　**利害**　　pros and cons, interest／利害, 得失／이해／lợi hại, được mất

・十分に**利害**を考えた上で、事業を興すかどうかを決めたい。

・二人は対立していたが、共通の敵ができたことで**利害**が一致した。

連 ト__が一致する⇔対立する

合 __関係(・私と彼は単なる知り合いで、何の**利害関係**もない。)

コラム 7　病気・医療　Conditions/Treatments／疾病, 医疗／질병・의료／Bệnh tật, y tế

◆**診療**	Examination and Treatment／诊治／진료／khám chữa
【診療の前に】	Before diagnosis／诊断前／진단 전에／Khám chữa
{熱／血圧}を測る	take temperature/blood pressure／测量 (体温／血压) ／열/혈압을 재다／đo thân nhiệt/ huyết áp
◆**診断**	Diagnosis／诊断／진단／Chẩn đoán
【内科系】	Internal Medicine／内科 (方面) ／내과 계열／Khoa nội
風邪	cold／感冒／감기／cảm cúm
肺炎	pneumonia／肺炎／폐렴／viêm phổi
インフルエンザ	influenza, flu／流行性感冒／인플루엔자, 유행성 감기, 독감／cúm dịch
結核	tuberculosis／结核／결핵／lao
ぜん息	asthma／哮喘／천식／hen
花粉症	hay fever／过敏性花粉症／꽃가루병, 꽃가루 알레르기／bệnh phấn hoa
熱中症	heatstroke／中暑／열증／say nóng
アレルギー	allergy／过敏症／알레르기／dị ứng
じんましん	rash, hives／荨麻疹／두드러기／phát ban
食中毒	food poisoning／食物中毒／식중독／ngộ độc thức ăn
便秘	constipation／便秘／변비／táo bón
下痢	diarrhea／腹泻／설사／tiêu chảy
生活習慣病	lifestyle-related diseases／生活方式病／생활 습관병／bệnh liên quan đến thói quen sinh hoạt
高血圧	high blood pressure／高血压／고혈압／huyết áp cao
糖尿病	diabetes／糖尿病／당뇨병／đái đường

心筋梗塞	heart attack／心肌梗塞／심근 경색／nhồi máu cơ tim
脳卒中	stroke／中风／뇌졸중／tai biến mạch máu não
癌	cancer／癌, 癌症／암／ung thư
白血病	leukemia／白血病／백혈병／bệnh bạch cầu
【眼科系】	Ophthalmology／眼科 (方面) ／안과 계열／Khoa mắt
白内障	cataracts／白内障／백내장／đục thủy tinh thể, cườm
近視	short-sightedness (myopia)／近视／근시／cận thị
遠視	long-sightedness (hyperopia)／远视／원시／viễn thị
乱視	astigmatism／散光／난시／loạn thị
老眼	age-related long-sightedness／老花眼／노안／lão thị
【外科系】	External Medicine／外科 (方面) ／외과 계열／Khoa ngoại
骨折	fracture／骨折／골절／gãy xương
ねんざ	sprain／扭伤, 挫伤／염좌, 삐다／bong gân
ぎっくり腰	slipped disc／腰扭伤／돌발성 요통／trẹo hông, trẹo lưng
【その他】	Others／其他／그 외／Những bệnh khác
虫歯	cavity (tooth)／蛀牙／충치／sâu răng
不眠症	insomnia／失眠症／불면증／bệnh mất ngủ
うつ病	depression／忧郁症／우울병, 우울증／trầm cảm
認知症	dementia, senility／痴呆症／치매／chứng mất trí

Unit 04 名詞B 練習問題

281 ～ 330

レベル ★★☆☆

Ⅰ （　　）に助詞を書きなさい。

1．この話（　　　）は何の根拠もない。
2．取り引き先の会社（　　　）交渉（こうしょう）を行った。
3．車が自転車（　　　）接触して事故を起こした。
4．今日は土曜日なのに、日曜日（　　　）錯覚（さっかく）していた。
5．彼は成績がいいこと（　　　）優越感を持っている。
6．会社（　　　）賃金の交渉をする。
7．自分の国のこと（　　　）誇り（　　　）思う。
8．A大学（　　　）B大学が共同（　　　）研究をしている。

Ⅱ 「～的」「～性」「～力」「～心」「～感」という形になるよう、下から言葉を選んで（　　　）に書きなさい。

1．～的 …（　　　　）的　（　　　　）的　（　　　　）的　（　　　　）的
2．～性 …（　　　　）性　（　　　　）性　（　　　　）性
3．～力 …（　　　　）力　（　　　　）力　（　　　　）力　（　　　　）力
4．～心 …（　　　　）心　（　　　　）心
5．～感 …（　　　　）感　（　　　　）感

充実	推理	論理	決断	自立	説得	協調	絶望	嫉妬

（二度以上使う語もある）

Ⅲ （　　）に下から選んだ語を書いて、一つの言葉にしなさい。

1．共同（　　）　2．妥協（だきょう）（　　）　3．支援（　　）　4．損害（　　）　5．罰（　　）

者	体	金	額	案

Ⅳ 対義語を書きなさい。

1．本音（ほんね）　⇔　（　　　　　　）　　2．暗示（あんじ）　⇔　（　　　　　　）
3．優越感　⇔　（　　　　　　）

Ⅴ 下線の言葉と似た意味になるよう、□に漢字を1字書きなさい。

1．黙る → □黙する　　2．大げさに言う。 → 誇□する
3．言い訳する → 弁□する　　4．人にやきもちを焼く。 → 嫉□する

Ⅵ　正しい言葉を〔　　　〕の中から一つ選びなさい。

1．彼の考えには〔　同感　共感　〕だ。

2．ゲームに〔　没頭　専念　〕する。

3．契約条件を〔　承知　承諾　〕する。

4．すぐに〔　理屈　論理　〕を言う。

5．事情を〔　説得　納得　〕する。

6．授業の内容を〔　了解　理解　〕する。

7．結婚して親元から〔　独立　自立　〕する。

8．〔　苦労　苦心　〕して子供を育てる。

9．〔　優越感　先入観　〕を捨ててものごとを観察する。

Ⅶ　正しい言葉を〔　　　〕の中から一つ選びなさい。

1．欲が〔　深い　広い　大きい　〕。　2．視野が〔　浅い　狭い　小さい　〕。

3．恥を〔　かく　ひく　まく　〕。　4．やる気が〔　出る　浮かぶ　上がる　〕。

5．決断を〔　くだす　さげる　おろす　〕。　6．過ちを〔　する　おかす　おこなう　〕。

7．人に暗示を〔　はる　つける　かける　〕。

8．交渉が〔　決裂　分裂　分解　〕した。

9．集会に妨害が〔　起きた　生じた　入った　〕。

10．相性が〔　そっくりだ　ぴったりだ　たっぷりだ　〕。

Ⅷ　（　　　）に入る言葉を下から選んで書きなさい。

1．アパートの契約を（　　　　　　　）した。

2．運賃が不足だったので、降りる駅で（　　　　　　　）した。

3．失敗するたびに自分の力不足を（　　　　　　　）する。

4．（　　　　　　　）の電話がかかってきて困っている。

5．オリンピックに行く選手団を（　　　　　　　）した。

6．レポートの間違いをいくつも（　　　　　　　）された。

7．あの日のことは記憶が（　　　　　　　）になっている。

8．「いいですね？」と何度も（　　　　　　　）を押した。

9．あの人は（　　　　　　　）で怒っていても顔には出さない。

10．きちんと（　　　　　　　）立てて説明することが必要だ。

11．共通の敵ができて二人の（　　　　　　　）が一致した。

12．野菜が豊作なのに値上がりしているのは、（　　　　　　　）に合わない。

いやがらせ　くうはく　げきれい　こうしん　してき　せいさん つうかん　ないしん　ねん　りがい　りくつ　ろんり

331 **こうけい**　**光景**　view, sight, scene／景象, 情景／경치, 광경／quanh cảnh

・富士山頂から見た日の出の**光景**に感動した。　・暴動後の町はひどい**光景**だった。

・30年ぶりに親子が対面する**光景**は、人々の涙を誘った。

関 情景、風景　※「光景」は目の前で起きている具体的な場面を言う。

332 **ほうどう**　**ヲ報道スル**　(news) report／报道／보도／phóng sự, đưa tin

・**報道**によると、太平洋で飛行機の墜落事故があったらしい。

・「ベルリンの壁」崩壊のニュースは、リアルタイムで世界中に**報道された**。

合 __番組、__記事、__記者、__機関、__写真、__陣

333 **はかい**　**ヲ破壊スル**　destruction／破坏／파괴／phá hủy, tàn phá

・爆撃によって街が**破壊された**。

・{建造物／システム／生活／神経／細胞…}を**破壊する**。

・人間の経済活動は生態系の**破壊**の原因にもなる。

合 __的な、自然__、環境__、森林__、__力　対 ヲ建設スル、ヲ創造スル

334 **はき**　**ヲ破棄スル**　cancellation, breaking, tearing up and discarding, reversing／撕毁, 废除, 废弃, 撤销／파기／hủy

①・内容に不備が見つかり、契約は**破棄された**。　・{条約／婚約…}を**破棄する**。

合 契約__、婚約__

②・{書類／手紙／メール…}を**破棄する**。

関 ヲ破り捨てる

③・最高裁判所は、二審の無罪判決を**破棄して**、被告に懲役3年を言い渡した。

335 **たいおう**　**ガ対応スル**　correspondence, response／对应, 应对／상응, 대응／đối ứng, ứng xử

①・日本の漢語は、中国語の単語と**対応して**いないものも多い。

②・サービス業では、客にうまく**対応できる**人が必要とされている。

合 __策　関 ヲ措置スル☞940、ガ応対スル、ガ対処スル

336 **たいしょ**　**ガ対処スル**　handling, treatment／处理／대처／đối xử, xử lí

・問題に**対処する**ため、緊急に話し合いが行われた。　・客の苦情への**対処**法を考える。

・赤字を借金で埋めるのは、**対処**療法にすぎない。根本的な解決策が必要だ。

合 __法、__療法　関 ガ対応スル、ヲ処置スル、ヲ措置スル☞940

337 **とりひき**　**ガ取り引きスル**　business, dealings／交易／거래／giao dịch, đổi chác

①・最近は東南アジアとの**取り引き**が増えた。　・我が社はA社と**取り引き**がある。

連 __がある⇔ない　合 __先、__銀行　関 ヲ売買スル

②・法案を通すため、裏で与党と野党が**取り引き**をしたようだ。

合 裏__、司法__

※「取引」と書くことも多い。

338 **どくせん** ヲ独占スル monopoly／独占, 垄断／독점／độc chiếm, độc quyền

・サッカーワールドカップで、ヨーロッパのチームが上位を**独占した**。

・A社が市場をほとんど**独占している**。

合 __的な、__欲(・彼は**独占欲**が強い。)、__インタビュー、__企業、__禁止法

339 **しんしゅつ** ガ進出スル expansion, advancement, launch／进入, 发展／진출／tiến ra, tiến lên

①・日本製品の海外**進出**が進んだ。 ・A社は海外市場に**進出した**。

・芸能界から政界に**進出する**。

対 ガ撤退スル

②・高校野球で、母校が決勝戦に**進出した**。

コラム 8 **日本家屋** Japanese-style House／日式房屋／일본 가옥／Nhà kiểu Nhật

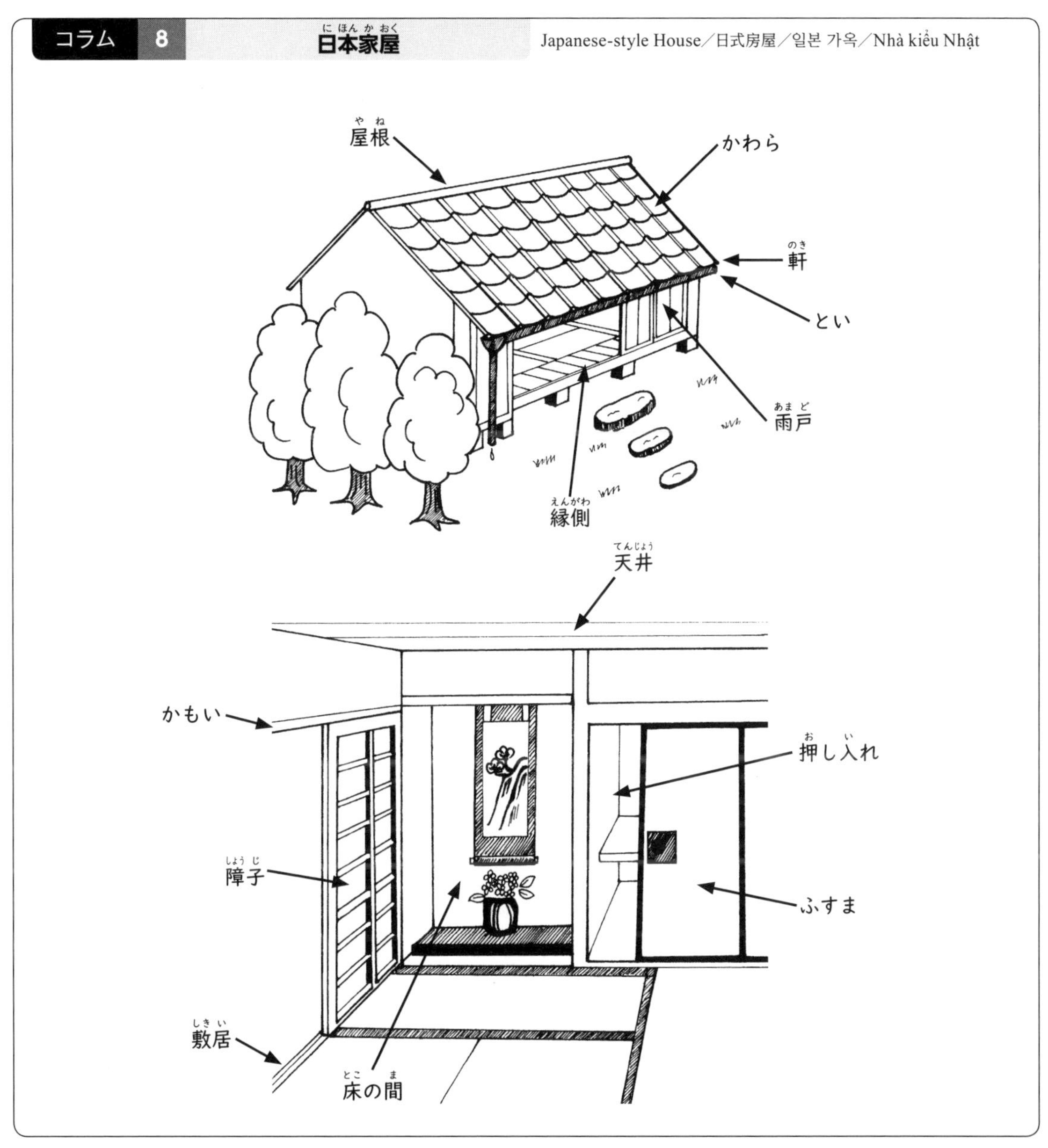

340 しんか が進化スル evolution, progress／演化, 进步／진화／tiến hóa

①・人間はサルから**進化した**らしい。 ・生物は何億年もかけて現在の形に**進化した**。

合 __論、__論的な、__論者 対 ガ退化スル

②・掃除ロボットも**進化して**拭(ふ)き掃除までできるものがある。

連 ①②__を遂(と)げる

341 いっさい 一切 all, the whole／全部, 一概／전부, 일체, 전혀／toàn bộ, hoàn toàn

①・火事で{**一切**の財産／財産の**一切**}を失った。

・「**一切**の責任は私が負(お)います」

類 全部、すべて、何もかも

②[副 いっさい]・林(はやし)部長は部下の言うことを**いっさい**聞こうとしない。

・私はその件には**いっさい**関係ない。

※否定文に使う。 類 全く

342 かげん ヲ加減スル condition, extent, state, adjustment, tendency／状况, 程度, 调节, 稍微／(건강) 상태, 정도, 조절／thể trạng, mức độ, điều chỉnh

①・「お父様のお**加減**はいかがですか」 ・自分のばかさ**加減**が嫌(いや)になった。 ・湯**加減**をみる。

連 __がいい⇔悪い 合 火__、塩__、水__、湯__ 類 具合、程度

②・肉が焦(こ)げないように、火の強さを**加減する**。

合 手__(・ゲームをするとき、相手が子供なので**手加減**した。) 関 ヲ調節(ちょうせつ)スル

③・うつむき**加減**に歩く。(＝うつむきぎみ)

343 さくげん ヲ削減スル reduction, cut／削减／삭감／cắt giảm

・赤字のため、予算が１割**削減(さくげん)された**。 ・従業員数の２割**削減(さくげん)**が目標(もくひょう)だ。

合 経費__、コスト__、人員(じんいん)__ 関 ヲ削(けず)る、ヲ減らす

344 よぶん 余分 excess, extra, surplus／多余, 剩余／여분, 나머지／dư thừa

・「このプリントは**余分**がないので、なくさないようにしてください」

・応募者(おうぼしゃ)が予定より少なく、賞品に**余分**が出た。

連 __がある⇔ない、__が出る 類 余り

ナ形 余分な(・文章中の**余分な**言葉を削除(さくじょ)した。

・客に十分料理が行き渡るよう、少し**余分に**作っておいた。)

類 余計な☞218

345 よち 余地 room, scope／余地／여유, 여지／đất trống, dư địa

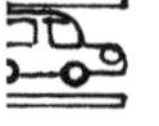

①・駐車場には、まだ２、３台車が入る**余地**がある。

②・この計画は、まだ改善(かいぜん)の**余地**が{ある／残されている}。

・今回の不祥事(ふしょうじ)はすべて私の責任だ。弁解(べんかい)の**余地**はない。

連 ①②ニ__がある⇔ない

犯罪（はんざい）

Crime／犯罪／범죄／Tội phạm

殺人（さつじん）	murder, homicide／杀人／살인／giết người
過失致死（かしつちし）	involuntary manslaughter, accidental homicide／过失致死／과실 치사／ngộ sát
強盗（ごうとう）	robbery／强盗／강도／cướp
窃盗（せっとう）	theft／盗窃／절도／ăn trộm
空き巣（あきす）	sneak thief, burglary when you are not at home／趁人不在家时行窃／도둑／ăn trộm khi chủ vắng nhà
住居侵入（じゅうきょしんにゅう）	breaking and entering／闯入（他人）住宅／주거 침입／đột nhập vào nhà
すり	pickpocket／小偷／소매치기／móc túi
万引き（まんびき）	shoplifting／扒窃（商店物品）／손님으로 가장해 물건을 훔치는 행위／ăn cắp ở cửa hàng
車上荒らし（しゃじょうあらし）	theft from automobiles／偷窃, 抢劫车内物品／차를 터는 행위／ăn trộm đồ trong ô tô
傷害（しょうがい）	injury／伤害／상해／thương vong
暴行（ぼうこう）	assault／暴行, 暴力行为／폭행／bạo hành, đánh đập
虐待（ぎゃくたい）	abuse, cruelty／虐待／학대／ngược đãi
家庭内暴力（かていないぼうりょく）・DV（ドメスティック バイオレンス）	domestic violence／家庭内部暴力／가정내 폭력／bạo lực trong gia đình
誘拐（ゆうかい）	kidnapping, abduction／诱拐／유괴／bắt cóc
監禁（かんきん）	captivity, confinement／监禁／감금／giam giữ
身代金（みのしろきん）	ransom／赎金／몸값／tiền chuộc người
脅迫（きょうはく）	coercion, threat／威胁, 恫吓／협박／đe dọa
恐喝（きょうかつ）	blackmail, extortion／恐吓, 敲诈／공갈／uy hiếp, tống tiền
放火（ほうか）	arson／放火, 纵火／방화／phóng hỏa
性犯罪（せいはんざい）	sex crime／性犯罪／성범죄／tội phạm tình dục
強姦（ごうかん）／レイプ	rape/rape／强奸/强奸／강간/강간／cưỡng hiếp
強制（きょうせい）わいせつ	indecent assault／强行猥亵／성추행／cưỡng chế tình dục
売春（ばいしゅん）・買春（かいしゅん）	prostitution/hiring a prostitute／卖淫/嫖娼／매춘/매춘／bán dâm / mua dâm
セクハラ	sexual harassment／性骚扰／성희롱／quấy rối tình dục
ストーキング →ストーカー	stalking／纠缠, 跟踪行为／스토킹／lén theo, bám đuôi →stalker／尾随者, 跟踪狂／스토커／kẻ lén theo
盗聴（とうちょう）	bugging, wiretapping／窃听／도청／nghe lén
盗撮（とうさつ）	spying, secret filming/ photographing／偷拍／도촬／quay trộm
詐欺（さぎ）	fraud／欺诈, 诈骗／사기／lừa đảo
振り込め詐欺（ふりこめさぎ）	bank transfer fraud／汇款欺诈／입금사기／lừa đảo chuyển khoản
横領（おうりょう）	embezzlement／贪污, 侵吞／횡령／biển thủ, tham ô
贈賄（ぞうわい）⇔収賄（しゅうわい）	bribery／行贿／뇌물／đưa hối lộ⇔accepting bribes／受贿／수뢰, 수수／nhận hối lộ
脱税（だつぜい）	tax evasion／逃税, 漏税／탈세／trốn thuế
テロ（←テロリズム） →テロリスト	terrorism／恐怖主义, 恐怖活动／테러리즘／khủng bố →terrorist／恐怖主义者, 恐怖分子／테러리스트／kẻ khủng bố
ハイジャック	hijack／劫持飞机, 劫机／공중납치, 하이잭／cướp tàu xe
ハッキング →ハッカー	hacking／黑客攻击／해킹／hành vi tin tặc →hacker／黑客／해커／tin tặc
非行（ひこう）	delinquency, misconduct／不良行为／비행／hành vi không tốt
いじめ	bullying／凌辱, 欺负／집단 따돌림, 이지메, 왕따／bắt nạt
確信犯（かくしんはん）	premeditated crime／出于信仰的犯罪, 政治犯／확신범／tội phạm có chủ ý
愉快犯（ゆかいはん）	criminal who enjoys the reaction to his crime／故意捣乱分子／사회를 혼란시켜서 쾌감을 얻는 것을 목적으로 하는 범죄／tội phạm vui thích với hành vi phạm tội
通り魔（とおりま）	random attacker／任意杀伤过路行人的歹徒／괴한／tội phạm tấn công khi đang đi
容疑（ようぎ）	suspicion／嫌疑／용의／tình nghi
・〈人（ひと）に〉～の容疑（ようぎ）がかかる	to be suspected of…／对某人指控有～的嫌疑／<사람에게>～의 혐의가 걸리다／(ai đó) bị tình nghi là ~
・〈人（ひと）に〉～の容疑（ようぎ）をかける	to suspect someone of…／某人被指控有～的嫌疑／<사람에게>～의 혐의를 씌우다／tình nghi (ai đó) là ~
・容疑（ようぎ）を認（みと）める	to admit to the charges／承认罪行／혐의를 인정하다／thừa nhận nghi phạm
・容疑者（ようぎしゃ）	suspect／嫌疑犯／용의자／kẻ tình nghi
指名手配（しめいてはい）	to be wanted for questioning／通缉／지명 수배／truy nã
・～を指名手配（しめいてはい）する	to want … for questioning／通缉～／～을/를 지명 수배하다／truy nã ~
逮捕（たいほ）	arrest／逮捕／체포／bắt giữ
・～を逮捕（たいほ）する	to arrest…／逮捕～／～을/를 체포하다／bắt giữ ~
自首（じしゅ）	surrender, to turn oneself in／自首／자수／ra đầu thú
・～が(警察（けいさつ）に)自首（じしゅ）する	to turn… in (to the police)／～向警察自首／～이/가(경찰에)자수하다／~ ra đầu thú (cảnh sát)
自白（じはく）	confession／自供, 供认／자백／thú tội
・～が自白（じはく）する	to confess…／～自供／～이/가 자백하다／~ thú tội
刑務所（けいむしょ）	prison／监狱／형무소, 교도소／nhà tù
拘置所（こうちしょ）	detention center／拘留所／구치소／nơi giam giữ
少年院（しょうねんいん）	juvenile detention center／少年教养院／소년원／trung tâm giáo dưỡng thiếu niên

まとめ　同じ漢字を含む名詞　346 ～ 380

29

I 「発」が付く言葉

346 **はつげん**　ガ発言スル　utterance, statement, remark／发言／발언／phát ngôn, phát biểu

・大臣の記者会見での**発言**が問題になった。　・「ご**発言**のある方は、挙手をお願いします」

・この会では、誰でも自由に**発言する**ことができる。

合 __力（・この評論家はマスコミへの**発言力**が強い。）、__権

347 **はっこう**　ヲ発行スル　issue, publication／开, 发行／발행／cấp, phát hành

①・就職活動のため、学校の成績証明書を**発行して**もらった。

・{パスポート／～カード／診断書…}を**発行する**。

合 ヲ再__スル

②・書籍を**発行する**。

関 ヲ出版スル、ヲ発刊スル、ヲ刊行スル

③・{紙幣／株券／国債…}を**発行する**。

348 **はっしん**　ニ＋ヲ発信スル　transmission／发布, 发送／발신／gửi đi

・インターネットを使えば、誰でも世界に情報を**発信する**ことができる。

・{電報／メール…}を**発信する**。

合 __人、__者、__先⇔__元　対 ヲ受信スル、着信

349 **はっそう**　ニ＋ヲ発送スル　shipping, sending／寄送／발송／gửi

・最近は宅配便を使って荷物を**発送する**ことが増えた。　合 __先⇔__元

350 **はっこう**　ガ発酵スル　fermentation／发酵／발효／lên men

・パンを作るには、焼く前に生地を**発酵させる**必要がある。

・チーズ、酒、納豆など、世界には**発酵**食品が数多くある。

合 __食品、アルコール__

351 **はついく**　ガ発育スル　growth, development／发育, 成长／발육／phát triển, sinh trưởng

・この子は未熟児として生まれたが、現在は順調に**発育して**いる。

・今年は寒さが厳しく、苗の**発育**が遅い。　・**発育**のいい赤ちゃん

連 __がいい⇔悪い、__が早い⇔遅い　類 ガ成長スル、ガ成育スル、ガ生育スル

352 **ほっそく**　ガ／ヲ発足スル　launch, inauguration／成立／발족／khai trương

・A市に町おこしのプロジェクト団体が**発足した**。

・{会／組織…}{が／を}**発足する**。

〈その他〉ガ発電スル、ガ／ヲ発散スル、ガ発覚スル、ガ発病スル、ガ発熱スル、ヲ発射スル　など

Ⅱ 「確」が付く言葉

353 かくしん ヲ確信スル belief／坚信, 确信／확신／tin chắc, chắc bụng

・〈サッカーの試合で〉３対１になったとき、勝利を**確信した**。

・犯人は彼女だと思うが、**確信**が持てない。

連 __がある⇔ない、__を持つ、__を得る　合 __的な、__犯

354 かくてい ガ／ヲ確定スル decision, settlement／确定, 判定／확정／xác định

・〈選挙で〉開票が始まって１時間ほどで、新市長が**確定した**。　・刑が**確定する**。

・新しい方針を**確定する**。

合 __的な、不__な　類 ガ／ヲ決定スル

355 かくほ ヲ確保スル guarantee, security／确保／확보／đảm bảo

・紛争地域では、食料を**確保する**ことも難しい。

・{予算／財源／原料／エネルギー…}を**確保する**。

356 かくりつ ガ／ヲ確立スル establishment／确立, 确定／확립／xác lập

・クーベルタンが近代オリンピックの基礎を**確立した**。

・{制度／作風／名声／信頼関係／地位…}{が／を}**確立する**。

〈その他〉ガ／ヲ確約スル、確証　など

Ⅲ 「反」が付く言葉

357 はんのう ガ反応スル reaction, response／反应, 化学反应／반응／phản ứng

①・倒れている人に声をかけたが、まったく**反応**がなかった。

・好きな人に告白したが、何の**反応**もないまま１カ月が過ぎた。

・小さな子供は、苦い食べ物には拒否**反応**を示す。

連 __を見る（・子供はわざといたずらをして親の**反応を見る**ことがある。）

合 拒否__、拒絶__

②・火災報知機は煙に**反応して**火災を知らせる。

連 ①②__がある⇔ない、__がいい⇔悪い、__が鋭い⇔鈍い、__が速い⇔遅い、～__を示す

合 ①②無__な

③・この二つの薬を混ぜ合わせると、**反応して**ガスを発する。

合 化学__

358 はんしゃ ガ／ヲ反射スル reflection, reverberation, response/reflex／反射／반사／phản xạ

①・日光が窓ガラスに**反射して**まぶしい。　・このホールの壁は音をよく**反射する**。

②・酸っぱい食べ物を見ると唾液が出てくる現象を、条件**反射**という。

合 __神経、条件__、__的な

30

359 **はんぱつ**　　ガ反発スル　　rebellion, opposition, repulsion／反抗, 反感, 排斥／반항, 반발／phản kháng, đẩy

①・厳(きび)しい親に**反発して**、彼女は17才のとき家を出た。

・政府のあいまいな姿勢は、国民の**反発**を買った。

連 ＿を招く、カラ＿を買う

②・磁石(じしゃく)のS極同士(どうし)、N極同士(どうし)は**反発し**合う。

合 ＿力

360 **はんえい**　　ガ／ヲ反映スル　　reflection, influence／反映, 倒映／반영／phản ánh, in bóng

①・国民の声を政治に**反映させよう**。　・新聞には世相を**反映した**川柳(せんりゅう)が載(の)っている。

・子供の行動は親の行動の**反映**だ。

関 表れ

②・湖に富士山(ふじさん)の姿(すがた)が**反映して**美しい。

関 ガ／ヲ反射(はんしゃ)スル☞358

361 **はんそく**　　ガ反則スル　　foul／犯规／반칙／phạm lỗi

・サッカーでは手を使うのは**反則**だ。　・試合で興奮(こうふん)して相手選手を殴(なぐ)り、**反則**を取られた。

連 ＿を犯す、＿を取られる　　合 ＿負け　　関 ガ違反スル

〈その他〉反感、反動、反面、ガ反響スル、ヲ反復(はんぷく)スル、ガ反論スル、ガ反乱スル　など

Ⅳ 「特」が付く言葉

362 **とっきょ**　　特許　　patent／专利／특허／bằng sáng chế

・A社は新製品の**特許**を取り、大きな利益(りえき)を上げた。

※正式には「特許権」と言う。　　連 ＿(権)を取る、＿(権)を得る、＿を申請(しんせい)する

363 **とくゆう**　　特有　　characteristic, uniqueness／特有, 独特, 确定／특유／đặc trưng, cố hữu

・この植物には**特有**の匂いがある。　・この地方**特有**の文化を守っていきたい。

類 固有、独特ナ

364 **とくてい**　　ヲ特定スル　　specific, particular／特定, 固定／특정／cụ thể, đặc định, xác định

①・「権力は腐敗(ふはい)する」というのは一般論で、**特定**の政治家に当てはめられるわけではない。

・彼女には**特定**のボーイフレンドはいない。

対 不特定ナ→＿多数

②・残された指紋(しもん)から、警察はBを犯人と**特定した**。　・アレルギー源(げん)を**特定する**のは難しい。

〈その他〉特技、特色、特売　など

V 「復」が付く言葉

365 **ふっき**　　ガ復帰スル　　return, reinstatement／复职, 回归／복귀／trở lại, phục hồi

・半年の育児休暇の後、職場に**復帰した**。　・沖縄は 1972 年に日本に**復帰した**。

・彼は受刑者の社会**復帰**を助ける仕事をしている。

合 社会＿、職場＿、原状＿

366 **ふっきゅう**　　ガ／ヲ復旧スル　　restitution, restoration／恢复, 修复／복구／sửa lại, khôi phục

・崖崩れで道路が通行できなくなった。**復旧**の見通しはまだ立っていない。

・脱線事故の後、鉄道が**復旧する**のに丸 1 日かかった。

合 ＿作業　　関 ガ／ヲ復興スル

367 **ふっこう**　　ガ／ヲ復興スル　　reconstruction, recovery／复兴, 重建／부흥, 복구／phục hưng, khôi phục

・日本は戦後数十年かけて戦災から**復興した**。

・地震の被害を受けた地域は、力を合わせて町を**復興した**。

合 災害＿、＿支援　　関 ガ復旧スル

〈その他〉ガ／ヲ復活スル、ガ／ヲ復元スル　など

VI 「追」が付く言葉

368 **ついきゅう**　　ヲ追及スル　　interrogation, pursuit／追究, 追查／추궁／truy cứu, truy tìm, điều tra

・事故を起こした会社の責任を**追及する**ため、裁判を起こした。

・{原因／犯人／犯行の動機／事件…}を**追及する**。

369 **ついきゅう**　　ヲ追求スル　　pursuit／追求／추구／truy cầu, mưu cầu

・若者には理想を**追求して**もらいたい。　・{幸福／利益…}を**追求する**。

370 **ついきゅう**　　ヲ追究スル　　enquiry/inquiry, investigation／追求, 追究／추구／đi tìm, truy tìm

・学者の仕事は真理を**追究する**ことだ。　{真実／本質／美…}を**追究する**。

371 **ついせき**　　ヲ追跡スル　　tracking, pursuit, following／追踪／추적／lần theo, dõi theo

①・警察は警察犬を使って犯人を**追跡した**。

②・これは 10 組の双子を 20 年に渡って**追跡した**結果をまとめたものである。

合 ＿調査

〈その他〉ガ追突スル、ヲ追放スル、追試験　など

31

Ⅶ 「手」が付く言葉

372 **てほん**　　手本　　example／范本, 示范, 榜样／본보기, 예／mẫu

①・字を習うときは、**手本**をよく見て書くことが大切だ。

②・ダンスの先生が**手本**を見せてくれたが、その通りには踊(おど)れない。

・オリンピック選手になった先輩(せんぱい)のやり方を**手本**に、私もがんばるつもりだ。

連 __にする・__になる　　類 模範(もはん)

373 **てがかり**　　手がかり　　clue, track, handhold／线索, 抓处／단서, 실마리／đầu mối, chỗ víu tay

①・新聞によると、犯人の**手がかり**はまだつかめないそうだ。

・警察は残された足跡(あしあと)を**手がかり**に、捜査を進めている。

連 __がある⇔ない、__をつかむ　　関 糸口

②・何の**手がかり**もない絶壁(ぜっぺき)を登るのは、素人(しろうと)には無理だ。

関 足がかり

374 **てわけ**　　ガ手分けスル　　division (of labor)／分头, 分工／분담／phân công, phân chia

・近所の子供が行方(ゆくえ)不明(ふめい)になり、みんなで**手分けをして**探すことになった。

・この仕事は、一人では無理だが、何人かで**手分けして**やれば、今日中に終わるだろう。

類 ヲ分担スル

375 **てはい**　　ヲ手配スル　　arrangement, organization, search／安排, 通缉／준비, 수배／lo liệu, sắp đặt, truy nã

①・同窓会の幹事(かんじ)をしている。そろそろ会場を**手配し**なければならない。

・{人員(じんいん)／物資／チケット…}の**手配**

②・警察は父親殺害の容疑者(ようぎしゃ)として、長男を指名**手配した**。

合 ヲ指名__スル

376 **てさぐり**　　手探り　　fumbling, groping／摸索／손으로 더듬음, 암중모색／lần mò, mò mẫm

①・停電で真っ暗になった建物の中を**手探り**で進んだ。　・**手探り**で探す。

②・新しい事業がうまくいくかどうか、まだ**手探り**の段階だ。

377 **てぎわ**　　手際　　skill, tact／本领, 技巧／솜씨, 수완／sự khéo léo

・母は短い時間で夕食を作ってしまう。本当に**手際**がいい。

・課長はいつもトラブルを**手際**よく処理する。

連 __がいい⇔悪い　　合 __よく、不__ナ　　関 手腕

〈その他〉 手数(てすう)、ガ／ヲ手加減(かげん)スル、手口(てぐち)、手ごたえ、手製(てせい)、手作(てづく)り、ヲ手直しスル、ヲ手抜きスル、手ぶら　など

Ⅷ 「人」が付く言葉

378 **ひとで**　　人手　　workers, (other) hands, help／人手, 人力, 他人／일손, 일꾼, 남의 손／nhân lực, tay người khác, tay người

①・注文が増えているのに、**人手**が足りないので増産できない。

・ピラミッドの建設には、どれほどの**人手**がかかったことだろう。

連 ニ__がかかる・ニ__をかける、__が足りない

合 __不足(ぶそく)　関 労働力

②・これくらいの仕事なら、**人手**を借りなくても、一人でできる。

連 __を借りる、__に頼る

③・この森は**人手**の入っていない原生林だ。

連 __を加える、ニ__が入る

④・住み慣れた家が**人手**に渡ることになり、悲しい気持ちだ。

連 __に渡る

379 **ひとめ**　　人目　　in front of people, public gaze／世人的眼目／남의 눈／sự chú ý của người khác

・「**人目**を気にせず、やりたいことをやりなさい」

・日本では、**人目**のあるところでキスをするのは恥ずかしいと思う人が多い。

・彼女は**人目**に付くのが嫌(きら)いで、いつも地味な格好(かっこう)をしている。

連 __がある、__が気になる・__を気にする、__を避(さ)ける、__に付く、__を引く、__をはばかる

380 **ひとけ**　　人気　　sign of life／人的气息／인기척／bóng người

・夜は**人気**のない道を一人で歩かない方が良い。

連 __がない

〈その他〉人柄、人ごと、人前、ガ人見知りスル　など

Unit 04 まとめ　名詞B＋同じ漢字を含む名詞　331～380

練習問題　　レベル ★★☆☆

Ⅰ　（　　）に助詞を書きなさい。

1．複数の企業（　　）取り引きする。　　2．暗闇(くらやみ)を手探り(てさぐ)り（　　）進む。
3．問題（　　）対処する。　　4．赤ちゃんが母親の声（　　）反応する。
5．これは女性（　　）特有の症状だ。　　6．荷物を知り合い（　　）発送する。

Ⅱ　「不」が付く言葉に○を付けなさい。

特定　　特有　　確定　　確信　　手本　　手際(てぎわ)　　反応　　反発

Ⅲ　「～がある⇔ない」の形で使う言葉に○を付けなさい。

反応　　反射　　手際(てぎわ)　　手がかり　　確定　　確信

Ⅳ　「～がいい⇔悪い」の形で使う言葉に○を付けなさい。

反応　　反射　　手際(てぎわ)　　手がかり　　発育　　発足

Ⅴ　（　　）に下から選んだ語を書いて、一つの言葉にしなさい。

A　1．発言（　　／　　）　　2．発送（　　）　　3．反発（　　）
4．確信（　　）　　5．確定（　　）　　6．対応（　　／　　）
7．対処（　　）　　8．破壊(はかい)（　　／　　）　　9．独占(どくせん)（　　／　　）

的　　欲　　力　　策　　法　　権　　先

（二度使う語もある）

B　1．（　　）削減　　2．（　　）破壊(はかい)　　3．（　　）反射
4．（　　）手配　　5．拒否（　　）　　6．追跡（　　）
7．報道（　　）

環境　　機関　　経費　　指名　　条件　　調査　　反応

Ⅵ　対義語を書きなさい。

1．進化　⇔　（　　）　　2．破壊(はかい)　⇔　（　　／　　）

Ⅶ　正しい言葉を〔　　〕の中から選び、（　　）に書きなさい。

1．〔　犯人　真実　利益　〕
（　　）を追求(ついきゅう)する／（　　）を追及(ついきゅう)する／（　　）を追究(ついきゅう)する

2．〔　被災地　鉄道　仕事　〕
（　　）に復帰(ふっき)する／（　　）が復旧(ふっきゅう)する／（　　）が復興(ふっこう)する

Ⅷ　正しい言葉を〔　　　〕の中から一つ選びなさい。

1．生物が〔　進歩　進化　〕する。　　2．客に〔　対応　対処　〕する。

3．情報を〔　発信　発送　〕する。　　4．光が〔　反射　反映　〕する。

5．数に〔　余地　余分　〕がない。　　6．改善の〔　余分　余地　〕がある。

7．新聞で〔　報道　放送　〕する。　　8．文章を〔　削除（さくじょ）　削減（さくげん）　〕する。

9．契約を〔　破壊（はかい）　破棄（はき）　〕する。　　10．犯人を〔　特定　確定　〕する。

11．〔　人目　人気　〕のない夜道（よみち）は危ない。　　12．〔　新組織　新年度　〕が発足（ほっそく）する。

Ⅸ　（　　　）に入る言葉を下から選んで書きなさい。

A　1．私は（　　　　　）につくことが嫌いだ。

2．チーズは牛乳を（　　　　　）させて作る。

3．出張するためホテルを（　　　　　）した。

4．村人（むらびと）は（　　　　　）して遭難者（そうなんしゃ）を探した。

5．薬を飲んだら少し（　　　　　）がよくなった。

6．先輩のやり方を（　　　　　）にして仕事をした。

7．この発明品は、まだ改善の（　　　　　）がある。

8．災害時に備えて水や食料を（　　　　　）している。

9．新製品は、工場で（　　　　　）が足りなくなるほど売れた。

かくほ	かげん	てはい	てほん	てわけ
はっこう	ひとで	ひとめ	よち	

B　1．子供は親に（　　　　　）して家を出た。

2．警察は犯人の足取（あしど）りを（　　　　　）した。

3．努力を重ねて今の地位を（　　　　　）した。

4．彼女は経済界から政界へ（　　　　　）した。

5．彼は発明で多くの（　　　　　）を取っている。

6．この雑誌は、年に４回（　　　　　）されている。

7．内容に関する（　　　　　）の責任は筆者が負（お）う。

8．目の前で起きた事故の（　　　　　）が頭を離れない。

9．サッカーでは、ボールを手で持つのは（　　　　　）だ。

いっさい	かくりつ	こうけい	しんしゅつ	ついせき
とっきょ	はっこう	はんそく	はんぱつ	

Unit 04 まとめ　名詞B＋同じ漢字を含む名詞　281 ～ 380

確認問題

レベル ★★★★★

Ⅰ　（　　）に入れるのに最もよいものを、a・b・c・dから一つ選びなさい。

1．彼女はとても作業の(　　　)がいい。

a　手順　　b　手際（てぎわ）　　c　手配　　d　手本

2．誰（だれ）にも言ったことのない(　　　)を友人にもらしてしまった。

a　内心（ないしん）　　b　下心（したごころ）　　c　本音（ほんね）　　d　意中（いちゅう）

3．10月に新しい会が(　　　)した。

a　発進　　b　発行　　c　発着　　d　発足（ほっそく）

4．会議の時間を(　　　)のためにもう一度確認した。

a　気　　b　念　　c　心　　d　感

5．駐車場にはまだ車を止める(　　　)がある。

a　余地　　b　余分　　c　余白　　d　空白

6．この商品券は(　　　)の店だけで利用できる。

a　特殊　　b　特例　　c　特有　　d　特定

7．緊急の災害にどう(　　　)するか考えておくべきだ。

a　処理　　b　処置　　c　対処　　d　対策

8．試合の相手が弱かったので、少し手(　　　)した。

a　加減（かげん）　　b　調子　　c　具合（ぐあい）　　d　都合（つごう）

9．彼は何を言っても(　　　)反応だ。

a　不　　b　無　　c　非　　d　空

10．この荷物の発送(　　　)は九州になっている。

a　源　　b　原　　c　元　　d　基

Ⅱ　＿＿＿の言葉に意味が最も近いものを、a・b・c・dから一つ選びなさい。

1．自分の仕事に<u>誇り</u>を持っている。

a　自信　　b　自意識　　c　優越感　　d　プライド

2．この情報は<u>根拠</u>がないので信用できない。

a　理由　　b　基本　　c　背景　　d　裏付け

3．先輩が作業の<u>手本</u>を示してくれた。

a　模範（もはん）　　b　手順　　c　方法　　d　基準

4．<u>充実した</u>生活が送りたい。

a　健康的な　　b　満足のいく　　c　夢を実現した　　d　ものに恵まれた

5．私の家は<u>人手に渡った</u>。

a　他の人に売った　　b　他の人に貸した　　c　他の人に預けた　　d　他の人が修理した

Ⅲ　次の言葉の使い方として最もよいものを、a・b・c・dから一つ選びなさい。

1．反映

a　この番組は視聴者からの反映が大きかった。

b　子供のすることは親の行動の反映だ。

c　光が窓ガラスに反映してまぶしい。

d　筋肉（きんにく）に電気を流すと反映して動く。

2．絶望

a　大学へ行きたかったが、経済的な理由で絶望した。

b　この山からの眺（なが）めは、見たこともないような絶望だ。

c　けがで一生スポーツができないと知って絶望した。

d　彼のような天才が今後現れることは絶望だろう。

3．痛感

a　火事に遭（あ）って、火元（ひもと）確認の大切さを痛感した。

b　足首をひねってしまい、痛感がひどい。

c　大きな虫に刺されてかゆみを痛感した。

d　話題の映画を見て、大きな痛感を覚えた。

4．復帰

a　大学卒業後、地元に復帰して就職した。

b　犯人は、自分の犯行を確認するため現場に復帰した。

c　なくしていた財布が警察を通して復帰してきた。

d　子育てをした後、職場に復帰する女性が多い。

5．妥協（だきょう）

a　世界の国々は妥協して地球温暖化の防止に努めている。

b　新薬の開発のために、企業が大学に妥協を依頼した。

c　目標を達成するには、社員全員の妥協が欠かせない。

d　意見が対立したが、互いに妥協して中間の案をとった。

Unit 05 複合動詞

381 〜 480

レベル ★★☆☆

32

I 〜かかる① 自 相手に対して作用を及ぼす

To have an effect on someone／给对方带来影响／상대방에게 작용이 미치다／Gây ảnh hưởng đến người khác

381 **よりかかる** ガ寄りかかる to lean (on), depend on／靠, 依靠／기대다, 의지하다／dựa, ghé

・立っているのが疲れたので、壁に**寄りかかった**。

・倒れかけた木が隣の木に**寄りかかって**いる。

・30 歳の弟は、まだ親に**寄りかかって**生活している。 類 ガもたれる☞ 1026

382 **もたれかかる** ガもたれかかる to recline, slump, depend on／靠, 依靠／기대다, 의지하다／tựa, nương tựa

・いすの背に**もたれかかって**、ゆったりと座った。 ・友人の肩に**もたれかかる**。

・弟はいまだに自立できず、何でも私に**もたれかかって**くる。

383 **つかみかかる** ガつかみかかる to grab, clutch at／上前来扭住／덤벼들다／túm lấy

・少年は怒りを抑えきれず、相手に**つかみかかった**。

384 **つっかかる** ガ突っかかる to charge, flare up／猛冲, 顶撞／덤벼들다, 시비를 걸다／húc, gây gổ

・牛はものすごい勢いで闘牛士に**突っかかった**。

・あの子は反抗期で、誰にでも**突っかかる**ような話し方をする。

385 **とびかかる** ガ飛びかかる／跳びかかる to jump on, pounce on／猛扑过去／덤비다, 덤벼들다／xông vào

・警官たちは一斉に犯人に**飛びかかった**。 ・ライオンが獲物に**跳びかかる**。

〈その他〉殴りかかる、襲いかかる、切りかかる など

〜かかる② 自 〜を始める

To start (to do something) ／开始着手〜／〜을 / 를 시작하다／Bắt đầu

386 **とりかかる** ガ取りかかる to start, set about／着手／시작하다, 착수하다／bắt đầu làm

・来週から新しい論文に**取りかかる**予定だ。 類 ガ着手する 名 取りかかり→__が遅い

〜かかる③ 自 もう少しで〜しそうである

To be about (to do something)／好像有点儿要〜／머지 않아 〜할 것 같다／Sắp

387 **くれかかる** ガ暮れかかる to set (sun)／入夜／해가 저물기 시작하다／sắp tối

・**暮れかかった**空に三日月が浮かんでいる。

388 **おちかかる** ガ落ちかかる to fall／要掉／떨어지려고 하다／sắp rơi

・網棚の荷物が**落ちかかって**いる。

〈その他〉溺れかかる、沈みかかる、死にかかる など ※「〜かける」としてもほとんど同じ意味になる。☞「〜かける」③ ※〈その他の意味の「〜かかる」〉通りかかる

Ⅱ　～かける① 自／他　相手に対して作用を及(およ)ぼす

To have an effect on someone／给对方带来影响／상대방에게 작용이 미치다／Gây ảnh hưởng đến người khác

389 **たてかける**　　ヲ立てかける　　to lean/set against／把……靠在／세워 걸다／dựa, gác

・ほうきを壁(かべ)に**立てかけて**おいた。

390 **はなしかける**　　ガ話しかける　　to talk to, start to speak／搭话, 要说／말을 걸다／bắt chuyện

①・妹に**話しかけた**が返事もしない。機嫌(きげん)が悪いのだろうか。

②・彼は何か**話しかけた**が、結局何も言わなかった。☞「～かける」②

391 **はたらきかける**　　ニ＋ヲ働きかける　　to appeal to／动员, 做工作／촉구하다, 요청하다／vận động

・会社全体でごみの減量に取り組むため、他の部署(ぶしょ)にも**働きかけて**いる。

・信号機の設置(せっち)を警察署に**働きかける**。

名 働きかけ→ニ__をする、ニ__がある

392 **おしかける**　　ガ押しかける　　to intrude on, barge in／涌到／몰려들다, 들이닥치다／xông vào, đổ xô đến

①・皆で突然先輩(せんぱい)の家に**押しかけ**、宴会(えんかい)になった。

②・アメリカの有名歌手が来日するとあって、大勢のファンが空港に**押しかけた**。

類 ガ押し寄せる、ガ詰めかける

393 **つめかける**　　ガ詰めかける　　to pack (into)／蜂涌而至／몰려들다／kéo đến

・大物(おおもの)政治家の記者会見に、大勢の記者が**詰めかけた**。　類 ガ押しかける

394 **みせかける**　　ヲ見せかける　　to pretend／伪装成……／보이게 하다／đóng giả làm

・あの虫は自(みずか)らを木の枝(えだ)に**見せかけて**、敵(てき)から身を守っている。

名 見せかけ（・**見せかけ**にだまされてはいけない。）

〈その他〉ニ＋ヲ呼びかける、ヲ追いかける、ニ＋ヲ問いかける　など

～かける② 自／他　～し始めてやめる

To start (to do something) and then stop／刚一开始～, 就停了／ ～하기 시작해서 그만두다／Bắt đầu làm ~ rồi dừng lại

395 **いいかける**　　ヲ言いかける　　to start to speak／要开口／말을 꺼내다／nói nửa chừng

・彼女は何か**言いかけた**が、結局何も言わず、口を閉(と)じてしまった。

〈その他〉ヲ食べかける、ヲ書きかける、ヲ読みかける、ヲやりかける、ガ帰りかける　など

※名詞の形の場合は「～の途中」という意味になる。（・食べかけ、読みかけ）

～かける③ 自　もう少しで～しそうである

To be about (to do something)／好像有点儿要～／머지 않아 ～할 것 같다／Suýt ~

396 **おぼれかける**　　ガ溺れかける　　to come close to drowning／要溺水／빠질 뻔하다／suýt chết đuối

・海で泳いでいたとき、足がつって、**溺(おぼ)れかけた**。

〈その他〉壊(こわ)れかける、沈みかける、死にかける　など　☞「～かかる」③

33

Ⅲ ～つける① 自／他　相手に強く～する、強い勢いで～する

To strongly do (something) to someone, to do (something) with force／对对方强烈地～, 以强烈的气势～／상대방에게 강하게 ~하다, 강한 기세로 ~하다／Làm mạnh, làm với sức mạnh

397 いいつける　ニ＋ヲ言いつける　to order, tell on, report／命令, 吩咐, 告状／지시하다, 고자질하다／ra lệnh, mách bảo

①・上司は部下に仕事を**言いつけて**外出した。

類ニ＋ヲ命令する　名言いつけ→__を守る

②・掃除をさぼったことを**言いつけられ**、僕は先生に叱られてしまった。

類ニ＋ヲ告げ口する

398 かけつける　ガ駆けつける　to rush to／赶到／달려가다, 달려오다／lao vội đến

・お世話になった上司が入院したと聞き、病院に**駆けつけた**。

399 きめつける　ヲ決めつける　to (arbitrarily) decide something is the case／认定, (不容分说地) 指责／단정해 버리다, 정해 버리다／quy kết

・兄弟げんかをすると、親はいつも私が悪いと**決めつけ**、言い訳させてくれなかった。

類ヲ断定する　名決めつけ

400 おくりつける　ニ＋ヲ送りつける　to send (unsolicited)／强送／보내다／cố gửi

・断ったのに、彼は自分の書いた本を私に**送りつけて**きた。

401 おしつける　ニ＋ヲ押し付ける　to force (on), press／强迫, 推卸, 贴近／떠맡기다, 밀어 붙이다／đẩy, ghé (tai)

①・誰もやりたがらない仕事を**押し付けられた**。

・人に責任を**押し付ける**。　名押し付け

②・壁に耳を**押し付けて**、隣の部屋の物音に耳を澄ませた。

402 にらみつける　ヲにらみつける　to glare, glower／怒目而视／노려보다／lườm

・教授は授業中に私語をしていた学生を**にらみつけた**。

403 たたきつける　ヲ叩きつける　to slam, pelt／粗暴地扔, 砸／내던지다, 내동댕이치다, 두드리다／đập

・父は怒って、持っていた新聞を机に**叩きつけた**。　・**たたきつける**ように降る雨

404 どなりつける　ヲ怒鳴りつける　to shout/yell at／怒吼／호통치다／quát to

・コーチは練習を怠けてばかりいる選手を**怒鳴りつけた**。

〈その他〉ニ＋ヲ申しつける、ヲ叱りつける、ニ＋ヲ売りつける、ニ＋ヲ貸しつける、ニ＋ヲ投げつける、ヲ殴りつける、ヲはねつける、ヲ押さえつける、ヲ呼びつける、ニ＋ヲ見せつける、ガ照りつける　など

～つける② 他　ものに何かを付けるようにする

To attach something to an object／要在物品上装上什么东西／어떤 것에 뭔가를 달도록 하다／Gắn cái gì đó vào một vật

405 そなえつける　ヲ備え付ける　to furnish, equip／设置／갖추다, 설치하다／lắp đặt

・この寮は各部屋にエアコンと冷蔵庫が**備え付けられて**いる。

名備え付け（・**備え付け**の家具）

406 **かざりつける**　ヲ飾り付ける　to decorate／装饰／장식하다／trang trí

・クリスマスツリーに豆電球を**飾り付けた**。

名 飾り付け

〈その他〉据え付ける、張り付ける、縫い付ける、縛り付ける、巻き付ける、結び付ける、くっ付ける　など

～つける③ 自／他　～することに慣れている、いつも～している

To be used to doing (something), to do (something) all the time／习惯于做~, 一直在做~／~하는 것에 익숙해 있다, 항상 ~하고 있다／Quen làm gì, thường làm gì

407 **やりつける**　ヲやりつける　to be used/accustomed to／做惯／익숙하다／thường làm

・今日はスピーチなどという、**やりつけない**ことをしたので疲れた。

408 **いきつける**　ガ行きつける　to go somewhere frequently／常去／자주 가다／thường đi

・海外旅行は**行きつけて**いるから、特に緊張することもない。

名 行きつけ（・**行きつけ**の店）

〈その他〉ヲ食べつける、ヲ飲みつける、ガかかりつける→かかりつけ（・かかりつけの医者）など

Ⅳ ～とる① 他　自分のものにする To make something one's own ／据为己有／자기 것으로 하다／ Làm thành cái của mình

409 **かちとる**　ヲ勝ち取る　to win (with effort), gain (victory)／取胜／차지하다, 쟁취하다／đoạt được, thắng được

・チーム結成10年目にして、ようやく優勝を**勝ち取る**ことができた。

410 **つかみとる**　ヲつかみ取る　to grasp, get／抓住／쟁취하다, 잡다／giành được

・チャンスは自分で**つかみ取る**ものだ。　・勝利を**つかみ取る**。

411 **ききとる**　ヲ聞き取る　to follow/catch (what someone is saying)／听懂／알아듣다／nghe được

・相手が早口で、何を言っているのか**聞き取れなかった**。

名 聞き取り

412 **かきとる**　ヲ書き取る　to write down, take notes／记下来／받아쓰다／chép được

・授業中は先生の話を**書き取る**のに精一杯で、考える余裕などない。

名 書き取り

413 **よみとる**　ヲ読み取る　to read (between the lines)／读懂, 读取／파악하다, 알아내다, 읽다／đọc được

①・私はあまり小説を読まないので、登場人物の気持ちを**読み取る**のは苦手だ。

②・相手の{表情／気持ち…}を**読み取る**。　・機械がカードを**読み取る**。

合 読み取り機

名 ①②読み取り

414 **のっとる**　　ヲ乗っ取る　　to hijack, take over／劫持, 占取／납치하다, 매수하다／cướp, giành quyền

・犯人は飛行機を**乗っ取って**目的地に向かわせた。　・株を買い占めて会社を**乗っ取る**。

名乗っ取り→__犯　　関ハイジャック

〈その他〉受け取る、写し取る、買い取る、感じ取る、奪い取る、搾り取る　など

～とる② 他　ものを取り去る　To take something away／把东西去掉, 除掉／어떤 것을 제거하다／Lấy cái gì đó đi

415 **ぬきとる**　　ヲ抜き取る　　to pull out／窃取／빼내다／móc túi

・一流のスリは、財布から紙幣を**抜き取って**、財布だけをバッグに戻したりするそうだ。

合抜き取り検査

〈その他〉切り取る、摘み取る　など

V　～返す① 他　他からされたことを、こちらからもする

To do the same that is done to you／以牙还牙／다른 것으로 부터 당한 것을 이쪽에서도 하다／Làm giống như người khác làm với mình

416 **いいかえす**　　ニ＋ヲ言い返す　　to answer back, retort, repeat／顶嘴／말대꾸하다／nói lại, cãi lại

・悪口を言われたので、私も負けずに**言い返した**。

〈その他〉やり返す、取り返す☞429、ニ＋ヲ送り返す、ニ＋ヲ突き返す☞445　など

～返す② 他　もう一度～する　　To do (something) again／再～一遍／한 번 더 ～하다／Làm ~ lại

417 **よみかえす**　　ヲ読み返す　　to re-read／反复读／다시 읽다／đọc lại

・母からの手紙がうれしくて、何度も**読み返した**。

類ヲ読み直す

418 **ききかえす**　　ヲ聞き返す　　to ask again／反复问／다시 듣다, 다시 묻다／nghe lại

・祖母は耳が遠いので、**聞き返す**ことがよくある。

・私の発音が悪いのか、何度も**聞き返された**。

関ヲ聞き直す

419 **おもいかえす**　　ヲ思い返す　　to re-think, change one's mind, think back on／改变想法, 回想／다시 생각하다, 회상하다／nhớ lại

①・研修会に参加するつもりだったが、**思い返して**行かないことにした。

類ヲ思い直す

②・電車の中で昨日のデートのことを**思い返し**、ニヤニヤしてしまった。

類ヲ振り返る☞478

420 **みかえす**　　ヲ見返す　　to look back over, stare (back) at, triumph over／反复看, 还眼, 争气／다시 보다, 갚다／xem/nhìn lại

①・レポートを**見返して**いたら、誤字を発見した。　類 ヲ見直す

②・相手が私をじっと見つめるので、私も相手の目を**見返した**。☞～返す①

③・いつか偉くなって、私をいじめたやつを**見返して**やる！

〈その他の意味の「～返す」〉ヲ追い返す、ヲ繰(く)り返す、ヲ裏返す、ヲひっくり返す、ガ引き返す　など

Ⅵ　～切る① 自／他　最後まで～する　※「～果たす、～抜く、～尽(つ)くす」も同様

To do (something) until it is completed／坚持到最后～／마지막까지 ~하다／Làm ~ đến cùng

421 **つかいきる**　　ヲ使い切る　　to use up／用完／다 사용하다／dùng hết

・買った食材(しょくざい)は**使い切る**ようにしている。　・{力／財産…}を**使い切る**。

422 **だしきる**　　ヲ出し切る　　to use up, do one's best／全部拿出／다하다／xuất/mang hết

・全力を**出し切って**戦ったが、負けてしまった。

〈その他〉ガ走り切る、ガ上り切る、ガ泳ぎ切る、ヲ食べ切る

～切る② 自／他　すっかり～する、完全に～する

To do (something) thoroughly, to do (something) completely／彻底地~, 完全地~／모두 ~하다, 완전히 ~하다／Làm ~ hết

423 **わかりきる**　　ガわかり切る　　to be obvious／完全明白／뻔하다／hiểu/biết rõ

・「そんな**わかり切った**ことを何度も言わないで」

424 **こまりきる**　　ガ困り切る　　to be greatly perplexed／一筹莫展／너무나 애를 먹다／khốn khổ hết mức, khốn cùng

・何度注意しても息子の怠(なま)け癖(ぐせ)が直らず、親も**困りきって**いる。

425 **すみきる**　　ガ澄み切る　　to be clear, serene／万里无云, 清澈／너무나 맑다／trong vắt

・**澄(す)み切った**青空のもとで、体育祭が行われた。　・**澄(す)み切った**目

426 **おしきる**　　ヲ押し切る　　to overcome resistance／完全不顾／꺾고 나가다／bỏ qua hết

・兄は家族の反対を**押し切って**転職した。

〈その他〉ガ疲れ切る、ガ弱り切る、ガ逃げ切る　など

～切る③ 自　強く～する　　To do (something) strongly／强烈地~／강하게 ~하다／Làm ~ quyết liệt

427 **いいきる**　　ガ言い切る　　to assert, declare／断言／단언하다, 단호히 말하다／khẳng định

・専門家がこの絵は本物だと**言い切った**。　類 ヲ断言(だんげん)する

428 **ふみきる**　　ガ踏み切る　　to embark on, plunge into／下决心, 起跳／단행하다, 결심하다／quyết định, giậm chân

・政府はついに、消費税の値上げに**踏(ふ)み切った**。

・うまく**踏(ふ)み切らない**と、ジャンプはうまくいかない。　名 踏(ふ)み切り

Unit 05 複合動詞 381 〜 428

練習問題

レベル ★★☆☆☆

Ⅰ （　　）に助詞を書きなさい。

1．壁（　　）寄りかかる。　　2．部下（　　）仕事（　　）言いつける。

3．部下（　　）どなりつける。　　4．新聞（　　）机（　　）叩きつける。

5．相手（　　）言い返す。　　6．政府は増税（　　）踏み切った。

Ⅱ 「ます形」が名詞になる言葉に○を付けなさい。　例：受け入れる→受け入れ

取りかかる　　落ちかかる　　話しかける　　働きかける　　見せかける　　食べかける

詰(つ)めかける　　送りつける　　押しつける　　飾りつける　　備(そな)えつける　　どなりつける

書き取る　　勝ち取る　　乗っ取る　　読み返す　　わかり切る　　困り切る　　踏み切る

Ⅲ ＿＿＿に下から選んだ語を書いて、一つの言葉にしなさい。文末は辞書形、その他は適当な形にしなさい。

1．人に責任を押し＿＿＿＿＿。　　2．優勝を勝ち＿＿＿＿＿。

3．試験の答案を見＿＿＿＿＿。　　4．全力を出し＿＿＿＿＿。

5．部屋を飾り＿＿＿＿＿。　　6．相手の表情を読み＿＿＿＿＿。

7．友達に話し＿＿＿＿＿。　　8．何度も聞き＿＿＿＿＿。

9．動物が獲物(えもの)に跳(と)び＿＿＿＿＿。　　10．読み＿＿＿＿＿の本

11．行き＿＿＿＿＿の店　　12．澄(す)み＿＿＿＿＿青空

13．荷物が落ち＿＿＿＿＿いる。　　14．行くつもりだったが、思い＿＿＿＿＿やめた。

15．食べ＿＿＿＿＿ものを食べて、おなかをこわした。

16．「言い＿＿＿＿＿やめないで。最後まで言って」

17．どこかの会社が勝手に送り＿＿＿＿＿きた商品を送り＿＿＿＿＿。

返す	かかる	かける	切る	つける	取る

Ⅳ 下から選んだ語を適当な形にして（　　）に入れ、一つの言葉にしなさい。

A

1．相手の声が小さくて（　　　）取れなかった。

2．チャンスを（　　　）取りたい。

3．バスを（　　　）取ることをバスジャックと言う。

4．カード（　　　）取り機

5．古い本を古本屋に持っていくと、けっこう高く（　　　）取ってくれた。

6．ここでは全製品を検査するのではなく、（　　　）取り検査を行っている。

買う	聞く	つかむ	抜(ぬ)く	乗る	読む

B 1.「(　　　)つけないことをするもんじゃないね。疲れたよ」

2.「そんなことをしたら先生に(　　　)つけるぞ」

3.「一方的に私が悪いと(　　　)つけず、私の話も聞いてください」

4. 姉は自分がやりたくないことを私に(　　　)つけて、自分は遊んでいる。

5. 電車の中で騒いでいる子供がいたので、(　　　)つけてやった。

6. 祖母が入院したと聞き、急いで病院へ(　　　)つけた。

7. 彼女は恋人から贈(おく)られた指輪を、得意そうに友達に(　　　)つけた。

8. このアパートは家具付きで、エアコンなども(　　　)つけられている。

言う	押す	かける	決める	備える	にらむ	見せる	やる

C 1. 怒って相手に(　　　)かかる。

2. 新しい仕事に(　　　)かかる。

3. 先生の(　　　)かけに答える。

4. 西の空に太陽が(　　　)かかっている。

5. 子供が母親に(　　　)かかって寝ている。

6. (　　　)かかった空

7. 子供の頃(ころ)私は体が弱くて、何度も(　　　)かけたそうだ。

8. 歌手のサイン会に、大勢のファンが(　　　)かけた。

9. 突然カメラマンや記者にうちに(　　　)かけて来られ、とても迷惑した。

10. 彼女は金持ちらしく(　　　)かけて、多くの男性をだましていたそうだ。

11. 海で(　　　)かかっていたところを、親切な人に助けてもらった。

押す	溺(おぼ)れる	暮(く)れる	沈む	死ぬ	つかむ
詰(つ)める	問う	とる	見せる	もたれる	

D 1. 全力を(　　　)切って戦った。

2. 彼は「絶対成功する」と(　　　)切った。

3. 坂を(　　　)切った所に公園がある。

4.「(　　　)切ったことを聞くな」

5. 親の反対を(　　　)切って、好きな人と結婚した。

6. 祖父は財産を(　　　)切って亡くなり、遺産(いさん)は残さなかった。

7. メールを(　　　)返さずに送信し、あとで誤字(ごじ)に気がついた。

8. 取引先が無理なことばかり言うので、(　　　)切っている。

9. 料理の量が多くて、全部は(　　　)切れなかった。

言う	押す	出す	食べる	使う	のぼる	読む	弱る	わかる

Ⅴ　(　　　)に入る言葉を下から選び、適当な形にして書きなさい。

1．宮田(みやた)選手はゴール直前で2位の選手に追い上げられたが、何とか(　　　　　　)。

2．「この看板、どこに設置しますか」「ちょっとそこに(　　　　　　)おいて下さい」

3．会社はついに、赤字続きの工場の閉鎖に(　　　　　　)。

4．あの会社は外資系企業に株を買い占められ、(　　　　　　)。

5．彼はいつも怒りっぽくて、誰(だれ)にでも(　　　　　　)

6．市に財政支援を(　　　　　　　　)いるが、まだ返事はない。

7．部長は怒って、部下を自分の部屋に(　　　　　　)。

8．非行の芽は小さいうちに(　　　　　　)おいた方がいい。

9．メールを(　　　　　　)が、(　　　　　　　　)出すのをやめた。

おもいかえす	かきかける	たてかける	つっかかる	つみとる
にげきる	のっとる	はたらきかける	ふみきる	よびつける

35

Ⅶ 取り～① 「取り」が付かないと意味が変わるもの

Words that change meaning when 「取り」 is added／不加「取り」, 意思会发生变化的词语／「取り」가 없으면 의미가 변하는 것／Từ sẽ đổi nghĩa nếu không có 「取り」

---

429 とりかえす　　ヲ取り返す　　to get back, recover／挽回, 扳回／되찾다／lấy lại

・今年は投資(とうし)が好調(こうちょう)で、昨年の損失(そんしつ)を**取り返す**ことができた。

・〈スポーツ〉「点を取られたら**取り返せ！**」

類 ヲ取り戻す　　名 取り返し（・**取り返し**のつかない失敗をしてしまった。）

---

430 とりたてる　　ヲ取り立てる　　to collect, appoint, call attention to／催缴, 提拔, 提及／받아내다, 발탁하다, 특별히／thu hồi, đề bạt, nêu ra

①・大家(おおや)はたまっていた家賃(やちん)を**取り立てた**。

②・課長に、このプロジェクトのリーダーに**取り立てて**もらった。

名 ①②取り立て

③・この程度のことは、**取り立てて**非難するまでもない。

※否定的な表現と一緒(いっしょ)に使う。　　類 特に

---

431 とりしまる　　ヲ取り締まる　　to control, crack down on／管制／단속하다／kiểm tra, giám sát

・スピード違反を**取り締(と)(し)まる**。

合 取締役(とりしまりやく)　　名 取り締(と)(し)まり（・**取り締まり**を強化する。）

---

432 とりくむ　　ガ取り組む　　to tackle, engage in a bout／专心致志, 竞赛／착수하다, 씨름하다／dồn sức, chuyên tâm

・彼は難しい課題に意欲的に**取り組んで**いる。

名 取り組み（・温暖化防止の**取り組み**）

---

433 とりこむ　　ガ／ヲ取り込む　　to bring in, win over, be busy／拿进, 吸收, 忙乱／거두다, 끌어들이다, 어수선하다, 바쁘다／lấy vào, thu hút, bận rộn

他 ①・洗濯物を**取り込んで**たたむ。

　②・最近の選挙(せんきょ)では、無党派層(むとうはそう)をうまく**取り込んだ**党が勝つ。

自 ・家族の入院などで家の中が**取り込んで**いる。　・「お**取り込み**中すみません」

名 取り込み

---

434 とりさげる　　ヲ取り下げる　　to withdraw, abandon／撤下／철회하다, 취하하다／rút lại

・強く引き止められたので、辞表(じひょう)を**取り下げた**。　・{訴(うった)え／告訴(こくそ)…}を**取り下げる**。

名 取り下げ

---

435 とりつぐ　　ヲ取り次ぐ　　to convey, answer (phone and connect the call to the person it is for)／转达, 转告／전하다, 연결하다／chuyển, truyền đạt

・秘書(ひしょ)が客の用件を社長に**取り次いだ**。　・電話を**取り次ぐ**。

名 取り次ぎ

35

436 **とりまく**　ヲ取り巻く　to surround／围住, 围绕／둘러싸다／vây quanh, xung quanh

①・報道陣が首相を**取り巻いて**質問した。　・現在、我が社を**取り巻く**環境は厳しい。

②・アイドルはいつも大勢のファンに**取り巻かれて**いる。　名取り巻き

類①②ヲ取り囲む

〈その他〉ヲ取り消す、ヲ取り上げる、ヲ取り入れる　など

取り～②　「取り」がなくても、意味があまり変わらないもの

Words that do not change meaning much even if they do not contain 「取り」／即使没有加上「取り」, 意思也不发生变化的词语／「取り」가 없어도 의미가 그다지 변하지 않는 것／Từ không đổi nghĩa nhiều ngay cả khi không có 「取り」

437 **とりのぞく**　ヲ取り除く　to remove／去掉／없애다, 제거하다／lấy đi, loại trừ

・目に入ったごみを**取り除く**。　・水を濾過して不純物を**取り除く**。

類ヲ取り去る、ヲ除去する

438 **とりかえる**　ヲ取り替える　to replace, exchange／交换, 更换／바꾸다, 갈다, 교환하다／thay

①・歯ブラシは毛先が開いたら、新しいもの{と／に}**取り替えた**方がいい。

②・姉とセーターを**取り替えた**。

類①②ヲ交換する

439 **とりつける**　ヲ取り付ける　to install, get someone's agreement／安装, 达成／설치하다, 얻어내다／lắp, giành được

①・電気屋にエアコンを**取り付けて**もらった。

・台所に火災報知器を**取り付ける**。

対ヲ取り外す　類ヲ設置する、ヲ据え付ける　名取り付け

②・保険会社に勤めて１カ月で、大口契約を**取り付けた**。

440 **とりあつかう**　ヲ取り扱う　to handle, treat, stock, cover／对待, 销售, 采用／취급하다, 팔다, 다루다／dùng, đối xử, bán, giảng giải

①・「この荷物は壊れやすいので、丁寧に**取り扱って**ください」

名取り扱い（・個人情報の**取り扱い**には注意が必要だ。）

②・教師は学生を公平に**取り扱う**べきだ。

③・あのコンビニでは切手は**取り扱って**いない。　名取り扱い

④・この授業では近代文学だけではなく、古典文学も**取り扱う**予定だ。

441 **とりきめる**　ヲ取り決める　to agree, decide upon／决定／결정하다／quyết định

・次回の会合で契約条件を**取り決める**予定だ。

類ヲ決定する　名取り決め

442 **とりまとめる**　ヲ取りまとめる　to collect, compile, arrange／整理, 总结, 调解／정리하다／thu gom, tổng kết, dàn xếp

①・皆の荷物を**取りまとめて**部屋の隅に置いた。　・出席者の意見を**取りまとめる**。

②・{商談／縁談…}を**取りまとめる**。　合取りまとめ役

名①②取りまとめ

443 **とりやめる**　　ヲ取りやめる　　to cancel／取消／그만두다, 중지하다／hủy bỏ

・急病のため、旅行を**取りやめた**。

類ヲ中止する　　名取りやめ→__になる・__にする

444 **とりよせる**　　ヲ取り寄せる　　to order, send away for／订购／주문해서 가져오게 하다／đặt mua

・最近ではネットを利用して、全国からおいしいものを**取り寄せる**ことができる。

名取り寄せ

〈その他〉ヲ取り揃(そろ)える、ヲ取りはからう、ヲ取り合わせる、ヲ取り逃がす　など

Ⅷ 突き〜① 激(はげ)しい勢いで〜する、間近に〜する

To do (something) very forcefully, to do (something) close at hand／激烈地〜, 就在眼前（做某事）／격렬한 기세로 ~하다, 아주 가까이에서 ~하다／Làm ~ với sức mạnh, làm ~ gần

445 **つきかえす**　　ニ＋ヲ突き返す　　to reject／退回／되돌리다／trả lại

・上司(じょうし)から「もっと詳(くわ)しく書け」と、報告書を**突き返された**。

446 **つきとばす**　　ヲ突き飛ばす　　to push someone away／撞倒／들이받다, 들이밀치다／xô đẩy

・犯人は捕(つか)まえようとした警官を**突き飛ばして**逃走(とうそう)した。

447 **つきあげる**　　ガ／ヲ突き上げる　　to thrust, be under pressure from／高举,（下级对上级）施加压力,（从下往上）冲出／들어 올리다, 밀어 닥치다／giơ lên, đẩy từ dưới lên, trào lên

他①・こぶしを**突き上げて**抗議(こうぎ)の意思(いし)を示す。

②・若手(わかて)に**突き上げられ**、執行部(しっこうぶ)も路線(ろせん)を変更(へんこう)せざるを得なかった。

名突き上げ

自・腹の底(そこ)から怒(いか)りが**突き上げて**きた。　　類ガこみ上げる

448 **つきだす**　　ヲ突き出す　　to stick out, hand over／抬出, 交出／내밀다, 넘기다／chìa ra, giao cho

①・彼女は不満そうにあごを**突き出した**。

②・電車の中でスリを捕(つか)まえて警察に**突き出した**。

自突き出る（・腹が**突き出て**いる。）

449 **つきはなす**　　ヲ突き放す　　to let go／放手／뿌리치다, 내버려두다／thả, buông

・子供を自立させるためには、時には**突き放す**ことも必要だ。

450 **つきつける**　　ヲ突きつける　　to thrust at／顶着, 摆出／들이대다／chĩa vào, đưa ra

・強盗(ごうとう)は住人にナイフを**突きつけて**「金を出せ」と脅(おど)した。

・犯人は証拠(しょうこ)を**突きつけられて**自白(じはく)した。

451 **つきあわせる**　　ヲ突き合わせる　　to face, compare／促膝谈心, 对照／맞대다／đối diện, so sánh

①・膝(ひざ)を**突き合わせて**相談する。

②・原本(げんぽん)と写本(しゃほん)を**突き合わせて**、違いを探す。　　名突き合わせ

〈その他〉ガ突き当たる、ヲ突き落とす、ヲ突き破る、ガ突き抜ける　など

36

突き〜②　最後まで〜する　To do (something) until it is completed／坚持到最后〜／마지막까지 ~하다／Làm đến khi xong

452 **つきとめる**　ヲ突き止める　to determine, ascertain／查明／밝혀내다, 알아내다／tìm ra

・刑事(けいじ)たちはようやく犯人の隠(かく)れ家(が)を**突き止めた**。

・{理由／原因／責任の所在(しょざい)…}を**突き止める**。

453 **つきつめる**　ヲ突き詰める　to think something through／追究到底／지나치게 생각하다, 추궁하다／nghĩ đến cùng

・彼女は何でも**突き詰めて**考えすぎる。　・不明な点を最後まで**突き詰める**。

Ⅸ　飛び〜

454 **とびおりる**　ガ飛び降りる　to jump off／跳下／뛰어내리다／nhảy xuống

①・高いところから**飛び降りる**。　対 ガ飛び上がる

②・走っている電車から**飛び降りる**。　対 ガ飛び乗る

455 **とびあるく**　ガ飛び歩く　to walk/travel around／到处奔走／돌아다니다／đi khắp

・兄はセールスマンとして全国を**飛び歩いて**いる。

456 **とびおきる**　ガ飛び起きる　to jump up／（从床上）一跃而起／벌떡 일어나다／bật dậy

・目が覚めたのが家を出る15分前。**飛び起きて**、慌(あわ)ててしたくをし、家を飛び出した。

457 **とびこえる／とびこす**　ガ飛び越える／飛び越す　to jump over／跳过, 超过／뛰어넘다／nhảy qua

①・幅2メートルくらいの川なら、走って**飛び越せる**だろう。

②・上野氏(うえのし)は先輩社員(せんぱいしゃいん)を**飛び越えて**部長になった。

458 **とびつく**　ガ飛びつく　to jump on／扑过去, 赶（时髦）／달려들다／nhào vào

①・子供は帰ってきた父親に**飛びついた**。

②・彼女は新しい流行にすぐ**飛びつく**。

459 **とびちる**　ガ飛び散る　to scatter／飞散, 飘落／흩날리다, 튀다／bắn tung tóe

・床(ゆか)に落ちたグラスが割れ、破片(はへん)が**飛び散った**。　・{汗／火花(ひばな)…}が**飛び散る**。

460 **とびはねる**　ガ飛び跳ねる　to jump up and down, hop／又蹦又跳, 跳跃／날뛰다／nhảy cẫng/lò cò

・妹は合格がわかり、**飛び跳(は)ねて**喜んだ。　・ウサギが**飛び跳(は)ねて**いる。

〈その他〉ガ飛び出す、ガ飛び込む、ガ飛び回る　など

Ⅹ　差し〜

461 **さしだす**　ヲ差し出す　to present, hold out／伸出, 递上／내밀다, 내다／đưa ra

・握手(あくしゅ)をしようと手を**差し出した**。　・受付で招待状を**差し出す**と、すぐに奥へ案内(あんない)された。

合 差出人(さしだしにん)（・この手紙には**差出人(さしだしにん)**の名前がない。）

462 **さしのべる**　　ヲ差し伸べる　　to hold out, stretch／伸出／내밀다, 뻗치다／chìa ra, vươn ra

・山道で、彼は彼女を助けようと、手を**差し伸べた**。　・救いの手を**差し伸べる**。

463 **さしはさむ**　　ヲ差し挟む　　to insert, interrupt, harbor (doubts)／插入, 心里怀有／끼우다, 참견하다, 품다／kẹp, chen vào

①・本にしおりを**差し挟んで**おいた。　・「横から口を**差し挟まないで**ください」

②・彼が犯人であることに、疑問を**差し挟む**余地（よち）はない。

464 **さしひく**　　ヲ差し引く　　to deduct／扣除／제하다, 빼다／trừ đi

・給料から税金や保険料（ほけんりょう）を**差し引く**と、手取り（てど）は18万円ほどだ。

名 差し引き（・収支が**差し引き**0（ゼロ）になった。）

465 **さしひかえる**　　ヲ差し控える　　to refrain, withhold／保留／삼가다／kiềm chế, miễn

・「今回の件に関するコメントは、**差し控え**（ひか）**させて**いただきます」

466 **さしかえる**　　ヲ差し替える　　to replace／更换／바꾸다／thay

・資料のグラフを新しいものと**差し替える**。

名 差し替え

467 **さしせまる**　　ガ差し迫る　　to be urgent, pressing／迫近, 迫切／임박하다／đến gần

・締切りが**差し迫**（せま）**って**いる。　・今のところ、**差し迫**（せま）**った**危険はない。

類 ガ切迫（せっぱく）する

〈その他〉ヲ差し込む、ヲ差し止める、ヲ差し押さえる、ニ＋ヲ差し戻す、　など

XI 引き～

468 **ひきあげる**　　ヲ引き上げる　　to raise, promote／吊起, 提高, 提拔／끌어 올리다, 올리다, 등용하다／nhấc/nâng lên, thăng chức

①・沈んだ船を**引き上げる**。

②・消費税を**引き上げる**。

対 ヲ引き下げる

名 ①②引き上げ

③・社長は佐藤課長（さとうかちょう）を部長に**引き上げた**。

469 **ひきあげる**　　ガ／ヲ引き揚げる　　to withdraw, end／撤散, 撤退／철수하다, 귀환하다／rút lui

・「もう10時だ。そろそろ**引き揚**（あ）**げよう**」　・戦地から**引き揚**（あ）**げる**。　・軍隊を**引き揚**（あ）**げる**。

類 ガ撤退する　　名 引き揚（あ）げ

470 **ひきさがる**　　ガ引き下がる　　to withdraw, back down／退让／물러나다, 물러서다／rút lại, nhượng bộ

・上司（じょうし）に反対されては、こちらが**引き下がる**しかない。　類 ガ退（しりぞ）く

471 **ひきとめる**　　ヲ引き止める　　to stop, restrain／挽留／붙잡다, 말리다／ngăn lại

・会社を辞（や）めたがっている同僚（どうりょう）を、皆で**引き止めた**。　・帰ろうとする客を**引き止める**。

472 **ひきとる** ガ／ヲ引き取る to collect, take care of／回收, 请回, 收养, 离去／인수하다, 돌보다, 돌아가다／thu thồi, đón nhận, đi khỏi

他 ①・新しい家電製品を買うと、古いのは店で**引き取ってくれる**。

名 引き取り

②・年取った母をうち{に／で}**引き取る**ことにした。

・捕(つか)まえられた野良犬(のらいぬ)は、新しい**引き取り**手が現れなければ処分される。

慣 息を引き取る（＝死ぬ）

自 ・「今日はもう遅いので、どうぞお**引き取り**ください」

473 **ひきずる** ヲ引きずる to drag, be strongly influenced by／拖, 强拉硬拽, 牵鼻子, 拖后腿／질질 끌다／kéo lê, lôi, bị ảnh hưởng

①・荷物が重いので、**引きずって**運んだ。 ・{足／スカートのすそ}を**引きずって**歩く。

②・嫌(いや)がる子供を**引きずって**歯医者に連れて行った。

・弟は気が弱く、周りの雰囲気(ふんいき)に**引きずられ**やすい。

③・いつまでも過去の失敗を**引きずらないで**、前を向いて進もう。

474 **ひきしめる** ヲ引き締める to tighten, brace／收紧, 集中精力, 紧缩／조르다, 긴장하다, 마음을 다 잡다, 절약하다／thắt chặt, chấn chỉnh

①・この体操(たいそう)はウエストを**引き締(し)める**効果がある。

②・試合の日が近づいてきた。気を**引き締(し)めて**練習に励(はげ)もう。

③・収入が減ったので、家計を**引き締(し)める**必要がある。

名 ①～③引き締(し)め→③金融＿

自 引き締(し)まる（・**引き締(し)まった**体 ・心が**引き締(し)まった**。）

475 **ひきこもる** ガ引き籠る to stay at home (self-imposed confinement)／躲在（家里）／틀어박히다／ở ru rú (trong nhà)

・不登校になり、家に**引きこもる**若者が増えている。

名 引きこもり

476 **ひきのばす** ヲ引き伸ばす to stretch, enlarge／放大, 拉直, 延长／확대하다, 똑바르게 하다, 연장하다／phóng to, kéo thẳng, bổ sung

①・旅先で撮(と)った写真を**引き伸ばして**飾(かざ)った。

②・曲がった針金を**引き伸ばす**。 ・原稿(げんこう)の字数が足りなかったので、少し**引き伸ばした**。

名 ①②引き伸ばし

477 **ひきのばす** ヲ引き延ばす to delay／拖延, 延长／끌다, 지연시키다／kéo dài, trì hoãn

・議論ばかりして、これ以上解決を**引き延ばす**のは許されない。

・{返事／支払い／会議…}を**引き延ばす**。

類 ヲ延長する、ヲ延期する 名 引き延ばし

〈その他〉ヲ引き出す、ヲ引き込む、ガ引き返す、ヲ引き受ける、ヲ引き離(はな)す、ヲ引き立てる など

XII 振(ふ)り～

478 **ふりかえる**　ヲ振り返る　to turn around, look back (over one's shoulder)／回头看, 回顾／뒤돌아보다, 돌이켜 보다／ngoảnh lại, điểm lại

①・後ろから名前を呼ばれたので**振(ふ)り返った**。
類 ヲ振(ふ)り向く

②・年末になると、1年を**振(ふ)り返る**番組がよく放送される。
類 ヲ顧(かえり)みる☞174、ヲ回顧(かいこ)する

479 **ふりかえる**　ヲ振り替える　to substitute／替换, 交替／대체하다／thay thế, bù

・祝日(しゅくじつ)が日曜日に重(かさ)なると、休みは翌(よく)月曜日に**振(ふ)り替えられる**。
・事故で電車が一部不通となり、その区間はバス輸送に**振(ふ)り替えられた**。
合 {振替(ふりかえ)／振(ふ)り替(か)え}休日(きゅうじつ)、振替輸送(ふりかえゆそう)　名 振(ふ)り替え

480 **ふりまわす**　ヲ振り回す　to wield, manipulate／挥舞, 折腾, 蛊惑, 滥用／휘두르다, 마음대로 하다, 남용하다／vung vẩy, chi phối, lạm dụng

①・犯人はナイフを**振(ふ)り回して**暴れた。
②・彼女は恋人を**振(ふ)り回して**いる。　・デマに**振(ふ)り回されない**ように気をつけよう。
③・権力を**振(ふ)り回して**あれこれ命令するのはパワハラになる。
類 ①③ヲ振(ふ)りかざす

〈その他〉ヲ振(ふ)り込む、ヲ振(ふ)りまく、ヲ振(ふ)りかける　など

コラム 10　地図(ちず)　Map/Atlas／地图／지도／Bản đồ

北半球(きたはんきゅう)	Northern Hemisphere／北半球／북반구／Bắc bán cầu
南半球(みなみはんきゅう)	Southern Hemisphere／南半球／남반구／Nam bán cầu
北極(ほっきょく)	the Arctic／北极／북극／Bắc cực
南極(なんきょく)	the Antarctic／南极／남극／Nam cực
赤道(せきどう)	the Equator／赤道／적도／Xích đạo
経線(けいせん)	longitude line／经线／경선／kinh tuyến
緯線(いせん)	latitude line／纬线／위선／vĩ tuyến
日付変更線(ひづけへんこうせん)	the dateline／国际日期变更线／날짜 변경선／đường đổi ngày
経度(けいど)	longitude (degree of)／经度／경도／kinh độ
緯度(いど)	latitude (degree of)／纬度／위도／vĩ độ
(例(れい). 北緯(ほくい) 58 度(ど)・東経(とうけい) 135 度(ど))	latitude 58 degrees north/longitude 135 degrees east／北纬58度/东经135度／북위 58도/동경 135도／58 độ vĩ bắc, 135 độ kinh đông
大陸(たいりく)	continent ／大陆／대륙／đại lục, lục địa
海(うみ)	sea, ocean／海, 海洋／바다／biển
太平洋(たいへいよう)	the Pacific Ocean／太平洋／태평양／Thái Bình Dương
大西洋(たいせいよう)	the Atlantic Ocean／大西洋／대서양／Đại Tây Dương

Unit 05 複合動詞 練習問題

429 ～ 480

レベル ★★★★

Ⅰ （　　）に助詞を書きなさい。

1．スピード違反（　　）取り締まる。　　2．新しい課題（　　）取り組む。

3．荷物（　　）引きずって運ぶ。　　4．走っている車（　　）飛び降りる。

5．本（　　）しおり（　　）差し挟む。　　6．給料（　　）保険料（　　）差し引く。

7．後ろ（　　）振り返る。　　8．来客の用件（　　）社長（　　）取り次ぐ。

9．古い電球（　　）新しいもの（　　／　　）取り替える。

Ⅱ 「ます形」が名詞になる言葉に○を付けなさい。　例：食べかける→食べかけ

取り立てる　取り組む　取り除く　取りやめる　取り締まる　取り決める

取り扱う　突き返す　突き上げる　突き止める　飛び散る　差し引く

差し控える　引き上げる　引き下がる　引きずる　引き締める　引きこもる

振り回す　振り替える

Ⅲ ＿＿＿に下から選んだ語を書いて、一つの言葉にしなさい。

1．洗濯物を＿＿＿込む。　　2．慌てて＿＿＿起きる。

3．気を＿＿＿締める。　　4．荷物を丁寧に＿＿＿扱う。

5．写真を＿＿＿伸ばす。　　6．川を＿＿＿越える。

7．不純物を＿＿＿除く。　　8．＿＿＿替え休日

9．ナイフを＿＿＿つけて脅す。　　10．母をうちに＿＿＿取る。

11．旅行を＿＿＿やめる。　　12．＿＿＿詰めて考える。

13．足を＿＿＿ずって歩く。　　14．訴えを＿＿＿下げる。

15．電話を＿＿＿次ぐ。　　16．犬が飼い主に＿＿＿つく。

17．川からボートを＿＿＿上げる。　　18．警官を＿＿＿飛ばして逃げる。

19．皆の意見を＿＿＿まとめる。　　20．握手しようと手を＿＿＿出す。

21．相手の目の前にこぶしを＿＿＿出してにらむ。

差し　突き　飛び　取り　引き　振り

Ⅳ 下から選んだ語を適当な形にして（　　）に入れ、一つの言葉にしなさい。

A 1．借金の取り（　　　）

2．取られたものを取り（　　　）たい。

3．会の取り（　　　）を頼まれた。

4．旅行は突然取り（　　　）となった。

5．「すみません、当店では切手は取り（　　　）おりません」

6．今では外国から個人で薬を取り（　　　　）ことも可能だ。
7．大口（おおぐち）の契約を取り（　　　　）ことに成功した。
8．子供を取り（　　　　）環境は、昔と今では全く違う。

扱う	返す	立てる	付ける	巻（ま）く	まとめる	やめる	寄せる

B　1．原因を突（つ）き（　　　　）たい。
2．スリを捕（つか）まえて交番に突（つ）き（　　　　）。
3．飛び（　　　　）喜ぶ。
4．選手同士がぶつかると、汗が飛び（　　　　）。
5．若手社員の突（つ）き（　　　　）で、幹部（かんぶ）が交代した。
6．「いらない！」とプレゼントを突（つ）き（　　　　）、悲しかった。
7．あの人はいつも私に寄りかかっているので、少し突（つ）き（　　　　）ことにした。
8．「そんなに突（つ）き（　　　　）考えない方がいいよ」
9．日本中を飛び（　　　　）有望（ゆうぼう）な選手を集めるのが私の仕事だ。

上げる	歩く	返す	出す	散る	詰（つ）める	止める	放す	はねる

C　1．一年を振り（　　　　）番組
2．ナイフを振り（　　　　）。
3．口座に金を振り（　　　　）。
4．横から口を差し（　　　　）。
5．救いの手を差し（　　　　）。
6．プラグをコンセントに差し（　　　　）。
7．いろいろ計算すると、利益は差し（　　　　）0（ゼロ）だった。
8．「この統計資料は古いので、新しいものと差し（　　　　）ください」

返る	替（か）える	込む	挟（はさ）む	伸べる	引く	回す

（二度使う語もある）

D　1．ウエストを引き（　　　　）体操（たいそう）
2．消費税引き（　　　　）に反対する。
3．引き（　　　　）の人が増加している。
4．これ以上支払いを引き（　　　　）ことはできない。
5．新しい冷蔵庫を買ったので、古い方は店で引き（　　　　）もらった。
6．大勢の代表として交渉（こうしょう）しているのだから、ここで引き（　　　　）ことはできない。
7．わさびの辛さが刺身（さしみ）の味を引き（　　　　）いる。
8．帰ろうとしたら、「もう少しいいじゃありませんか」と引き（　　　　）。

上げる	こもる	下がる	締（し）める	立てる	止める	取る	延ばす

Ⅴ （　　）に入る言葉を下から選び、適当な形にして書きなさい。

1．この程度のことなら、(　　　　　　　　　)問題にすることはないだろう。

2．作業が終わった。そろそろ(　　　　　　　　　)よう。

3．目撃者の証言を(　　　　　　　　　)結果、犯人の逃走経路がわかった。

4．妹は新しいものには何にでも(　　　　　　　　　)が、飽きるのも早い。

5．「今私が意見を述べることは(　　　　　　　　　)いただきます」

6．「今ちょっと(　　　　　　　　　)いるので、あとにしてもらえませんか」

7．生活に必要なものはだいたいそろっており、(　　　　　　　　　)欲しいものはない。

8．悪い仲間に(　　　　　　　　　)、悪の道に入ってしまった。

9．アイドルはいつでもどこでも笑顔を(　　　　　　　　　)ことが求められる。

10．強く(　　　　　　　　　)ので、出した辞表を(　　　　　　　　　)ことにした。

さしひかえる　さしせまる　つきあわせる　とびつく　とりこむ とりさげる　とりたてる　ふりまく　ひきあげる　ひきずる　ひきとめる

コラム 11 三権分立「司法」

Separation of the Three Branches of Government: Judicial／三权分立 "司法"／삼권 분립／Tam quyền phân lập (tư pháp)

◆裁判所 Courts／法院，法庭，裁判所／재판소／Tòa án

最高裁判所
supreme court／最高法院／대법원／tòa án tối cao

final appeal／上诉，上告／상고／kháng cáo　**上告** ↑↓ **差し戻し**　remand／（把案件）退回，送回（下级法院重新审理）／원심을 취소할 때 취하는 조치／bác cáo

高等裁判所
high court／高等法院／고등 법원／tòa án cấp cao

↑ **控訴**　appeal／上诉，上告／항소／thượng tố

地方裁判所
district/local court／地方法院／지방 법원／tòa án địa phương

〈その他〉

家庭裁判所　family court, domestic court／家庭裁判所，家庭案件法院／가정 법원／tòa án gia đình

簡易裁判所　summary court／简易法院／간이 재판소／tòa án cấp thấp nhất

◆裁判　Trials／裁判／재판／Việc xét xử, tòa án

民事裁判　civil trial／民事审判／민사 재판／tòa án dân sự

刑事裁判　criminal trial／刑事审判／형사 재판／tòa án hình sự

原告　plaintiff, accuser／原告／원고／nguyên cáo

被告　defendant, the accused／被告／피고／bị cáo

起訴する　to prosecute, indict／起诉，提起公诉／기소하다／khởi tố

⇔不起訴になる　⇔non-prosecution, non-indictment／不起诉，不提起公诉／불기소하다／không khởi tố

公判　public hearing, trial／公审／공판／xét xử công khai

判決を下す　to pass judgment／宣布判决／판결을 내리다／phát quyết

有罪⇔無罪　guilty／有罪／유죄／có tội ⇔not guilty／无罪／무죄／vô tội

死刑　death penalty, capital punishment／死刑／사형／tử hình

懲役刑　jail sentence, imprisonment／判处徒刑／징역／hình phạt tù

禁固刑　penalty of imprisonment／判处监禁／금고형／hình phạt giam giữ

罰金刑　fine, penalty／判处罚款／벌금형／hình phạt tiền

刑を執行する　to carry out a sentence／执行刑罚／형을 집행하다／thi hành án

執行猶予　suspended sentence／缓期执行，缓刑／집행유예／hoãn thi hành án

裁判官　judge／审判员，法官／재판관／thẩm phán

検察官　public prosecutor／检察官／검찰관／kiểm sát viên

弁護士　lawyer, attorney／律师／변호사／luật sư

◆法律　Law／法律／법률／Pháp luật

憲法　constitution／宪法／헌법／hiến pháp

刑法　criminal law, penal code／刑法／형법／luật hình sự

民法　civil law／民法／민법／luật dân sự

商法　commercial law／商法／상법／luật thương mại

少年法　juvenile law／少年法／소년법／luật thiếu niên

Unit 05 複合動詞 381 ～ 480

確認問題

レベル ★★★★★

Ⅰ　（　　　）に入れるのに最もよいものを、a・b・c・dから一つ選びなさい。

1．バスの中で、隣りの人にもたれ(　　　)寝てしまった。
　a　かけて　　b　かかって　　c　ついて　　d　つけて

2．うちの親はいつも自分の考えを子供に(　　　)とする。
　a　突きつめよう　　b　突きつけよう　　c　押しかけよう　　d　押し付けよう

3．子供たちの(　　　)目が印象的だった。
　a　澄み切った　　b　晴れ渡った　　c　透明な　　d　輝き返す

4．一人っ子はわがままだなんて、(　　　)ください。
　a　わかりきらないで　　b　取り決めないで
　c　取り立てないで　　d　決めつけないで

5．メモリーをパソコンから(　　　)ときは、注意が必要だ。
　a　取り除く　　b　取り下げる　　c　取りはずす　　d　取り込む

6．彼女は娘夫婦が亡くなってしまったので、孫(まご)を(　　　)育てている。
　a　引き受けて　　b　引き取って　　c　引き止めて　　d　引きあげて

7．(　　　)のつかない失敗をしてしまった。
　a　取り返し　　b　見返し　　c　取り直し　　d　見直し

8．狭い場所で、二人は膝(ひざ)を(　　　)座った。
　a　差し出して　　b　差し伸べて　　c　突き合わせて　　d　突き合って

9．これは大変強い薬品なので、(　　　)には注意が必要だ。
　a　取り扱い　　b　引き締め　　c　取り込み　　d　かかりつけ

10．交流会に参加するつもりだったが、(　　　)うちにいることにした。
　a　思い直って　　b　思い切って　　c　思いかけて　　d　思い返して

Ⅱ　＿＿＿の言葉に意味が最も近いものを、a・b・c・dから一つ選びなさい。

1．来週から新しい絵に<u>着手する</u>つもりだ。
　a　取りかかる　　b　書きかける　　c　やりつける　　d　たどりつく

2．すみません、昨日買ったこのセーター、<u>交換して</u>もらえませんか。
　a　差し替えて　　b　取り替えて　　c　すり替えて　　d　引き換えて

3．事故の原因を<u>突き止めて</u>もらいたい。
　a　公表して　　b　明らかにして　　c　研究して　　d　取り除いて

4．屋根に、衛星放送用のアンテナを<u>取り付けて</u>もらった。
　a　備えて　　b　設けて　　c　配置して　　d　設置して

5．昨年のことを思い返してみると、楽しいことがたくさんあった。

a　見直して　　b　反省して　　c　振り返って　　d　引き戻して

Ⅲ　次の言葉の使い方として最もよいものを、a・b・c・dから一つ選びなさい。

1．取りやめる

a　熱が高いので、今日は学校へ行くのを取りやめた。

b　これ以上、人に迷惑をかけるようなことは取りやめなさい。

c　今日は雨が降りそうなので、洗濯はとりやめた方がいい。

d　主役の祖父が倒れたので、誕生パーティーは取りやめよう。

2．突きつける

a　卒業生はこの花を胸に突きつけて、一列に並んでください。

b　自分の考えをどこまで突きつけていっても、答えは出ないだろう。

c　腹が立ったので、社長に辞表を突きつけて、会社を飛び出した。

d　転んだときに両手を地面に突きつけて、骨折してしまった。

3．差し挟(はさ)む

a　夫婦は子供を間に差し挟んで座った。

b　パンにレタスとハムを差し挟んで食べた。

c　ドアに手を差し挟まないよう、ご注意ください。

d　私などが口を差し挟むようなことではなさそうだ。

4．引きずる

a　山田(やまだ)さんはけがでもしたのか、足を引きずっている。

b　友達が多い田中さんは、いつも仲間を引きずっている。

c　今日一日、昨日のデートの気分を引きずって、楽しかった。

d　花嫁(はなよめ)は長いスカートを引きずっていて、とても美しかった。

5．押し切る

a　Aチームが最後まで相手を押し切って優勝した

b　彼は周りの反対を押し切って、高卒で就職した。

c　彼女は周りの予想を押し切って、有名大学に合格した。

d　B選手は全国民の期待を押し切って、1回戦で敗退した。

Unit 06 カタカナ A　481 ～ 530

レベル ★★☆☆

38

481 パネル　panel／嵌板／패널／tấm, bảng

・屋根に太陽光発電の**パネル**を取り付ける。　・**パネル**をはめる

合 タッチ＿　関 板

482 センサー　sensor／传感器／센서, 감지기／cái cảm biến

・ガスが漏(も)れると、報知機(ほうちき)の**センサー**が働いて警告するようになっている。

・この電気ストーブには過熱防止のための温度**センサー**がついている。

連 ＿が働く

483 ディスプレイ　display／装饰, 显示器／디스플레이, 전시／trang trí, màn hình

①・クリスマスシーズンは、ウィンドーの**ディスプレイ**も華(はな)やかになる。

連 ＿をする　類 飾(かざ)り付け

②・コンピューターの**ディスプレイ**

484 グッズ　goods, items／商品／상품／hàng hóa, món đồ

・アニメのキャラクター**グッズ**が人気だ。　・子供に防犯**グッズ**を持たせる。

合 [名詞]＋グッズ（・防犯**グッズ**）　類 商品

485 パック　ヲパックスル　pack, package, mask／包, 包装; 旅行团; 面膜／판, 팩, 패키지／cái hộp, trọn gói, mặt nạ (dưỡng da)

①・卵は６個か 10 個で１**パック**になっているものが多い。　・トマトを**パック**に詰める。

連 ＿になる・＿にする　合 真空(しんくう)＿、＿詰(づ)め　類 包装、包み

②・**パック**旅行で安く海外へ行ってきた。

連 ＿になる・＿にする　合 ＿旅行、＿ツアー（←パッケージツアー）、＿料金

類 パッケージ

③・肌が荒れているので**パック**をした。

486 シングル　single／单人, 单身, 单亲, 单打, 单张／싱글／cỡ/kiểu đơn, độc/đơn thân, đánh đơn

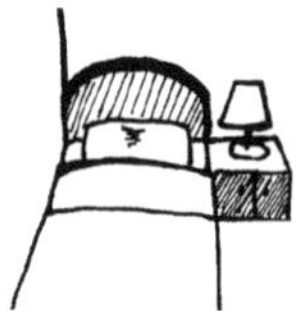

①・**シングル**サイズのピザを注文した。　・ホテルの**シングル**ルーム

合 ＿サイズ、＿ベッド、＿ルーム　対 ダブル

②・彼はまだ**シングル**だ。　・**シングル**マザーとして子供を育てる。

合 ＿ライフ、＿マザー　類 独身

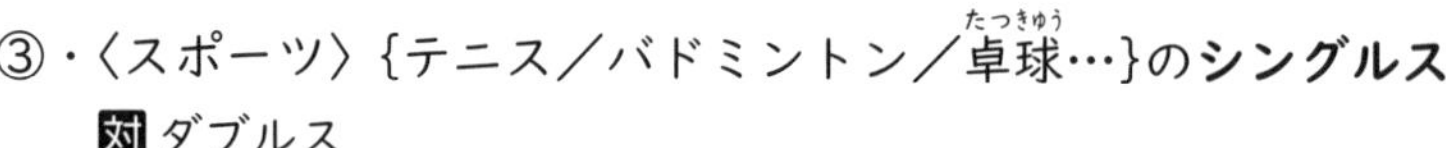

③・〈スポーツ〉｛テニス／バドミントン／卓球(たっきゅう)…｝の**シングルス**

対 ダブルス

④・｛CD の**シングル**盤(ばん)／**シングル** CD｝

487 **ダブル** double／双人, 双重, 双打／더블／cỡ/kiểu kép, hai, đánh đôi

①・**ダブル**サイズのピザを注文した。　・ホテルの**ダブル**ルーム
合__サイズ、__ベッド、__ルーム　対シングル　類二倍
関トリプル、〈ホテル〉ツインルーム

②・失業と失恋の**ダブル**パンチを食らった。
・彼女は大学と会計士の専門学校に通っている。これを**ダブル**スクールという。
合__パンチ、__スクール、〈野球〉__プレー、〈劇〉__キャスト　類二重

③・〈スポーツ〉{テニス／バドミントン／卓球…}の**ダブルス**
対シングルス

488 **カタログ** catalog／商品目录／카탈로그／cuốn catalô

・お歳暮を、百貨店の**カタログ**から選んで相手に送った。
合__販売、__通販　類商品目録　関パンフレット

489 **ブランド** brand／名牌／브랜드／thương hiệu, hàng hiệu

・銀座には海外の有名**ブランド**の店が軒を連ねている。
・彼女は全身を**ブランド**もので固めている。
合__品、__物、一流__、ファッション__、高級__、トップ__、有名__、偽__、__志向

490 **フリーマーケット** flea market／跳蚤市场／프리마켓／chợ đồ cũ

・家で使わなくなった品を、**フリーマーケット**に出して売った。
連__に出す、__に出品する、__を{開く／開催する}　関のみの市

491 **スポンサー** sponsor／赞助单位／스폰서／nhà tài trợ

・この番組の**スポンサー**は電機メーカーだ。
・本を自費出版する際、知り合いが**スポンサー**になってくれた。
関出資者

492 **キャンペーン** campaign, promotion／宣传活动／캠페인／cuộc vận động, chiến dịch

・エイズ撲滅の**キャンペーン**が、世界中で行われた。
・新発売のビールの**キャンペーン**で、1本ただでもらった。
連__をする、__を行う

493 **イベント** event／活动／이벤트／sự kiện

・世界のアニメ映画を上映する**イベント**が行われた。
・紅白歌合戦は、年末のテレビの一大**イベント**だ。
連__をする、__を行う、__を開く、__を開催する　合一大__、メイン__、__情報(誌)
類催し(物)、行事

494 **フェスティバル** festival／庆祝活动／축제／lễ hội, liên hoan

・東京でアニメの**フェスティバル**が開かれた。
連 __を開く、__を開催(かいさい)する
合 [名詞]＋フェスティバル(・アニメ**フェスティバル**、フラワー**フェスティバル**)

495 **パレード** ガパレードスル parade／盛装游行／퍼레이드, 행렬／diễu hành

・ワールドカップで優勝したチームが、街(まち)で**パレード**を行った。
合 優勝__、祝勝__、祝賀(しゅくが)__、結婚__

496 **ライブ** live concert/music／现场演奏会／라이브／buổi nhạc sống

①・友達がやっているバンドの**ライブ**を見に行った。
連 __をする　合 __ハウス、__活動　類 生演奏(なまえんそう)

②・音楽は**ライブ**で聞くと迫力(はくりょく)が違う。
合 __放送、__中継(ちゅうけい)、__映像　類 生(なま)

497 **アウトドア** outdoor／户外／아웃도어, 야외／ngoài trời

・休日には、**アウトドア**の活動を楽しんでいる。　・彼女は**アウトドア**派だ。
合 __活動、__スポーツ　対 インドア

498 **リゾート** resort／度假地／리조트／nơi nghỉ dưỡng

・久しぶりの休日に、**リゾート**に出かけてのんびりした。　・南国(なんごく)の**リゾート**
合 __地、__ホテル、__開発　類 保養地(ほようち)、観光地　関 レジャー

499 **スリル** thrill／惊险／스릴／cảm giác mạnh

・ジェットコースターで**スリル**を味わった。　・この高いつり橋を渡るのは**スリル**満点だ。
連 __がある⇔ない　合 __満点　関 スリラー、スリリングな、ガはらはらする

500 **ミステリー** mystery／神秘, 推理／미스테리／sự thần bí, li kì

①・ピラミッドの建設は古代の**ミステリー**と言われている。
類 不思議、謎(なぞ)

②・**ミステリー**小説を読む楽しみは、犯人を推理(すいり)することだ。
合 __小説、__映画　類 推理(小説)

501 **フィクション** fiction／虚构／픽션／hư cấu

・この小説はまったくの**フィクション**で、登場人物(とうじょうじんぶつ)も架空(かくう)の人物だ。
合 サイエンス__ (→ＳＦ(エスエフ))　対 ノン__

502 **ヒーロー** hero／英雄／영웅／anh hùng, người hùng

①・彼はその国で初めてオリンピックで金メダルを取り、国民の**ヒーロー**になった。
関 英雄(えいゆう)

②・{映画／ドラマ／小説…}の**ヒーロー**　※男性
対 ヒロイン　※女性　類 主人公(しゅじんこう)

503 **ファン** fan／……迷, 风扇／팬／người hâm mộ

①・映画のヒロイン役をした女優の**ファン**になった。　・私はこの歌手の**ファン**だ。

連 __になる　**合** __クラブ、__レター

②・扇風機の**ファン**　・**ファン**ヒーター

504 **デビュー**　ガデビュースル debut／初次登台, 初出茅庐／데뷔／ra mắt, trình làng

・芸能界に新しいアイドルが**デビューした**。

・彼はわずか16歳で文学賞を受賞し、衝撃的な**デビュー**を飾った。

505 **プロフィール** profile／简历／프로필／lí lịch tóm tắt

・学校のパンフレットに講師の**プロフィール**が載っている。

506 **イニシャル** initials／开头字母／이니셜／viết tắt từ chữ cái đầu

・私の名前は「伊藤たかし」だから、**イニシャル**は「I・T」だ。

類 頭文字　※「イニシャル」は名前について使う。

507 **ポピュラーな** popular／流行的, 大众化的／대중적인／lưu hành rộng rãi

・この歌は、若者の間ではとても**ポピュラーだ**。

・柿は世界ではあまり知られていないが、日本では**ポピュラーな**果物だ。

合 ポピュラーソング、ポピュラーミュージック　**関** 人気のある、一般的な、ポップス

コラム 12 エネルギー問題 Energy Issues／能源问题／에너지 문제／Vấn đề năng lượng

◆燃料	Fuel／燃料／연료／Nhiên liệu
化石燃料	fossil fuels／化石燃料／화석 연료／nhiên liệu hóa thạch
石油	oil／石油／석유／dầu lửa
石炭	coal／煤炭／석탄／than
天然ガス	natural gas／天然（煤）气／천연 가스／khí thiên nhiên
バイオマス燃料	biomass fuels／生物堆反应燃料／바이오매스 연료／nhiên liệu sinh khối
◆電力	Electricity／电力, 电／전력／Điện lực
火力発電	thermal power generation／火力发电／화력 발전／nhiệt điện
水力発電	hydroelectric power generation／水力发电／수력 발전／thủy điện
風力発電	wind power generation／风力发电／풍력 발전／điện gió
波力発電	wave power generation／波浪发电／파력 발전／điện sóng
太陽光発電	solar power generation／太阳光发电／태양광 발전／điện mặt trời
地熱発電	geothermal power generation／地热发电／지열 발전／điện địa nhiệt
原子力発電	nuclear power generation／核发电／원자력 발전／điện hạt nhân
自家発電	private power generation／自家发电／자가 발전／điện làm ra trong hộ gia đình
節電	electricity conservation／节电／절전／tiết kiệm điện
クリーンエネルギー	clean energy／无污染燃料／클린 에너지(풍력, 태양열등)／năng lượng sạch
エネルギー自給率	ratio of self-reliance in energy／能源自给率／에너지 자급률／tỷ lệ tự túc năng lượng

🔊 40

508 **ヘルシーな** healthy／有益于健康的／건강한／tốt cho sức khỏe

・このレストランは、野菜中心の**ヘルシーな**料理が女性に人気だ。

合 ヘルシー料理、ヘルシーメニュー　類 健康的(けんこうてき)な

509 **レシピ** recipe／食谱／조리법／đơn hướng dẫn làm món ăn

・このケーキは、**レシピ**の通りに作れば、誰(だれ)でも簡単にできる。

合 __本(ぼん)、__ブック

510 **スパイス** spice／香辣调味料, 辛辣／스파이스, 향신료／gia vị cay

・私は**スパイス**のきいた料理が好きだ。　・料理に**スパイス**を加える。

・この小説は温かいだけでなく、ぴりっとした**スパイス**もきいている。

連 __がきく・__をきかせる　類 香辛料(こうしんりょう)

511 **ボリューム** volume／分量, 总量, 音量／양, 볼륨／lượng (món ăn, tóc), âm lượng

①・この食堂は、安くて**ボリューム**のある食事を出すので学生に人気がある。

・私は髪の**ボリューム**が少ないので、ヘアスタイルには気を遣(つか)っている。

連 __がある⇔ない、__が多い⇔少ない、__たっぷり　類 分量、量

②・「声が聞こえにくいので、マイクの**ボリューム**を上げてください」

連 __が大きい⇔小さい、__を上げる⇔下げる　類 音量

512 **トライ**　ガトライスル　try／尝试／트라이, 시도／thử

・今までやったことのない方法に**トライする**。

関 ヲ試す、ガチャレンジスル

513 **チャレンジ**　ガチャレンジスル　challenge, try／挑战／도전／thử sức, thử thách

・自分の実力より少しレベルの高い大学だが、**チャレンジして**みよう。

・難問に**チャレンジする**。　・彼女は**チャレンジ**精神が旺盛(おうせい)だ。

合 __精神　類 ガ挑戦(ちょうせん)スル　関 チャレンジャー、ガトライスル、ガ挑(いど)む☞741

514 **マイペースな** at one's own pace／自己的作法／자기 페이스／theo lối riêng của mình

・あの人はいつも**マイペースだ**。　・**マイペースな**やり方

・自分の興味(きょうみ)と能力に合わせて、**マイペースで**仕事をする。

名 マイペース→__を貫(つらぬ)く（・周りに惑(まど)わされず**マイペース**を貫(つらぬ)く。）

515 **チームワーク** teamwork／团队合作／팀워크／làm việc nhóm, hợp tác tập thể

・**チームワーク**の取れた会社は、いい仕事ができる。

・このチームは選手個々の力はあるのだが、**チームワーク**が今一つだ。

連 __がある⇔ない、__がいい⇔悪い、__が取れる

516 **プロジェクト** project／项目／프로젝트／dự án

・地元商店街を活性化させるための**プロジェクト**が立ち上がった。

・**プロジェクト**チームのメンバーは、社内の各課から一人ずつ選ばれた。

連 __が立ち上がる・__を立ち上げる、__を企画する　合 __チーム

関 ヲ企画スル☞932、ヲ計画スル

517 **パートナー** partner／合作者, 伙伴／파트너／đối tác

・結婚で人生の**パートナー**を得た。

・彼は性格はともかく、仕事の**パートナー**としては最高だ。

合 __シップ　関 相手

518 **セミナー** seminar／研究班, 研讨会／세미나／sêmina, buổi phổ biến

・大学で学生のための就職**セミナー**が行われている。

連 __をする、__を行う、__を{開く／開催する}　合 [名詞]＋セミナー

519 **シンポジウム(→シンポ)** symposium／专题研讨会／심포지엄, 토론회／hội nghị chuyên đề

・教育関係者を集め、学校教育についての**シンポジウム**が開かれた。

連 __を行う、__を{開く／開催する}　関 公開討論会、パネルディスカッション

520 **ゼミ(←ゼミナール)** tutorial／研究班, 研讨会／세미나／sêmina

・私は大学で田中先生の**ゼミ**に所属している。　・授業は**ゼミ**形式で行われる。

合 __形式、__発表

521 **レジュメ** resume, summary／摘要／레쥬메／bản tóm tắt

・発表の内容を**レジュメ**にまとめた。

※日本語では「履歴書」という意味はない。　連 __をまとめる　関 ハンドアウト

522 **リスト** list／名簿／리스트／danh sách

・サークルの会員の**リスト**を作って全員に配付した。

合 ヲ__アップスル(・会員の中で25歳以上の人だけを**リストアップした。**)　類 一覧、名簿

523 **ランク**　ヲランクスル rank／排行榜／랭크／xếp hạng

・**ランク**の高い大学は受験生の人気も高い。

・この病院は、ガン治療の分野で日本のトップ10に**ランクされて**いる。

連 __が高い⇔低い、__が上がる⇔下がる、__がアップする⇔ダウンする、__を上げる⇔下げる、上の__⇔下の__、__を付ける　合 __アップ⇔__ダウン、__付け、ガ__インスル

類 順位、等級、階級　関 ランキング、レベル

524 **インターンシップ** internship／就业体验／인턴십／thực tập

・最近は、学生が一定期間研修できる**インターンシップ**制度を設ける企業が多い。

合 __制(度)　関 インターン

41

525 リストラ(←リストラクション) ヲリストラスル　restructuring, downsizing, redundancy／公司重组, 裁员／기업 구조 조정／tái cơ cấu, cắt giảm nhân sự

①・経営不振で企業はさまざまな**リストラ**(策)を行った。

合 ＿策　類 企業再構築　関 経営合理化

②・彼は会社を**リストラされ**て、今、再就職先を探している。

連 ＿に遭う　類 ヲ解雇スル、ヲくびにする

526 フリーター　person who makes their living from a series of part-time jobs／自由职业者／프리터, 아르바이트／người tự do (không có việc làm chính quy)

・彼は一度も正規雇用されたことがなく、**フリーター**の生活を続けている。

関 アルバイト、パートタイマー、ニート

527 セクハラ(←セクシャルハラスメント)　sexual harassment／性骚扰／성희롱／quấy rối tình dục

・上司が部下に**セクハラ**を働いたとして、免職処分になった。

・職場では、**セクハラ**防止のためのさまざまな活動を行っている。

連 ニ＿をする、ニ＿を働く、ニ／カラ＿を受ける　合 ＿発言

関 パワハラ(←パワーハラスメント)、アカハラ(←アカデミックハラスメント)

528 フェアな　fair, festival／公平, 公正, 正大光明地, 展销会／정정당당한／công bằng, công chính, hội chợ

①・審判は、競技者に対して**フェアな**判定を下さなければならない。

・権力で部下を従わせるのは、**フェアな**やり方ではない。　・**フェアに**戦う。

合 〈スポーツ〉フェアプレー、フェアトレード　類 公明正大な、公正な

②[名 フェア]・今デパートで、北海道の物産**フェア**をやっている。

関 バザー

529 ボイコット　ヲボイコットスル　boycott／抵制, 联合拒绝／보이콧／tẩy chay

①・戦争を起こしたA国に抗議するために、A国製品の**ボイコット**が世界で相次いだ。

類 不買運動

②・学校に不満を抱く学生が卒業式を**ボイコットする**という事件が起きた。

・上層部に抵抗して、社員たちは仕事を**ボイコットする**手段に出た。

類 ヲ放棄スル

530 アレルギー　allergy／过敏／알레르기／dị ứng

①・私は卵に**アレルギー**があり、食べるとじんましんが出る。

連 ＿がある⇔ない

②・職場に嫌な人がいて、最近はその声を聞くだけで**アレルギー**が起きる。

連 ①②＿が出る、＿が起きる・＿を起こす

合 ①②[名詞]＋アレルギー(・小麦**アレルギー**、金属**アレルギー**、核**アレルギー**)

類 ①②拒絶反応

コラム 13 生命倫理 Bioethics／生命伦理／생명논리／Đạo đức sinh học

◆**医療**	Medical Treatment／医疗／의료／Y tế
先端医療	advanced medicine／尖端医疗／첨단 의료／Y tế tiên tiến
臓器移植	organ transplant／内脏器官移植／장기 이식／cấy ghép cơ quan nội tạng
遺伝子医療	genetic treatment／遗传基因医疗／유전자 의료／y tế gien
遺伝子診断	genetic diagnosis／遗传基因诊断／유전자 진단／chẩn đoán gen
終末医療／ターミナルケア	terminal care／临终医疗／임종간호／y tế cuối đời
QOL	Quality of Life／生活质量／삶의 질／Chất lượng cuộc sống
緩和ケア	palliative care／缓和护理／완화 치료／chăm sóc giảm nhẹ
ホスピス	hospice／临终关怀医院（疗养院）／호스피스／chăm sóc cuối đời
生殖医療	reproductive medicine／生殖医疗／생식 의료／Y tế sinh sản
不妊治療	infertility treatment／不孕症治疗／불임 치료／chữa trị vô sinh
子どもを授かる	to conceive a child／怀孕／아기를 가지다, 임신하다／thụ thai, có mang
中絶	abortion／人工流产, 打胎／중절／phá thai
人工受精	artificial insemination／人工受精／인공 수정／thụ tinh nhân tạo
体外受精	in vitro fertilization／体外受精／체외 수정／thụ tinh ngoài cơ thể
顕微鏡受精	micro-fertilization/Intracytoplasmic Sperm Injection (ICSI)／显微镜受精／현미경 수정／thụ tinh kính hiển vi
代理母	surrogate mother／代理母亲／대리모／người mẹ mang thai hộ
神の領域	the realm of the gods (God's realm)／神的领域／신의 영역／địa hạt của Chúa
死	death／死, 死亡／죽음／Cái chết
脳死	brain death／脑死亡／뇌사／chết não
心停止	cardiac arrest／心跳停止／심박 정지／tim ngừng đập
延命措置	measures to prolong life／延长寿命措施／연명 조치／biện pháp kéo dài sự sống
植物状態	vegetative state／植物（人）状态／식물인간 상태／tình trạng thực vật
安楽死	euthanasia／安乐死／안락사／chết an lạc
尊厳死	death with dignity, natural death without life support／尊严死／존엄사／chết tự nhiên
◆**研究**	Research／研究／연구／Nghiên cứu
ライフサイエンス／生命科学	life sciences／生命科学／생명 과학／khoa học sự sống
ヒトゲノム	human genome／人类基因组／인간 게놈, 인간 유전체／bản đồ gien người
遺伝子解析	genetic analysis／遗传基因解析／유전자 해석／phân tích gien
遺伝子組換え	genetic modification／转基因／유전자 재조합／biến đổi gien
ヒトＥＳ細胞	human embryonic stem cell／人类胚胎干细胞／인간 배아 줄기세포／tế bào gốc phôi của người
クローン	clone／克隆／클론, 복제／nhân bản

Unit 06 カタカナA 練習問題 481 ～ 530

レベル ★★☆☆☆

I 「～する」の形になる言葉に○を付けなさい。

センサー　パック　デビュー　スポンサー　トライ　チャレンジ　リスト

II ナ形容詞になる言葉に○を付けなさい。

ポピュラー　スリル　ヘルシー　マイペース　チームワーク　フェア　ライブ

III 対義語を書きなさい。

1．シングル ⇔（　　　　）　2．フィクション ⇔（　　　　）
3．インドア ⇔（　　　　）　4．ヒーロー(男性) ⇔（　　　　）(女性)

IV （　　）に下から選んだ語を書いて、一つの言葉にしなさい。

A 1．ブランド（　　）　2．リゾート（　　）　3．ミステリー（　　）
4．パック（　　）　5．チャレンジ（　　）　6．スリル（　　）
7．（　　）パレード　8．（　　）グッズ　9．（　　）パック

小説　真空(しんくう)　精神　地　品　防災　満点　優勝　旅行

B 1．（　　）クラブ　2．（　　）メニュー
3．（　　／　　）アップ　4．（　　）プレー
5．（　　）イン　6．（　　）ルーム

シングル　ファン　フェア　ヘルシー　ランク　リスト

（二度使う語もある）

V 似た意味の言葉を下から選んで（　　）に書きなさい。

1．生演奏 —（　　）　2．催し物 —（　　）
3．観光地 —（　　）　4．飾り付け —（　　）
5．なぞ —（　　）　6．性的嫌がらせ —（　　）

イベント　セクハラ　ディスプレイ　ミステリー　ライブ　リゾート

VI 正しい言葉を〔　　〕の中から一つ選びなさい。

A 1．スパイスが〔 濃い　出ている　きいている 〕。
2．センサーが〔 働く　流れる　飛ぶ 〕。

3．ランクを〔　作る　付ける　かける　〕。
4．この物質はアレルギーを〔　出す　作る　起こす　〕。
5．チームワークが〔　いい　上手だ　できている　〕。
6．料理のボリュームが〔　大きい　多い　たくさんだ　〕。

B　1．仕事を〔　リストラ　ボイコット　〕する。
2．就職しないで〔　フリーター　ファン　〕を続けている。
3．京都で地球温暖化に関する〔　シンポジウム　ゼミ　〕が行われた。
4．経営者を対象とする税金対策の〔　プロジェクト　セミナー　〕が開かれた。
5．新商品の〔　インターンシップ　キャンペーン　〕が行われている。

Ⅶ　（　　）に入る言葉を下から選んで書きなさい。

A　1．商品の(　　　　　　)　　2．名前の(　　　　　　)
3．番組の(　　　　　　)　　4．講師の(　　　　　　)
5．発表の(　　　　　　)　　6．仕事／人生の(　　　　　　)
7．料理の(　　　　　　)

イニシャル　カタログ　スポンサー　パートナー　プロフィール　レシピ　レジュメ

B　1．(　　　　　　　)に出品(しゅっぴん)する。　　2．(　　　　　　)を立ち上げる。
3．(　　　　　　)をはめる。　　4．大学生が(　　　　　　)で発表する。
5．(　　　　　　／　　　　　　／　　　　　　)を開催(かいさい)する。

シンポジウム　ゼミ　パネル　フェスティバル　フリーマーケット　プロジェクト

(二度使う語もある)

Ⅷ　（　　）に入る言葉を下から選んで書きなさい。

1．「前回は失敗しましたが、もう一度(　　　　　　)させてください」
2．ここを人が通ると(　　　　　　)が働いて、ベルが鳴るようになっている。
3．これは日本ではとても(　　　　　　)な曲だ。
4．このCDは発売1週間で売り上げベストテンに(　　　　　　)インした。
5．花粉症(かふんしょう)というのは(　　　　　　)の一種だ。
6．会社を(　　　　　　)され、現在失業中だ。
7．彼はいつも(　　　　　　)で、やや協調性に欠ける面がある。
8．音が小さかったので、(　　　　　　)を上げた。

アレルギー　センサー　トライ　ポピュラー
ボリューム　マイペース　ランク　リストラ

Unit 07 副詞A+接続詞　531 ～ 600

レベル ★★☆☆

42

I　時や頻度に関係のある副詞

Adverbs related to time or frequency／与时间和频度有关的副词／시간이나 빈도에 관계있는 부사／Phó từ liên quan đến thời gian, tần suất

531 きんねん　近年　recently, in recent years／近几年／근년／những năm gần đây

・**近年**、育児休暇を取る男性が少しずつ増えている。　・今年は**近年**にない豊作だ。

・**近年**まれに見る{大雪／暖冬／快挙…}

連 __にない、__まれに見る　類 ここ数年

532 かつて　in the past, (never) before／曾经, 以前／이전에, 전에, 한번도／trước đây

①・私は**かつて**、カナダに住んでいたことがある。

・50年ぶりにふるさとを訪ねたが、**かつて**の町並みは全く変わってしまっていた。

類 以前

②・今年は**かつて**ない暖冬だった。

・「そんな話、いまだ**かつて**、見たことも聞いたこともない」

※「かつて(～)ない」の形で使う。　合 いまだ__　類 今まで

533 かねて　兼ねて　previously／原先, 老早／전부터, 미리／trước

・原子力発電所の危険性は、**かねて**(より／から)指摘されていたことだ。

・「お名前は**かねて**より伺っております」

類 かねがね、以前から

534 もっか　目下　now, presently／当前／현재, 지금／hiện tại

・事故の原因は**目下**調査中だ。

・来春の人事については、**目下**のところ、まだ何も決まっていない。

連 __のところ　類 ただ今

535 しゅうじつ　終日　all day, whole day／整天／종일／cả ngày

・大雪のため、飛行機は**終日**欠航となった。　・旅行の二日目は**終日**市内観光だった。

類 一日中

536 そうきゅうに／さっきゅうに　早急に　urgently／紧急, 及早／조급히, 급히／gấp

※本来は「さっきゅう」と読む漢字だが、最近は「そうきゅう」と言うことが多い。

・この問題については、**早急に**対処する必要がある。

・「次のような症状が出たら、**早急に**受診してください」

※ナ形容詞の副詞的用法。　類 すぐに、直ちに、至急、すぐさま

ナ形 早急な(・**早急な**対処が望まれる。)

537 **そくざに**　　**即座に**　　immediately／立即／당장, 즉석에서／ngay

・京都への転勤を打診(だしん)されたとき、私は**即座に**「行きます」と返事をした。

・チケットは売り出されると**即座(そくざ)に**売り切れた。

類 すぐに、ただちに、すぐさま

538 **すかさず**　　without hesitation, straight away／立刻／즉시, 즉각, 당장／ngay, không chút do dự

・野口(のぐち)さんは頭が良く、議論であいまいなことを言うと、**すかさず**追及(ついきゅう)してくる。

・〈ボクシング、レスリングなど〉松田選手(まつだせんしゅ)は攻撃(こうげき)されると、**すかさず**反撃(はんげき)に出た。

・私は北原(きたはら)先生が好きなので、「誰(だれ)か手伝って」と言われたとき、**すかさず**手を挙(あ)げた。

関 間(ま)をおかず

539 **ふいに**　　**不意に**　　suddenly, unexpectedly／忽然, 意外, 出其不意／돌연히, 갑자기, 느닷없이／đột nhiên, không ngờ

・**不意に**目の前が真っ暗になり、意識を失ってしまった。　・**不意**の来客にあわてる。

類 突然、急に、突如(とつじょ)

名 不意（・相手の**不意**をついて攻(せ)める。）

540 **とつじょ**　　**突如**　　all of a sudden, suddenly／突然／갑자기, 별안간／bỗng nhiên, đột nhiên

・**突如(とつじょ)**地面が揺(ゆ)れ、次の瞬間(しゅんかん)、家はつぶれていた。

・**突如(とつじょ)**として体に力が入らなくなり、その場に倒れてしまった。

連 ＿として　　類 突然、急に、不意に

541 **ちかぢか**　　**近々**　　soon／不久／머지않아／sắp tới

・**近々**引っ越す予定だ。

類 もうすぐ、もうじき　　※「近々」の方が硬(かた)い言葉。

542 **じきに／もうじき**　　soon, before long／眼看, 马上／머지않아, 곧／sắp

・12月になった。ふるさとでは**もうじき**初雪(はつゆき)が降るだろう。

・「仕事、終わった？」「うん、**じきに**終わるから、ちょっと待ってて」

※会話的な言葉。　　類 すぐに、もうすぐ

543 **ぼつぼつ(と)**　　soon, gradually, here and there, spots, pimples／就, 该; 渐渐, 稀稀落落; 小斑点／슬슬, 듬성듬성, 여드름／chuẩn bị, bắt đầu, dần dần, lỗ chỗ

①・**ぼつぼつ**田中(たなか)さんが来る頃(ころ)だ。　・「**ぼつぼつ**出かけようか」

類 そろそろ

②・開演10分前になって、やっと**ぼつぼつ(と)**人が集まりだした。

③・箱に**ぼつぼつと**穴(あな)をあける。

類 ②③ぽつぽつ(と)

④[名 ぼつぼつ]・顔に**ぼつぼつ**がたくさんできてしまった。

類 ぶつぶつ☞1122

43

544 いまどき　　今どき　　today, nowadays／现今／요새, 요즘／bây giờ, thời nay

・「そんなやり方、**今どき**はやらないよ」　・彼は**今どき**珍しい、礼儀正しい青年だ。

・**今どき**の若者ときたら、本当にものを知らない。

※否定的な気持ちで使うことが多い。　関 現代

545 いまごろ　　今頃　　now, at this late hour／现在, 这般时候／지금쯤, 이맘때／lúc này

①・**今ごろ**になって日時を変更してくれと言われても困る。　・「**今ごろ**謝っても遅いよ」

・〈夜中に帰って来た娘に〉「**今ごろ**まで何をしてたんだ！」

※マイナスの意味が含まれる。　類 今さら、今になって

②・帰国したマリアさんは、**今ごろ**何をしているだろう。　・{明日／去年…}の**今ごろ**

546 いまさら　　今更　　now, at this late hour／现在才, 事到如今／이제 와서, 새삼스럽게／đến bây giờ

①・**今さら**あわてても、もう間に合わないだろう。　・「**今さら**断られても困ります」

類 今ごろ、今になって

②・省エネの大切さは、**今さら**言うまでもない。

※①②後ろに否定的な内容の表現が来る。

連 ①②＿のように（・落ち葉を見て、**今さらのように**季節の移り変わりを感じた。）、

＿ながら（・親が入院した。**今さらながら**、親は大切にしなければと思う。）

547 いまや　　今や　　now (in contrast to the past)／现在正是／지금은, 이제야말로／bây giờ thì, bây giờ là lúc

①・昨年新人賞を取ったばかりの彼女が、**今や**大スターの一人だ。

・**今や**情報がすべてを支配していると言っても過言ではない。

類 今では

②・**今や**一致団結して、独裁者を倒すときだ。

類 今こそ

548 いまに　　今に　　before long／到现在才, 早晚／머지않아, 언젠가, 두고／sẽ đến lúc

・**今に**彼の才能が認められる日が来るだろう。

・「どうしてあんなことをしたのか、理由を教えてください」「**今に**わかりますよ」

・「**今に**見ていろ！」

類 そのうち　関 いずれ

549 ひんぱんに　　頻繁に　　frequently／频繁／자주, 빈번히／thường xuyên

・あの交差点は見通しが悪いため、**頻繁に**事故が起こっている。

※ナ形容詞の副詞的用法。　類 しょっちゅう、たびたび　関 が頻発する

ナ形 頻繁な（・**頻繁な**政権交代は、政策の一貫性の面で問題がある。）

550 しじゅう　　始終　　continuously, from beginning to end／总是／항상, 언제나／luôn, thường xuyên

・弟は体が弱く、**始終**風邪をひいている。

類 しょっちゅう、絶えず、いつも

551 **ちょくちょく** often, now and then／经常／자주／hay, thường xuyên

・白井さんとは**ちょくちょく**飲みに行く間柄だ。 ・「もっと**ちょくちょく**顔を見せてよ」

※会話的な言葉。 **類**よく、たびたび、しばしば

Ⅱ 程度や量を表す副詞

Adverbs that express degree or volume ／表示程度和数量的副词／정도나 양을 나타내는 부사／ Phó từ chỉ mức độ, số lượng

552 **およそ** about, rough／大概, 完全, 大凡／약, 대략, 전혀／khoảng chừng, đại khái

①・ここから駅までは**およそ**1キロだ。 ・「**およそ**の金額を教えてください」

類約、だいたい

②・祖母は**およそ**ぜいたくとは縁のない人生を送った。

※否定的な表現と一緒に使う。 **類**まったく

③・**およそ**ものごとには順序というものがある。

553 **きわめて** 極めて extremely／极其／매우, 상당히／vô cùng, rất

・どの国にとっても、食糧問題は**極めて**重要な課題だ。

・こんな事故が起こるのは**極めて**まれなことだ。 ・経過は**極めて**順調だ。

類大変、非常に、たいそう、ごく、とても

554 **ごく** extremely, very／非常／극히／chỉ, rất

・提案に反対しているのは、**ごく**少数の人々だ。 ・母は**ごく**平凡な専業主婦です。

・この薬は**ごく**まれに、副作用が出ることがある。

類非常に、極めて ※「ごく」は数量が小さいとき、レベルが低いときに使うことが多い。

555 **いたって** 至って very／很／매우, 아주, 대단히／rất

・祖母は80歳を過ぎているが、**いたって**元気だ。 ・作り方は**いたって**簡単だ。

類大変、とても

556 **ひといちばい** 人一倍 more than others, unusually／比别人加倍／남달리／hơn người khác

・祖父は若い頃から**人一倍**働いて、今の地位を築いたそうだ。

・**人一倍**の努力をする。

557 **ひととおり** 一通り roughly, in general, ordinary／大概, 普通／대충, 웬만, 보통, 여간, 한가지／qua một lượt, nói chung, bình thường

①・書類には**一通り**目を通したが、細かいチェックはこれからだ。

類ざっと、一応

②・息子は中学生だが、うちのことは**一通り**できる。

類だいたい、一応

③・あの人の日本文化に関する知識は、**一通り**(のもの)ではない。

類並、普通 ※必ず否定形で使う。

558 **やや** slightly, a little／稍稍／조금, 약간, 잠시／hơi,một chút

・あの兄弟はよく似ているが、弟の方が**やや**背が高い。

連 __あって(・空が光ったかと思うと、**ややあって**、大きな雷の音がした。)、__もすれば

類 少し、ちょっと　※「やや」の方が硬い言葉。

559 **いくぶん　幾分** to some extent, portion／多少, 一些／조금, 약간, 다소, 얼마쯤／phần nào, một chút

・薬を飲んでしばらくたつと、痛みは**いくぶん**治まった。

類 少し、いくらか

名 幾分(・給料の**幾分**かを寄付した。)

560 **そこそこ** reasonably, fairly well, in a hurry, about／还算凑合, 草草了事, 大约／어느 정도, 그런대로, 하는 둥 마는 둥／tương đối, qua loa

①・あの学生は**そこそこ**できるが、研究者向きではない。

・「新製品の売り上げはどうですか」「おかげさまで、**そこそこ**注文が来るようになりました」

類 まあまあ、まずまず

②・せっかくの日曜日なのに、夫は朝食も**そこそこ**に出かけてしまった。

連 ～も__に+[動詞]

③・あそこは学生向けの飲食店なので、1,000円**そこそこ**でおなかいっぱい飲み食いできる。

561 **じゃっかん　若干** somewhat, to a certain extent, few／少许; 若干／약간／một chút, một vài

・会議の進行が予定より**若干**遅れぎみだ。

・〈乗り物、劇場など〉席にはまだ**若干**(の)余裕がある。　・今回の採用は**若干**名だそうだ。

合 __名　類 少し、いくらか　※「若干」の方が硬い言葉。

562 **いまひとつ　今一つ** lacking, not quite／略有欠缺／뭔가 좀, 충분하지 못한／chưa được, còn thiếu

・このデザインは悪くはないが、**今ひとつ**新鮮みに欠ける。

・「味はどう？」「うーん、**今一つ**だね」

※俗語では「いまいち」とも言う。

563 **さんざん　散々** to one's heart's content, utterly, severe／程度很深, 倒霉／실컷, 호되게, 단단히, 엉망／nhiều, thảm hại, tồi tệ

・あの人は**さんざん**遊び回ったあげく、財産を無くして行方不明になってしまったそうだ。

・**さんざん**苦労して育てた娘に裏切られ、泣くに泣けない。

ナ形 さんざんな(・**さんざんな**目にあった。　・**さんざんに**殴られた。　・成績は**さんざん**だった。)

564 **ぐっと** firmly, fast, much／使劲儿, 一口气地, 哑口无言, 更加／꾹, 단숨에, 훨씬／chặt, liền, ngay, hẳn

①・バスが揺れたので、倒れないよう、足に**ぐっと**力を入れた。

・ビールを**ぐっと**一息に飲んだ。

②・突然質問され、**ぐっと**答えに詰まった。

③・先生に少し直してもらうと、絵は**ぐっと**よくなった。

類 ずっと、一段と　※「ぐっと」は会話的な言葉。

565 はるかに by far, long (ago), far (away)／远远／훨씬, 먼, 아득히／hẳn, xa, cách xa

①・新製品の売り上げは、予想を**はるかに**上回(うわまわ)った。

・この映画は小説をもとにしているが、両者を比べると、小説の方が**はるかに**面白い。

類ずっと　※「ずっと」の方が会話的な言葉。

②[ナ形 はるかな]・**はるか(な)**昔、日本列島(れっとう)は大陸(たいりく)と陸続(りくつづ)きだった。

・**はるか**遠くに富士山(ふじさん)が見える。　・**はるか**かなたの地

Ⅲ　様子を表す副詞　Adverbs that express appearance／表示样子和姿态的副词／상태를 나타내는 부사／Phó từ chỉ bộ dạng

566 がっちり(と)　ガがっちりスル solid, firmly, shrewd／健壮, 紧紧, 牢牢抓住／다부진, 꽉, 야무진, 단단히／chắc nịch, chặt chẽ

①・大野(おおの)さんはスポーツで鍛(きた)えただけあって、体が**がっちりして**いる。

類がっしり(と)

②・二人は**がっちり(と)**握手(あくしゅ)した。

類しっかり(と)

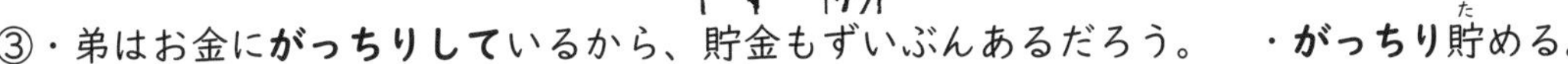

③・弟はお金に**がっちりして**いるから、貯金もずいぶんあるだろう。　・**がっちり**貯(た)める。

567 がっしり(と)　ガがっしり(と)スル solid, firm, tough／结实／단단한, 다부진／chắc nịch, chắc chắn

・家具(かぐ)はどれも大きくて**がっしりして**いた。　・**がっしり(と)した**{体／胸／ドア…}

568 くっきり(と)　ガくっきり(と)スル clearly, distinctly／特别鲜明, 显眼／선명하게, 뚜렷하게／rõ, rõ nét

・真(ま)っ青(さお)な空を背景(はいけい)に、富士山(ふじさん)が**くっきり**見える。　・〈化粧(けしょう)で〉眉(まゆ)を**くっきりと**かく。

・背中に日焼けのあとが**くっきり**残っている。　・**くっきり(と)した**画像(がぞう)

類はっきり(と)

569 すんなり(と)　ガすんなり(と)スル slim, slender, without difficulty／苗条, 顺利／호리호리, 쉽게, 수월히, 순조롭게／thon thả, trơn tru

①・彼女は若い頃(ころ)と変わらず、**すんなりして**いる。　・**すんなり(と)した**{指／手足…}

対ずんぐり　類すらりと、すらっと

②・反対されるかと思っていたが、私の案(あん)は**すんなり**会議を通った。

・**すんなり**{決まる／認める／自白(じはく)する…}。

類あっさり(と)、スムーズに☞848　関すらすら

570 ちゃくちゃくと　着々と steadily／稳步而顺利／척척, 착착／từng bước vững chắc

・工事は予定通り、**着々と**進んでいる。　・{仕事／勉強…}が**着々と**進む。

連＿進む

571 ぐんぐん(と) rapidly, at a great rate／很快地, 迅速地／부쩍부쩍, 무섭게／nhanh chóng, vùn vụt

・1位の選手が2位の選手を**ぐんぐん**引き離(はな)した。　・病気が**ぐんぐん**回復する。

・{背／成績／植物…}が**ぐんぐん**{伸びる／成長する}。

572 ぐったり(と)　ガ**ぐったり**スル　limp, completely exhausted／筋疲力尽, 低垂／녹초가 되다, 지치다／mệt lử, rũ rượi

・うちへ帰ると、疲れて**ぐったりと**ベッドに横になった。

・水不足で植物が**ぐったりして**いる。

573 げっそり(と)　ガ**げっそり**スル　skinny, disheartened／急剧消瘦, 失望／홀쭉히／gầy sọp đi, thất vọng

①・祖父は病気で**げっそり(と)**やせてしまった。　※マイナスの意味で使う。

②・まだこんなに仕事があるのかと、**げっそりした**。

574 ひっそり(と)　ガ**ひっそり(と)**スル　deserted, quietly／寂静, 默默／조용히／vắng vẻ, yên lặng

①・夕方だと言うのに、商店街(しょうてんがい)は人通(ひとどお)りが少なく、**ひっそりして**いた。

・**ひっそりとした**家

②・彼女は女優を引退(いんたい)したあと、田舎(いなか)で**ひっそりと**暮らした。

関①②静かな

575 ごたごた(と)　ガ**ごたごた**スル　disorderly, confused／乱七八糟, 乱说, 混乱／어수선한, 너저분히, 복작거리는／ngổn ngang, lộn xộn

①・部屋には多くのものが**ごたごたと**置いてあった。

②・「細かいことを**ごたごた**言うな」

類①②ごちゃごちゃ(と)

③[名 ごたごた]・引っ越しの**ごたごた**で大事な本を無くしてしまった。

・あの会社は今、次期社長のいすをめぐって**ごたごたして**いる。

576 ごちゃごちゃ(と)　ガ**ごちゃごちゃ**スル　disorderly, confused／乱糟糟, 杂乱, 乱说／엉망인, 어수선한, 너저분한／lộn xộn, bừa bãi

①・私は整理整頓(せいりせいとん)が苦手で、机の上はいつも**ごちゃごちゃして**いる。

・この街(まち)は小さい店が**ごちゃごちゃと**並んでいる。

・難しい問題を考えているうちに、頭の中が**ごちゃごちゃ**になってしまった。

②・「文句(もんく)ばかり**ごちゃごちゃ**言ってないで、早く言われたことをやれ」

類①②ごたごた(と)

577 べたべた(と)　ガ**べたべた**スル　sticky, all over, cling to, follow around／沾满, 黏糊糊／끈적끈적, 더덕더덕, 바싹 달라붙다／nhớp nháp, nhằng nhịt, âu yếm sờ soạng

①・子供は口の周(まわ)りをチョコレートで**べたべた**にしていた。

・{汗／油…}で**べたべた**{だ／**する**}。

②・娘の部屋には好きなアイドルのポスターが**べたべたと**貼(は)ってある。

・廊下(ろうか)に足跡(あしあと)が**べたべたと**ついている。

③・最近の若いカップルは、平気で人前(ひとまえ)で**べたべたして**いる。

関①③ガべたつく

Ⅳ 決まった形の文に使う副詞

Adverbs that are used in fixed phrases／在固定句型中使用的副词／정해진 형태의 문자에 사용하는 부사／Phó từ dùng với câu cố định

578 **さも** evidently／非常，好像／마치／thật là

・おじいさんたちが、**さも**気持ち良さそうに温泉につかっている。

・彼女の提案(ていあん)を拒否(きょひ)すると、彼女は**さも**不満そうな顔で私を見た。

※「～そうだ」と一緒に使うことが多い。 類いかにも

579 **さぞ** surely, certainly／想必／분명, 틀림없이／chắc chắn là

・これだけの仕事を一人でやるのは、**さぞ**大変だったことだろう。

・「**さぞ**お疲れでしょう。どうぞゆっくり休んでください」

※「～だろう」と一緒に使うことが多い。 類さぞかし、さぞや

580 **なにとぞ** 何とぞ please, kindly／敬请／제발／xin (hãy ~)

・「遅れて申(もう)し訳(わけ)ありません。**何とぞ**お許しください」 ・「**何とぞ**よろしくお願い致(いた)します」

類どうか、どうぞ ※「何とぞ」の方が硬(かた)い言葉。

581 **なんなりと** 何なりと anything, whatever／无论什么／뭐든지／bất cứ

・「ご不明な点は、**何なりと**お尋(たず)ねください」 ・「**何なりと**お申し付けください」

※相手に申し出をするときに使う。 類どんなことでも、何でも

582 **どうやら** it seems like, somehow or other／好歹，仿佛／간신히, 아무래도, 아마／cuối cùng thì cũng, có vẻ như

①・最後は徹夜(てつや)をして、**どうやら**論文を締切(しめきり)に間に合わせることができた。

類何とか、どうにか、やっと

②・黒い雲が出てきた。**どうやら**雨になりそうだ。

※推量(すいりょう)の表現と一緒(いっしょ)に使う。 類どうも、たぶん

583 **よほど** very, quite, greatly／相当，特别，差一点儿就／무척, 상당히, 웬만한, 보다 못해／rất, đặc biệt, định ~

①・**よほど**疲れていたのだろう、母は帰宅するなり食事もせずに寝てしまった。

・**よほど**機嫌(きげん)が悪かったらしく、田中さんは返事もしなかった。

※後ろに推量(すいりょう)の表現が来る。

②・「**よほど**のことがない限り、出席します」

③・映画がつまらなかったので、**よほど**途中で帰ろうかと思った。

・騒(さわ)いでいる子供に**よほど**注意しようかと思ったが、親に文句(もんく)を言われそうなのでやめた。

※「よほど～(よ)うかと思った」の形で使う。

※①～③会話では「よっぽど」とも言う。

584 **さほど** not very, not particularly／并不那么／그다지, 별로／(không) ~ lắm

・これはよく考えれば、**さほど**難しい問題ではない。

・若者の言葉遣(ことばづか)いを批判(ひはん)する人が多いが、私は**さほど**気にならない。

※後ろに否定的な表現がくる。 類それほど、あまり、たいして

※さ＝それ。「さ」は「それ」の古い言い方。

46

585 とうてい　　到底　utterly, (not) at all／无论如何也／도저히／dù gì thì, chắc chắn là

・今からではどんなにがんばっても、**とうてい**間に合わないだろう。

・１週間でこの仕事を仕上げるなんて、**とうてい**無理だ。

※否定的な表現と一緒(いっしょ)に使う。　類 とても

586 いっけん　　一見　at a glance, seemingly／乍一看; 看一眼; 看一次／언뜻 보다, 한번 보다／mới trông, nhìn một cái, xem một lần

①・今井(いまい)さんは**一見**おとなしそうだが、実はけっこう気が強い。

※後ろに逆接の表現が来る。

②・このブランドもののバッグは、**一見**して偽物(にせもの)だとわかる。

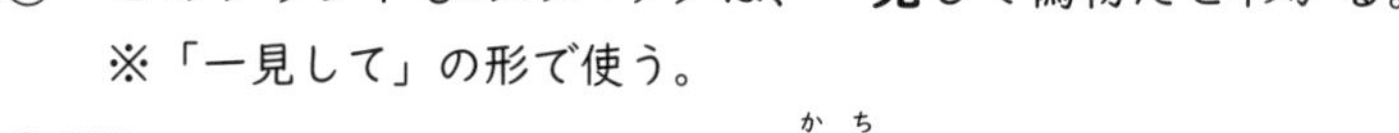

※「一見して」の形で使う。

③[名 ヲ一見スル]・あの絵は**一見**の価値(かち)がある。

・**一見した**ところ、患者(かんじゃ)に外傷(がいしょう)はないようだった。

慣〈ことわざ〉百聞(ひゃくぶん)は一見にしかず

587 いっこうに　　一向に　absolutely, (not) in the least／完全／조금도, 전혀／không hề

・どれほど働いても、暮らしは**一向に**よくならなかった。

※否定的な表現と一緒(いっしょ)に使う。　類 全然、全く

588 いちがいに　　一概に　as a rule, unconditionally／一律, 一概／일률적으로, 일방적으로／(không) cứ

・有名大学を出たらいい仕事に就(つ)けるとは、**一概(いちがい)に**は言えないだろう。

・古い習慣を**一概(いちがい)に**否定するのはどうだろうか。

※否定的な表現と一緒(いっしょ)に使う。　関 一律(いちりつ)に、一様(いちよう)に

589 ろくに　enough, sufficient／很好地, 令人满意地／제대로／đủ, tốt, hẳn hoi

①・最近忙しくて、**ろくに**寝ていない。　・警察に訴(うった)えたが、**ろくに**調査もしてくれなかった。

②[連体 ろくな]・この会社は忙しいばかりで、**ろくな**給料もくれない。

※①②否定的な表現と一緒(いっしょ)に使う。

関 ろくでもない（・あんな**ろくでもない**やつとは付き合わない方がいい。）

590 なんでも　　何でも　I understand, I am told／据说是／잘은 모르지만, 모두／hình như, nghe đâu như

・「最近、スミスさん、見ないね」「**何でも**、帰国したらしいよ」

・「先ほど田中(たなか)さんから連絡があり、**何でも**、交渉(こうしょう)はうまくいったとのことです」

※後ろに伝聞(でんぶん)の表現が来る。

接続詞(せつぞくし)　Conjunctions／连接词／접속사／Liên từ

591 および　　及び　and, as well as／以及／및／và

・「ここに住所氏名**及(およ)び**生年月日(せいねんがっぴ)を記入してください」

・北海道**及(およ)び**東北地方へのバスは３番乗り場から発車します。

※助詞「と」より硬(かた)い言葉。　類 並(なら)びに

592 **ならびに**　　並びに　　both…and…, as well as／以及／및, 와/과／và

・優勝者には優勝カップ**並びに**賞金百万円が贈られる。

・「新入生**並びに**保護者の皆様、本日はご入学おめでとうございます」

　※改まった場面でよく使われる。　類及び

593 **もしくは**　　若しくは　　or／或／또는／hoặc

・「勤務先、**もしくは**私の携帯に電話してください」

・〈出願条件〉四年制大学卒、**もしくは**同等の学力があると認められる者。

　類または　※「もしくは」の方が硬い言葉。

594 **ただし**　　但し　　but, however,／但是／단지／nhưng

・「試験が合格点に満たなかった場合は、再試験が受けられます。**ただし**、有料です」

・〈医院の掲示〉日曜・祝日、休診。**ただし**、急患の場合はこの限りにあらず。

　※前のことがらに条件や例外を付け加えるときに使う。

595 **なお**　　further, in addition, still, even now／另外, 依然, 更加／추후에, 또한, 여전히, 더욱, 더／còn, thêm nữa, vẫn

・「次の会合は２月４日午後２時からです。**なお**、場所は追って連絡します」

・会場の場所は、下の地図をご覧ください。**なお**、駐車場が狭いので、自家用車でのご来場はご遠慮ください。

　※前のことがらに必要事項を付け加えるときに使う。

★副 **なお**

①・彼は 10 年前に家出したきり、今**なお**行方が知れない。　類まだ、相変わらず

②・今日は月末で雨が降っているので、道が混んでいる。**なお**悪いことに、事故が２件も起こって、道路は大渋滞だ。

　類さらに、いっそう、なおさら

596 **ちなみに**　　incidentally／附带说一下／근데／nhân đây xin nói thêm

・４月からアメリカへ赴任することになりました。**ちなみに**、単身赴任です。

　※簡単な補足などを付け加えるときに使う。

597 **もっとも**　　although, natural, right／不过, 理所当然, 合理／다만, 마땅하다, 당연하다／tuy thế, đương nhiên, đúng

①・「彼女、やせてきれいになったね。**もっとも**、僕は前のふっくらしていたときの方が好きだけど」

・上原君はすばらしい選手だ。**もっとも**、プロになれるかどうかは、まだわからないが。

　※前のことがらを肯定しながらも、それに対立することがらを付け加えるときに使う。

　類とは言っても、とは言え

②[ナ形 もっともな]・あんなことを言われたら、彼女が怒るのも**もっともだ**。

・「おっしゃることは、まことにご**もっともです**」

　類当然な、あたりまえな

47

598 **ゆえに**　　　故に　　　therefore, consequently／所以／그러므로, -기 때문에／vì vậy

・A=B、B=C、**ゆえに**、A=Cである。　・「我思う、**ゆえに**我あり」
・裁判官は人を裁く立場にある。**ゆえに**、公正さが厳しく求められる。
※硬い書き言葉。　類 したがって、そのために、それゆえ

599 **よって**　　　accordingly, because of／因此／그러기에／vì thế

※「因って」という表記もある。
・〈賞状〉上記学生は一日も休まず、一度の遅刻・早退もありませんでした。**よって**、ここにそれを賞します。
※硬い書き言葉。　類 そういうわけで、ゆえに、それゆえ

コラム 14 オノマトペ（擬態語）Ⅰ【人】

Onomatopoeia (Mimetic Words) I People／拟声（拟态词）Ⅰ【人】／오노마토페(의태어)Ⅰ【사람】／Từ tượng thanh (tượng hình) 1 [người]

		動詞	
行為	くすくす(と)	笑う	to chuckle, giggle／小声地笑, 嘻嘻地笑／킬킬 웃다／cười khúc khích
	げらげら(と)	笑う	to laugh out loud, guffaw／哈哈大笑／껄껄 웃다／cười hô hố/ha hả
	しくしく(と)	泣く	to weep, sob／抽抽搭搭地哭／훌쩍훌쩍 울다／khóc thút thít
	かんかん(に)	怒る	to be intensely angry, furious／大发脾气, 大发雷霆
	ぷんぷん	怒る	to be angry, sulky／怒气冲冲／뾰로통하다／gắt gỏng, cau có
	じろじろ(と)	見る	to stare, scrutinize／盯着看／뚫어지게 보다
	ちらちら(と)	見る	to look at intermittently, glance at frequently／瞟见
	きょろきょろ(と)	見る	to look around restlessly／四下张望, 东张西望
	ぐっすり(と)	寝る	to sleep soundly／睡得酣／푹 자다／ngủ say
	ぐうぐう	寝る	to be fast asleep and snore／呼噜呼噜睡得很沉／쿨쿨 자다
	うとうと	—	to doze／迷迷糊糊地打盹儿／꾸벅꾸벅 졸다／ngủ gà gật, mơ màng
	すやすや(と)	寝る	to sleep peacefully／睡得香甜／새근새근 잠자다／ngủ thiêm thiếp
	ぱくぱく(と)	食べる	to eat quickly (repetitively)／大吃特吃／덥석덥석 먹다／ăn hau háu
	ごくごく(と)	飲む	to drink quickly (repetitively)／咕嘟咕嘟地喝／꿀꺽꿀꺽 마시다
	ぺらぺら(と)	しゃべる	to blab, to talk a lot/too much／说得很流利／유창하게 말하다
気持ち	うきうき(と)	—	cheerful, light-hearted／喜不自禁／신나서 마음이 들뜬 모양
	わくわく	—	excited, thrilled／欢欣雀跃／두근두근／hồi hộp
様子	そわそわ(と)	—	restless, nervous／心神不定／안절부절 못하는／bồn chồn, hồi hộp
	すらすら(と)	書く、読む、答える	to read, write, answer smoothly, fluidly／流利地（书写, 朗读, 回答）
	からから(に)	乾く	to dry thoroughly／干得冒烟／바짝 마르다／khô khốc
	ぺこぺこ	—	hungry, famished／饿瘪了／배가 너무 고프다／đói meo/cồn cào
	むかむか	—	to feel queasy, nauseous／恶心／메슥거리다／nôn nao, (giận) sôi người
	ずきずき(と)	痛む	to feel a throbbing pain／一阵阵地跳着疼
	ひりひり(と)	痛む	to feel a stinging pain／火辣辣地刺痛／따끔따끔하다／đau rát
	がんがん(と)	痛む	to feel a pounding pain／疼得很剧烈／욱신욱신 쑤시다／đau ong ong

600 **だいいち**　　**第一**　　foremost, number one／首先／무엇보다도, 우선／trên hết, trước hết

・「結婚なんて、まだまだ先ですよ。**第一**、相手がいません」

・「カナダ支社への赴任は河野君が適任だと思います。仕事もできるし、英語もできるし、**第一**、本人が強く希望しています」

※他のことより何よりこれが一番の理由だと言いたいときに使う。　**類**何より

※本来副詞だが、接続詞のように使う。

	～する	その他の形	参考
	—	くすりと	
	—		
	—		
／노발대발 화내다／nổi giận hầm hầm/bừng bừng	—	～だ	
	○		
／nhìn chăm chú/chằm chằm	—	じろりと	
／보일락 말락하다／liếc nhìn, đảo mắt liên tục	—	ちらりと	
／두리번 두리번 보다／nhìn bồn chồn, liên tục đảo mắt	○		
	—		
／ngáy khò khò	—		
	○		
	—		
	—	ぱくりと	**関**ぱくつく
／uống ừng ực	—	ごくりと	
／nói lưu loát, nói liên hồi	—		
／phấn chấn, hồi hộp (vì vui)	○		
	○		
	○		
／술술 쓰다, 읽다, 대답하다／viết, đọc, trả lời trôi chảy/lưu loát	—		
	—	（のどが）～だ	
	—	（おなかが）～だ	
	○		吐き気　**関**むかつく
／욱신욱신하다, 욱신거리다／đau nhưng nhức	○		切り傷など
	○		やけど、すり傷など
	○		頭

Unit 07 副詞A＋接続詞 531 ～ 600

練習問題

レベル ★★☆☆

Ⅰ 「～する」の形になる言葉に○を付けなさい。

ぐんぐん　げっそり　ごたごた　べたべた　そこそこ　ぼつぼつ　ごちゃごちゃ

Ⅱ 似た意味の言葉を下から選んで、(　　)に書きなさい。

1．すぐさま —（　　　　　　）（　　　　　　）
2．もうすぐ —（　　　　　　）（　　　　　　）
3．たびたび —（　　　　　　）（　　　　　　）
4．とても　 —（　　　　　　）（　　　　　　）
5．少し　　 —（　　　　　　）（　　　　　　）
6．ただ今　 —（　　　　　　）　7．約 —（　　　　　　）

いくぶん　いたって　およそ　きわめて　じきに　じゃっかん そうきゅうに　そくざに　ちかぢか　ちょくちょく　ひんぱんに　もっか

Ⅲ 正しい言葉を〔　　〕の中から一つ選びなさい。

1．この薬は〔 ごく　やや 〕まれに副作用がある。
2．「ご要望は〔 何とぞ　何なりと 〕おっしゃってください」
3．彼女はお金を〔 がっしり　がっちり 〕貯めている。
4．この星は地球から〔 ぐっと　はるかに 〕遠いところにある。
5．〔 不意に　即座に 〕めまいがして座り込んだ。
6．気温が〔 着々と　ぐんぐん 〕上昇している。
7．彼はビールを〔 さぞ　さも 〕おいしそうに飲んだ。
8．〔 今に　今や 〕人間が宇宙旅行(うちゅうりょこう)をする日が来るだろう。
9．〔 今どき　今ごろ 〕行っても、もう映画は終わっているだろう。
10．私は成績が悪くても〔 さほど　よほど 〕気にならない。
11．〔 かねて　かつて 〕この辺りの宅地は海だったそうだ。
12．説明を聞いて〔 ひっそり　すんなり 〕理解できた。
13．今日は忙しくて、帰ると〔 ぐったり　げっそり 〕した。
14．今日はよく晴れていて、遠くの山が〔 がっちり　くっきり 〕見える。

Ⅳ 正しい言葉を〔　　〕の中から選びなさい。(答えは一つとは限りません。)

1．「優勝者には優勝カップ〔 および　ならびに 〕賞金100万円が贈(おく)られます」
2．「ご連絡はメール〔 または　もしくは 〕ファックスでお願いいたします」

3．予約はキャンセルすることができる。〔　ただし　ちなみに　〕、キャンセル料を払わなければならない。

4．「次回の会は7月1日です。〔　なお　もっとも　〕、会場は後日お知らせします」

5．最近の家電製品の進歩はすごい。〔　ただし　もっとも　〕、機械音痴の私はついていけないが。

6．二つの気体を混ぜて火をつけると水ができた。〔　ゆえに　よって　〕この二つは酸素と水素だと考えられる。

V　（　　）に入る言葉を下から選んで書きなさい。

A　1．（　　　　　）として火薬工場が爆発し、多数の負傷者が出た。

2．「したくができたから、（　　　　　）出かけようか」

3．先週、（　　　　　）まれにみる大雪が降った。

4．その日書店では、作家のサイン会が（　　　　　）行われていた。

5．友達は、（　　　　　）私を訪ねて来ては遊びに誘う。

6．リサイクルの大切さは（　　　　　）言うまでもない。

7．今年度の奨学金の募集が出るのを待って、（　　　　　）応募した。

8．お酒が体に悪いものだとは（　　　　　）は言えない。

9．弟は（　　　　　）がんばり屋で、努力して難病を克服した。

10．車を買いたいとは思わない。（　　　　　）、置く場所がない。

11．住民の要求にもかかわらず、ごみ処理問題は（　　　　　）解決されない。

いちがいに	いっこうに	いまさら	きんねん	しじゅう	しゅうじつ
すかさず	だいいち	とつじょ	ひといちばい	ぼつぼつ	

B　1．若い頃親に（　　　　　）苦労をかけたので、今は孝行している。

2．私は（　　　　　）絵が描けるが、プロになれるほどではない。

3．このような不利な条件の契約は、（　　　　　）承諾できない。

4．彼は（　　　　　）恐そうだが、実はとても心やさしい人だ。

5．ここ2～3日忙しくて、（　　　　　）寝ていない。

6．最近駅前が工事中だ。（　　　　　）新しいデパートができるとか。

7．延期されていた計画は、（　　　　　）来月には再開されるようだ。

8．病気で3カ月入院していたら、（　　　　　）やせた。

9．警察は、交通事故の多発に（　　　　　）対処してほしい。

10．（　　　　　）話には聞いていたが、ここまでひどい状況とは思わなかった。

11．マニュアルを（　　　　　）読んだが、（　　　　　）わかりにくい。

いっけん	いまひとつ	かねて	げっそり	さんざん	そうきゅうに
そこそこ	とうてい	どうやら	なんでも	ひととおり	ろくに

Unit 08 名詞 C

601 ～ 700

レベル ★★★☆

48

601 **だんらん** ガ団らんスル family/social gathering／团圆／단란／quây quần

・大きなテーブルは家族**団らん**のシンボルだ。 ・冬は家族で鍋(なべ)を囲んで家族**団らんし**たい。

合 一家(いっか)__、家族__ 関 アットホームな

602 **こうらく** 行楽 outing, trip, excursion／出游／행락／vui chơi, giải trí

・連休なので、**行楽**に出かける人が多い。

連 __に出かける 合 __地、__客、__シーズン、__日和(びより)

603 **ほんば** 本場 (the) home (of)／原产地, 本地／주산지, 본고장／trung tâm, nơi bản địa

・北海道はカニの**本場**だ。 ・**本場**で勉強した外国語は、発音や自然さが違う。

604 **あいせき** ガ相席スル sharing a (restaurant) table (with someone you don't know)／(与别人) 同坐一桌／합석／ghế ngồi chung bàn

・小さな店では、昼時(ひるどき)は**相席**になることもよくある。

・〈店員が客に〉「すみません、ご**相席**お願いできますか」

連 ト__になる

605 **ほうび** 褒美 reward／奖励／포상／phần thưởng

・〈親が子供に〉「お手伝いをしたら、何かご**褒美**(ほうび)をあげるよ」

連 __をあげる⇔もらう、__を与える

606 **いさん** 遺産 inheritance, legacy, heritage／遗产／유산／di sản

①・父の**遺産**(いさん)で新しい家を建てた。 ・**遺産**(いさん)を相続する。

連 ニ__を残す 合 __相続 関 遺言(ゆいごん)、財産

②・京都には多くの文化**遺産**(ぶんかいさん)が残されている。

・現在日本では、20か所以上が世界**遺産**(せかいいさん)として登録されている。

合 世界__、文化__ 関 遺跡(いせき)

607 **だいなし** 台無し a mess／糟蹋, 弄糟／엉망／công toi

・せっかく美容院で結(ゆ)ってもらった髪が、雨で**台無し**になってしまった。

・「君たちのけんかのせいで、パーティーが**台無し**だ」

連 __になる・__にする 関 めちゃくちゃ☞267

608 **こころがまえ** 心構え readiness／思想准备／마음의 준비／chuẩn bị tinh thần

・監督(かんとく)は選手たちに、試合にあたっての**心構え**を話した。

・高齢の親が重体になったので、万一の**心構え**だけはしておいた。

連 __をする 関 心がけ、覚悟(かくご)、ヲ心がける☞175

609 **ここち**　心地　feeling, mood, sensation／心情, 舒服／느낌, 기분／tâm trạng, cảm giác

・強盗にピストルを向けられたときは、生きた**心地**もしなかった。
合 居心地、寝心地、着心地、座り心地、住み心地（・**住み心地**の良い家）、心地良い

★ イ形 **心地良い**

・運動後の体には、冷たい風が**心地良かった**。　・**心地良い**{音楽／眠り／疲れ…}
類 気持ち良い、快い

610 **こんき**　根気　perseverance, persistence／耐性／끈기／sự kiên nhẫn

・細かい作業を続けるのは**根気**がいる。　・この子は飽きっぽくて、**根気**が続かない。
連 __がある⇔ない、__が要る　合 __強い、__よく（・**根気よく**調べる。）

611 **いじ**　意地　disposition, willpower／心术, 固执, 贪婪, 贪食／심술, 고집, 오기／tâm địa, sự cố chấp, lòng tham

①・「そんな**意地**の悪いことばかりしないで、人にはもっと親切にしなさい」
連 __が悪い　合 __悪ナ

②・あの子はいつも**意地**を張って、自分の意見を通そうとする。
・プロになるのは無理だと親に反対されたが、こうなったら**意地**でもがんばるつもりだ。
連 __を張る、__になる、__を通す、__でも　合 意地っ張りな

③・あの人は金に**意地**汚いと評判だ。　・あの子は食い**意地**が張っている。
合 __汚い、食い__

612 **じかく**　ヲ自覚スル　self-awareness／自知, 认识到, 自我感觉／자각／ý thức, tự nhận thức

①・「新入社員の皆さん、社会人としての**自覚**を持って働いてください」
・自分の立場を**自覚して**行動する。
連 __を持つ、__がある⇔ない、__が足りない　関 ヲ意識スル

②・この病気は、初期の頃は**自覚**症状がない。
合 __症状

613 **へんけん**　偏見　prejudice／偏见／편견／thiên kiến, thành kiến

・女性が男性よりもか弱いというのは大きな**偏見**だ。
・今はエイズに対して**偏見**を持つ人が少なくなってきた。
連 ニ__を{持つ／抱く}、__を捨てる、__が強い　慣 偏見の目で見る

614 **ゆうわく**　ヲ誘惑スル　temptation, seduction／诱惑／유혹／sự quyến rũ, cám dỗ

・ダイエット中に甘い物はいけないと思いつつ、**誘惑**には勝てなかった。
・女は甘い言葉で男を**誘惑した**。　・都会の生活には**誘惑**が多いと言われる。
連 __に勝つ⇔負ける、__と戦う、__に駆られる

615 **そくばく** ヲ束縛スル restraint, restriction, confinement／束缚／속박／trói buộc, ràng buộc

・恋愛は多かれ少なかれ相手を**束縛する**ものだろう。 ・自由を**束縛され**たくない。

・**束縛**から解放される。 ・家庭や時間に**束縛されて**、自由になれない。

関 ヲ縛る、ヲ抑制スル、ヲ制限スル

616 **ゆだん** ガ油断スル negligence／疏忽大意, 缺乏警惕／방심, 부주의／sự bất cẩn

・一瞬の**油断**が大きな事故につながることがある。

・地震の後は余震が続くので、しばらく**油断できない**。

・あの人は内心何を考えているかわからない、**油断**(の)ならない人だ。

連 ＿(が)ならない 合 ＿大敵 慣 油断もすきもない

617 **やしん** 野心 ambition, aspiration／雄心／야심／tham vọng

①・彼女は将来会社のトップになるという**野心**を持っている。

連 ＿がある⇔ない、＿を持つ、＿を抱く 合 ＿的な、＿家、＿満々 類 野望

②・この小説は、従来の小説のあり方を変える**野心**作だ。

合 ＿的な、＿作

618 **しょうどう** 衝動 urge, impulse／冲动／충동／xung động, xúc cảm mạnh

・ときどき、大声で叫び出したい**衝動**に駆られる。 ・**衝動**を抑える。

連 ＿に駆られる、＿を抑える 合 ＿買い、＿的な、＿殺人

619 **しんねん** 信念 belief, conviction／信念／신념／tín niệm, lòng tin, niềm tin

・彼は政治的**信念**を貫いて、当局に逮捕された。

・「**信念**に従って行動しなさい」 ・彼は伝統は守るべきだという**信念**の持ち主だ。

連 ＿を持つ、＿を抱く、＿を貫く、＿に従う、＿が揺らぐ 関 ポリシー☞837

620 **はいりょ** ガ／ヲ配慮スル consideration, concern／照顾, 关心, 考虑／배려／quan tâm, lưu tâm

・歩きながらタバコを吸うのは、周りの人への**配慮**に欠けた行為だ。

・精神的に弱っている彼女に「もっとがんばれ」と言ったのは、**配慮**が足りなかった。

・最近の冷蔵庫は、地球環境に**配慮して**フロンガス不使用のものが多い。

連 ＿がある⇔ない、＿に欠ける、ニ＿を欠く 類 ガ気配りスル 関 思いやり

621 **ゆとり** time, leeway／轻松, 余地, 闲心, 宽松／여유／sự thảnh thơi, dư dả

・引退してようやく生活に**ゆとり**ができた。 ・時間に**ゆとり**を持って出かけよう。

・{経済的／気持ち／心…}に**ゆとり**がある。 ・〈日本〉**ゆとり**教育

連 ニ＿がある⇔ない、ニ＿を持つ 類 余裕

622 **ほうようりょく** 包容力 tolerance, broad-mindedness／包容力／포용력／sự bao dung

・結婚相手には「**包容力**のある人」を望む人が多い。

連 ＿がある⇔ない

623 **そうおう**　　**相応**　　suitability／相称／맞는, 상응한, 알맞은／tương xứng, phù hợp

・「学生なんだから分**相応**の生活をしなさい」　・年**相応**の服装

・地位が高くなると、それ**相応**の付き合いがある。

合 分__ナ（↔**分不相応**ナ）　関 ふさわしい　つりあった

624 **なみ**　　**並(み)**　　average, regular, row, same level／普通；（接尾词）表示排成行的事物；相当／보통, 늘어선 모양, 만큼, 정도／trung bình, bình thường

①・両親は優秀なのに、息子は**並**の成績だ。　・「天丼の**並**を一つお願いします」

・自分を犠牲にして人を助けるなんて、**並**の人にはできないことだ。

類 普通、中程度　※商売などで「上・中・並」の場合は、最も低いレベルを表す。

②・このあたりには古い町**並み**が残っている。

合 家__、山__、毛__、軒__（・このあたりの家は、**軒並み**空き巣に入られた。）、足__（・**足並み**をそろえて歩く。）

③・ちゃんと就職して、人**並み**の生活がしたい。　・今年の夏の気温は例年**並み**だそうだ。

合 例年__、人__

625 **ていさい**　　**体裁**　　appearance／体面, 门面, 样式／보기, 겉보기, 겉모양, 형식, 체재／thể diện, hình thức

①・家族内の問題がよその人に知られるなんて、**体裁**が悪い。

・あの人は**体裁**ばかり気にしている。

連 __が悪い、__を気にする、__を気にかける、__を繕う　関 世間体、外聞、外見

②・料理を**体裁**よく皿に盛りつける。

合 __よく　関 外観、外見、見た目

③・これは論文としての**体裁**すらない。　・**体裁**を整える。

関 形式

コラム 15　生物環境　Biological Environment／生物环境／생물 환경／Môi trường sinh vật

生態系	ecosystem／生态系／생태계／hệ sinh thái
食物連鎖	food chain／食物链／먹이 연쇄／chuỗi thức ăn
微生物	microbe, germ／微生物／미생물／vi sinh vật
草食動物	herbivore／草食动物／초식 동물／động vật ăn cây cỏ
肉食動物	carnivore／肉食动物／육식 동물／động vật ăn thịt
生存競争	survival competition／生存竞争／생존 경쟁／cạnh tranh sinh tồn
生物多様性	biodiversity／生物多样性／생물 다양성／tính đa dạng sinh vật
外来生物	alien species／外来生物／외래 생물／sinh vật ngoại lai
・外来生物を駆除する	extermination of alien species／驱除外来生物／외래 생물을 구제하다／tiêu trừ sinh vật ngoại lai
帰化生物	domesticated species／归化生物／귀화 생물／sinh vật thuần hóa
絶滅危惧種	endangered species／濒危物种／멸종위기종／loài có nguy cơ tuyệt diệt

626 **せのび** ガ背伸びスル stretch, stand on tiptoes, push oneself (to the limit)／挺胸, 逞能／발돋움／vươn người, kiễng chân, ra oai

①・身長を計るとき、**背伸びして**３センチ高くした。

②・思春期に、**背伸び(を)して**、よくわからないのにジャズを聴いたりタバコを吸ったりしたものだ。

関ガ大人ぶる

627 **ぐち** 愚痴 complaint／牢骚／푸념／lời phàn nàn

・上司と合わないからといって、**愚痴**ばかり言っていてもしかたがない。

連ニ＿をこぼす　合＿っぽい　類不平　動ニ＋ヲぐちる

628 **やじ** 野次 heckling／倒彩／야유／lời la ó

・選手がグラウンドに出ると、敵の応援団から**野次**が飛んだ。

連ニ＿が飛ぶ・ニ＿を飛ばす　合＿馬　動ヲやじる

629 **さしいれ** ニ＋ヲ差し入れスル refreshments, supplies (with the nuance of giving support)／慰劳品／사 주다／đồ ăn cấp/tặng cho người khác

・**差し入れ**を持って、友人の野球チームの応援に行った。

動ニ＋ヲ差し入れる

630 **せいえん** ガ／ヲ声援スル support／声援, 支持／성원／lời cổ vũ

・オリンピックで自国の選手に**声援**を送った。　・恋人の**声援**を受けて、彼は大活躍した。

・「みんなが君を**声援してる**ぞ。頑張れ」

連ニ＿を送る⇔カラ＿を受ける　関ヲ応援スル

631 **しゅのう** 首脳 leader／首脑, 领导／정상, 수뇌／lãnh đạo

・世界各国の**首脳**が集まって、会談を行った。　・与党**首脳**部は責任を取って全員辞職した。

合＿会談、＿会議、＿部、＿陣

632 **かいにゅう** ガ介入スル intervention／介入／개입／can dự, can thiệp

・家庭内のトラブルには警察は**介入しない**のが原則だ。

合武力＿、軍事＿、市場＿

633 **へい** 兵 soldier, troops／兵／병사, 군／binh lính

・A国は**兵**を挙げてB国に攻め込んだ。　・{アメリカ／空軍／少年…}**兵**

連＿を挙げる、＿を引く　合＿隊、＿器、＿力、＿士、ガ徴＿スル、ガ挙＿スル、ガ派＿スル

634 **かんしょう** ガ干渉スル interference／干涉／간섭／can thiệp

・会社が社員の私生活にまで**干渉する**のは問題だ。　・他国の政治に**干渉する**べきではない。

・「もう子供じゃないんだから、私のすることに**干渉しないで**」

合内政＿、過＿

635 **しんがい** ヲ侵害スル violation, infringement／侵害, 侵犯／침해／xâm hại, vi phạm

・コピー商品は著作権の**侵害**だ。 ・人権を**侵害する**。

・防犯カメラはプライバシーの**侵害**に当たるだろうか。

合 人権＿ 対 ヲ保護スル

636 **けいかい** ヲ警戒スル vigilance, lookout／警戒, 警惕／경계／đề phòng, cảnh giác, canh phòng

・地震の後、住民は津波を**警戒して**高台に逃げた。 ・動物は見知らぬ人間を**警戒する**。

・犯罪防止のため、警察は徹夜で**警戒**にあたった。 ・この子は**警戒**心が強い。

連 ＿にあたる、＿を強める⇔緩める 合 ＿警報、＿心 関 ヲ警告スル

637 **きき** 危機 crisis, danger／危机／위기／nguy cơ

・パンダは絶滅の**危機**にある。 ・**危機**一髪で戦場から脱出することができた。

連 ＿が迫る、＿を逃れる、＿を脱する、＿に陥る、＿に瀕する

連 ＿感（・**危機感**を持つ ・**危機感**がある⇔ない）、＿的な、＿一髪、財政＿、エネルギー＿

関 危険、ピンチ、危地

638 **しょうげき** 衝撃 shock／撞击, 冲击／충격／xung động, sốc, chấn động

①・壁にぶつかった車は**衝撃**でひっくり返った。

合 ＿波

②・そのニュースは世界中に**衝撃**を与えた。 ・彼の発言に**衝撃**を受けた。

・常識を打ち破る**衝撃**的な文学

連 ＿を受ける⇔与える 合 ＿的な 関 インパクト☞818

639 **じょうほ** ガ譲歩スル compromise, concession／让步／양보／nhượng bộ

・政府は誘拐犯の要求に一歩も**譲歩しなかった**。

・労使双方の**譲歩**により、定期昇給の金額が決まった。

関 ヲ譲る

640 **こうけん** ガ貢献スル services (to), contribution／贡献／공헌／cống hiến

・ノーベル平和賞は、世界平和に**貢献した**人や団体に対して贈られる。

・{社会／科学の進歩／優勝…}に**貢献する**。

合 ＿度（・**貢献度**が高い⇔低い）、社会＿

641 **すいしん** ヲ推進スル propulsion, implementation／推进, 推动／추진／đẩy, thúc đẩy

①・スクリューで船を**推進する**。 ・この飛行機はプロペラが**推進**力になっている。

②・野党は規制緩和を**推進する**法案を提出した。

類 ヲ促進スル☞79

合 ①②＿力 関 ①②ヲ進める、ヲ推し進める

642 **せいび**　ヲ整備スル　maintenance, revise／维修, 完善／정비／dọn/sửa lại, bảo dưỡng, chấn chỉnh

・練習後、次に備えてグラウンドを**整備する**。　・車を**整備**工場に出す。　・法の**整備**を進める。

合 ＿員、＿工、＿工場

643 **はどめ**　歯止め　brake, check／控制住, 停止／제동／phanh, ngăn chặn

・ここ数カ月、円高に**歯止め**がかからない。　・彼は怒り始めると**歯止め**がきかなくなる。

連 ニ＿がかかる・ニ＿をかける、＿がきく　類 ブレーキ

644 **せいか**　成果　results／成果／성과／thành quả

・この高得点は、今までの努力の**成果**だ。　・彼は学問の上で輝かしい**成果**をあげた。

連 ＿がある⇔ない、＿をあげる、＿を収める　関 好結果

645 **せいぎ**　正義　justice, right／正义／정의／chính nghĩa

・**正義**のために戦う。　・彼は**正義**感が強い。　・**正義**の味方

合 ＿感　関 不正

646 **きりつ**　規律　rules, order, discipline／规则, 规律／규율／qui tắc, luật lệ, kỉ luật

・社会の**規律**を守って生活するのが大人というものだ。　・運動部は上下の**規律**が厳しい。

・先生から、夏休みも**規律**正しく生活するようにという注意があった。

連 ＿を守る⇔破る、＿が緩む　合 ＿正しい　関 秩序、規則、ルール

647 **ちつじょ**　秩序　order／秩序／질서／trật tự

・震災後、日本人は**秩序**をもって行動したと世界に報道された。

・法廷では、**秩序**を保つため、許可されない発言は禁止である。　・**秩序**ある行動

連 ＿がある⇔ない、＿が乱れる・＿を乱す、＿を保つ、＿を維持する、＿を回復する

合 社会＿　対 無＿ナ　関 規律

648 **かくさ**　格差　difference, gap／差距, 差别／격차／chênh lệch

・ここ数年、賃金の**格差**が広がりつつあるようだ。　・選挙のたびに一票の**格差**が問題になる。

合 ＿社会、経済＿

649 **ぎせい**　犠牲　sacrifice, victim／牺牲／희생／hi sinh, tổn thất, thiệt mạng

①・父は仕事のために家庭を**犠牲**にした。

　・A氏は名声を手に入れるために、大きな**犠牲**を払った。

　連 ＿を払う、ヲ＿にする

②・祖父は戦争の**犠牲**{に／と}なった。　・交通事故の**犠牲**者数は増加しつつある。

連 ①②＿{に／と}なる　合 ①②＿者

650 **はんらん**　ガ氾濫スル　flood／泛滥, 充斥／범람／tràn ra, tràn ngập

①・大雨で川が**氾濫した**。

②・私達の周りにはメディアからの情報が**氾濫している**。

※①②良いことにはあまり使わない。　関 ①②があふれる

コラム 16 アルファベットの略号① Acronyms (1)／字母缩写①／알파벳의 약어①／Từ viết tắt (1)

◆国際機関		International Organizations／国际机构／국제기구／Tổ chức quốc tế
UN	国際連合	United Nations／联合国／유엔／Liên Hợp Quốc
UNESCO	国連教育科学文化機関、ユネスコ	United Nations Educational Scientific and Cultural Organization／联合国教科文组织／국제 연합 교육 과학 문화 기구, 유네스코／Tổ chức Giáo dục, Khoa học và Văn hóa Liên Hợp Quốc
UNICEF	国連児童基金、ユニセフ	United Nations Children's Fund／联合国儿童基金／국제 아동 기금, 유니세프／Quĩ Trẻ em Liên Hợp Quốc
WHO	世界保健機関	World Health Organization／世界卫生组织／세계 보건 기구／Tổ chức Sức khỏe Thế giới
WTO	世界貿易機関	World Trade Organization／世界贸易组织／세계 무역 기구／Tổ chức Thương mại Thế giới
ILO	国際労働機関	International Labour Organization／国际劳工组织／국제 노동 기구／Tổ chức Lao động Quốc tế
IMF	国際通貨基金	International Monetary Fund／国际货币基金组织／국제 통화 기금／Quĩ Tiền tệ Quốc tế
IOC	国際オリンピック委員会	International Olympic Committee／国际奥林匹克委员会／국제 올림픽 위원회／Ủy ban Olympíc Quốc tế
FIFA	国際サッカー連盟	Fédération Internationale de Football Association／国际足球联合会／국제 축구 연맹／Liên đoàn Bóng đá Quốc tế

◆国際協定・会議・活動		International Agreements/Conferences/Activities／国际协定・会议・活动／국제 협정・회의・활동／Hiệp định / Hội nghị / Hoạt động quốc tế
EU	ヨーロッパ連合	European Union／欧洲联盟／유럽 연합／Liên minh châu Âu
ASEAN	東南アジア諸国連合	Association of Southeast Asian Nations／东南亚国家联盟／동남 아시아 국가 연합／Hiệp hội các nước Đông Nam Á
APEC	アジア太平洋経済協力会議	Asia-Pacific Economic Cooperation／亚太经济合作组织／아시아 태평양 경제 협력 회의／Hội nghị Hợp tác Kinh tế châu Á Thái Bình Dương
NATO	北大西洋条約機構	North Atlantic Treaty Organization／北大西洋公约组织／북대서양 조약 기구／Khối Hiệp ước Bắc Đại Tây Dương
TPP	環太平洋パートナーシップ協定	Trans-Pacific Partnership／跨太平洋伙伴关系协议／환태평양경제동반자협정／Hiệp định Đối tác xuyên Thái Bình Dương
OPEC	石油輸出国機構	Organization of Petroleum Exporting Countries／石油输出国组织／석유 수출국 기구／Tổ chức các nước xuất khẩu dầu lửa
G8	主要８カ国首脳会議、サミット	G8 Summit／八国集团首脑会议／주요 8개국 정상 회담／Hội nghị thượng đỉnh G8
ODA	政府開発援助	Official Development Assistance／官方开发援助／정부개발원조, 공적개발원조／Viện trợ Phát triển Chính thức
PKO	国連平和維持活動	United Nations Peacekeeping Operations／联合国维和行动／유엔 평화유지활동／Hoạt động giữ gìn hòa bình Liên Hợp Quốc

◆その他組織		Other Organizations／其他组织／그 외 조직／Các tổ chức khác
NHK	日本放送協会	Japan Broadcasting Corporation (Nihon Hoso Kyokai)／日本放送协会／일본방송협회 (NHK)／Hiệp hội Truyền thông Nhật Bản
JR	（日本旅客鉄道株式会社）	Japan Railways／日本旅客铁路公司／일본 여객 철도 주식회사 (JR)／Công ty Đường sắt Nhật Bản
NASA	アメリカ航空宇宙局	National Aeronautics and Space Administration／美国国家航空航天局／미 항공우주국 (NASA)／Cơ quan Hàng không và Vũ trụ Hoa Kỳ
NGO	非政府組織	Non-Governmental Organization／非政府组织／비정부 조직／tổ chức phi chính phủ
NPO	非営利組織	Non-Profit Organization／非营利组织／비영리 조직／tổ chức phi lợi nhuận

◆経済		Economy／经济／경제／Kinh tế
GDP	国内総生産	Gross Domestic Product／国内生产总值／국내 총생산 (GDP)／tổng sản phẩm quốc nội
GNI	国民総所得	Gross National Income／国民总收入／국민 총소득 (GNI)／tổng thu nhập quốc dân
GNP	国民総生産	Gross National Product／国民生产总值／국민 총생산 (GNP)／tổng sản phẩm quốc dân

Unit 08 名詞C 練習問題 601～650

レベル ★★★☆

Ⅰ　（　　）に助詞を書きなさい。

1．社会（　　）貢献する。　　2．人の私生活（　　）干渉する。

3．相手の要求（　　）譲歩する。　　4．絶滅の危機（　　）ある動物

5．仕事のために家庭（　　）犠牲（　　）する。

Ⅱ　「～する」の形になる言葉に○を付けなさい。

自覚　偏見　束縛　油断　野心　配慮　信念　規律　侵害　警戒

衝動　氾濫　行楽　背伸び　ぐち　歯止め

Ⅲ　「的」が付く言葉に○を付けなさい。

本場　衝動　衝撃　野心　秩序　体裁　危機　偏見　正義

Ⅳ　（　　）に下から選んだ語を書いて、一つの言葉にしなさい。

A　1．分（　　　）　2．内政（　　　）　3．一家（　　　）

4．人権（　　　）　5．軍事（　　　）　6．例年（　　　）

7．財政（　　　）　8．住み（　　　）

介入　干渉　危機　心地　侵害　相応　団らん　並み

B　1．（　　　）症状　2．（　　　）相続　3．（　　　）会談

4．（　　　）社会　5．（　　　）工場　6．（　　　）買い

7．（　　　）強い　8．（　　　）正しい

遺産　格差　規律　根気　自覚　首脳　衝動　整備

C　1．（　　／　　）感　　2．（　　／　　／　　）力

3．（　　　）者　　4．（　　　）心

5．（　　　）度　　6．（　　　）地

危機　犠牲　警戒　貢献　行楽　推進　正義　兵　包容

Ⅴ　一緒に使う言葉を選びなさい。（　　）の数字は選ぶ数です。

1．〔　成果　正義　危機感　秩序　包容力　心地　〕がある。（4）

2．〔　根気　配慮　相席　自覚　心地　ゆとり　本場　〕がない。（4）

3．〔　自覚　意地　偏見　体裁　秩序　成果　居心地　〕が悪い。（3）

4．〔　自覚　意地　野心　偏見　誘惑　〕を抱く。（2）

5．〔　信念　油断　配慮　自覚　ゆとり　〕を持つ。（3）

6．〔　衝撃　衝動　譲歩　声援　褒美　〕を受ける。（2）

Ⅵ 一緒(いっしょ)に使う言葉を下から選んで書きなさい。

A 1．ぐちを(　　　　　)。 2．やじを(　　　　　)。 3．声援を(　　　　　)。
4．意地(いじ)を(　　　　　)。 5．規律を(　　　　　)。 6．信念を(　　　　　)。
7．犠牲(ぎせい)を(　　　　　)。 8．兵(へい)を(　　　／　　　)。 9．成果を(　　　　　)。

挙(あ)げる　送る　収(おさ)める　こぼす　貫(つらぬ)く　飛ばす　払う　張る　守る

(二度使う語もある)

B 1．配慮に(　　　　　)。 2．警戒に(　　　　　)。
3 衝動(しょうどう)に(　　　　　)。 4．誘惑(ゆうわく)に(　　　／　　　)。
5．歯止(はど)めが(　　　　　)。

あたる　欠ける　かからない　駆られる　負ける

(二度使う語もある)

Ⅶ (　　)に入る言葉を下から選んで書きなさい。

1．出張でホンコンへ行くことになった。(　　　　　　)の中華料理が楽しみだ。
2．しょうゆをこぼして、新しい服を(　　　　　　)にしてしまった。
3．このうどん屋は昼時(ひるどき)にはとても混んでいて、(　　　　　　)になることも多い。
4．子供の受験に当たっては、親にもそれなりの(　　　　　　)が必要だ。
5．先輩が(　　　　　　)を持って、合宿所(がっしゅくじょ)に来てくれた。
6．過食症(かしょくしょう)というのは、食欲に(　　　　　　)がきかなくなる病気だ。
7．試合の途中で選手がミスをすると、応援団から汚い(　　　　　　)が飛んだ。
8．「お母さん、いい成績を取ったら、ご(　　　　　　)にディズニーランドに連れて行ってくれる？」
9．連休とあって、観光地はどこも(　　　　　　)客でいっぱいだ。
10．休みの日にみんなそろって夕食をとる、家族(　　　　　　)のひとときこそ、私にとってのエネルギー源だ。
11．日本では、1993年に初めて4件がユネスコの世界(　　　　　　)として登録された。
12．私は(　　　　　)しすぎず、分(　　　　　)の大学に入って、学生生活を楽しみたいと思っている。
13．駅前には無(　　　　　　)に看板が設置され、色が(　　　　　　)していて、統一感がない。

あいせき　いさん　こうらく　こころがまえ　さしいれ　せのび　そうおう だいなし　だんらん　ちつじょ　はどめ　はんらん　ほうび　ほんば　やじ

651 **みこみ** 見込み estimate, possibility, anticipation／预计, 可能性, 预料／가망, 장래성／dự kiến, dự báo, khả năng

①・工事の終了まであと３週間ほどかかる**見込み**だ。
・土砂崩れで運行を中止した鉄道は、まだ復旧の**見込み**がたっていない。
連 __が立つ、__が外れる　合 __違い　類 ヲ予想スル、見当、見通し、めど☞970

②・今から必死で勉強すれば、まだA大学に合格する**見込み**はある。
・この病気は、一度かかると回復する**見込み**がほとんどないそうだ。
連 __がある⇔ない（・この新人選手は**見込みがある**。）　合 __違い　類 可能性
関 将来性、期待

動 ①②ヲ見込む

★動 ヲ**見込む**

①・会社は来年度の売り上げを５億円と**見込んで**いる。

②・彼は将来を**見込まれて**プロ野球にスカウトされた。

652 **みとおし** 見通し view, outlook, anticipation／看得清楚, 预测／전망／tầm nhìn, triển vọng, dự liệu

①・まっすぐで**見通し**のいい道路は運転しやすい。
連 __がいい⇔悪い

②・経済状態が不安定なので、まだ将来の**見通し**が立たない。
・術後の経過は順調で、１週間後には退院できる**見通し**だ。
連 __が立つ・__を立てる、__が明るい⇔暗い、～__を持つ　類 見込み、予想

動 ①②ヲ見通す

653 **みつもり** 見積もり estimate, quote／估价／견적／ước tính, dự toán

・引っ越しをするので、複数の業者に**見積もり**を頼んだ。
・家を建てるのにどれくらいかかるか**見積もり**を出してもらった。
連 __をする、__を出す、__を立てる、__を取る　合 見積書、見積額　動 ヲ見積もる

654 **りゅうつう** が流通スル circulation, distribution, flow／流通／유통／lưu thông, lưu hành

①・地震のため、物資の**流通**が滞った。　・窓を開けて空気の**流通**をよくした。
合 __業、__産業、__機構　類 流れ

②・新しい紙幣が**流通し**始めている。
関 が出回る☞752、が普及スル

655 **ていたい** が停滞スル congestion／停滞／정체／đình trệ

・地震で道路網が大きな被害を受け、物資の輸送が**停滞して**いる。　・景気の**停滞**が続く。
合 __前線　関 が滞る☞1064

656 **ふしん** 不振 slump, stagnation／不佳／부진／bất thịnh, sa sút

・今、CDの売り上げが**不振**だそうだ。　・しばらく**不振**の続いていたA選手が、久々に勝った。
連 __に陥る、__にあえぐ　合 食欲__、経営__、学業__、販売__　関 が振るわない

657 **はいし** ヲ廃止スル abolition／废止／폐지／phế bỏ

・世界には死刑制度を**廃止した**国が多い。 ・国は赤字路線の**廃止**を決めた。

・{制度／システム／法律／慣習…}を**廃止する**。

関ヲやめる

658 **はんえい** ガ繁栄スル prosperity／繁荣／번영／phồn vinh, thịnh vượng

・ローマ帝国は1,000年の**繁栄**を誇った。 ・{国／町／会社／家／子孫…}が**繁栄する**。

合子孫__ 対ガ衰退スル 関ガ栄える☞775

659 **せいじゅく** ガ成熟スル maturity, ripeness／成熟／성숙／chín, thành thục, trưởng thành

①・果物が**成熟する**。 ・これは100年ものの**成熟した**ワインです。

②・最近の子供は**成熟**が早い(＝早熟だ)。

③・**成熟した**市民社会では一人一人の信頼の下に共同体が成立している。

・車の市場が**成熟し**、消費が鈍っている。

合①〜③__期 関①〜③未熟な☞257、未成熟な

660 **ひやく** ガ飛躍スル rapid development, significance, jump to／跳跃, 飞跃／비약／sự tiến xa, nhảy vọt

①・我が社は世界に**飛躍する**企業を目指している。 ・今年は**飛躍**の年にしたい。

連__を遂げる 合__的な(・このチームは最近**飛躍的に**成績が伸びている。)

②・結論を急ぐあまり、話が途中で**飛躍して**しまった。 ・論理の**飛躍**

関ガ飛ぶ

661 **りょうりつ** ガ両立スル coexistence, combination (of two things)／两立, 并存／양립／cả hai cùng được duy trì/tồn tại

・家庭と仕事をうまく**両立させて**いる夫婦は多い。 ・趣味と実益の**両立**を図る。

・独裁と民主主義は**両立しない**。

662 **とうけい** ヲ統計スル statistics／统计／통계／thống kê

・**統計**によれば、日本の貯蓄率は世界的に見ても高いそうだ。

・**統計**をとって調べなければ、本当のところはわからない。

連__をとる 合__的な、__学、__調査

663 **ぶんさん** ガ／ヲ分散スル dispersion, spread, distribution／分散／분산／phân tán

・プリズムに光を当てると、光が**分散して**虹ができる。

・財産を**分散して**管理する。 ・リスクを**分散する**。

664 **きんこう** 均衡 balance, equilibrium, draw／平衡, 打平手／균형／cân bằng, hòa

・この国では、現在は輸出と輸入の**均衡**が保たれている。

・都市部と農村部の人口の不**均衡**が問題になっている。

・試合終了直前、0－0の**均衡**が破られた。

連__を保つ⇔破る 対不__ナ 類釣り合い☞1094、バランス 関アンバランスナ

665 **ちくせき**　ガ／ヲ蓄積スル　accumulation／蓄积, 过度／축적／tích tụ, tích lũy

・放射線そのものは体内に**蓄積されない**ということだ。

・{資本／富／知識／疲労…}の**蓄積**

・厚生労働省は労働者の疲労**蓄積**について調査を行った。

連 ～＿がある⇔ない

666 **のべ**　延べ　total, gross／总计／연／tổng cộng

①・このダムの建設のために、**延べ** 20 万人が動員された。

連 延べ＋[数値]、＿人数、＿日数、＿時間

②・私の家の**延べ**床面積は、150 ㎡だ。

667 **じんざい**　人材　human resources, people, employees／人材／인재／nhân tài, nhân lực

・我が社には有能な**人材**が集まっている。　・管理職の仕事は**人材**を育てることだ。

・他社から**人材**をスカウトする。

連 ＿が不足する、＿を登用する、＿を集める　合 ＿不足、＿派遣(業)

668 **こうしゅう**　公衆　the public／公众／공중／công chúng

・昔の軍人は、**公衆**の面前では決して涙を見せなかった。

連 ＿の面前　合 ＿電話、＿トイレ、＿浴場、＿衛生、＿道徳　類 大衆、民衆

669 **きょうよう**　教養　education, culture, cultivation／教养／교양／văn hóa, kiến thức

・外交官には高い**教養**が求められる。　・あの人は**教養**のある人だ。　・**教養**を身につける。

連 ＿がある⇔ない、＿を身につける、高い＿　合 一般＿　慣 知識と教養

670 **してん**　視点　focus, point of view, opinion／视线, 观点／시점／lập trường, điểm nhìn

①・事故後の彼は**視点**が定まらず、きょろきょろしていた。

②・**視点**を変えて考えてみる。　・新しい**視点**から開発された商品

類 観点

671 **かんてん**　観点　point of view／观点／관점／quan điểm

・二人はそれぞれの**観点**から意見を述べた。

・**観点**を変えれば、解決策が見つかるかもしれない。

合 ～的＿（・教育**的観点**）　類 視点　関 見地、立場、見解☞ 953

672 **さゆう**　ヲ左右スル　left and right, influence／左右方向, 左边和右边, 影响／좌우／trái và phải, ảnh hưởng

①・道を渡るときは**左右**に注意すること。　・このロボットは**左右**の足を交互に出して歩く。

合 前後＿

②・米の収穫量は天候に**左右される**。

類 ガ影響スル

673 **ちょくめん** が直面スル confrontation, face／面临／직면／đối mặt

・今我が国は大変な問題に**直面している**。

※あまり良いことには使わない。 連問題に__する

674 **はあく** ヲ把握スル understanding, grasp／把握, 理解／파악／nắm bắt

・事故現場が混乱し、状況を**把握する**のに時間がかかった。

・{内容／情報／現状／実態…}を**把握する**。

・大学は学生の実態の**把握**に努め、奨学金制度を改善した。

関ヲつかむ☞108、ヲ捉える☞153、ヲ知る、ヲ理解スル

675 **びょうしゃ** ヲ描写スル description, portrayal／描写／묘사／miêu tả, diễn tả

・この作家は情景の**描写**がうまい。

・この音楽は、田園にいるときの気持ちを**描写した**ものと言われる。

合心理__

676 **しかけ** 仕掛け device, trick, display／装置, 手法, 挑衅, 设置／장치, 속임수／cơ chế, mánh khóe, tạo hình

・このおもちゃは簡単な**仕掛け**で動く。

・〈手品師〉「このハンカチには、種も**仕掛け**もありません」 ・**仕掛け**花火

連__がある⇔ない 動ヲ仕掛ける

★動ヲ**仕掛ける**

①・相手に{攻撃／わざ／論戦…}を**仕掛ける**。

②・{わな／爆弾…}を**仕掛ける**。

677 **しくみ** 仕組み structure, mechanism／结构／짜임새／cơ chế, cấu trúc

・ラジオを分解して、その**仕組み**を調べた。 ・{体／社会…}の**仕組み**について学ぶ。

類構造、メカニズム☞833 動ヲ仕組む

678 **こつ** knack, trick／秘诀, 窍门／요령／bí quyết, mẹo, cách làm

・魚をうまく焼くには**こつ**がいる。

・ちょっとした**こつ**で、いい写真が撮れるようになった。

・彼女は器用で、すぐに**コツ**をつかんだ。

連ニ__がある、__をつかむ、__を飲み込む 類ポイント

679 **わざ** 技 technique／技能, 本领／기술, 솜씨／kỹ năng, kỹ xảo

①・工芸品は、職人の**技**の結集だ。

連__を磨く、__がさえる 合職人__、神__ 類技能、技術、テクニック☞832

②・田中選手は、鉄棒ですばらしい**技**を見せた。

連__を磨く、__がさえる、__が決まる・__を決める、早__、得意__、離れ__

合大__⇔小__

680 **さき　先**　tip, head, further/beyond, precedence, before, previous, ahead, future, destination／最前部, 最前列, 先, 将来, 目的地／끝, 선두, 앞, 먼저, 후, 장래, 행선지／đầu, trước, phía trước, nơi đến

①・指の**先**にとげが刺さった。
・この靴は**先**がとがっている。
合 指＿、つま＿　類 先端

②・行列の**先**の方に、友人がいるのが見えた。　・子供たちは**先**を争って教室を飛び出した。
連 ＿を争う、＿に立つ　対 後、後ろ　類 先頭

③・私は生まれも育ちも東京で、大阪より**先**へは行ったことがない。
・この技術では、A社がB社の一歩**先**を行っている。
類 前方、向こう

④・たいてい、私の方が姉より**先**に帰宅する。　・「**先**に述べたように～」　・**先**の首相
・「お**先**に失礼します」　・「お**先**にどうぞ」　・「言い訳より謝罪が**先**だ」
対 後、後　類 ～より前、以前

⑤・娘が結婚するのはまだまだ**先**のことだろう。　・**先**のことはわからない。
連 ＿が見える⇔見えない、＿を見通す、＿を読む　類 将来、後

⑥・訪問した**先**で、偶然昔の知り合いと会った。
合 宛＿、送り＿、{取り引き／取引}＿、旅＿、外出＿、出＿、勤め＿

681 **せんたん　先端**　cutting edge／前端／첨단／mũi nhọn, hàng đầu

①・この車は時代の**先端**を行く装備を備えている。
・彼女はいつも流行の**先端**の服装をしていて、ファッションリーダーと見なされている。
連 ＿を行く　合 ＿的な、＿技術　関 先頭、トップ

②・ナイフの**先端**　類 先

682 **かてい　過程**　process, course／过程／과정／quá trình

・実験の**過程**を記録しておく。　・子供の成長の**過程**をビデオに残す。
類 経過☞98、プロセス☞834

683 **きげん　起源**　origin／起源／기원／khởi nguyên, nguồn gốc

・文明の**起源**を探る。　・人類の**起源**をさかのぼる。　・この祭りの**起源**は江戸時代にある。
連 ＿を探る、＿をさかのぼる　関 源、源流

684 **ゆいいつ　唯一**　the only, sole／唯一／유일／duy nhất

・ここは国内で**唯一**の切手博物館だ。　・彼女は議会で**唯一**法案に反対した。
類 ただ一つ、ただ一人、ただ一度　※副詞的にも使う。

685 **こうれい　恒例**　established custom／惯例／관례／thông lệ

・毎年**恒例**の花火大会が明日行われる。　・{新春／年末…}**恒例**のバーゲンセール
合 ＿行事

686 **もくぜん**　　目前　　imminence, close at hand, before one's eyes／眼前, 面前／목전, 눈앞／trước mắt

①・富士山を8合目まで登れば、頂上はもう**目前**だ。　・入試が**目前**に迫ってきた。

・結婚を**目前**に控えて、気分が憂鬱になることを「マリッジブルー」という。

連＿に迫る、＿に控える

②・証拠を**目前**につきつけられて、容疑者はついに罪を認めた。

類①②目の前

687 **まぎわ**　　間際　　just before, on the point of／正要……时候, 边／직전／ngay trước

・電車が遅れて、試験開始(の)**間際**に会場に駆け込んだ。

類直前、寸前

★名**際**

①・学校からの帰り**際**、先生から話があると呼び止められた。

・旅行で知り合った人と、別れ**際**にメールアドレスを交換した。

合別れ際、帰り際

②・この山道は、がけの**際**を歩くようになっていて危ない。　・窓**際**に花を飾った。

合窓際、壁際、際どい(・9対10という**際どい**点差で勝った。)　関へり

688 **むれ**　　群れ　　flock, crowd, herd, etc.／群, 集群／떼, 무리／bầy, đàn, đám

・この湖には、毎年渡り鳥の**群れ**がやって来る。

・大通りで歌手が歌を歌い、見物人が**群れ**をつくっていた。

連＿をなす　関が群がる☞754　動が群れる(・草原に馬が**群れ**ている。)

689 **しょうたい**　　正体　　true character, true identity／真面目／정체／nguyên hình, con người thật

①・それまで誠実そうに見えた彼女が、突然詐欺師の**正体**を現した。

・彼の**正体**がつかめない。　・犯人の**正体**を暴く。

②・その俳優は**正体**を隠して、観光地を巡った。

連①②＿を現す、＿を隠す、＿を暴く、＿をつかむ

690 **わな**　　trap, catch／圈套／함정, 덫／bẫy

①・最近イノシシの害がひどいので、あちこちに**わな**をしかけた。

・ネズミが**わな**にかかった。

②・うますぎる話には、どこか**わな**があるものだ。

・彼をだましたら、まんまと**わな**にはまった。

連＿にはまる・＿にはめる

連①②ニ＿をしかける、＿にかかる・＿にかける

55

691 **わく　枠**　frame, border, scope／框子, 边线, 条条框框, 范围／테두리, 틀, 범위／khung, khuôn khổ

①・窓の**枠**に虫が止まっている。

・文章の重要な部分を**枠**で囲む。

合窓＿　類フレーム

②・「我が社では、**枠**にはまらない柔軟な考えを持つ人を求めています」

・子供を**枠**にはめた育て方はしたくない。

③・この計画にかかる費用は、予算の**枠**を超えている。

類範囲

連①～③＿にはまる・＿にはめる、＿からはみ出る

合①～③＿組み（・レポートの**枠組み**を考える。　・考え方の**枠組み**）、＿づけ、＿内⇔＿外、別＿（・予算とは**別枠**で費用を出す。）

692 **つや　艶**　sheen, gloss, shine／光泽／광택, 윤기／độ bóng, mượt mà

①・{家具／廊下／漆器…}を磨いて**艶**を出す。　・**艶**のある紙

連＿が出る・＿を出す、＿がある⇔ない　合＿消し　類光沢

②・祖母は80歳だが、**艶**のある肌をしている。　・**艶**のある{髪／声…}

連＿がある⇔ない　合色＿（・顔の**色つや**がいい。）

関①②がつやつやスル（・**つやつやした**{肌／りんご…}）

693 **かげ　陰**　shade, shadow, other side, in secret／背光处, 背后, 暗地／그늘, 뒤, 멀리서／bóng, sau lưng

①・南側に高いビルが建ったせいで、うちは**陰**になって、日当たりが悪くなった。

合日＿、木＿

②・ここからは、建物の**陰**になって富士山は見えない。　・ドアの**陰**に隠れる。

合物＿、山＿

③・**陰**で人の悪口を言うものではない。　・**陰**ながら応援する。

合＿口

694 **かげ　影**　shadow, silhouette, reflection, shape, light (stars/moon)／影子／그림자, 모습, 빛／bóng, hình bóng, ánh sáng

①・カーテンに人の**影**が映っている。　・日が傾くと**影**が伸びる。

②・水面に山の**影**が映っている。

③・**影**も形も見えない。　・霧の向こうに島**影**がぼんやり見える。

合人＿　類姿

④・月の**影**が差している。　・星**影**

類光

695 **がら** 柄 pattern, build, character, nature／花样, 体格, 人品, 身份／무늬, 몸집, 체격, 품격／hoa văn, vóc người, phẩm chất

①・彼女は派手な**柄**の服が似合う。

合 花＿、 しま＿、 ヒョウ＿、 ＿物　類 模様　関 無地

②・弟は**柄**ばかり大きくて、実は甘えん坊だ。

合 大＿な⇔小＿な

③・**柄**の悪い男につきまとわれて困っている。

・「あなたが謙遜するなんて**柄**でもない」　・「人の上に立つなんて、私の**柄**じゃない」

連 ＿が悪い、 ＿ではない　※否定的な意味で使うことが多い。

合 人＿（・彼は成績はともかく、**人柄**はいい。）

土地＿（・このあたりは開放的な**土地柄**で、よそから来た人間にも住みやすい。）

④・銀行員という仕事**柄**、金の計算は得意だ。

696 **つじつま** coherence, consistency／道理／조리, 이치／kết cấu

・うそをついたら話の**つじつま**が合わなくなり、結局うそだとばれてしまった。

連 ＿が合う・＿を合わせる

697 **さしつかえ** 差(し)支え inconvenience, objection／不方便, 妨碍／지장／bất tiện, cản trở

・「お**差支え**なかったら、電話番号を教えていただけませんか」

・「次の会合ですが、５日でいかがでしょう」「ええ、**差し支え**ありません」

連 ＿がある⇔ない、＿ない

動 ガ差(し)支える（・飲みすぎると明日の仕事に**差し支える**から、この辺でやめておこう。）

関 ガ障る☞1078

698 **しわよせ** しわ寄せ stress, strain／不良影响的后果／영향, 여파／ảnh hưởng

・不況の**しわ寄せ**でうちの会社が倒産しそうだ。

・彼のいい加減な仕事の**しわ寄せ**が、私達の負担を重くした。

連 ニ＿が来る⇔行く

699 **なんらか** 何らか some kind of, any／某些／어떠한／gì/nào đó

・この問題については、早急に**何らか**の対策を立てる必要がある。

・**何らか**の形で子供と関わる仕事がしたいと思っている。

類 何か　※「何らか」の方が硬い言葉。

700 **めいめい** each, individual／各自／각각, 각자／từng người

・チケットは**めいめい**(で)お持ちください。　・出席者**めいめい**が意見を述べた。

・**めいめい**(が)得意料理を持ち寄って、パーティーを開いた。

※副詞的にも使う。　類 それぞれ、おのおの☞1157、各自

Unit 08 名詞C 練習問題 651 ～ 700

レベル ★★★☆

Ⅰ （　）に助詞を書きなさい。

1．仕事（　）さしつかえる。　　2．世界（　）飛躍（ひやく）する。

3．先（　）争う。　　4．敵（　）攻撃（　）しかける。

Ⅱ 「～する」の形になる言葉に○を付けなさい。

流通　廃止　繁栄（はんえい）　不振（ふしん）　停滞（ていたい）　成熟　両立　視点　公衆　蓄積

飛躍（ひやく）　過程（かてい）　直面　目前　統計　唯一　分散　左右

Ⅲ 「～がある⇔ない」の形で使う言葉に○を付けなさい。

見込み　見積もり　教養　つや　さしつかえ　つじつま　しかけ

Ⅳ 動詞になる言葉に○を付けなさい。　例：見込み→見込む

見通し　見積もり　しかけ　わな　まぎわ　群（む）れ　さしつかえ　わざ

Ⅴ （　）に下から選んだ語を書いて、一つの言葉にしなさい。

A　1．（　）技術　2．（　）衛生　3．（　）産業

4．（　）派遣（はけん）　5．食欲（　）　6．一般（　）

7．心理（　）　8．教育的（　）

観点　教養　公衆　先端（せんたん）　人材　描写（びょうしゃ）　不振（ふしん）　流通

B　1．（　）人数　2．指（　）　3．窓（　）

4．日（　）　5．早（　）　6．取引（　）

7．人（　／　）　8．小（　／　）

かげ　柄（がら）　先　延（の）べ　枠（わく）　技（わざ）

（二度使う語もある）

Ⅵ 似た意味の言葉を下から選んで（　）に書きなさい。

1．つかむ　—（　）する　　2．とどこおる —（　）する

3．将来　—（　）　　4．ふるわない —（　）

5．各自　—（　）　　6．光沢（こうたく）　—（　）

7．直前　—（　）　　8．模様（もよう）　—（　）

9．ただ一つ —（　）　10．バランス —（　）　11．プロセス —（　）

過程　柄（がら）　均衡（きんこう）　先　つや　停滞（ていたい）　把握（はあく）　不振（ふしん）　間際（まぎわ）　めいめい　唯一（ゆいいつ）

Ⅶ　一緒(いっしょ)に使う言葉を下から選んで書きなさい。

A　1．統計を(　　　　　)。　2．見通しが(　　　　　)。　3．技(わざ)を(　　　　　)。
4．不振(ふしん)に(　　　　　)。　5．群(む)れを(　　　　　)。　6．こつを(　　　　　)。
7．話のつじつまが(　　　　　)。　8．柔道(じゅうどう)の技(わざ)が(　　　　　)。

合う　　おちいる　　決まる　　立つ　　つかむ　　とる　　なす　　みがく

B　1．わなに(　　　　／　　　　)。　2．枠(わく)に(　　　　　)。
3．飛躍(ひやく)を(　　　　　)。　4．見積もりを(　　　　／　　　　)。
5．磨(みが)いてつやを(　　　　　)。　6．正体(しょうたい)を(　　　　⇔　　　　)。

現す　　かかる　　隠す　　出す　　とげる　　取る　　はまる

（二度使う語もある）

Ⅷ　(　　　)に入る言葉を下から選んで書きなさい。

A　1．人類の(　　　　　)　2．鳥の(　　　　　)　3．家庭と仕事の(　　　　　)
4．実験の(　　　　　)　5．論理の(　　　　　)　6．毎年(　　　　　)の行事
7．時代の(　　　　　)を行くデザイン　8．(　　　　　)にはまらない考え方

起源　　過程　　恒例(こうれい)　　先端(せんたん)　　飛躍(ひやく)　　群(む)れ　　両立　　枠(わく)

B　1．国が(　　　　　)する。　2．景気が(　　　　　)する。
3．疲労が(　　　　　)する。　4．ドアの(　　　　　)に隠れる。
5．発車(　　　　　)の電車に飛び乗った。　6．実態を(　　　　　)する。
7．リスクを(　　　　　)する。　8．古い制度を(　　　　　)する。
9．問題に(　　　　　)する。

陰(かげ)　　蓄積(ちくせき)　　直面　　停滞(ていたい)　　把握(はあく)　　廃止　　繁栄(はんえい)　　分散　　間際(まぎわ)

C　1．この映画には(　　　　　)5,000人のエキストラが動員された。
2．増税の(　　　　　)が我々(われわれ)弱者に来るのは、わかりきっている。
3．若い人には新しい(　　　　　)でものを考えてもらいたい。
4．夕方になって日が傾くと、(　　　　　)が伸びる。
5．「電子レンジがどういう(　　　　　)で物を加熱するか、知っていますか」
6．人の第一印象は見た目に(　　　　　)されることが多い。
7．動物を捕らえるために、(　　　　　)をしかけた。
8．犯人は(　　　　　)の方法で、被害者にドアを開けさせたものと考えられる。
9．天候悪化のため、山頂を(　　　　　)にしながら、下山(げざん)した。

かげ　　さゆう　　しくみ　　してん　　しわよせ　　なんらか　　のべ　　もくぜん　　わな

Unit 08 名詞C 601 ~ 700

確認問題

レベル ★★★☆

Ⅰ （　　）に入れるのに最も よいものを、a・b・c・dから一つ選びなさい。

1．休憩室(きゅうけいしつ)にはリラックス効果のある（　　）良い音楽が流れている。
　a 気分　b 根気　c 快適　d 心地

2．9月下旬から10月下旬にかけては、秋の（　　）シーズンだ。
　a 行楽　b 旅先　c 推進　d 誘惑

3．公務員による犯罪が増えている。（　　）が緩(ゆる)んでいるのではないだろうか。
　a 法律　b 規律　c 秩序　d 規則

4．家庭を（　　）にしてまで出世したいとは思わない。
　a 配慮　b 体裁　c 重宝　d 犠牲

5．あの母親には親としての（　　）が足りないようだ。
　a 偏見　b 把握　c 自覚　d 干渉

6．対戦相手は弱いだろうと（　　）していたら、意外に強くてあせった。
　a 油断　b 警戒　c 直面　d 視点

7．寺や神社には、毎年（　　）の祭りがいくつかある。
　a 前例　b 同様　c 恒例　d 慣習

8．大学院の入学試験には、社会人（　　）が設(もう)けられているところが多い。
　a わな　b わく　c なみ　d がら

9．隠れていたドアの（　　）から飛び出して、友達を驚かせた。
　a きわ　b むれ　c ゆとり　d かげ

10．この交差点は（　　）が悪く、よく交通事故が起こっている。
　a 見込み　b 見通し　c 光景　d 眺め

Ⅱ ＿＿＿＿の言葉に意味が最も近いものを、a・b・c・dから一つ選びなさい。

1．弟は私と違って<u>あきっぽい</u>性格だ。
　a 意地が悪い　b 根気がない　c 包容力がない　d 野心的な

2．「きみのおかげでパーティーが<u>台無しだ</u>よ」
　a なさけない　b 不振だ　c むちゃだ　d めちゃくちゃだ

3．寮の台所は共用で、そこで<u>めいめい</u>好きなものを作って食べている。
　a それぞれ　b 一緒(いっしょ)に　c たいてい　d まとめて

4．経営者には、<u>将来</u>を見通す力が求められる。
　a 目前　b 間際　c 先　d 先端

5．彼は人の意見に<u>左右される</u>ことが多い。
　a 何でも賛成する　b 影響を受ける　c 何でも反対する　d 影響を与える

Ⅲ　次の言葉の使い方として最もよいものを、a・b・c・dから一つ選びなさい。

1．本場

a　緊張して、試合の本場では実力を出し切れなかった。

b　交通事故の本場には、まだ壊（こわ）れた車が残されている。

c　入学試験の前日に、試験の本場を下見に行った。

d　ハワイへ行って、本場のフラダンスを習うのが夢だ。

2．ゆとり

a　「解答用紙のゆとりの部分に、メモをしてもかまいません」

b　このスケジュールは厳しすぎる。もう少しゆとりを持たせた方がいい。

c　金メダルを取るためには、ゆとりを捨てて練習しなければならない。

d　うちから東京駅まで1時間だが、ゆとりを見て、1時間半前にうちを出た。

3．こつ

a　彼女の作る料理は本当にこつがいい。

b　こつを持てば、誰（だれ）でも歌がうまく歌えるようになる。

c　有名な通訳者に、語学上達のこつを聞いてみた。

d　先生のちょっとしたこつで、私の絵はとてもよくなった。

4．危機

a　この建物は地震で壊（こわ）れる危機があるので、建て直されることになった。

b　私が危機に落ちたとき、友人はいつも私を助けてくれた。

c　働き過ぎのため、もう少しで病気になる危機だ。

d　会社倒産の危機を、何とか乗り越えることができた。

5．ごほうび

a　いい成績を取ったごほうびに、子供をディズニーランドへ連れて行ってやった。

b　オリンピックで優勝した選手には、ごほうびとして金メダルと賞金が贈られる。

c　お世話になったごほうびとして、大家さんにお菓子を差し上げた。

d　大きな業績を上げた上司に、部下たちがごほうびの会を催した。

Unit 09 動詞 B

701 ～ 800

レベル ★★★☆

56

701 **はれる**　　ガ晴れる　　to be cleared, dispel, brighten, clear up／消除, 舒畅, 放晴／풀리다, 개다／sáng tỏ, tan biến

①・アリバイを証明する人が現れて、容疑者の疑いが**晴れた**。

・{気持ち／うっぷん／恨み…}が**晴れる**。

他 晴らす（・お酒を飲んで日頃のうっぷんを**晴らした**。）

②・{空／雲／霧／ガス…}が**晴れる**。　名 晴れ

702 **ばれる**　　ガばれる　　to be exposed／暴露, 败露／들키다／lộ, bại lộ

・つい口がすべって、周りの人に秘密が**ばれて**しまった。

・{隠し事／うそ／正体／悪事…}が**ばれる**。

703 **ばらす**　　ニ＋ヲばらす　　to expose, take to pieces／揭穿, 拆卸／폭로하다, 분해하다／làm lộ, tháo ra

①・友人の秘密を他の人に**ばらして**しまった。

類 ニ＋ヲ暴露する☞ 1009

②・パソコンをいったん**ばらして**から、また組み立てた。

関 ばらばらな

704 **すりかえる**　　ヲすり替える　　to switch (secretly), change the subject, substitute／顶替, 偷换／바꿔치다, 바꾸다／đổi (vai), đánh tráo

①・スパイ映画で、本物と偽物を**すり替える**場面にはらはらした。

②・彼は都合が悪くなると、すぐ話を**すり替える**。

・「政府は、経済問題を国際問題に**すり替える**な」

類 ①②ヲ取り換える、ヲ置き換える、ヲ入れ替える　名 ①②すり替え（・問題の**すり替え**）

705 **ばらまく**　　ヲばらまく　　to scatter, throw／散落, 到处花钱／뿌리다／làm rơi vãi, vung vãi

・さいふを落として道にお金を**ばらまいて**しまった。

・知人にお金を**ばらまいて**投票を依頼した政治家が逮捕された。

関 ヲまく、ばらばらな　名 ばらまき

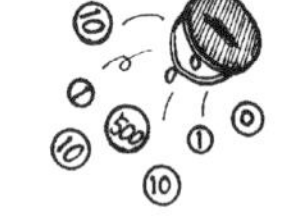

706 **またがる**　　ガまたがる　　to sit astride, span／骑上, 横跨／올라가다, 걸치다／cưỡi, vắt ngang, bắc qua

①・青年はバイクに**またがる**と、大きな音をたてて走り去った。

・{自転車／馬／父の肩…}に**またがる**。

②・この国立公園は２つの県に**またがって**いる。　・川に**またがる**橋

707 **またぐ**　　ヲまたぐ　　to cross, step over, straddle／跨过, 迈过／건너다／bước qua, bắc qua

①・ガードレールを**またいで**車道に出る。

・子供の頃、よく祖母に「横になっている人を**またいで**はいけない」と叱られた。

②・大通りを**またぐ**歩道橋が架けられた。

708 つらぬく　ガ／ヲ貫く　to go through, pierce, pass through, carry out/through／穿过, 贯通, 坚持／가로지르다, 관통하다, 관철하다／xuyên qua, nhất quán, trung thành

自・ピストルの弾(たま)が私の肩を貫(つらぬ)**いた**。　・山を**貫(つらぬ)く**トンネル工事が始まった。

・{激痛(げきつう)／感動…}が体を**貫(つらぬ)いた**。

類 ガ貫通(かんつう)する

他・山本氏(やまもとし)は信念を**貫(つらぬ)き**、最後まで戦争に反対した。　・{原則／初心(しょしん)／意志(いし)／愛…}を**貫(つらぬ)く**。

類 ヲ貫徹(かんてつ)する

709 のぞく　ガ／ヲのぞく　to peep in/out, look in/at／窥视, 往下望, 观察, 看一看, 露出／들여다보다, 내려다보다, 보다, 들르다, 내밀다／nhòm, ghé nhìn, ngắm nhìn

他①・不審(ふしん)な男がうちの中を**のぞいて**いた。

・{カギ穴(あな)／ドアの隙間(すきま)…}から中を**のぞく**。

・人に心の中を**のぞかれ**たくない。

合 ヲのぞき見る（・人の日記を**のぞき見る**。　・私生活を**のぞき見る**。）、ヲのぞき込む

名 のぞき

②・展望台(てんぼうだい)から下を**のぞく**と、ずっと下を川が流れていた。

③・弟は天体観測が趣味(しゅみ)で、夜になると望遠鏡(ぼうえんきょう)を**のぞいて**いる。

・ニキビが気になって、しょっちゅう鏡(かがみ)を**のぞいて**しまう。

④・近所に新しい百円ショップができた。ちょっと**のぞいて**みよう。

自・スーパーの袋からネギが**のぞいて**いる。　・ドアが開き、女の子が顔を**のぞかせた**。

710 ひかえる　ガ／ヲ控える　to wait, prepare, be soon, be close, restrict/reduce, refrain from, make notes／等候, 面临, 靠近, 控制, 记下／기다리다, 앞두다, 있다, 삼가하다, 메모하다／đợi, đến gần, đứng sau, kiềm chế, ghi lại

自①・出演者はステージの脇(わき)に**控(ひか)えて**出番(でばん)を待った。　・補欠(ほけつ)の選手がベンチに**控(ひか)えて**いる。

合 控(ひか)え室

②・選挙(せんきょ)が**控(ひか)えて**いるため、政治家たちは忙しい。

③・この町は後ろに山が**控(ひか)えて**いる。

他①・父は50才を超えてから少しお酒を**控(ひか)える**ようになった。

合 控(ひか)え目(め)な（・健康のために塩分を**控(ひか)え目(め)に**している。

・彼は**控(ひか)え目(め)な**人で、決して出しゃばらない。）

類 ヲ抑(おさ)える、ヲ慎(つつし)む☞1041

②・インフルエンザがはやっているので、休日の外出を**控(ひか)えて**いる。

・「電車内での携帯電話(けいたいでんわ)のご使用はお**控(ひか)え**ください」

・「その件については、コメントを**控(ひか)えさせて**いただきます」

③・彼女は2カ月後に出産を**控(ひか)えて**いる。

④・この町は後ろに山を**控(ひか)えて**いる。

⑤・部長の説明をメモに**控(ひか)えた**。

名 控(ひか)え（・**控(ひか)え**の選手、契約書の**控(ひか)え**）

711 **おこたる** ヲ怠る to be negligent／懈怠, 大意／게을리 하다／sao nhãng, trốn tránh

①・練習を**怠る**と、いい結果は出せない。 ・上司への報告を**怠り**、注意された。
・{義務／努力…}を**怠る**。
関ヲ怠ける

②・運転中に注意を**怠り**、事故を起こしてしまった。 ・警戒を**怠る**。

712 **のがれる** ガ逃れる to escape／逃出, 避开, 逃避／피하다, 벗어나다／bỏ trốn, chạy thoát, trốn chạy

①・犯人は警察の目を**逃れ**、海外に逃亡したらしい。 ・危ういところで難を**逃れた**。
・{苦しみ／恐怖／飢え／重荷…}から**逃れる**。

②・取締役だった人が、会社倒産の責任を**逃れる**ことはできない。
類ガ免れる☞793

713 **のがす** ヲ逃す to miss out on, let escape／错过／놓치다／bỏ lỡ

・もう少しのところで金メダルを**逃して**しまった。 ・{チャンス／好機…}を**逃す**。
合ヲ見__☞723、ヲ聞き__(・大事な話を**聞き逃した**。)

714 **おもむく** ガ赴く to set out for, proceed to／奔赴, 前往, 趋向, 倾向／떠나다, 향하다／đi đến, theo hướng

・救援活動のため、軍隊が被災地に**赴いた**。 ・任地に**赴く**。
関ガ赴任する

715 **つぐ** ヲ継ぐ／接ぐ to succeed (family business, inheritance), follow in someone's footsteps, graft, cross, replenish／继承, 继后, 嫁接, 续上／계승하다, 이어받다, 잇다, 접붙이다, 보충하다／kế tục, ghép, tiếp

①・「私は将来父の会社を**継ぐ**つもりです」 ・{家業／意志／王位／跡…}を**継ぐ**。
・彼は引退した大物俳優の後を**継ぐ**俳優とみなされている。
連～の後を__ 合後継ぎ 類ヲ継承する、ヲ受け継ぐ 関後継者、跡取り

②・この野菜はじゃがいもにトマトを**接いで**作られたものだ。
合接ぎ木

③・バーベキューで火が消えないように炭を**つぐ**。

716 **うちきる** ヲ打ち切る to discontinue, stop／停止／그만두다, 중지하다／ngắt ngang, chấm dứt

・怒った部長は、話を途中で**打ち切って**部屋を出て行った。
・視聴率が悪かったので、その番組は３カ月で**打ち切られた**。
・{契約／会議／捜査／援助…}を**打ち切る**。
名打ち切り→〈連載・番組などが〉__になる

717 **さく** ヲ裂く to tear, rip, forcibly separate／撕开, 切开, 分开／찢다, 째다, 가르다／xé, chia cắt

①・包帯がなかったので、布を**裂いて**傷口をしばった。
・スルメを**裂いて**酒のつまみにした。
合ヲ切り__ 自裂ける(・地震で地面が**裂けた**。)

②・結婚に反対する親が、二人の仲を**裂いた**。
連仲を__

718 **さく** ヲ割く to spare (time), use part of something, cut (open)／挤出, 匀出, 切开／내다, 할애하다, 가르다／dành, mổ

①・相談したいことができたので、忙しい課長に時間を**割いて**もらった。

・今朝の新聞は、第１面の大部分を昨日の事故のニュースに**割いて**いる。

連 時間を＿、人手を＿、予算を＿

②・包丁で魚の腹を**割く**。

※「裂く」と同じ意味だが、刃物を使うときは「割く」と表記する。

719 **わりあてる** ニ＋ヲ割り当てる to allocate, divide among／分派／배당하다／phân chia, phân công

・大会の実行委員は、それぞれに仕事を**割り当てられた**。

・ドラマの役を役者に**割り当てる**。

名 割り当て（・10万円の利益を５人で分けると、一人２万円の**割り当て**になる。）

720 **みなす** ヲ見なす to consider as, to regard as／看作, 认为／간주하다／coi như

・言語能力は、人間の最も優れた能力の一つと**見なされて**いる。

・「年会費を払わない会員は、会を脱退したものと**見なし**ます」

721 **みぬく** ヲ見抜く to see through／看穿, 看透／꿰뚫어보다, 알아채다／nhìn thấu, nhận ra

・どんなに表面をつくろっても、彼女にはすぐに本心を**見抜かれて**しまう。

・店員は、手にした一万円が偽札だとすぐに**見抜いた**。

類 ヲ見破る、ヲ見透かす

722 **みきわめる** ヲ見極める to see through, make sure of／看清, 弄清／판별하다, 지켜보다／nhìn rõ, nhìn thấu

・本当に価値のあるものは何か、**見極める**目を持つことが必要だ。

・ものごとの本質を**見極める**。　・結果を最後まで**見極める**。

類 ヲ見定める　名 見極め

723 **みのがす** ヲ見逃す to miss, overlook／看漏, 放过／못 보다, 놓치다, 묵인하다／bỏ lỡ, bỏ sót, bỏ qua

①・忙しくて映画館に行けず、話題の映画を**見逃した**。

類 ヲ見損なう☞724

②・道路標識を**見逃して**交通違反で罰金を取られた。

・レポートの誤字を**見逃して**そのまま出してしまった。

類 ヲ見落とす☞129

③・せっかくのチャンスを**見逃して**しまった。　・〈野球〉**見逃し**三振

類 ヲ逃す☞713

④・不正があると知ったからには、**見逃す**わけはいかない。

類 ヲ見過ごす

名 ②～④見逃し→＿がある⇔ない

724 みそこなう ヲ見損なう to miss, misjudge／错过看的机会, 看错／못 보다, 잘못 보다／bỏ lỡ, đánh giá nhầm

①・昨夜は帰りが遅く、毎週見ているドラマを**見損なった**。
類 ヲ見逃す☞723

②・「君がそんなに冷たい人間だったとは。**見損なった**よ」
類 ヲ見誤る

725 みいだす ヲ見いだす to find out, discover／找到, 发现／찾아내다／phát hiện, tìm thấy

・彼は10歳のとき有名な画家に才能を**見いだされた**。
・仕事に意義を**見いだせなくて**悩んでいる。 ・A社は海外の市場に活路を**見いだした**。
類 ヲ見つけ出す、ヲ発見する 慣 活路を見いだす

726 おだてる ヲおだてる to flatter, incite／抬高, 吹捧／부추기다／khen, tâng bốc

・課長は部下を**おだてて**使うのがうまい。 ・私は**おだてられる**と、すぐその気になる。
名 おだて→＿に乗る

727 ちやほやする ヲちやほやする to make a fuss of／奉承／추어올리다／cưng chiều

・あの若いタレントは、**ちやほやされて**すっかりいい気になっている。

728 けなす ヲけなす to belittle, disparage／贬低／비방하다, 헐뜯다／chê bai

・一生懸命描いた絵を**けなされて**、嫌になってしまった。
対 ヲほめる

729 ひやかす ヲ冷やかす to make fun of, window shop／嘲弄, 只问价不买／놀리다, 아이쇼핑／trêu chọc, không mua nhưng hỏi giá

①・彼女とデートしていたら、ばったり会った友達に**冷やかされた**。
類 ヲからかう☞156

②・観光地の土産物屋を**冷やかして**歩いた。
名 ①②冷やかし

730 もてなす ヲもてなす to entertain, welcome／款待／접대하다／tiếp đón

・お客様をごちそうで**もてなす**。
関 ヲ接待する 名 もてなし

731 つかえる ガ仕える to work for, serve／伺候, 奉侍／모시다, 섬기다, 시중들다／phụng sự, làm việc cho

・責任感のない上司に**仕えた**部下は苦労する。
・{神／国／主君／(人の)そば…}に**仕える**。 関 ガ奉仕する

732 みちびく ヲ導く to lead, guide／领道, 指导, 引向／이끌다／hướng dẫn, dẫn dắt

①・コンサート会場の案内係に**導かれて**席に着いた。 ・客を応接室に**導いた**。
類 ヲ案内する

②・教師は生徒をより良い方向へ**導かなければ**ならない。
類 ヲ指導する 名 導き

③・山本選手のゴールがチームを優勝に**導いた**。

733 **そむく** ガ背く to go against, disobey／不听从, 不服从, 辜负／거역하다, 저버리다／làm trái, phản bội

①・彼は親の言いつけに**背いて**ギャンブルに手を出した。 ・主君に**背く**。
類ガたてつく、ガ逆らう、ガ反抗する

②・あのタレントは、ファンの期待に**背いて**、また薬物使用で逮捕された。 連期待に＿
類①②ガ反する

734 **したう** ヲ慕う to adore, miss／爱慕, 敬仰, 怀念／연모하다, 따르다, 그리워하다／ngưỡng mộ, yêu mến, tưởng nhớ

・彼女は子供の頃から**慕って**いた男性とついに結婚した。
・田中先生は学生たち{から／に}**慕われて**いる。
・亡き祖母を**慕って**、命日に孫たちが集まった。
関ヲ愛する、ヲ懐かしむ

735 **さっする** ヲ察する to sense／推测, 揣测, 体谅／살피다, 추측하다, 느끼다／cảm nhận, suy đoán

①・彼女の顔色から**察する**と、提案は通らなかったらしい。
・両親を事故で亡くした彼女の悲しみは**察する**に余りある。
類ヲ推し量る、ヲ推測する

②・彼は誰かが自分を狙っている気配を**察して**、即座に物陰に隠れた。
類ヲ感じる、ヲ察知する

736 **つげる** ニ＋ヲ告げる to inform, tell／告诉, 告知／고백하다, 알리다／nói, thông báo, báo hiệu

①・彼女は長年付き合った恋人に別れを**告げた**。
・機長は、乗客にエンジン不調のため羽田に引き返すと**告げた**。 ・辞任の意を**告げる**。
類ニ＋ヲ言う 関ニ＋ヲ宣告する☞971

②・にわとりの声が朝を**告げた**。 ・時報が正午を**告げた**。
類①②ヲ知らせる

737 **うながす** ニ＋ヲ促す to press, suggest, stimulate／催促, 促使／재촉하다, 촉진하다, 환기시키다／thúc giục, thúc đẩy, nhắc nhở

①・何度返事を**促して**も、彼は何も言ってこない。 ・相手に借金の返済を**促す**。
・「早く帰ろう」と課長は社員たちに(帰宅を)**促した**。 関ヲせかす☞166

②・新しい空港は町の発展を**促す**だろう。 ・この薬には体の発汗を**促す**作用がある。
類ヲ促進する、ヲ推進する

③・山道に、熊への注意を**促す**立て札が立っていた。 ・{再考／自粛…}を**促す**。

738 **ゆだねる** ニ＋ヲ委ねる to entrust to, to consign to／委托, 献身／맡기다／giao phó, ủy thác, thả, phó mặc

①・調査結果の詳しい分析は、専門家に**ゆだねられた**。
・大統領は、副大統領に全権を**ゆだねて**相手国に派遣した。
類ニ＋ヲ任せる 関ニ＋ヲ委任する

②・椅子に身を**ゆだねて**ゆったりと座る。 ・運命に身を**ゆだねる**。
連身を＿ 類ヲ任せる

739 うったえる　ニ＋ヲ訴える　to complain, sue, call for, bring to someone's attention, resort to, appeal to／报告, 控诉, 表达, 诉说, 诉诸／고발하다, 고소하다, 호소하다／tố cáo, biểu đạt, nói ra, dùng đến

①・隣人の迷惑行為があまりにひどいので、警察に**訴える**ことにした。

・ある週刊誌が、プライバシーの侵害で**訴えられた**。

類 ヲ告訴する、ニ＋ヲ告発する

②・言葉が話せない赤ん坊は、空腹も不快も泣いて**訴える**しかない。

・上司に{不満／希望…}を**訴える**。　・この映画は戦争の悲惨さを**訴えて**いる。

名 ①②訴え→__を聞く

③・日本の憲法では、紛争の解決にあたって武力に**訴える**ことを禁じている。

・{腕力／非常手段／法…}に**訴える**。

④・最近は視覚に**訴える**カラフルな大学案内が多い。

・論理で相手を納得させられないなら、感情に**訴える**しかない。

・相手の{心／情／良心…}に**訴える**。

類 ガ／ニ＋ヲアピールする☞838

740 したしむ　ガ親しむ　to become close to／亲切, 接触, 接近／접하다, 즐기다／thân thiết, thân quen

①・彼女は**親しみ**やすい人柄だ。

合 親しみやすい　関 親しい　名 親しみ→ニ__を感じる、ニ__を持つ

②・子供のときから自然に**親しんで**きた。　・読書に**親しむ**秋

合 慣れ__　関 ガ接する

741 いどむ　ガ／ニ＋ヲ挑む　to challenge, tackle／挑战／도전하다／thử sức, thử thách

自・日本記録を樹立した野村選手は、来月、世界記録に**挑む**。

・{チャンピオン／難問／山…}に**挑む**。

類 ガ挑戦する、ガチャレンジする☞513

他・チャンピオンに戦いを**挑む**。　・{論争／試合…}を**挑む**。

742 あおぐ　ヲ仰ぐ　to look up, ask for, respect／仰望, 请求, 尊为／쳐다보다, 청하다, 우러러보다／nhìn lên, thỉnh cầu, tôn kính

①・夜空を**仰ぐ**と、きれいな月が出ていた。

・ホームランを打たれ、投手は天を**仰いだ**。

関 仰向け⇔うつ伏せ

②・出先で予期せぬ事態が起こったので、電話で課長に指示を**仰いだ**。

・{指図／教え／寄付…}を**仰ぐ**。

③・私は大学時代の指導教授を、今でも師と**仰いで**いる。

743 おがむ　ヲ拝む　to put one's hands together in prayer／祈祷, 叩拜／빌다／cúng, cầu khấn

・合格できるよう、神社で**拝んで**きた。　・{仏様／初日の出…}を**拝む**。

・祖母は毎朝仏壇の前で**拝んで**いる。

関 ヲ礼拝する、ガ参る、ガお参りする、ガ祈る

744 **ほうむる**　ヲ葬る　to bury, ostracize／埋葬，遗忘／묻다, 매장하다／chôn, chôn vùi, loại trừ

①・古墳は、古代の皇族・豪族を**葬った**場所だ。

関 ヲ埋葬スル

②・事件の真相は闇に**葬られた**。

・彼はスキャンダルを起こして芸能界から**葬られて**しまった。

合 ヲ葬り去る　慣（闇から）闇に葬る

745 **おもいきる**　ガ／ヲ思い切る　to abandon, dare to, be resolute／断念，下狠心，想开／단념하다, 결심하다／từ bỏ, quyết đoán, mạnh dạn

①・彼は歌手になる夢を**思い切り**、故郷で音楽の教師になった。

類 ヲあきらめる、ヲ断念する　名 思い切り→＿がいい⇔悪い

②・会社の経営再建のためには、**思い切った**措置が必要だろう。

・彼女はためらっていたが、やがて**思い切った**ように口を開いた。

副 思い切って（・好きな人に**思い切って**告白した。）

副 思い切り（・試験が終わったら、**思い切り**遊びたい。）

746 **くいる**　ヲ悔いる　to regret／懊悔／뉘우치다／ăn năn, hối hận

・あの人は過去の罪を**悔いて**、今では人のために尽くしている。

※精神的、道徳的に重いことがらに使うことが多い。

合 ヲ悔い改める　類 ヲ後悔する、ヲ悔やむ

名 悔い→＿がある⇔ない、＿が残る

747 **いきどおる**　ガ／ヲ憤る　to be angry, to be indignant／愤怒，气愤／분노하다／tức giận, phẫn nộ

・社会の不公平に対し**憤った**若者たちが、デモを行った。　・政治腐敗{に／を}**憤る**。

関 ガ／ヲ怒る　名 憤り→＿を感じる、＿を覚える

748 **なげく**　ヲ嘆く　to lament／悲叹，哀叹，慨叹／슬퍼하다, 한탄하다／than phiền, than vãn

①・子供の死を**嘆かない**親はいない。　・{不運／自分の愚かさ／身の上…}を**嘆く**。

合 ヲ嘆き悲しむ　類 ヲ悲しむ

②・多くの大学教授が、学生の学力低下を**嘆いて**いる。

イ形 嘆かわしい

名 ①②嘆き

749 **うぬぼれる**　ガうぬぼれる　to be conceited／自我欣赏／우쭐하다, 잘난 체하다／tự cao tự đại

・彼女は自分が美人だと**うぬぼれて**いる。

合 うぬぼれ屋　類 ガ思い上がる　名 うぬぼれ→＿が強い

750 **もがく**　ガもがく　to struggle／挣扎，着急／발버둥치다／vùng vẫy, vật lộn

・海に投げ出されて、**もがけば**もがくほど、水に沈んでしまった。

・苦しい生活から何とか抜けだそうと**もがいて**いる。

合 ガもがき苦しむ

Unit 09 動詞B 練習問題

701 ～ 750

レベル ★★★☆

Ⅰ （　　）に助詞を書きなさい。

1．先生（　　）慕う。　2．馬（　　）またがる。
3．任地（　　）赴く。　4．義務（　　）怠る。
5．本物（　　）偽物（　　）すり替える。　6．言いつけ（　　）背く。
7．ドアの隙間（　　）中（　　）のぞく。　8．父の会社（　　）継ぐ。
9．チーム（　　）優勝（　　）導く。　10．上司（　　）指示（　　）仰ぐ。
10．リンさんは帰国（　　）1カ月後（　　）控えている。

Ⅱ 「ます形」が名詞になる言葉に◯を付けなさい。　例：取り扱う→取り扱い

怠る　貫く　訴える　拝む　葬る　親しむ　見抜く　見極める　見逃す　逃す
おだてる　けなす　冷やかす　もてなす　うぬぼれる　もがく　ばらまく
打ち切る　割り当てる

Ⅲ 一緒に使う言葉を下から選んで書きなさい。

A 1．（　　　　）を促す。　2．（　　　　）に仕える。　3．（　　　　）がばれる。
4．（　　　　）を貫く。　5．（　　　　）をもてなす。　6．（　　　　）を葬る。
7．（　　　　）を裂く。　8．（　　　　）をすり替える。

うそ　神　客　死者　初心　注意　布　話

B 1．（　　　　）を察する。　2．（　　　　）を逃す。　3．（　　　　）を逃れる。
4．（　　　　）をのぞく。　5．（　　　　）を怠る。　6．（　　　　）を拝む。
7．（　　　　）を見極める。　8．相手の（　　　　）を見抜く。

うそ　気配　責任　チャンス　注意　仏像　望遠鏡　本質

Ⅳ 下から選んだ語を適当な形にして（　　　）に入れ、一つの言葉にしなさい。

1．自然に慣れ（　　　　）。　2．契約を途中で打ち（　　　　）。
3．人に仕事を割り（　　　　）。　4．大事な話を聞き（　　　　）。
5．控え（　　　　）な態度　6．思い（　　　　）対策をとる。

当てる　切る　親しむ　逃す　目

（二度使う語もある）

Ⅴ 下線の言葉と似た意味になるよう、□に漢字を1字書きなさい。

1．世界記録に<u>挑む</u>。→挑□する　2．町の発展を<u>促す</u>。→促□する
3．王位を<u>継ぐ</u>。→継□する　4．人の秘密を<u>ばらす</u>。→暴□する

5．任地に赴く。→赴［　］する　　6．専門家に委ねる。→委［　］する

7．客をもてなす。→接［　］する　　8．夢を思い切る。→断［　］する

Ⅵ　一緒に使う言葉を選びなさい。（　）の数字は選ぶ数です。

1．［　雨　霧　気持ち　喜び　疑い　恨み　］が晴れる。（4）
2．［　優勝　チャンス　責任　番組　終電　飢え　］を逃す。（3）
3．［　塩分　入浴　性格　夢　外出　わき　］を控える。（3）
4．［　武力　平和　良心　不満　視覚　悲しみ　裁判　警察　］に訴える。（5）

Ⅶ　次の説明と似た意味の言葉を下から選んで書きなさい。

1．ひどく悲しむ、情けなく思う　（　　　）
2．不正などに対して怒る　（　　　）
3．相手が恥ずかしがるようなことを言ってからかう　（　　　）
4．相手の悪い点を言う、悪口を言う　（　　　）
5．自分は人より上だと思って自慢している　（　　　）
6．過去の悪い行いを心から反省する　（　　　）
7．相手をほめていい気持ちにさせる　（　　　／　　　）

憤る　うぬぼれる　おだてる　悔いる　けなす　ちやほやする　嘆く　冷やかす

Ⅷ　正しい言葉を［　　］の中から一つ選びなさい。

1．不正を［　見逃す　見損なう　］ことはできない。
2．彼は一目で彼女の正体を［　見かけた　見抜いた　］。
3．「挙手のない人は賛成と［　見なします　見極めます　］」
4．話題の映画を［　見損なった　見落とした　］。
5．彼女は家庭よりも仕事に喜びを［　見抜く　見いだす　］タイプだ。

Ⅸ　（　　）に入る言葉を下から選び、適当な形にして書きなさい。

1．海でおぼれかかって（　　　　）いたら、近くの人が助けてくれた。
2．鈴木氏は今度選挙に出るので、あちこちで名刺を（　　　　）いる。
3．動物には危険を（　　　　）能力があると言われている。
4．交番に財布を届けた人は、名前も（　　　　）に立ち去ったそうだ。
5．線路を（　　　　）橋を跨線橋と言う。
6．今は育児に忙しく、なかなか勉強に時間を（　　　　）ことができない。
7．盲導犬は主人を安全に（　　　　）のが務めだ。
8．あのアイドルは（　　　　）やすさを売りにしている。

さく　さっする　したしむ　つげる　ばらまく　またぐ　みちびく　もがく

751 **あいつぐ**　　ガ相次ぐ　　to happen one after the other, to follow／相继发生, 连续不断／잇따르다／diễn ra liên tiếp

・今年は台風の上陸が**相次いで**、大きな被害が出た。

・**相次ぐ**汚職(おしょく)事件に、国民の怒(いか)りは頂点に達した。

副 相次いで（・仲の良い友人が**相次いで**結婚し、遊び仲間が減ってしまった。）

752 **でまわる**　　ガ出回る　　to be on the market, in circulation／上市, 出现／나오다, 나돌다／bày bán, lưu hành

①・2月なのに市場(しじょう)にイチゴが**出回り**始めた。

②・1万円の偽札(にせさつ)が**出回って**いる。　・新製品のコピー商品が早くも**出回って**いる。

類 ガ流通する☞654

753 **とむ**　　ガ富む　　to be rich／富裕, 丰富, 富于／부유하다, 풍부하다／giàu có, phong phú

①・世界には**富んだ**国と貧しい国がある。

②・あの国は地下資源(ちかしげん)に**富み**、将来性がある。

・{説得力(せっとくりょく)／ユーモア／機知(きち)／示唆(しさ)…}に**富む**話

関 ガ恵(めぐ)まれる

関 ①②豊かな

754 **むらがる**　　ガ群がる　　to swarm／聚集／모여들다／xúm lại

・地面に落ちたキャンディーにアリが**群がっている**。　関 ガ群(む)れる、群(む)れ☞688

755 **とけこむ**　　ガ溶け込む　　to fit in, melt into／融洽, 溶进／적응하다, 융화되다／hòa nhập, hòa tan vào

①・あの新入生は、もうすっかりクラスに**溶け込んだ**ようだ。

類 ガなじむ

②・この水には汚染物質(おせんぶっしつ)が**溶け込んで**いる。　・犯人は闇(やみ)に**溶け込んで**見えなくなった。

756 **はみでる／はみだす**　　ガはみ出る／はみ出す　　to be sticking out/to stick out, overflow, protrude／露出, 超出／삐져 나오다 , 넘치다／thò ra, tràn ra

・シャツのすそがズボンから{**はみ出て／はみ出して**}いる。

・会場に入りきれない人が外の通路に**はみ出して**いた。

・字が大きすぎて原稿用紙(げんこうようし)のマス目{から／を}**はみ出して**しまった。

757 **はずむ**　　ガ弾む　　to bounce, be lively, stimulate／有弹性, 兴奋, 起劲／튀다, 들뜨다, 활기를 띠다／nẩy, rộn ràng

・このボールはよく**弾(はず)む**。

・最近恋人ができて、毎日気持ちが**弾(はず)んで**いる。

・久しぶりに友達と会って、会話が**弾(はず)んだ**。

連 話が__、気持ちが__　　関 弾力(だんりょく)　　名 弾(はず)み

★名 **弾(はず)み**

・新製品の開発で、売り上げに**弾(はず)み**がついた。

・おしゃべりしていて、**弾(はず)み**でつい秘密(ひみつ)をもらしてしまった。

・ころんだ**はずみ**に頭を強くぶつけてしまった。　・このボールは**弾(はず)み**が悪い。

連 ニ__がつく、__で、～__に

758 **ねばる** ガ粘る

to be sticky, persevere, linger／发黏, 坚持, 拖拖拉拉, 泡 (咖啡馆等) ／끈적끈적 달라붙다, 끈기있게 버티다／dính, kiên trì, ở lì

①・この餅はよく**粘る**。

・あめが**粘って**歯にくっ付いた。

合 ガ粘り付く、粘っこい、ガねばねばスル

②・上野選手は最後まで諦めずに**粘り**、入賞を果たした。

・試験のとき、あの学生は終わりのチャイムが鳴るまで**粘って**いた。

・喫茶店でコーヒー１杯で４時間も**粘る**客がいる。

合 粘り強い

名 ①②粘り→__がある⇔ない

759 **ばける** ガ化ける

to transform into／化身, 冒充／둔갑하다／hóa thành

・日本では、キツネは人間の姿に**化ける**と言われる。

・わずかな出資金が巨大な利益に**化けた**。

合 お化け　慣 化けの皮がはがれる　他 化かす

760 **しぼむ** ガしぼむ

to wilt, wither, shrivel／凋谢, 瘪, 落空／시들다, 오므라들다／héo, xẹp, héo tàn

①・朝顔の花は、朝早く咲いて、昼前には**しぼむ**。

関 ガしなびる☞1102、ガしおれる

②・風船をもらったが、１日で空気が抜けて**しぼんで**しまった。　・{夢／期待…}が**しぼむ**。

対 ガ膨らむ

761 **たるむ** ガたるむ

to sag, slack／松弛, 不振／느슨해지다, 처지다, 해이해지다／trùng, xệ, lỏng lẻo

・洗濯物を干すロープが**たるんで**いたので、張り直した。　・年を取ると皮膚が**たるむ**。

・「こんな大事なときに風邪をひくなんて、精神が**たるんで**いる！」

関 ガ緩む　名 たるみ→__がある⇔ない

762 **もる** ヲ盛る

to serve (food), fill up, incorporate／盛, 加进／담다, 쌓아 올리다／đơm (cơm), bày (thức ăn), đắp, đưa vào

①・茶碗にごはんを**盛る**。　・料理が皿に**盛られて**いる。　・庭に土を**盛る**。

合 ヲ盛り付ける、盛り付け(・料理の**盛り付け**)、大盛り、ガ盛り上がる

②・憲法には国民主権の精神が**盛り**込まれている。

合 ヲ盛り込む

763 **もうける** ヲ設ける

to create, establish／设立, 成立, 创造, 制定／설치하다, 만들다, 마련하다／thiết lập, tạo ra

①・児童福祉課では、親の悩みに答えるための相談窓口を**設けて**いる。

・地震の直後、政府内に緊急対策本部が**設けられた**。

類 ヲ設置する

②・干拓予定地では、人々の理解が得られるよう、話し合いの機会が**設けられた**。

③・マスコミ各社は、独自に漢字の使用基準を**設けて**いる。

61

764 **もよおす**　　ヲ催す　　to give/hold, feel／举行, 觉得（恶心/发困/有尿意等）／열다, 개최하다, 불러 일으키다／tổ chức

①・海外の首脳を招いて、宮中で晩さん会が**催された**。
　名 催し→＿物

②・{吐き気／眠気／尿意…}を**もよおす**。

765 **とざす**　　ヲ閉ざす　　to close, shut／关闭, 封闭, 封上, 封堵／닫다, 다물다, 갇히다／đóng, khép kín, chặn

①・この部屋の扉はもう長いこと**閉ざされて**いる。　・門を**閉ざす**。
　類 ヲ閉める

②・彼は心を**閉ざして**、家族の誰とも口をきかなかった。
　・容疑者は固く口を**閉ざして**黙秘を続けた。

類 ①②ヲ閉じる

③・バリケードで道を**閉ざす**。　・雲に**閉ざされた**空　・氷に**閉ざされた**海
　・けがによって彼の選手としての将来は**閉ざされて**しまった。
　類 ヲふさぐ

対 ①～③ヲ開く

766 **うめたてる**　　ヲ埋め立てる　　to reclaim, fill up／填海（河）造地／매립하다／lấp

・海を**埋め立てて**空港を作る。
　合 埋め立て地　　名 埋め立て

767 **ようする**　　ヲ要する　　to require／需要, 须要／필요하다, 요하다／cần

・ダムの建設に**要する**費用は、約 500 億円と見込まれている。
・この作業は危険なので、高い技術と十分な注意を**要する**。　・緊急を**要する**手術
　類 ヲ必要とする

768 **ゆうせんする**　　ガ／ヲ優先する　　to put first, prioritize／优先／우선하다／ưu tiên

・今は家庭より仕事を**優先する**という人は少なくなってきた。
・災害時には、人命を救うことがすべてに**優先する**。
　合 優先的な、優先権、優先順位（・**優先順位**をつける）

769 **とおざかる**　　ガ遠ざかる　　to get further away, be removed from／远离／멀어지다／rời xa, xa lánh

①・恋人を乗せた飛行機がだんだん**遠ざかって**行った。

②・最近忙しくて、コンサートから**遠ざかって**いる。
　・あの女優は結婚して芸能界から**遠ざかった**。

対 ①②ガ近づく　　類 ①②ガ遠のく

770 **とおざける**　　ヲ遠ざける　　to move away, to separate／远离, 疏远／멀리하다／đưa ra xa, cho tránh xa

①・歌を歌うときはマイクを**遠ざけたり**近づけたりすると上手に聞こえる。

②・息子の恋人が気に入らない母親は、息子から彼女を**遠ざけ**ようとした。

対 ①②ヲ近づける　　類 ②ヲ遠のける

771 **ひたる** ガ浸る

to be submerged in, immersed in／泡, 沉浸／담그다, 잠기다／ngâm người, đắm mình

①・温泉にゆっくり**浸って**疲れがとれた。

類 ガ浸かる

②・久しぶりのクラス会で昔の思い出に**浸る**ことができた。

・結婚して半年の彼女は、まだまだ新婚気分に**浸っている**。

・{優越感／感動／余韻／～雰囲気…}に**浸る**。

772 **ひたす** ヲ浸す

to immerse, soak／泡, 沉浸／적시다／ngâm, nhúng, xâm chiếm

①・湯に体を**浸す**。 ・わかめを水に**浸して**もどす。

類 ヲ浸ける

②・感動が心を**浸した**。

773 **ほろびる** ガ滅びる

to be destroyed, ruined／灭亡, 灭绝／멸망하다, 없어지다／diệt vong

・古代文明の多くは**滅びて**しまった。 ・{種／人類／民族／国／悪…}が**滅びる**。

※「滅ぶ」とも言う。 類 ガ滅亡する 名 滅び

774 **ほろぼす** ヲ滅ぼす

to destroy, wreck／使灭亡, 毁灭／멸망시키다, 망치다／hủy diệt, hủy hoại

①・カルタゴはローマ帝国によって**滅ぼされた**。

・環境破壊が人類を**滅ぼす**ことがあってはならない。

②・彼はギャンブルで身を**滅ぼした**。 慣 身を滅ぼす

775 **さかえる** ガ栄える

to flourish／繁荣, 兴旺／번영하다, 번창하다／phồn vinh, hưng thịnh

・古代エジプト文明は、3,000年にわたって**栄えた**。 ・{国／町／文化…}が**栄える**。

対 ガ衰える、ガ衰退する 類 ガ繁栄する☞658

776 **さだまる** ガ定まる

to be decided, be settled, be fixed／决定, 安定／정해지다／được quyết định/định trước, ổn định

①・来週の役員会で、今後の方針が**定まる**だろう。 ・人の運命は**定まって**いるのだろうか。

類 ガ決まる

②・就職するか、進学するか心が**定まらない**。 ・春は気候がなかなか**定まらない**。

類 ガ決まる、ガ安定する

※「定まる」は動いていたものが自然に一定の状態になるときによく使われる。

777 **さだめる** ヲ定める

to decide, establish, provide (law)／决定; 制定／정하다, 결정하다／quyết định, chế định

①・来週の役員会で、今後の方針を**定めよう**。 ・自分の一生の仕事を教師と**定めた**。

②・政府は新しい法律を**定めた**。 ・基本的人権は憲法に**定められて**いる。

関 ヲ制定する

類 ①②ヲ決める ※「定める」は組織の意志の場合に使われる。

778 **なす** ヲなす to form, achieve, do／形成, 变成, 完成／이루다, 통하다, 만들다, 하다／làm thành, làm

①・駅前にはタクシーが列を**なして**いた。 ・{群れ／山／層…}を**なす**。
慣〈ことわざ〉災いを転じて福となす

②・この答えは意味を**なさない**。 ・レンズにひびが入っては、めがねの用を**なさない**。
※否定形で使うことが多い。

※①②漢字は「成す」だが、ひらがな表記が多い。

③・やることなすことうまくいかない。 ・**なせ**ば成る。 ・「我々は今何を**なす**べきだろうか」
類ヲする

779 **になう** ヲ担う to shoulder, bear, carry／肩负, 分担, 背负／맡다, 짊어지다／đảm nhận, gánh vác

①・役職が上がれば、それだけ大きな責任を**担う**ことになる。 ・{役割／任務…}を**担う**。

②・次代を**担う**若者が、夢を持てるような国にしたい。
・原田選手は国民の期待を**担って**オリンピックに出場した。
・{国の特集／国政／組織…}を**担う**。

類①②ヲ負う

③・大きな荷物を{肩／背中}に**担う**。 類ヲ担ぐ

類②③ヲ背負う ※「背負う」「担ぐ」より「担う」の方が硬い言葉。

780 **とどまる** ガとどまる to remain, stay, be limited to／留在, 只限于／머무르다, 머물다, 남다, 멈추다／lưu lại, dừng lại

①・A国で内戦が始まったが、大使館員はなお現地に**とどまって**いる。
・あと数年、現職に**とどまる**つもりだ。
・彼は高校卒業後も都会に出ず、故郷の島に**とどまった**。
合ヲ思い__、ガ踏み__

②・3,000人収容の会場だったのに、入場者は1,000人に**とどまった**。
・汚職を追及された議員は、「調査します」と答えるに**とどまった**。
・Bチームの勢いは、**とどまる**ところを知らない。 慣とどまるところを知らない

781 **とどめる** ヲとどめる to retain, stay, stop, limit／留下, 停下, 只限于／남기다, 멈추다, 새기다／giữ lại, dừng lại, lưu lại

①・バスの運転手は乗客を車内に**とどめた**まま自分だけ降り、道にあった障害物を取り除いた。

②・駅の中で写真展が開かれると、多くの人が足を**とどめて**見入っていた。 類ヲ止める

合①②ヲ押し__、ヲ引き__

③・災害時の被害を最小限に**とどめたい**。
・ミスをした職員を処罰せず、厳重注意に**とどめた**。
・教授は不十分な点を指摘するに**とどめ**、解決策は示さなかった。

④・衝突事故を起こした車は、原形も**とどめぬ**ほど壊れていた。 ・歴史に名を**とどめる**。
・{記録／記憶／心…}に**とどめる**。
類ヲ残す

782 **つきる** ガ尽きる

to be used up, be exhausted, come to an end, be based only on／用完, 穷尽, 终结／떨어지다, 다하다, 끝나다, 그치다／hết, cạn kiệt, suy cho cùng

①・貯金を切り崩して生活していたが、ついにお金が**尽きて**しまった。

・化石エネルギーはいずれ**尽きる**と言われている。　・いろいろやってみたが策が**つきた**。

類 ガなくなる、ガ底をつく、ガ切れる、ガ枯渇する、ガ消滅する

②・いくつになっても悩みは**尽きる**ことがない。　・命が**尽きる**。

類 ガ果てる、ガ終わる

③・今回のトラブルの原因は、関係者の共通認識ができていなかったことに**尽きる**。

783 **つくす** ヲ尽くす

to try/do everything, do one's best, consume／尽力, 达到极点, 弄完／다하다／làm hết sức, cống hiến, tận tâm, ~ hết/sạch

①・行方不明になった娘を両親は手を**尽くして**探した。　・「最善を**尽くします**」

・一代で大金持ちになった大富豪は、ぜいたくの限りを**尽くした**豪邸を建てた。

慣 手を尽くす、～の限りを尽くす

②・社会に**尽くす**ために政治家になりたい。　・彼女は心から夫のために**尽くして**いた。

関 ガ奉仕する

③[動詞＋尽くす]・火事は町中を**焼き尽くした**。　・食料を**食べ尽くす**。　・呆然と**立ち尽くす**。

784 **のぞむ** ガ臨む

to look out on, face, treat／面临, 对待／면하다, 임하다, 처하다, 대하다／nhìn ra, đối diện, đối xử

①・そのホテルは海に**臨んで**建っている。

②・十分に準備したので、自信を持って試験に**臨む**ことができた。

・{式／試合／面接／本番…}に**臨む**。

③・苦難に**臨んだ**ときにこそ、その人の真価が問われる。　・{別れ／危険…}に**臨む**。

④・全ての学生に、公平な態度で**臨む**べきだ。　・厳しい方針で**臨む**。

類 ガ対応する

コラム 17 三権分立【立法】

Separation of the Three Branches of Government: Legislative／三权分立"立法"／삼권분립【입법】／Tam quyền phân lập (lập pháp)

◆**国会** National Diet／国会／국회／Quốc hội

二院制 bicameral system／两院制／양원제／chế độ lưỡng viện

衆議院 House of Representatives／众议院／중의원／Chúng nghị viện

参議院 House of Councillors／参议院／참의원／Tham nghị viện

◆**国会の仕事** The work of the National Diet／国会的工作／국회의 일／Công việc của Quốc hội

1　法律の制定　enactment of laws／制定法律／법률의 제정／chế định luật

2　予算に関する審議　deliberation of the budget／预算审议／예산에 관한 심의／thẩm nghị ngân sách

3　内閣総理大臣の指名　nomination of the Prime Minister／指定内阁总理大臣／내각 국무총리의 지명／chỉ định thủ tướng

◆**政党** Political parties／政党／정당／Chính đảng

与党　ruling party, party in power／执政党／여당／đảng cầm quyền

野党　opposition party／在野党／야당／đảng đối lập

785 **そこなう**　ヲ損なう　to harm, damage／损坏／해치다, 손상시키다／làm tổn hại

・タバコの箱には「タバコの吸いすぎは健康(けんこう)を**損なう**おそれがあるので注意しましょう」と書いてある。

・{美観／景観／機嫌(きげん)／命／器物(きぶつ)…}を**損なう**。

類 ヲ損ねる、ヲ損じる

786 **ただよう**　ガ漂う　to float, hang in the air, wander／漂, 飘荡, 飘落／감돌다, 떠다니다／trôi nổi, phảng phất, tràn ngập, phiêu lưu

①・ふと見上げると、雲が空を**漂(ただよ)って**いた。

・あたりに梅(うめ)の香りが**漂(ただよ)って**いる。

②・意見がまっぷたつに分かれ、険悪な空気が**漂(ただよ)った**。

・{～雰囲気／～ムード／哀愁(あいしゅう)／妖気(ようき)…}が**ただよう**。

③・英雄の物語では、他国を**漂(ただよ)って**母国に帰ってくる話が多い。

類 ガさまよう

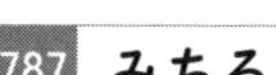

787 **みちる**　ガ満ちる　to be full, reach, fulfill／装满, 充满, 满潮, 满月, 满于／가득차다, 넘치다, 차다, 되다, 이르다, 달하다／đầy, (trăng) tròn

①・水が水槽(すいそう)いっぱいに**満ちて**いる。

・{自信／期待…}に**満ちた**表情

・体に活力が**満ちる**。

・正月を前に、デパートの売り場は活気に**満ちて**いる。

合 ガ満ちあふれる

②・潮(しお)が**満ちる**。(⇔引く)　・月が**満ちる**。(⇔欠ける)

関 満潮(まんちょう)、満月

★満たない

・入社してまだ３カ月に**満たない**。　・試験はわずかに合格点に**満たなかった**。

・収入が一月(ひとつき) 10 万にも**満たない**。　・{条件／基準(きじゅん)…}に**満たない**。

※この意味のときは「満ちない」という形は使わない。　関 未満

788 **みたす**　ヲ満たす　to fill, satisfy／盛满, 填满, 满足／채우다, 만족하다, 충족시키다／làm cho đầy, thỏa mãn

①・バケツに水を**満たした**。　・空腹(くうふく)を**満たす**。　・幸福感に**満たされる**。

・私の生活は今十分に**満たされて**いる。　・今の結婚生活に何か**満たされない**思いがある。

関 ガ満腹する、ガ満足する

②・条件を**満たした**人だけがこの仕事に就(つ)ける。

789 **まかなう**　　ヲ賄う　　to cover, supply／维持, 筹措, 供给（饭食）／마련하다, 꾸려 나가다, 제공하다／chi trả, cung cấp

①・アルバイトで学費を**まかなう**。　・１カ月 10 万円で家計を**まかなって**いる。

・この団体の経費は、寄付によって**まかなわれて**いる。

類 ヲやりくりする

②・この寮では学生に食事を**まかなって**くれる。

名 まかない

790 **ひってきする**　　ガ匹敵する　　to rival, equal／比得上, 相当／필적하다, 맞먹다／sánh ngang

・彼はまだ子供だが、大人の選手に**匹敵する**能力の持ち主だ。

・この地震の被害の規模は、関東大震災の被害に**匹敵する**。

※「匹敵する」の前にくる言葉は、程度の高いもの。　関 ガ相当する、ガ当たる

791 **はびこる**　　ガはびこる　　to overgrow, be rampant／丛生; 横行, 猖獗／무성하게 자라다, 횡행하다, 판을 치다／lan tràn, hoành hành

・手入れをしていないので、庭に雑草が**はびこって**いる。

・役人に汚職が**はびこって**いる現状を、なんとか変えたい。　・悪が**はびこる**。

※良くないことに使う。

792 **おちいる**　　ガ陥る　　to fall/get/run into／陷进, 落入／빠지다／rơi vào, thụt vào

①・円高により、Ａ社は経営不振に**陥った**。

・{錯覚／スランプ／パニック／ジレンマ…}に**陥る**。

②・川の深みに**陥る**。

類 ガはまる

793 **まぬかれる**　　ガ免れる　　to avoid, exempt／摆脱, 避免, 免于／피하다／tránh/thoát được, được miễn

・これだけ大きな失敗をしたら、責任を**免れる**ことはできないだろう。

・ストーブから火が出たが、消火が速かったので火事になることは**免れた**。

・彼は犯罪を犯しながら罪を**免れた**。　・{被害／戦火／惨事…}を**免れる**。

※「まぬがれる」とも言う。　関 ガ逃れる☞712

794 **まさる**　　ガ勝る　　to surpass, be superior／战胜, 胜过／이기다, 뛰어나다, 낫다／vượt trội, hơn

・うちのチームは、攻撃力の点では相手チーム{より／に}**勝って**いる。

・ここは小さな町工場だが、大企業に**勝る**とも劣らない製品を作っている。

対 ガ劣る　類 ガ優れる　慣 勝るとも劣らない

795 **おびる**　　ヲ帯びる　　to be tinged with, take on, be under the influence of／含有, 带有, 担负／띠다, 맡다／mang chút/vẻ, mang theo, có

①・その花の色は、青みを**帯びた**白だった。　・丸みを**帯びた**形　・酒気**帯び**運転

・科学が進歩し、月旅行が現実味を**帯びて**きた。

合 酒気帯び

②・Ｎ氏は首相の特命を**帯びて**アメリカへ向かった。

796 **にぶる**　　ガ鈍る　　to become less capable, weaken, become blunt／生疏, 变迟钝, 动摇; (刀) 变钝; 迟缓／둔해지다, 흔들리다, 무뎌지다, 줄다／cùn/yếu đi

①・最近練習を休んでいたので、腕が**鈍った**。　・{勘／感覚／記憶力…}が**鈍る**。

・親に大反対され、歌手になろうという決心が**鈍った**。

②・研がなければ、刃物の切れ味は**鈍る**。

③・輸出量は年々伸びているが、昨年あたりから伸びが**鈍って**きた。

イ形 ①～③鈍い

797 **ありふれる**　　ガありふれる　　to be common／常见／흔히 있다, 평범하다／phổ biến

・このマンガはストーリーは**ありふれて**いるが、絵がすばらしい。

・各地の土産物には、**ありふれた**ものも多い。

※「ありふれた＋名詞」「ありふれている」という形で使う。　関 平凡な☞202

798 **さえる**　　ガさえる　　to be clear, to master/excel at, to be dull, uninteresting, unattractive／清澈; 清脆: 清醒, (技艺) 高超; (否定形) 垂头丧气, 没有生气, 不起眼, 不快／맑다, 선명하다, 뛰어나다, 말똥말똥하다, 능란하다／sáng rõ, trong, tỉnh táo, tháo vát

①・冬の夜空に月の光が**さえて**いる。　・**さえた**笛の音が聞こえる。

②・今日は勘が**さえて**いる。　・目が**さえて**眠れない。　・職人の技が**さえる**。

・〈いいアイデアを思いついた人に〉「おっ、今日は**さえて**るね」

連 勘が__、目が__　　名 さえ

合 ①②さえ渡る

③・彼女は何か悩みでもあるらしく、**さえない**表情をしている。　・顔色が**さえない**。

・山田さんは見かけは**さえない**が、実は社内一の営業マンだ。

※否定形で使う。

799 **きわだつ**　　ガ際立つ　　to be prominent, conspicuous／与众不同／뛰어나다, 눈에 띄다／nổi bật

・成績優秀な学生たちの中でも、彼女の頭の良さは**際立って**いた。

・バレーボール選手の中でも、彼は**際立って**背が高い。

・横山氏の絵には、**際立った**特色がある。　・ウエストを**際立たせた**デザインの服

類 ガ目立つ、ガ飛び抜ける、ガずば抜ける

800 **ずばぬける**　　ガずば抜ける　　to be outstanding, tower above／出类拔萃／두드러지다, 빼어나다, 뛰어나다／vượt trội

・田中選手のテクニックは、チームの中でも**ずば抜けて**いる。

・彼女は**ずば抜けて**優秀だ。　・**ずば抜けた**才能の持ち主

類 ガ飛び抜ける、ガ際立つ

※「ずば抜けた＋名詞」「ずば抜けている」「ずば抜けて＋{形容詞／動詞}」という形で使う。

コラム 18 アルファベットの略号②

Acronyms (2)／字母缩写②／알파벳의 약어②／Từ viết tắt (2)

◆科学・情報技術・コンピューター		Science, IT, Computers／科学・信息技术・计算机／과학・정보기술・컴퓨터／khoa học, công nghệ thông tin, máy tính
IT	情報技術	Information Technology／信息技术／정보 기술／công nghệ thông tin
AV	（オーディオビジュアル）→ AV 機器	Audio Visual／音像器材／오디오 비주얼／thiết bị nghe nhìn
CD	（コンパクトディスク）	Compact Disc／CD光盘／콤팩트 디스크／đĩa com-pắc
DVD	（デジタルビデオディスク）	Digital Versatile Disc/Digital Video Disc／DVD数字视盘／디지털 비디오 디스크／đĩa kỹ thuật số đa năng
PC	パーソナルコンピューター(→パソコン)	Personal Computer／个人电脑／퍼스널 컴퓨터／máy tính cá nhân
OS	（オペレーティングシステム）	Operating System／操作系统／운영 체제 (OS)／hệ điều hành
HD(D)	ハードディスク（装置）	Hard Disk (Drive)／硬盘装置／하드 디스크／ổ đĩa cứng
USB		Universal Serial Bus／"通用串行总线" 的缩写, 中文也说 USB／USB／USB
CG	コンピューターグラフィックス	Computer Graphics／计算机图形／컴퓨터 그래픽／đồ họa máy tính
LAN	（構内ネットワーク）→無線 LAN	Local Area Network／局域网／구내 네트워크／mạng nội bộ
BBS	（電子）掲示板システム	Bulletin Board System／电子公告板／(전자)게시판 시스템／hệ thống bảng thông báo
AMEDAS	アメダス（／地域気象観測システム）	Automated Meteorological Data Acquisition System／自动气象数据采集系统／아메다스/지역 기상 관측 시스템／hệ thống thu thập dữ liệu khí tượng tự động
BS	放送衛星→ BS 放送	Broadcasting Satellite／BS卫星放送／방송 위성／truyền thông vệ tinh
CATV	ケーブルテレビ	Cable Television (Community Access Television)／有线电视网／케이블 텔레비전／truyền hình cáp
GPS	（全地球位置把握システム）	Global Positioning System／全球定位系统／위성위치확인시스템／hệ thống định vị toàn cầu
LED	（発光ダイオード）	Light Emitting Diode／发光二极管／발광 다이오드／điốt phát sáng
IC	（集積回路）	Integrated Circuit／集成电路／집적 회로／mạch tích hợp
IH	（誘導加熱）→ IH 調理器、IH 炊飯器	Induction Heating／电磁炉, 电磁加热电饭煲／유도가열／gia nhiệt cảm ứng
ETC	（ノンストップ自動料金支払いシステム）	Electronic Toll Collection System／高速公路全自动电子收费系统／전자통행료징수시스템／hệ thống thu phí điện tử
◆生物		Biology／生物／생물／Sinh vật
DNA	（デオキシリボ核酸）	Deoxyribo-Nucleic Acid／遗传基因／디옥시리보 핵산 (DNA)／cấu tử cơ bản của tế bào di truyền
IQ	知能指数	Intelligence Quotient／智能指数, 智商／지능 지수／chỉ số thông minh
◆医療		Medicine／医疗／의료／Y tế
HIV	（ヒト免疫不全ウイルス）	Human Immunodeficiency Virus／人类免疫缺陷病毒／후천성 면역 부전 바이러스 (HIV)／HIV
AIDS	エイズ（／後天性免疫不全症候群）	Acquired Immune Deficiency Syndrome／艾滋病/获得性免疫缺陷综合症／에이즈/후천성 면역 결핍증／virus suy giảm miễn dịch ở người
MRI	（磁気共鳴影像法）	Magnetic Resonance Imaging／磁共振成像／자기 공명 영상법／tạo ảnh cộng hưởng từ
◆職業		Professions／职业／직업／Nghề nghiệp
CA	客室乗務員	Cabin Attendant／飞机客舱服务员／객실 승무원／tiếp viên hàng không
SE	システムエンジニア	Systems Engineer／系统工程师／시스템 엔지니어／kỹ sư hệ thống
DJ	（ディスクジョッキー）	Disc Jockey／(电台) 唱片音乐节目主持人／디제이 (DJ)／người chọn và chơi các bản thu âm
◆その他		
ATM	（現金自動預入支払機）	Automatic Teller Machine／自动柜员机／현금자동입출금기 (ATM)／máy giao dịch tự động
BGM	バックグラウンドミュージック	Background Music／背景音乐／배경 음악／nhạc nền
CM	コマーシャル（メッセージ）	Commercial／商业广告／CF광고／quảng cáo thương mại
SF	サイエンスフィクション、空想科学小説	Science Fiction／科幻小说／사이엔스 픽션, 공상 과학 소설／khoa học viễn tưởng
DV	ドメスティックバイオレンス	Domestic Violence／家庭暴力／도메스틱바이올런스, 가정 내 폭력／bạo lực trong gia đình
PR	広報（活動／業務）	Public Relations／宣传活动／홍보(활동 / 업무)／quan hệ công chúng
B.C. ⇔ A.D.	紀元前 ⇔ 紀元後	Before Christ⇔Anno Domini／公元前⇔公元后／기원전⇔기원후／trước công nguyên ⇔ sau công nguyên
am ⇔ pm	午前 ⇔ 午後	ante meridiem⇔post meridiem／上午⇔下午／오전⇔오후／sáng ⇔ chiều
P.S.	追伸	postscript／又及 (信件)／추신／tái bút

Unit 09 動詞B 練習問題 751～800

レベル ★★★☆

Ⅰ （　　）に助詞を書きなさい。

1．説得力（　　）富む話　2．海（　　）臨む町　3．厳しい方針（　　）臨む。
4．自信（　　）満ちた表情　5．建設（　　）要する費用　6．家族（　　）尽くす。
7．人命がすべて（　　）優先する。　8．アルバイト（　　）学費（　　）まかなう。
9．湯（　　）体（　　）浸す。　10．被害（　　）最小限（　　）とどめる。

Ⅱ 「ます形」が名詞になる言葉に○を付けなさい。　例：もてなす→もてなし

になう　はずむ　しぼむ　ねばる　たるむ　とざす　もよおす　つきる

Ⅲ 次の語は自動詞ですか、他動詞ですか。ペアになる自／他動詞を考え、表を完成させなさい。

例　定める　1．ほろびる　2．ひたる　3．とどめる　4．みちる　5．遠ざける

自動詞	他動詞	自動詞	他動詞
例：定まる	定める	3．	
1．		4．	
2．		5．	

Ⅳ 一緒に使う言葉を下から選んで書きなさい。

A
1．粘り強い（　　　　）　2．満たされた（　　　　）
3．ずば抜けた（　　　　）　4．際立った（　　　／　　　）
5．弾んだ（　　　　）　6．（　　　　）がしぼむ。
7．（　　　　）が漂う。　8．（　　　　）がはびこる。

いい匂い　声　才能　雑草　性格　生活　特色　花

（二度使う語もある）

B
1．（　　　）をもよおす。　2．（　　　）を閉ざす。　3．（　　　）を損なう。
4．（　　　）を尽くす。　5．（　　　）を免れる。　6．（　　　）を満たす。
7．（　　　）が鈍る。　8．（　　　）がたるむ。　9．（　　　）が出回る。
10．（　　　）にとどめる。　11．（　　　）順位をつける。

記憶　決心　条件　精神　力　偽札　眠気　被害　美観　門　優先

C
1．列を（　　　　）。　2．海を（　　　　）。　3．勘が（　　　／　　　）。
4．責任を（　　　／　　　）。　5．クラスに（　　　／　　　）。
6．夢が（　　　／　　　）。　7．実力が（　　　／　　　）。

埋め立てる　負う　劣る　さえる　しぼむ　溶け込む なじむ　なす　担う　鈍る　膨らむ　勝る

Ⅴ　下線の言葉と同じ意味になるよう、□に漢字を１字書きなさい。

1．国が栄(さか)える。→ □ 栄する　　2．民族が滅(ほろ)びる。→滅 □ する

3．法律を定(さだ)める。→ □ 定する　　4．相談窓口を設(もう)ける。→設 □ する

Ⅵ　一緒(いっしょ)に使う言葉を選びなさい。（　　）の数字は選ぶ数です。

1．[　表情　気持ち　収入　話　歌　ボール　]が弾(はず)む。（３）

2．[　湯　思い出　劣等感　優越感　悲しみ　怒(いか)り　]に浸(ひた)る。（４）

3．[　錯覚(さっかく)　病気　スランプ　プレッシャー　パニック　]に陥(おちい)る。（３）

Ⅶ　（　　　）に入る言葉を下から選び、適当な形にして書きなさい。

A　1．ゴミ袋にカラスが（　　　　　　　　）いる。

2．「枠(わく)から（　　　　　　　　）ように、記入してください」

3．こんな（　　　　　　　　）ストーリーでは、読者の心をつかむのは難しいだろう。

4．このダム一つで、下流(かりゅう)３県の水(みず)需要を（　　　　　　　　）いる。

5．この自動車会社の車は、皆、丸みを（　　　　　　　　）車体をしている。

6．優勝を目指したが、結果は４位に（　　　　　　　　）。

7．事故が（　　　　　　　　）、鉄道会社は対応に追われている。

8．営業成績が伸びず、売上額(うりあげがく)は目標から（　　　　　　　　）ばかりだ。

9．東京都の財政規模(きぼ)は、Ａ国一国の財政規模(きぼ)に（　　　　　　　　）。

あいつぐ	ありふれる	おびる	とおざかる	とどまる
はみだす	ひってきする	まかなう	むらがる	

B　1．何(なに)ごとにおいても（　　　　　　　　）べきことを、きちんとやる。それが大切だ。

2．料理を美しく（　　　　　　　　）皿(さら)が、テーブルいっぱいに並んでいた。

3．いい結果は得られなかったが、ベストを（　　　　　　　　）つもりだ。

4．諦(あきら)めずに最後まで（　　　　　　　　）ば、いい結果が出せる思う。

5．何時間も議論しているのに、まだ基本方針さえ（　　　　　　　　）状態だ。

6．一晩中話し続けても、話題の種(たね)は（　　　　　　　　）。

7．彼の言葉は悪意と偏見(へんけん)に（　　　　　　　　）ものだった。

8．「テニスのネットは（　　　　　　　　）よう、しっかり張ってください」

9．日本の昔話(むかしばなし)には、きつねが若い娘に（　　　　　　　　）話が多くある。

10．よほど相手を殴(なぐ)ってやろうかと思ったが、直前で思い（　　　　　　　　）。

さだまる	たるむ	つきる	つくす	とどまる
なす	ねばる	ばける	みちる	もる

Unit 09 動詞B 確認問題 701 ～ 800

レベル ★★★★

Ⅰ （　　）に入れるのに最もよいものを、a・b・c・dから一つ選びなさい。

1．あなたならできると（　　）、大変な仕事を引き受けてしまった。
a　けなされて　b　もてなされて　c　からかわれて　d　おだてられて

2．この川を（　　）橋は、市内に５つある。
a　またぐ　b　かかる　c　つらぬく　d　のぞむ

3．戦争が二人の仲を（　　）。
a　裂いた　b　破った　c　割った　d　壊（こわ）した

4．山田（やまだ）監督は就任１年目にしてチームを優勝に（　　）。
a　促した　b　促進した　c　導いた　d　指導した

5．練習中につまらないミスをして、「（　　）！」と怒られた。
a　さえている　b　たるんでいる　c　ゆるんでいる　d　しまっている

6．言いつけを守らなかったせいで、父の機嫌を（　　）しまった。
a　背いて　b　失って　c　憤って　d　損ねて

7．学校をさぼっていたことが（　　）、親に叱られた。
a　はれて　b　ばれて　c　ばらして　d　察して

8．望遠鏡を（　　）と、月の表面がよく見えた。
a　のぞく　b　ながめる　c　あおぐ　d　見渡す

9．スポンサーからの援助が（　　）切られ、資金不足に陥った。
a　振り　b　割り　c　押し　d　打ち

10．道を歩いていると、どこからともなく花の香りが（　　）きた。
a　満ちて　b　尽くして　c　漂って　d　帯びて

Ⅱ ＿＿＿の言葉に意味が最も近いものを、a・b・c・dから一つ選びなさい。

1．契約書の控えは大切に保管しておくこと。
a　下書き　b　余分　c　予備　d　待機

2．本田（ほんだ）選手の才能を最初に見いだしたのは、中学時代の教師だった。
a　見定めた　b　見通した　c　見なした　d　見抜いた

3．弾んだ声で電話がかかってきた。
a　明るい　b　小さな　c　甘い　d　沈んだ

4．彼女はちょっと成績がいいものだから、思い上がっている。
a　ねたんで　b　うぬぼれて　c　もがいて　d　ちやほやして

5．ずいぶんねばったが、契約を取ることはできなかった。

a　諦めずに長く話した　　b　強い調子で訴えた

c　いい条件を出した　　d　相手に嫌がられた

Ⅲ　次の言葉の使い方として最もよいものを、a・b・c・dから一つ選びなさい。

1．しぼむ

a　冷蔵庫に入れておいたバナナがしぼんでしまった。

b　酸性雨のせいで、たくさんの木がしぼんでしまった。

c　この植物は毎日水をやらないと、すぐしぼんでしまう。

d　この花は夜に咲いて、朝になる前にしぼんでしまう。

2．逃す

a　ぼんやりしていて先生の話を逃してしまった。

b　じっと見つめられて、思わず目を逃してしまった。

c　迷っているうちに、チャンスを逃してしまった。

d　練習に行かなかったので、レギュラーを逃してしまった。

3．告げる

a　ガンの人に病名を告げるべきかどうか、議論されている。

b　仕事上で問題があった場合は、上司に文書で告げること。

c　学生たちに、自分の考えを論理的に告げる訓練をさせるべきだ。

d　会議などでは、聞いている人のことを考え、はっきり告げるべきだ。

4．浸る

a　突然の大雨に全身が浸って、風邪をひいてしまった。

b　なべに材料の野菜と、それが浸るぐらいのスープを入れて煮込んだ。

c　怒りに浸るあまり、人前であることも忘れてどなってしまった。

d　クーラーの効いた部屋から外に出ると、暑さに浸ってぐったりした。

5．とどめる

a　運転中に地震が起こっても、車を道の真ん中にとどめないこと。

b　仕事をとどめない方がいいと忠告したが、彼はさっさと退職した。

c　バスにぶつかった車は、原形をとどめないほど壊(こわ)れていた。

d　今の生活を続けたら命をとどめないことになると、医者に忠告された。

Unit 10 カタカナB　801～850

レベル ★★★★

65

801 **ソフトな**　soft, gentle, software／柔软, 温柔, 软件／부드러운, 소프트／mềm mại, mềm mỏng, phần mềm

①・柔軟剤(じゅうなんざい)は、洗濯物を**ソフトな**手触(てざわ)りにする。　・人に**ソフトに**接する。

・{色／声／口調(くちょう)／人柄(ひとがら)／人あたり…}が**ソフトだ**。

合ソフトさ、ソフトクリーム、ソフトボール、ソフトドリンク　対ハードな、固い

類柔らかい

②[名ソフト]・コンピューターの**ソフト**(←ソフトウェア)

対ハード(←ハードウェア)

802 **ハードな**　hard, difficult, hardware／艰难, 严格, 紧张, 坚硬, 硬件／힘겨운, 단단한／vất vả, khó nhọc, cứng, phần cứng

①・この仕事は**ハードな**割りに給料があまりよくない。　・**ハードな**トレーニング

②・今週はスケジュールが**ハードで**、なかなか休めない。

合①②ハードさ、ハードスケジュール　類①②厳(きび)しい、きつい

③・これは**ハードな**材質でできているので壊(こわ)れにくい。

合〈本〉ハードカバー　対ソフトな、柔らかい　類固い／堅い

④[名ハード]・コンピューターの**ハード**(ハードウェア)

対ソフト(←ソフトウェア)

803 **フォーマルな**　formal／正式的／정식적인／trang trọng, chỉnh trang

・友人の結婚式に出るため、**フォーマルな**ドレスを買った。

・**フォーマルな**{服装／格好(かっこう)／スタイル／デザイン／場／会話…}

合フォーマルさ、フォーマルウェア　対カジュアルな、インフォーマルな

関正式(な)、格式(かくしき)、略式

804 **カジュアルな**　casual／轻便的／캐주얼한／bình thường, bình dị

・このレストランは格式(かくしき)が高いが、服装は**カジュアルで**かまわない。

・**カジュアルな**{格好(かっこう)／スタイル／デザイン／場／会話…}

合カジュアルさ、カジュアルウェア　対フォーマルな　関くだけた

805 **シンプルな**　simple／简单, 简朴／심플한／đơn giản, giản dị

・彼女は**シンプルな**デザインの服がよく似合う。

・**シンプルな**{化粧(けしょう)／料理／味／考え方…}　・ものごとを**シンプルに**考える。

・余計な物を持たずに、**シンプルに**暮らしたい。

合シンプルさ、シンプルライフ　対複雑な、華美(かび)な　類簡素(かんそ)な、質素(しっそ)な、単純明快な

806 **ドライな**

dry／冷漠, 理智, 干燥, 除湿／사무적인, 합리적인, 드라이／lạnh lùng, không kiêng nể, (làm) khô

①・彼女は**ドライな**性格で、ものごとを割り切って考える。

・**ドライに**{考える／処理する…}。

対 ウェットな　関 クールな

②・バラを乾燥(かんそう)させて**ドライ**フラワーを作った。　・エアコンの**ドライ**機能

合 ドライクリーニング、ドライフルーツ、ドライフラワー　類 乾いた、乾燥(かんそう)した

関 ドライヤー

807 **シビアな**

severe, serious／严厉, 毫不留情／엄격한／khắt khe, khó khăn, nghiêm túc

・あの先生は評価(ひょうか)がとても**シビア**らしい。　・景気の状況はかなり**シビアだ**。

・この計画は、**シビアな**予算で行わなければならない。　・結果を**シビアに**受け止める。

類 厳(きび)しい

808 **ピンチ**

emergency, predicament／紧急关头, 危机／최악, 핀치, 궁지, 위기／tình trạng nguy kịch

・給料日前で、今お金が**ピンチ**だ。

・この映画は、主人公(しゅじんこう)が何度も**ピンチ**に陥(おちい)って、見る者をはらはらさせる。

・〈野球〉満塁(まんるい)の**ピンチ**を迎えたが、何とか脱(だっ)することができた。

連 __になる、__に陥(おちい)る⇔__を脱(だっ)する、__に直面する、絶体絶命(ぜったいぜつめい)の__

合 大__、〈野球〉__ヒッター、__ランナー

関 危機　※「ピンチ」はあまりに重大なものごとには使わない。スポーツなどでよく使われる。

809 **セーフ**

just and no more, safe／来得及, 及格, 安全进垒／세이프, 안전／thoát được, an toàn

①・式に遅刻するかと思ったが、急いでぎりぎり**セーフ**だった。

・試験は、合格点すれすれで**セーフ**だった。

②・〈野球〉ランナーはベースにすべり込んで、**セーフ**となった。

対 ①②アウト

810 **マンネリ(←マンネリズム)**

stereotyped, stuck in a rut／老一套, 没有新鲜感／매너리즘／trạng thái lặp lại cái cũ, nhàm chán

・この作家の小説は、最近**マンネリ**に陥(おちい)っているのではないか。

・恋人と付き合って5年以上経(た)ち、そろそろ**マンネリ**ぎみになってきた。

連 __になる、__に陥(おちい)る⇔__を脱(だっ)する　合 ガ__化スル、__ぎみ

811 **バラエティー**

variety／多种多样, 综艺电视节目／다양성, 버라이어티／tính đa dạng, sự phong phú

①・アンケートで、**バラエティー**のある回答が得られた。

・忘年会は、歌ありかくし芸ありと**バラエティー**に富(と)んで楽しかった。

連 __がある⇔ない、__に富(と)む　類 変化、多様性

②・テレビの**バラエティー**番組

66

812 パワー power, energy／力量, 马力／파워, 힘, 능력／sức mạnh, năng lượng

・学生には、社会を変えていこうとする**パワー**を持ってほしい。

・彼女の仕事にかける**パワー**にはいつも圧倒される。

・この洗濯機は、従来品(じゅうらいひん)に比べて**パワー**がアップしている。

【連】__がある⇔ない、__が強い⇔弱い、__が上がる⇔下がる、__がアップする⇔ダウンする、__が不足する　【合】__アップ⇔__ダウン、__不足　【類】力、馬力　【関】パワフルな

813 バイタリティー vitality／活力／활기, 생기／sức/năng lượng sống

・山本(やまもと)さんはとても**バイタリティー**のある人で、疲れるということがない。

【連】__がある⇔ない、__に富む　【類】活力、生命力　【関】活動的な、エネルギッシュな

814 ダイナミックな dynamic／有力的, 生动的／다이내믹한, 활동적인／mạnh mẽ, sống động, năng động

・高橋(たかはし)選手は、鉄棒(てつぼう)で**ダイナミックな**技(わざ)を次々と披露(ひろう)した。

・この絵は、人間の感情を**ダイナミックに**表現している。

・**ダイナミックな**{動き／筆致(ひっち)／行動／性格…}

【合】ダイナミックさ→__がある⇔ない、__に欠ける　【類】躍動的(やくどうてき)な

815 スタミナ energy, stamina／体力, 精力／스태미나／sức, năng lượng

・明日は大事な試合だから、栄養(えいよう)をとって**スタミナ**をつけておこう。

・荷物運びの途中で、**スタミナ**が切れて動けなくなってしまった。

【連】__がある⇔ない、__がつく・__をつける、__が続く⇔切れる、__がもつ、__を使う、__を消費する　【合】__ドリンク、__切(ぎ)れ　【類】精力

816 ピーク peak／最高潮／피크, 정점／đỉnh điểm

・日本では２月が大学受験の**ピーク**だ。　・朝８時頃(ごろ)、ラッシュは**ピーク**を迎えた。

・売り上げは９月を**ピーク**に下がり続けている。

【連】__を迎(むか)える、__に達する、__を越える　【類】頂点、絶頂

817 クライマックス climax／最高潮／클라이맥스, 절정／chỗ cao trào/kịch tính nhất

・連続ドラマが、いよいよ来週**クライマックス**を迎える。　・人生の**クライマックス**

・結婚式の**クライマックス**は、新郎新婦(しんろうしんぷ)の両親へのあいさつだった。

【連】__を迎える　【類】最高潮(さいこうちょう)

818 インパクト impact／冲击／임팩트, 인상／ấn tượng

・ピカソの絵は、見る者に強い**インパクト**を与える。

・**インパクト**のない商品はなかなか売れない。

【連】__がある⇔ない、__が強い⇔弱い、__を与える⇔受ける　【関】衝撃(しょうげき)☞638

819 **コントラスト** contrast／対比／콘트라스트, 대비／sự tương phản

・冬山(ふゆやま)は、真っ白な雪と青い空との**コントラスト**が美しかった。

・パソコン画面の**コントラスト**が強すぎると、目が疲れる。

連 __が強い⇔弱い、__をなす　類 対照、対比

820 **クリア(ー)な** clear, overcome, complete, delete／清晰, 清楚, 解决, 清澈, 清除／깨끗한, 해결하다, 지우다／rõ, minh mẫn, trong suốt

①・新しく買ったテレビは、画像が**クリアで**美しい。

・祖父は95歳だが、頭はとても**クリアーだ**。　・問題を**クリアに**する。

合 クリア(ー)さ　類 はっきりした、鮮明(せんめい)な、明確な

②・**クリア**ファイル

類 透明(とうめい)な

★動 ヲ**クリア(ー)する**

①・これらの条件をすべて**クリアすれば**、採用となるそうだ。

・〈ゲーム〉5つのステージを**クリアして**、次のステージに進んだ。

②・〈コンピューター〉データを**クリアする**。

類 ヲ消去スル

821 **トーン** tone, timbre／声调, 色调／톤, 소리／giọng điệu, sắc điệu

①・説明の重要な部分は、声を大きくし、**トーン**を上げて話すようにしている。

・彼は男にしては声の**トーン**が高い。

連 __が高い⇔低い、__を上げる⇔下げる　類 音調、語調

②・柔らかい**トーン**の絵

類 色調

822 **ニュアンス** nuance／语气, 语感, 细腻／뉘앙스／sắc thái

①・メールの絵文字(えもじ)は、文字(もじ)だけでは伝わりにくい**ニュアンス**を伝える。

・よく似た言葉の**ニュアンス**の違いは、母語話者以外にはなかなかわからない。

②・この作家は、**ニュアンス**に富(と)んだ文章を書く。

・微妙(びみょう)な色使いで絵に**ニュアンス**を出す。

連 __がある、__に富む、__を出す、__をつける

823 **フィーリング** feelings, to get on with someone／感觉, 感受／느낌, 필링／tâm ý, cảm nhận

・私はあの人と**フィーリング**がぴったり合う。

・自分の**フィーリング**を大切にして生活したい。

連 __が合う　関 感覚、気分

67

824 **ギャップ** gap／差距／갭, 차이／sự khác biệt

・あの夫婦は考え方に大きな**ギャップ**がある。　・**ギャップ**を埋めるよう努力する。

・会社に入って、理想と現実との**ギャップ**に失望した。

連 ニ＿がある⇔ない、＿が大きい⇔小さい、＿を埋める　類 隔(へだ)たり、差

825 **ステレオタイプな** stereotype, stereotypical／定向思维, 固有概念／스테레오 타입인, 틀에 박힌／rập khuôn, quan niệm cố hữu

・創造力(そうぞうりょく)をつけるためには、**ステレオタイプ**{**な**／の}考え方を捨てることだ。

・日本人は、血液型を聞くと、その人の性格について**ステレオタイプな**イメージを持ちやすい。

関 紋切(もんき)り型(がた)

826 **レッテル** label／扣帽子; 商标, 标签／라벨, 딱지／nhãn hiệu, biệt danh

①・授業(じゅぎょう)にいつも遅刻する彼は、クラスで怠(なま)け者の**レッテル**を貼(は)られている。

・敵国(てきこく)に恋人のいた彼女は、周りから裏切(うらぎ)り者の**レッテル**を貼(は)られて苦しんだ。

連 ニ＿を貼(は)る　※マイナスの意味で使うことが多い。

②・このジャムは、**レッテル**からするとフランス産のようだ。

類 ラベル

827 **フィルター** filter／过滤, 过滤器／필터／màng/cái lọc

①・レンズに**フィルター**をかけて特殊効果(とくしゅこうか)を狙(ねら)う。

・この写真は**フィルター**がかかったように、全体がぼんやりしている。

連 ニ＿がかかる・ニ＿をかける

②・水をこの**フィルター**にかけると、不純物(ふじゅんぶつ)が取り除かれる。

・{エアコン／タバコ…}の**フィルター**

連 ＿にかける　関 ヲ濾過(ろか)スル

③・社会人になり、仕事という**フィルター**を通して世の中を見るようになった。

連 ＿を通して見る

828 **ベース** base, basis, bass／基地, 基础, (棒球的) 垒／기반, 베이스／căn cứ, cơ sở, lũy, bass

[base]

①・この劇団は、大阪(おおさか)に**ベース**を置いて全国で活動している。

・彼の小説の**ベース**になっているのは、幼(おさな)いときの体験だ。

連 ＿にする・＿になる、ニ＿を置く　合 〈賃金(ちんぎん)〉＿アップ　関 基本(きほん)、土台、本拠(ほんきょ)

②・野球の**ベース**

[bass]

・バンドの**ベース**　・**ベース**ギター

829 **インフラ(←インフラストラクチャー)** infrastructure／基础设施／구조 기반, 하부 구조／cơ sở hạ tầng

・社会の発展(はってん)のためには、**インフラ**の整備(せいび)が不可欠(ふかけつ)だ。

・戦災(せんさい)で**インフラ**が崩壊(ほうかい)し、人々の生活は困難を極(きわ)めた。

連 __を整(ととの)える、__を整備(せいび)する、__を敷(し)く、__を築(きず)く

830 **ネットワーク** network, connections／网络, 社会关系／네트워크, 방송망, 인맥／mạng lưới, các mối quan hệ

・インターネットは、世界をつなぐ巨大な**ネットワーク**だ。　・テレビ局の**ネットワーク**

・あの人は顔が広くて、いろいろな**ネットワーク**を持っている。

合 __システム

831 **テクノロジー** technology／技术／과학 기술／kỹ thuật, công nghệ

・**テクノロジー**の進歩によって、人間の生活は飛躍的(ひやくてき)に向上した。

・新しいコンピューターには、最先端(さいせんたん)の**テクノロジー**が応用(おうよう)されている。

合 ハイテク(←ハイテクノロジー)、バイオ__、ナノ__　類 科学技術

832 **テクニック** technique／技巧／테크닉, 기술／kỹ thuật, kỹ xảo

・あのピアニストは素晴(すば)らしい**テクニック**を持っている。　・高度な**テクニック**が必要な作業

連 __がある⇔ない、__を持つ、高度な__　類 腕、技☞679、技術

関 テクニシャン、技能、スキル

コラム 19 漢語(かんご)の省略語(しょうりゃくご)① Abbreviations of Words of Chinese Origin (1)／汉语词汇的省略语①／한자의 생략어①／Từ viết tắt của Hán ngữ (1)

◆労働(ろうどう) Work／劳动／노동／Lao động

年休(ねんきゅう)	年次有給休暇(ねんじゆうきゅうきゅうか)	annual paid vacation／年度有薪休假／연차 유급 휴가／nghỉ có lương hàng năm
有休(ゆうきゅう)	有給休暇(ゆうきゅうきゅうか)	paid holiday／带薪休假／유급 휴가／nghỉ có lương
産休(さんきゅう)	出産休暇(しゅっさんきゅうか)	maternity leave／产假／출산 휴가／nghỉ đẻ
育休(いくきゅう)	育児休暇(いくじきゅうか)	maternity/paternity leave／育儿假／육아 휴가／nghỉ nuôi con
就活(しゅうかつ)	就職活動(しゅうしょくかつどう)	job hunting／求职活动／취직 활동／hoạt động tìm việc
職安(しょくあん)	公共職業安定所(こうきょうしょくぎょうあんていじょ)	Public Employment Security Office／公共职业安定所／공공 직업 소개소／văn phòng ổn định việc làm công cộng
大卒(だいそつ)	(学歴(がくれき)が)大学卒業(だいがくそつぎょう)	university/college graduate／大学毕业的学历／(학력이)대학교 졸업／tốt nghiệp đại học
高卒(こうそつ)	(学歴(がくれき)が)高校卒業(こうこうそつぎょう)	high school graduate／高中毕业的学历／(학력이)고등학교 졸업／tốt nghiệp cấp 3
新卒(しんそつ)	新規卒業(しんきそつぎょう)	new graduate／应届毕业生／신규 졸업／mới tốt nghiệp
春闘(しゅんとう)	春季闘争(しゅんきとうそう)	spring salary negotiations／春季要求提高工资的斗争／춘계 투쟁(임금협상)／thương lượng tăng lương vào mùa xuân
労組(ろうそ)	労働組合(ろうどうくみあい)	labor union／工会／노동조합／công đoàn
日教組(にっきょうそ)	日本教職員組合(にほんきょうしょくいんくみあい)	Japan Teachers Union／日本教职员工会／일본 교직원조합／Hiệp hội Giáo viên Nhật Bản
時短(じたん)	時間短縮(じかんたんしゅく)	reduction of working hours／(改变劳动条件的措施) 缩短劳动时间／시간 단축／giảm thời gian làm việc
労基法(ろうきほう)	労働基準法(ろうどうきじゅんほう)	Labor Standards Act／劳动基准法／노동 기준법／Luật tiêu chuẩn lao động

833 **メカニズム** mechanism／机械装置, 机构, 构成／메커니즘, 구조／cơ chế

①・この機械の内部の**メカニズム**を知りたい。　・市場の**メカニズム**

※「メカ」という省略語は、機械そのものを指すことが多い。

類構造、機構、仕掛け　関システム

②・記憶の**メカニズム**は、まだよくわかっていないことも多い。

・{地球温暖化／地震／ガン発生…}の**メカニズム**を解明する。

類①②仕組み☞677

834 **プロセス** process／流程, 过程／프로세스, 과정／quá trình

・工場を見学して製品ができ上がるまでの**プロセス**がわかった。

・社長は、廃業(はいぎょう)を決定するに至(いた)った**プロセス**を説明した。

類過程☞682

835 **フィードバック**　ニ＋ヲフィードバックスル feedback／反馈／피드 백／phản hồi

・テストを返すときには、教師からの**フィードバック**が必要だ。

・勤務の評価(ひょうか)を社員に**フィードバックする**と、仕事への動機づけになる。

連＿を与える⇔受ける

836 **コンセプト** concept／理念, 想法／콘셉트, 개념, 발상／ý tưởng chủ đạo

・新しく創刊(そうかん)する雑誌の**コンセプト**を、編集会議で話し合った。

・「この化粧品(けしょうひん)は、女性の自然な美しさを引き出すという**コンセプト**で作られております」

関考え、概念(がいねん)☞955、アイデア

837 **ポリシー** policy／政策, 原则／정책, 책략／phương châm, chủ trương

・この病院は、患者に行き過ぎた治療をしないという**ポリシー**を持っている。

・彼は、仕事を生活の中心にするという**ポリシー**を変えた。

連ニ＿がある⇔ない、＿を持つ、＿を貫(つらぬ)く　合プライバシー＿　関信念☞619、方針(ほうしん)

838 **アピール**　ガ／ニ＋ヲアピールスル appeal, attract／宣传, 有吸引力／어필, 호소／thể hiện, thu hút

①・この商品は、お年寄りでも簡単に使えることを消費者に**アピールしている**。

・デモ行進で核廃絶(かくはいぜつ)の**アピール**を行った。

関ニ＋ヲ訴(うった)える☞739

②・入社試験では、面接官に**アピールする**ような自己紹介(じこしょうかい)をするといい。

・アイドルには若者に**アピールする**魅力(みりょく)がある。

合自己(じこ)＿、セックス＿

839 **シミュレーション**　ヲシミュレーションスル simulation／模拟试验／시뮬레이션／mô phỏng

・パイロットの飛行訓練では、機械で実際の操縦(そうじゅう)の**シミュレーション**を行う。

・経済**シミュレーション**で、来年の動向を予測する。

連＿を{する／行う}　合＿ゲーム、＿実験、＿装置(そうち)　関模擬実験(もぎじっけん)

840 **アクセス**　　ガアクセススル　　access／访问, 交通／액세스, 접근／việc đi đến, truy cập

①・この会場は**アクセス**が悪く、車がないと行くことができない。

・お店のホームページには、たいてい**アクセス**の仕方が載(の)っている。

連 __がいい⇔悪い　　合 交通__

②・〈コンピューター／インターネット〉芸能人のブログに**アクセスする**。

841 **Uターン**　　ガUターンスル　　U-turn, return home／掉头, U形转弯; 返乡, 回老家／유턴／quay ngược lại

・この道は**Uターン**禁止だ。　・正月の帰省客(きせいきゃく)の**Uターン**ラッシュは、1月3日頃(ごろ)がピークだ。

・都会に出た若者が出身地に**Uターンして**就職(しゅうしょく)するケースが増えている。

合 __ラッシュ　　関 ガI(アイ)ターンスル

842 **シフト**　　ガ／ヲシフトスル　　shift／换班, 转移／시프트, 이동／khoảng giờ làm việc, di chuyển

①・来週学校のテストがあるので、アルバイトの**シフト**を変えてもらった。

②・多くのメーカーが、生産拠点(きょてん)を国内から海外へ**シフトした**。

・この国は、主要産業が工業から情報産業に**シフトし**つつある。

類 ガ／ヲ移行スル

843 **チェンジ**　　ガ／ヲチェンジスル　　change, substitute／改变, 更换／체인지, 교체, 교대／thay đổi, thay thế

①・彼女は髪を切ってイメージ**チェンジした**。　・車のモデル**チェンジ**

合 ガイメージ__スル、ガ／ヲモデル__スル　　類 ガ変化スル

②・「この席、前の人の頭で舞台がよく見えないわ」「じゃ、僕(ぼく)の席と**チェンジする？**」

・〈チームスポーツ〉けがをした選手が途中で**チェンジした**。

合 メンバー__　　類 ヲ交換(こうかん)スル、ガ／ヲ交替(こうたい)スル

844 **フォーム**　　form／姿势, 表格／폼, 자세, 양식／tư thế, mẫu đơn

①・ゴルフは**フォーム**が悪いと球が全然飛ばない。

連 __がいい⇔悪い　類 体勢

②・「この**フォーム**に必要事項(ひつようじこう)を書き込んでください」

類 書式、様式　　関 フォーマット

845 **ポーズ**　　pose, front, pause／姿势, 装样子, 停顿／포즈, 사이／tạo dáng, tạm dừng

[pose]

①・絵のモデルが**ポーズ**を取っている。　・**ポーズ**を決めて写真に写る。

連 __をする、__を取る、__が決まる・__を決める　　関 体勢、姿勢(しせい)

②・彼は悪ぶった態度(たいど)を取るが、それは一種の**ポーズ**に過ぎない。

連 〜__をする、〜__を取る

[pause]

・朗読(ろうどく)では、場面が変わる際に十分な**ポーズ**を入れる。

連 __をとる、__を入れる　　関 休み

69

846 **タイミング** timing／时机／타이밍／thời điểm

・気になる人に声をかけたいが、**タイミング**がつかめない。

・友達を食事に誘(さそ)おうと思っていたら、**タイミング**よく電話がかかってきた。

・会社を作りたいが、不況の今は**タイミング**が悪い。

連 __がいい⇔悪い、__をつかむ⇔逃(のが)す、__をはかる、__よく

合 グッド__　類 間(ま)　関 好機、機会

847 **ラスト** last, finale／最后, 末尾／라스트, 마지막／cuối cùng

・マラソンで**ラスト**の一人がゴールすると、観客から拍手(はくしゅ)がわいた。

・ドラマの**ラスト**で主人公(しゅじんこう)の二人は結ばれる。

・採用試験には年齢制限があるから、今年が**ラスト**チャンスだ。

合 __シーン、__チャンス、__スパート、〈レストラン〉__オーダー

対 トップ、先頭、最初　類 最後、最終

848 **スムーズな** smooth, smoothly, without problem／顺利／순조로운, 원할한／suôn sẻ, trôi chảy, nhịp nhàng

・転校した当初は、周りの環境(かんきょう)に**スムーズに**とけ込めなかった。

・ものごとが**スムーズに**{進む／運ぶ／いく}。　・相手との**スムーズな**意思疎通(いしそつう)を図(はか)る。

・**スムーズな**{操作(そうさ)／動き／手続き／進行／交渉(こうしょう)／コミュニケーション…}

類 円滑(えんかつ)な☞869、滑(なめ)らかな☞201　関 すんなり(と)☞569

849 **サイクル** cycle／周期／사이클, 주기／chu kỳ

・動物は、１年の自然の**サイクル**に従(したが)って生活している。

・LED電球は、交換までの**サイクル**が普通の電球に比べるとずっと長い。

連 __が長い⇔短い　合 ライフ__　類 周期　関 循環(じゅんかん)

850 **ジェンダー** gender／男女社会性差异／성별／giới tính, sự khác biệt giới

・**ジェンダー**としての男女の役割は、昔と大きく違ってきている。

類 (社会的な意味での)性、性別　※「セックス」は生物学的な性、性別。

コラム 20 漢語の省略語②

Abbreviations of Words of Chinese Origin (2)／汉语词汇的省略语②／한자의 생략어②／Từ viết tắt của Hán ngữ (2)

略語	正式	
◆政治・社会		Government/Society／政治・社会／정치・사회／Chính trị, Xã hội
改憲	憲法改正	constitutional reform/amendment／修改宪法／헌법 개정／sửa hiến pháp
護憲	憲法擁護	protection of the constitution／拥护宪法／헌법 옹호／bảo vệ hiến pháp
行革	行政改革	administrative reform／行政改革／행정 개혁／cải cách hành chính
安保	安全保障	national security／安全保障／안전 보장／an ninh quốc gia
入管	入国管理局	Immigration Bureau／（出）入境（国）管理局／입국 관리국／Cục Quản lí Nhập cảnh
国保	国民健康保険	National Health Insurance／国民健康保险／국민 건강 보험／Bảo hiểm Y tế Quốc gia
生保	生命保険	life insurance／生命保险／생명 보험／bảo hiểm sinh mạng
損保	損害保険	damage insurance／（财产）损失保险／손해 보험／bảo hiểm thiệt hại
◆経済		Economy／经济／경제／Kinh tế
日銀	日本銀行	Bank of Japan／日本银行／일본 은행／Ngân hàng Trung ương Nhật Bản
東証	東京証券取引所	Tokyo Stock Exchange／东京证券交易所／도쿄 증권거래소／Trung tâm Giao dịch Chứng khoán Tokyo
外貨	外国通貨	foreign currency／外国货币／외국 통화／ngoại tệ
都銀	都市銀行	city bank／都市银行／도시 은행／ngân hàng đô thị
地銀	地方銀行	regional bank／地方银行／지방 은행／ngân hàng địa phương
信販	信用販売	sales on credit／信用销售／신용 판매／bán chịu
独禁法	独占禁止法	Anti-Monopoly Act／垄断禁止法／독점 금지법／Luật chống độc quyền
公取委	公正取引委員会	Fair Trade Commission／公正交易委员会／공정거래위원회／Ủy ban Giao dịch Công chính
◆産業		Industry／产业／산업／Ngành kinh tế
量産	大量生産	mass production／大量生产／대량 생산／sản xuất đại trà
特注	特別注文、特別発注	special order, special order／特别订货／특별 주문, 특별 발주／đặt hàng đặc biệt
空輸	空中輸送	air transport／空中运输／항공운송／vận tải hàng không
農協	農業協同組合	agricultural cooperative／农业协作组合／농업 협동조합／Hiệp hội Hợp tác Nông nghiệp
漁協	漁業組合	fishery cooperative／渔业合作社／어업 협동조합／Hiệp hội Ngư nghiệp
◆国際		International／国际／국제／Quốc tế
軍縮	軍備縮小	disarmament／裁减军备／군비축소／cắt giảm quân bị
軍拡	軍備拡大	expansion of armaments／扩充军备／군비 확대／tăng cường quân bị
国連	国際連合	United Nations／联合国／유엔／Liên Hợp Quốc
安保理	安全保障理事会	UN Security Council／（联合国）安全理事会／안전보장이사회／Hội đồng Bảo an Liên Hợp Quốc
◆文化		Culture／文化／문화／Văn hóa
国体	国民体育大会	National Athletic Meet／国民体育大会／국민 체육 대회／Đại hội Thể thao Toàn quốc
重文	重要文化財	Important Cultural Property／重要文化遗产, 重点文物／중요 문화재／di sản văn hóa quan trọng
民放	民間放送	commercial broadcasting／民营广播电视／민간 방송／truyền thông tư doanh
◆生活		Daily Life／生活／생활／Cuộc sống sinh hoạt
家電(品)	家庭用電気製品	home electronic goods／家用电器／가정용 전기 제품／đồ điện gia dụng
通販	通信販売	mail order／邮购, 函售／통신 판매／bán hàng qua bưu điện
車検	自動車検査	vehicle inspection, MOT／汽车检查／자동차 검사／kiểm tra ô tô
原付	原動機付き自転車	moped, scooter／小型摩托车／스쿠터／xe gắn máy
自販機	自動販売機	vending machine／自动售货机／자동 판매기／máy bán tự động
生協	生活協同組合	co-operative association/store (co-op)／生活协同组合／생활 협동조합／Hợp tác xã đời sống
特保	特別保健用食品	Food for Specified Health Uses (FOSHU)／特别保健用食品／특별 보건용 식품／Thực phẩm sức khỏe chuyên dụng

Unit 10 カタカナB 801〜850

練習問題

レベル ★★★☆

Ⅰ （　　）に助詞を書きなさい。

1．理想（　　）現実（　　）のギャップ
2．店のホームページ（　　）アクセスする。
3．面接官（　　）自分（　　）アピールする。
4．調査結果（　　）協力者（　　）フィードバックする。

Ⅱ 「〜する」の形になる言葉に○を付けなさい。

アピール　アクセス　サイクル　シフト　ソフト　チェンジ　クリアー　Uターン

Ⅲ ナ形容詞になる言葉に○を付けなさい。

インパクト　カジュアル　ピーク　シンプル　セーフ　ドライ　シビア　ピンチ
ソフト　パワー　ダイナミック　ニュアンス　スムーズ　コントラスト　クリアー

Ⅳ 「〜がある⇔ない」の形になる言葉に○を付けなさい。

パワー　バイタリティー　クライマックス　インパクト　マンネリ　スタミナ
ポリシー　テクニック　バラエティー　フォーマル　ギャップ　アクセス

Ⅴ 対義語を書きなさい。

1．カジュアルな ⇔（　　　　）　2．ソフトな ⇔（　　　　）
3．ウェットな ⇔（　　　　）　4．セーフ ⇔（　　　　）

Ⅵ （　　）に下から選んだ語を書いて、一つの言葉にしなさい。

1．ドライ（　　　　）　2．ソフト（　　　　）
3．ベース（　　　　）　4．ハード（　　　　）
5．ラスト（　　　　）　6．イメージ（　　　／　　　）
7．バラエティー（　　　　）　8．シミュレーション（　　　　）
9．（　　　　）アピール　10．（　　　　）サイクル　11．（　　　　）タイミング

アップ	グッド	クリーニング	ゲーム	スケジュール	
スパート	チェンジ	ドリンク	ライフ	自己	番組

（二度使う語もある）

Ⅶ 正しい言葉を〔　　〕の中から一つ選びなさい。

1．コントラストが〔 高い　強い　明るい 〕。　2．サイクルが〔 大きい　強い　長い 〕。
3．ギャップが〔 大きい　強い　早い 〕。

Ⅷ　似た意味の言葉を下から選んで（　　　）に書きなさい。

1．テクノロジー —（　　　　　）　2．シミュレーション —（　　　　　）

3．メカニズム　—（　　　　　）　4．フォーム　—（　　　　　）

5．プロセス —（　　　）　6．サイクル —（　　　）　7．ポリシー —（　　　）

科学技術　過程（かてい）　周期　仕組み　書式　信念　模擬（もぎ）実験

Ⅸ　一緒（いっしょ）に使う言葉を下から選んで（　　　）に書きなさい。

A　1．（　　　　　）な評価　2．（　　　　　）な口調（くちょう）　3．（　　　　　）な料理

4．（　　　　　）な進行　5．（　　　　　）な画面　6．（　　　　　）な性格

7．（　　　　／　　　　／　　　　／　　　　）な考え方

クリアー　シビア　シンプル　ステレオタイプ　スムーズ　ソフト　ドライ

（二度使う語もある）

B　1．カジュアルな（　　　　　）　2．ダイナミックな（　　　　　）

3．声の（　　　　　）　4．言葉の（　　　　　）

5．エアコンの（　　　　　）　6．新商品の（　　　　　）

動き　コンセプト　トーン　ニュアンス　フィルター　服装

C　1．ピークに（　　　）。　2．スタミナが（　　　）。　3．スタミナを（　　　）。

4．レッテルを（　　　）。　5．ポーズを（　　　）。　6．インフラを（　　　）。

7．ピンチに（　　　）。

陥（おちい）る　切れる　達する　つける　整（ととの）える　取る　張（は）る

D　1．（　　　　　）が合う。　2．（　　　　　）を受ける。

3．（　　　　／　　　　）に富（と）む。　4．条件を（　　　　　）する。

5．故郷に（　　　　　）する。　6．（　　　　　）を埋（う）める。

インパクト　ギャップ　クリアー　バイタリティー　バラエティー　フィーリング　Uターン

Ⅹ　（　　　）に入る言葉を下から選んで書きなさい。

1．このドラマは５年も続いているので、そろそろ（　　　　　）化してきた。

2．議論しているうちに、問題点が（　　　　　）になってきた。

3．仕事を通していろいろな（　　　　　）を築（きず）くことができた。

4．工場は３交替（こうたい）勤務で、（　　　　　）が決まるのは１カ月前だ。

5．いつ新商品を売り出すか、（　　　　　）をはかっている。

6．（　　　　　）というのは社会的性別という意味で、比較的新しい概念だ。

7．あの音楽ホールは（　　　　　）が悪くて不便だ。

アクセス　クリアー　ジェンダー　シフト　タイミング　ネットワーク　マンネリ

Unit 06 10 カタカナA・B 481〜530/801〜850

確認問題

レベル ★★★☆

Ⅰ （　　）に入れるのに最も よいものを、a・b・c・dから一つ選びなさい。

1．真空（　　　）になっている食品は、長期にわたって保存できる。
　a　パック　　b　バッグ　　c　グッズ　　d　パネル

2．（　　　）にとらわれず、自分の目でよく見て判断することが大切だ。
　a　イニシャル　　b　レッテル　　c　フォーム　　d　ポーズ

3．あの大学は世界的にみても（　　　）の高い大学だ。
　a　リスト　　b　パワー　　c　シビア　　d　ランク

4．地震発生の（　　　）がわかれば、予知もできるのだろうか。
　a　テクニック　　b　テクノロジー　　c　メカニズム　　d　ダイナミック

5．私にとって犬のジョンはペットではなく、人生の（　　　）だ。
　a　ヒーロー　　b　ファン　　c　フリーター　　d　パートナー

6．優勝チームはオープンカーで大通りを（　　　）することになっている。
　a　アピール　　b　パレード　　c　デビュー　　d　ライブ

7．今回の出張のスケジュールは（　　　）だ。
　a　ソフト　　b　セーフ　　c　ハード　　d　チェンジ

8．農家は自然の（　　　）に合わせて働いている。
　a　プロセス　　b　サイクル　　c　ペース　　d　ピーク

9．政府は節電を促す（　　　）を大々的に行った。
　a　キャンペーン　　b　フェスティバル　　c　ディスプレイ　　d　シンポジウム

10．競争は（　　　）条件で行われなければならない。
　a　ドライな　　b　ダブルの　　c　フォーマルな　　d　フェアな

Ⅱ ＿＿＿の言葉に意味が最も近いものを、a・b・c・dから一つ選びなさい。

1．この料理、とてもおいしいね。<u>ヘルシー</u>だし。
　a　量が多い　　b　日本的　　c　健康的　　d　スパイシー

2．あの二人の考え方には大きな<u>ギャップ</u>がある。
　a　欠点　　b　溝　　c　共通点　　d　壁

3．地震で、<u>電気、ガス、水道などの設備</u>が破壊（はかい）された。
　a　インフラ　　b　ネットワーク　　c　フィードバック　　d　シミュレーション

4．交渉は初めから<u>スムーズに</u>進んだわけではない。
　a　滞りなく　　b　タイミングよく　　c　さわやかに　　d　滑らずに

5．必要なものだけを持つ、<u>シンプルな</u>暮らしがしたい。
　a　貧しい　　b　単純な　　c　ぜいたくな　　d　簡素な

Ⅲ　次の言葉の使い方として最もよいものを、a・b・c・dから一つ選びなさい。

1．マンネリ

a　いつも同じ水準でマンネリの作品を書き続けるのは難しい。

b　あの選手は最近マンネリなのか、あまり活躍していない。

c　以前はヒット作をたくさん作ったあの作曲家も、最近はマンネリ気味だ。

d　特別なことがないマンネリの日こそ、幸せなのかもしれない。

2．マイペース

a　彼はマイペースではあるが、着実に力を付けている。

b　彼はマイペースに周りを引き込む力を持っている。

c　そんなにマイペースで書かずに、時間内に終わるようにしなさい。

d　彼はとてもマイペースな性格なので、多くの人から愛されている。

3．ラスト

a　数学の成績は私がラストだった。

b　あの映画のラストは、映画史に残る傑作（けっさく）だ。

c　人生のラストはふるさとに帰って暮らしたい。

d　テストはラストまであきらめず、粘るべきだ。

4．ボリューム

a　脂肪はボリュームに結びつきやすいので、取り過ぎてはいけない。

b　先月は支出のボリュームが大きかったので、今月は節約しよう。

c　このレポートは長さはともかく、内容のボリュームが足りない。

d　聴解テストの音声が聞こえにくかったので、ボリュームを上げてもらった。

5．インパクト

a　台風10号は各地に大きなインパクトを与えた。

b　お世話になった先生が重病と聞き、インパクトを受けた。

c　彼らの音楽は多くの若者に強いインパクトを与えた。

d　乗っていた車がトラックに追突され、全身にインパクトを受けた。

Unit 11 形容詞 B　851 ～ 930

レベル ★★★☆

70

851 **けいそつな**　軽率な　rash, hasty／轻率, 草率／경솔한／khinh suất, thiếu suy nghĩ

・先生とけんかして高校をやめたのは、**軽率だ**ったと思う。　・**軽率な**行為(こうい)

合 軽率さ　対 慎重(しんちょう)な　類 軽(かる)はずみな

852 **たいまんな**　怠慢な　negligent／懈怠／태만한／lơ là, tắc trách

・対策(たいさく)をとるのが遅れ、被害が増大したのは行政(ぎょうせい)の**怠慢(たいまん)だ**。

・会社は職務に**怠慢(たいまん)な**社員のリストラを検討している。

合 怠慢(たいまん)さ、職務怠慢(たいまん)　関 ヲ怠(なま)ける

853 **いいかげんな**　いい加減な　irresponsible, careless, good, enough／马马虎虎, 差不多, 算了吧, 相当／무책임한, 어지간히, 작작, 적당히／tắc trách, bừa bãi, thích hợp, đủ

①・あの人は仕事が**いい加減で**困る。　・「**いい加減な**ことを言うな」

合 いい加減さ　関 無責任な、安易(あんい)な、投げやりな

②・「遅くなったから、**いい加減な**ところで帰ろう」

③・「人に甘えるのも**いい加減に**しろ」

慣 いい加減にする

④[副 いいかげん]・毎日同じような食事で、**いいかげん**飽(あ)きた。

854 **なげやりな**　投げやりな　careless, irresponsible／草率, 不负责任／무책임한, 될 대로 되라는 식의／tắc trách

・「もうどうなってもいい」という**投げやりな**考え方はよくない。

・彼はこの頃(ごろ)仕事が**投げやりだ**。　・**投げやりな**態度(たいど)を取る。

関 いい加減な、無責任な

855 **そっけない**　素っ気ない　curt／冷淡／무뚝뚝한, 쌀쌀한, 퉁명스러운／lãnh đạm, thờ ơ

・私が愛想(あいそ)よく話しかけても、彼女は**素っ気(そけ)なく**「うん」と言っただけだった。

・**素っ気(そけ)ない**態度(たいど)を取る。　・**素っ気(そけ)ない**返事

合 素っ気(そけ)なさ　類 すげない、冷たい、よそよそしい

856 **ひややかな**　冷ややかな　cold／冷淡, 冷静／차가운, 냉정한／lạnh lùng

・彼女は自分を裏切(うらぎ)った友人を、**冷ややかに**見つめた。　・**冷ややかな**態度(たいど)をとる。

合 冷ややかさ　類 冷淡(れいたん)な、冷たい

857 **なれなれしい**　over-familiar／过分亲密／버릇없다, 매우 친한 척하다／suồng sã

・初対面(しょたいめん)の人に、あまり**なれなれしく**話すものではない。　・**なれなれしい**口をきく。

合 なれなれしさ、なれなれしげな

858 みっともない unseemly, unbecoming／不像样, 不体面／보기 흉하다, 꼴이 사납다／đáng xấu hổ, khó coi

・電車の中で口を開けて寝るなんて、**みっともない**。 ・「そんな**みっともない**格好(かっこう)をするな」

・日本代表チームなのだから、**みっともない**負け方はできない。

合 みっともなさ　類 格好(かっこう)悪い

859 たくましい sturdy, resolute, robust／健壮, 坚强／늠름하다, 씩씩하다, 왕성하다／tráng kiện, kiên cường, tràn trề

①・運動選手だけあって、彼は**たくましい**体つきをしている。

合 筋骨(きんこつ)＿

②・戦後の混乱期を、母は**たくましく**生き抜いた。 ・商魂(しょうこん)**たくましい**売り込み

合 商魂(しょうこん)＿　関 したたかな☞909　慣 想像をたくましくする

合 ①②たくましさ

860 すこやかな　健やかな healthy／健康／건강한／khỏe mạnh, lành mạnh

・赤ん坊は両親の愛情のもとで**健(すこ)やかに**育った。 ・**健(すこ)やかな**{体／心…}

合 健(すこ)やかさ

861 むじゃきな　無邪気な innocent／天真烂漫, 幼稚／천진한／trong trắng, ngây thơ

・赤ん坊の**無邪気(むじゃき)な**笑顔(えがお)を見ていると、こちらも元気づけられる。

・親が死んだことが理解できず、子供は**無邪気(むじゃき)に**遊んでいた。

合 無邪気(むじゃき)さ

862 むしんけいな　無神経な thick-skinned, immune／不顾及别人, 反应迟钝／무신경한／vô ý, vô tâm, không để ý

①・大学に落ちた人の前で、自分の合格を大喜びするのは**無神経だ**。

・**無神経な**{人／言葉…}

②・騒音(そうおん)の中で暮らしていると、音に対して**無神経に**なる。

類 鈍感な

合 ①②無神経さ

863 むぞうさな　無造作な casual／随随便便, 随意／손쉽게, 아무렇게나／hờ hững, tùy tiện

・彼は１万円札１０枚を、**無造作に**ポケットに突っ込んだ。

・重要書類が**無造作に**机の上に置いてあったので、引き出しにしまった。

864 ゆうがな　優雅な elegant, refined／优雅／우아한／phong nhã, thanh tao

・女王は歩き方も話し方も**優雅(ゆうが)だ**。 ・{白鳥(はくちょう)／富士山(ふじさん)…}の**優雅(ゆうが)な**姿(すがた)

・**優雅(ゆうが)に**踊る。 ・**優雅(ゆうが)な**生活

合 優雅(ゆうが)さ　類 優美(ゆうび)な

865 **みごとな**　見事な　admirable, total, complete／精彩, 完全／뛰어난, 훌륭한, 멋진／điêu luyện, tuyệt vời, hoàn toàn

①・職人の**見事な**腕前に、見ていた人々から拍手が湧いた。
・大会初出場のＡチームの活躍は**見事だ**った。　・**見事な**{演奏／技術／作品／景色…}
・高田さんは難しい国家試験に、**見事(に)**１回で合格した。
合 見事さ　類 すばらしい　関 鮮やかな☞200

②・練習ではうまくいっていたのだが、本番ではものの**見事に**失敗してしまった。
慣 ものの見事に

866 **もうしぶんない**　申し分ない　no objection, does not require comment／无异议／나무랄 데 없다, 더할 나위 없다／miễn chê, không phải bàn

・佐藤氏なら、知名度といい経歴といい、市長候補として**申し分ない**。
・その学生は**申し分(の)ない**成績を収めた。

867 **もはんてきな**　模範的な　exemplary／模范的／모범적인／mẫu mực, kiểu mẫu

・彼は成績もよく、**模範的な**学生だ。
・**模範的な**{態度／答え…}

★名 **模範**

・全校の**模範**となる。　・教師が生徒に**模範**を示す。
合 ＿解答、＿演技　類 手本

868 **まめな**　diligent／勤快, 经常／부지런한／chăm chỉ, siêng năng

・祖母の健康の秘訣は、**まめに**体を動かすことだそうだ。
・私はいろいろな会合に、**まめに**顔を出す方だ。
・「20年、毎日日記をつけています」「**まめですね**え」
合 まめさ、筆＿(⇔筆無精ナ)

869 **えんかつな**　円滑な　smooth／顺利, 圆满／원활한／trôi chảy, thuận lợi

・Ｂ社との交渉は**円滑に**運んだ。　・今日の会議は長かった。もっと**円滑な**運営を望む。
合 円滑さ　類 スムーズな☞848　関 滑らかな☞201

870 **じんそくな**　迅速な　swift, rapid／迅速／신속한／nhanh chóng

・事故が発生した際には、**迅速な**対処が望まれる。　・問題を**迅速に**解決する。
・「時間がないので、**迅速に**行動してください」
合 迅速さ、迅速性　類 素早い☞872、速やかな、スピーディーな

871 **すみやかな**　速やかな　speedy, quick／迅速／신속한, 빠른／nhanh chóng

・「地震の揺れが収まったら、**速やかに**屋外へ避難してください」
・近所で強盗事件が発生した。**速やかな**解決を望みたい。
合 速やかさ　類 素早い、スピーディーな、迅速な

872 **すばやい**　素早い　fast, quick／快速, 敏捷／재빠르다, 민첩하다／mau lẹ

・どちらの条件が有利か、彼は頭の中で**素早く**計算した。

・「もう着替えたの？　**素早い**！」　・**素早い**{動き／行動／処置…}

合 素早さ　類 迅速な☞870、スピーディーな

873 **びんしょうな**　敏しょうな　nimble, agile／敏捷／민첩한／nhanh nhẹn

・山下選手は体は小さいが、**敏しょうな**動きで次々とゴールを決めた。

合 敏しょうさ　対 鈍重な　類 機敏な、敏速な、素早い

874 **しょうさいな**　詳細な　detailed／详细／상세한／tường tận, chi tiết

・あの作家は事実を**詳細に**調べた上で小説を書くそうだ。　・部下に**詳細な**報告を求める。

類 詳しい　名 詳細（・事件の**詳細**については、現在捜査中だ。）

875 **ちみつな**　緻密な　carefully thought out, accurate／细致, 细密, 周到／세밀한／tỉ mỉ, chu đáo, chặt chẽ

・私は**緻密に**計画を立てて行動する方だ。　・**緻密な**{計算／研究…}

合 緻密さ、緻密性　類 綿密な　関 精密な☞204

876 **まれな**　rare, uncommon／稀少, 稀罕／드문／hiếm, hi hữu

・最近忙しく、12時前に帰れることは**まれだ**。

・温暖なこの地方でも、**まれに**は雪が降ることもある。

・田中君は近ごろ**まれな**、礼儀正しい好青年だ。　・彼女は**まれに**見る天才だ。

連 まれに見る＋[名詞]　類 めったにない　慣 世にもまれな、近ごろまれな

877 **ひそかな**　secret, private／秘密／은밀한,은근한, 남 모르는／lén lút, kín đáo

・同僚が会社の機密書類を**ひそかに**持ち出していたことが発覚した。

・電車の中の人を観察してあれこれ想像するのが、私の**ひそかな**楽しみだ。

関 ひそやかな、こっそり

878 **こまやかな**　細やかな　heartfelt／细致／세심한, 두터운／tinh tế

・この旅館は部屋にも料理にも、**こまやかな**サービスが行き届いている。

・**こまやかな**{愛情／配慮／心遣い…}

合 こまやかさ

879 **ささやかな**　modest／细小, 略表心意的小东西／변변치 못한, 자그마한／nhỏ, giản dị

・お世話になったお礼に、**ささやかな**贈り物をした。

・先日、1年目の結婚記念日を**ささやかに**祝った。

※謙遜して言うときにも使う。　合 ささやかさ　関 ちょっとした

880 **ささいな**　trivial／微不足道／사소한／nhỏ bé, vụn vặt

・昨日、**ささいな**ことから母とけんかになってしまった。

連 __こと、__問題　類 小さな

881 **せつじつな　　切実な**　urgent, serious／切身, 迫切／절실한／thiết thực, cấp bách

①・子供が小さいので、受験はまだそれほど**切実な**問題ではない。

・先進国では、少子高齢化が**切実な**問題となっている。

類深刻な　関重大な

②・自分がけがをして、バリアフリーの必要性を**切実に**感じた。

類痛切な

合①②切実さ

882 **つうせつな　　痛切な**　keenly, acute, deep／深切／통절한, 절실한／thấm thía

・病気のときなどは、家族のありがたさを**痛切に**感じる。

類切実な　関痛烈な

883 **せつない　　切ない**　heartrending, distressing／心痛, 悲伤／애달프다, 안타깝다／nghẹn lòng, bi thương

・お金がない我が家のことを思って何もほしがらない娘の気持ちを考えると、**切なく**なる。

・この映画は少女の**切ない**恋を描いている。

合切なさ

884 **うっとうしい**　irritating, depressing／麻烦, 郁闷, 不舒服／후텁지근하다, 귀찮다／buồn chán, u buồn, khó chịu

・梅雨時は気温も湿度も高くて**うっとうしい**。　・鼻が詰まって、**うっとうしい**気分だ。

・長い髪が**うっとうしい**ので短く切った。

合うっとうしさ　類不快な

885 **わずらわしい　　煩わしい**　complicated, troublesome／麻烦, 琐碎／번거롭다／phiền toái

・若い頃は隣近所との付き合いが**煩わしかった**が、今ではその大切さがわかる。

・保険金の請求には**煩わしい**手続きが必要だった。

合煩わしさ　類面倒な、厄介な　動ヲ煩わす（・心を**煩わす**。　・人の手を**煩わす**。）

886 **やっかいな　　厄介な**　troublesome, bothersome／麻烦, 难办, 照料／성가시다, 폐／phiền phức, (làm) phiền

①・よくクレームをつける客が、今度は我が社を訴えると言ってきた。**厄介な**ことになった。

合厄介さ　類面倒な

②[名厄介]・「すみません、一晩ご**厄介**になります」　・親に**厄介**をかけた。

連＿になる、＿をかける　類面倒、世話

887 **たやすい**　easy, simple／容易, 不难, 轻易／쉽다／dễ dàng

・毎日運動した方がいいとわかってはいても、実行するのは**たやすい**ことではない。

・私がなかなか身に付けられない技術を、友人は**たやすく**身に付けてしまった。

合たやすさ　対難しい　類易しい、簡単な

888 **おもわしい**　**思わしい**　satisfactory／令人满意／탐탁하다／như mong muốn

・メールによると、祖父の病状は**思わしくない**そうだ。

・努力しているつもりだが、なかなか**思わしい**結果が得られない。

※否定的な内容の文で使う。

889 **なやましい**　**悩ましい**　difficult, seductive／烦恼, 迷人／괴롭히다, 매혹적인／nan giải, quyến rũ

①・共働き(ともばたら)きの女性にとって、仕事と家庭の両立は**悩ましい**問題だ。

②・この絵の女性は**悩ましい**ポーズでこちらを見つめている。

合 ①②悩ましさ、悩ましげな

890 **てもちぶさたな**　**手持ち無沙汰な**　being at a loose end／闲得无聊／무료한／không có gì để làm

・定年退職後、家にいても**手持ち無沙汰(てもぶさた)で**落ち着かない。

コラム 21 三権分立(さんけんぶんりつ)【行政(ぎょうせい)】

Separation of the Three Branches of Government: Administrative／三权分立 "行政"／삼권 분립【행정】／Tam quyền phân lập (hành chính)

◆国(くに)	State／国家／나라, 국가／Quốc gia
内閣総理大臣(ないかくそうりだいじん)＝首相(しゅしょう)	Prime Minister／内阁总理大臣 (相当于中国的 "国务院总理") =首相／내각 국무총리=수상／Thủ tướng
国務大臣(こくむだいじん)	Minister of State／国务大臣, 内阁各部部长／국무총리／Bộ trưởng quốc vụ
中央省庁(ちゅうおうしょうちょう)	Central Government／中央省厅／중앙 관청／các ban bộ trung ương
内閣府(ないかくふ)	Cabinet Office／内阁府 (相当于中国的 "国务院办公厅") ／내각부／Văn phòng nội các
法務省(ほうむしょう)	Ministry of Justice／法务省 (相当于中国的 "司法部") ／법무성／Bộ Pháp vụ
外務省(がいむしょう)	Ministry of Foreign Affairs／外务省 (相当于中国的 "外交部") ／외무성／Bộ Ngoại giao
財務省(ざいむしょう)	Ministry of Finance／财务省 (相当于中国的 "财政部") ／재무성／Bộ Tài chính
文部科学省(もんぶかがくしょう)	Ministry of Education, Culture, Sports, Science and Technology／文部科学省 (相当于中国的 "教育部", "科学技术部", "文化部") ／문부과학성／Bộ Giáo dục, Văn hóa, Thể thao, Khoa học và Kỹ thuật
厚生労働省(こうせいろうどうしょう)	Ministry of Health, Labour and Welfare／厚生劳动省 (相当于中国的 "劳动和社会保障部", "卫生部") ／후생노동성／Bộ Y tế, Lao động và Phúc lợi
農林水産省(のうりんすいさんしょう)	Ministry of Agriculture, Forestry and Fisheries／农林水产省 (相当于中国的 "农业部", "水利部") ／농림수산성／Bộ Nông lâm thủy sản
経済産業省(けいざいさんぎょうしょう)	Ministry of Economy, Trade and Industry／经济产业省 (相当于中国的 "国家经济贸易委员会") ／경제산업성／Bộ Kinh tế, Thương mại và Công nghiệp
国土交通省(こくどこうつうしょう)	Ministry of Land, Infrastructure, Transport and Tourism／国土交通省 (相当于中国的 "国土资源部", "交通部", "铁道部", "建设部" ／국토교통성／Bộ Đất đai, Giao thông và Du lịch
環境省(かんきょうしょう)	Ministry of the Environment／环境省 (相当于中国的 "国家环境保护总局") ／환경성／Bộ Môi trường
総務省(そうむしょう)	Ministry of Internal Affairs and Communications／总务省 (相当于中国的 "民政部") ／총무성／Bộ Nội vụ và Thông tin truyền thông
◆地方(ちほう)	Regions／地方／지방／Địa phương
地方公共団体(ちほうこうきょうだんたい)（＝地方自治体(ちほうじちたい)）	regional public body (local government/authority)／地方公共团体 (=地方政府) ／지방자치단체／đoàn thể công cộng địa phương (chính quyền địa phương)
一都一道二府四十三県(いっといちどうにふよんじゅうさんけん)	the whole country (all prefectures)／一都一道二府四十三县／일도 일도 이부 사십삼현／một đô, một đạo, hai phủ và bốn mươi ba tỉnh
市区町村(しくちょうそん)	cities, wards, towns and villages／市区镇村／시구정촌／thành phố, quận, thị xã, làng

Unit 11 形容詞B 練習問題 851～890

レベル ★★★☆

Ⅰ 似た意味の言葉を下から選んで（　　）に書きなさい。

1．円滑（えんかつ）な ―（　　　　　　）　2．迅速（じんそく）な ―（　　　　　　）
3．詳細（しょうさい）な ―（　　　　　　）　4．まれな ―（　　　　　　）
5．厄介な ―（　　　　　　）

くわしい　すみやかな　スムーズな　めったにない　めんどうな

Ⅱ 人の性格や様子を表す言葉に○を付けなさい。

たやすい　素（そ）っ気（け）ない　たくましい　なれなれしい　わずらわしい　まめな
円滑（えんかつ）な　投げやりな　冷（ひ）ややかな　いい加減（かげん）な

Ⅲ もの（ごと）の様子を表す言葉に○を付けなさい。

詳細（しょうさい）な　迅速（じんそく）な　健（すこ）やかな　切ない　緻密（ちみつ）な　ささいな　ささやかな
無邪気（むじゃき）な　無神経な

Ⅳ 一緒（いっしょ）に使う言葉を下から選んで書きなさい。

1．無邪気（むじゃき）な（　　　　　）　2．ささやかな（　　　　　）
3．敏（びん）しょうな（　　　　　）　4．みっともない（　　　　　）
5．こまやかな（　　　　　／　　　　　）

動き　笑顔（えがお）　贈（おく）り物（もの）　かっこう　心づかい

（二度使う語もある）

Ⅴ 一緒（いっしょ）に使う言葉を下から選んで書きなさい。

1．（　　　　／　　　　／　　　　／　　　　）問題
2．（　　　　／　　　　／　　　　／　　　　）態度
3．（　　　　　）体つき　4．（　　　　　）行為
5．（　　　　　）目で見る。　6．（　　　　　）毎日を送る。

軽率（けいそつ）な　ささいな　すこやかな　切実な　そっけない　たくましい 投げやりな　悩ましい　なれなれしい　冷（ひ）ややかな　やっかいな

（二度使う語もある）

Ⅵ　正しい言葉を〔　　　〕の中から一つ選びなさい。

1．実験は〔　見事に　申し分なく　〕失敗してしまった。
2．パンが〔　無造作に　無神経に　〕テーブルに置いてある。
3．数学の問題を〔　素早く　敏しょうに　〕解いた。
4．〔　ささいな　ささやかな　〕ことでけんかになった。
5．梅雨で〔　うっとうしい　わずらわしい　〕天気が続いている。
6．少子高齢化への対策が〔　痛切に　切実に　〕求められている。
7．〔　精密な　緻密な　〕スケジュールを立てた。
8．一人の〔　軽率な　怠慢な　〕言動が、全体の問題に発展した。

Ⅶ　(　　　)に入る言葉を下から選び、適当な形にして書きなさい。

A
1．長年の習慣を変えるのは(　　　　　　　　　　)ことではない。
2．入院している祖父の病状は(　　　　　　　　　　)そうだ。
3．バレリーナは、うっとりするほど(　　　　　　　　　　)踊った。
4．発足時から今まで、会の運営は(　　　　　　　　　　)進んでいる。
5．祖母は、毎日(　　　　　　　　　　)体を動かして健康を保っている。
6．田中選手は、敵のゴールに(　　　　　　　　　　)シュートを決めた。
7．「火災の場合は、非常口から(　　　　　　　　　　)避難してください」
8．この薬は安全だが、(　　　　　　　　　　)アレルギーを起こすことがある。
9．もう楽しかった昔には戻れないと思うと(　　　　　　　　　　)気持ちになる。
10．山本さんは誰にも言わないで(　　　　　　　　　　)転職の準備を進めていた。
11．あの先生は(　　　　　　　　　　)学生には特に評価が厳しい。

えんかつな　おもわしい　すみやかな　せつない　たいまんな
たやすい　ひそかな　まめな　まれな　みごとな　ゆうがな

B
1．彼は優等生で、学業も行動も(　　　　　　　　　　)。
2．知らない人が、妙に(　　　　　　　　　　)話しかけてきた。
3．彼女は困難を乗り越えて(　　　　　　　　　　)生きてきた。
4．テストが早く終わりすぎて、残りの時間はとても(　　　　　　　　　　)。
5．(　　　　　　　　　　)ことを言って友達を傷つけてしまった。
6．彼は何も言わず、(　　　　　　　　　　)目で私を見ただけだった。
7．手続きが(　　　　　　　　　　)ので、奨学金を申し込まないでいる。
8．私はチャンピオンなのだから、(　　　　　　　　　　)試合はできない。
9．「以上が大体のご説明です。(　　　　　　　　　　)は追ってお知らせします」
10．新しい部屋はすばらしくて、間取りから設備に至るまで(　　　　　　　　　　)。

しょうさいな　たくましい　てもちぶさたな　なれなれしい　ひややかな
みっともない　むしんけいな　もうしぶんない　もはんてきな　わずらわしい

891 あわい　淡い　pale, light, faint／浅, 淡, 些微, 清淡／연하다, 옅다, 덧없다／xanh xao, nhạt, mong manh

①・彼女は**淡い**色が似合う。　・**淡い**{色／光／香り…}

対 濃い、強い、濃厚な

②・もしかしたら合格できたかもしれないと**淡い**期待を抱いたが、やはり不合格だった。

連 __期待　類 はかない☞893

合 ①②淡さ

892 たんぱくな　淡白／淡泊な　plain, simple, frank／清淡, 淡泊, 坦率／담백한, 욕심이 없는／thanh, đạm bạc, đơn giản

①・一般に、年を取ると**淡白な**味を好むようになると言われる。

対 濃厚な、濃い　類 さっぱりした、あっさりした

②・上原さんは金銭に**淡白な**人だ。　・**淡白な**性格

類 さっぱりした、執着しない

合 ①②淡白さ

893 はかない　ephemeral, fleeting, momentary／短暂, 不可靠／덧없다, 헛되다／nhỏ bé, ngắn ngủi, mong manh

①・大自然の前では人間など**はかない**存在だ。　・**はかない**命

・日本で桜が愛されているのは、その**はかなさ**ゆえだ。

合 はかなさ、はかなげな

②・「もしかしたら」と**はかない**望みを抱いたが、夢に終わってしまった。

類 淡い☞891

894 あっけない　hollow, disappointing／太简单, 没意思／싱겁다, 어이없다, 맥없다／quá dễ dàng, nhạt nhẽo

・接戦が予想されたが、Ａチームは**あっけなく**負けてしまった。

・「あの映画、途中までは面白かったけど、終わりが**あっけなかった**ね」

合 あっけなさ　関 あっさり、もの足りない

895 むなしい　futile／徒然, 落空, 空虚／헛되다, 공허하다／vô ích, vô nghĩa, vô vọng, vô vị

①・政府の方針がすでに固まっているのなら、審議会で議論することなど**むなしい**。

・船長は船を救うために、**むなしい**努力を続けた。

・国民の願いも**むなしく**、オリンピック誘致は失敗した。

連 __努力　関 かいがない

②・「人生とは**むなしい**ものだ」というのが、この物語のテーマだ。

・**むなしい**{人生／言葉…}

類 空虚な

合 ①②むなしさ

896 **なだらかな** gently (sloping)／坡度小, 平稳／완만한／thoai thoải

・**なだらかな**山道を１時間ほど歩くと頂上に出た。　・**なだらかな**{坂道／傾斜／丘陵地帯…}

合なだらかさ　対急な、険しい、きつい

類ゆるやかな　※「なだらかな」は垂直方向の傾斜に使うことが多い。

897 **ゆるやかな**　**緩やかな** gentle, slow, lenient, loose／缓慢, 宽松／완만한, 느슨한／ít gấp, ít dốc, từ từ, lỏng lẻo

①・海岸線はこの辺りで**緩やかに**カーブしている。

・**緩やかな**{傾斜／起伏／曲線…}

対きつい、急な　類なだらかな

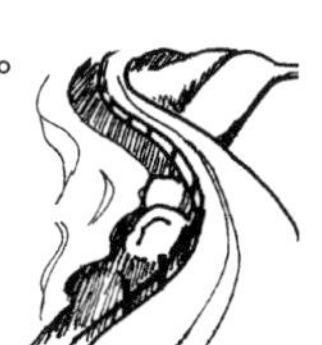

②・景気は**緩やかに**回復しつつある。

・**緩やかな**{流れ／テンポ／変化…}

対急な　類ゆっくりと(した)

③・うちの学校は規則が**緩やかな**方だ。

※プラスの意味で使う。　対厳しい

④・ローマ時代の衣服は**緩やかな**ものだった。

対きつい　類ゆったりした

合①～④緩やかさ　関①～④緩い

898 **のどかな** calm, peaceful／晴朗, 悠闲／화창한, 평화로운／yên ả đẹp trời, thanh bình

・**のどかな**春の一日、久しぶりに近所を散歩した。

・定年退職後田舎に帰った父は、「田舎の生活は**のどかで**いい」と言っている。

合のどかさ　関のんびりした

899 **なごやかな**　**和やかな** calm, harmonious／安详, 和谐／화기애애한／hòa nhã, ôn hòa

・両首脳の会談は**和やかな**雰囲気のうちに進んだ。　・**和やかに**話し合う。

合和やかさ　類穏やかな、柔らかい　関和気あいあい

動 が和む(・赤ん坊の笑顔を見ると、気持ちが**和む**。)

900 **しなやかな** flexible, supple／柔美, 优美／유연한, 우아한／mềm mại, duyên dáng

①・柳のような**しなやかな**木ほど折れにくい。　・**しなやかな**{布／体…}

・彼女の踊りは動きが**しなやかで**美しい。

②・彼は芸術家だけあって、考え方や感性が**しなやかだ**。

合①②しなやかさ　類①②柔らかい、柔軟な☞192

901 **かけがえのない** irreplaceable／无可替换的／둘도 없는／không gì thay thế

・**かけがえのない**地球をこれ以上汚してはならないと思う。

・事故で**かけがえのない**人を失った。

74

902 **かくべつな　格別な**　exceptional／特別／각별한／đặc biệt, khác biệt

・今回、**格別な**計(はか)らいにより、寺院内部のテレビ撮影(さつえい)が許された。

・同じ作者の小説の中でも、この作品の面白さは**格別だ**。

連 __計(はか)らい　類 特別な

903 **かっきてきな　画期的な**　ground-breaking／划时代的／획기적인／có tính đột phá

・印刷術は**画期的な**発明だった。

904 **ちょうほうな　重宝な**　convenient, useful／方便, 爱惜／편리한, 쓸모가 있는／tiện lợi

・電子レンジは**重宝な**調理器具だと思う。

合 重宝さ、ヲ重宝がる（・手先の器用な弟は、どこでも**重宝がられて**いる。）

動 ヲ重宝する（・「部屋が寒いので、いただいた膝掛(ひざか)けを**重宝して**います」）

905 **ぶなんな　無難な**　safe, bland／无可非议, 安全／무난한／bình an vô sự

①・あの政治家のスピーチは**無難な**だけで、魅力(みりょく)に欠ける。

※ややマイナスの意味で使う。

②・あの辺りは治安(ちあん)が悪いから、近づかない方が**無難だ**。

類 安全な

906 **かくいつてきな　画一的な**　standard／划一的／획일적인／mang tính đồng nhất

・**画一的な**教育では、個性的な人間には育ちにくい。　・考え方が**画一的だ**。

対 個性的な、独自の　関 画一性

907 **まぎらわしい　紛らわしい**　misleading, easy to confuse／容易混淆／헷갈리기 쉽다, 혼동하기 쉽다／dễ nhầm

・新しく作った会社に、大企業(だいきぎょう)と紛(まぎ)**らわしい**名前をつけるのは、いいこととは思えない。

・「あなたの書く“れ”の字は“わ”と**紛**(まぎ)**らわしい**から、気をつけてください」

合 紛(まぎ)らわしさ　関 ヲ紛(まぎ)らす☞1099

908 **なまぬるい　生ぬるい**　lukewarm, halfhearted／温吞, 不够严格／미지근하다, 미적지근하다／không đủ mát/ấm, nửa vời

①・今夜は暑く、窓を開けても**生ぬるい**風しか入ってこない。

・**生ぬるい**{お茶／スープ／ビール…}

関 生暖かい

②・あんな**生ぬるい**やり方では、いい選手は育たないだろう。

対 厳(きび)しい　関 生易しい

※①②マイナスの意味で使う。　合 ①②生ぬるさ

909 **したたかな**　strong-willed, determined／厉害, 顽强／강한, 씩씩한／mạnh mẽ, kiên cường

・彼女は弱そうに見えて、実はけっこう**したたかな**ところがある。

・混乱の時代を、彼は**したたかに**生き抜いた。

※マイナスの意味で使うことが多い。　合 したたかさ　関 たくましい☞859

910 **もろい** fragile, brittle, weak／脆, 脆弱／약하다, 부서지기 쉽다／dễ gãy, bở, yếu đuối

①・年を取ると骨が**もろく**なる。　・この石は**もろく**て崩(くず)れやすい。

②・彼は強そうに見えて、精神的に**もろい**面がある。

・父は情に**もろく**、頼まれると断れない性格だ。

合 涙__

合 ①②もろさ

911 **あやうい**　危うい precarious, dangerous, narrowly／危险, 差点儿, 好容易／위태롭다, 위험하다, 하마터면, 간신히／mong manh, hiểm nghèo, suýt, trong gang tấc

①・今度の衆議院選挙(しゅうぎいんせんきょ)では、あの元大臣(もとだいじん)も当選が**危うい**そうだ。

・線路に落ちそうになったが、駅員に**危うい**ところを助けてもらった。

②・道路が渋滞(じゅうたい)し、**危うく**飛行機に乗り遅れるところだった。

類 あわや ☞ 1141

合 ①②危うさ　類 ①②危ない　※「危うい」の方が硬(かた)い言葉。

③・飛行機に乗り遅れるかと思ったが、**危うく**間に合った。

類 かろうじて ☞ 1139

912 **ややこしい** complicated／复杂／까다롭다, 복잡하다／phức tạp

・この数学の問題は、解き方は難しくないが、計算が**ややこしい**。

・「私の祖父の妹が彼女のおばさんだから、彼女と私の関係は……ああ、**ややこしい！**」

※会話的な言葉。　合 ややこしさ　類 複雑な

913 **まちまちな** diverse／形形色色／가지각색이다, 제각각이다／đa dạng

・この街(まち)は建物の大きさも色も**まちまちで**、統一感(とういつかん)に欠ける。

・この会社には服装の規定が無く、社員たちは**まちまち**{**な**／の}服装で働いている。

類 いろいろな、さまざまな　関 ばらばらな

914 **なまなましい**　生々しい raw, graphic, vivid／活生生／생생하다／mới nguyên, trần trụi, sống động

①・けがをした友人を見舞いに行くと、まだ傷跡(きずあと)も**生々しく**、痛そうだった。

②・戦場カメラマンの**生々しい**話を聞き、とても恐ろしかった。

・**生々しい**{記憶(きおく)／映像／描写(びょうしゃ)…}

合 ①②生々しさ

915 **ろこつな**　露骨な frank, plain／露骨／노골적인／lộ liễu

・田中(たなか)さんに仕事を頼むと、彼は**露骨(ろこつ)に**嫌(いや)な顔をした。

・**露骨(ろこつ)な**{敵意(てきい)／描写(びょうしゃ)／表現…}

合 露骨(ろこつ)さ　類 あからさまな、あらわな

916 **こうみょうな**　巧妙な clever／巧妙／교묘한／tinh vi, khéo léo

・犯人は**巧妙(こうみょう)な**手口で多くの人をだました。

※マイナスの意味で使うことが多い。　合 巧妙(こうみょう)さ　類 巧(たく)みな、うまい

917 **じゅうこうな　重厚な**　imposing, dignified／稳重, 厚重／중후한／bệ vệ, đồ sộ

・社長室には**重厚な**応接セットが置いてある。

・**重厚な**{家具／デザイン／作風／絵画／映画…}

合 重厚さ　類 重々しい、どっしりした

918 **おごそかな　厳かな**　dignified, austere／庄严／엄숙한／trang nghiêm

・ノーベル賞の授賞式が**厳かに**執り行われた。　・**厳かな**{儀式／音楽／雰囲気…}

類 厳粛な、荘重な、荘厳な

919 **きはくな　希薄な**　thin, diluted, lacking／稀薄, 不足／희박한／loãng, nhạt nhẽo, thiếu

①・高い山の上では酸素が**希薄に**なる。

②・{人間関係／因果関係／愛情／熱意…}が**希薄だ**。

合 ①②希薄さ　対 ①②濃い、濃厚な　類 ①②薄い

920 **おうせいな　旺盛な**　healthy, vigorous, full of vitality／旺盛／왕성한／mạnh mẽ, tràn trề

・選手たちは**旺盛な**食欲で、料理を残らず食べてしまった。　・好奇心**おう盛な**子供

合 旺盛さ、食欲＿、好奇心＿

921 **あっとうてきな　圧倒的な**　overwhelming／绝对性／압도적인／áp đảo

・高橋選手は**圧倒的な**強さで決勝まで勝ち進んだ。

・投票の結果、反対意見が**圧倒的に**多いことがわかった。

合 圧倒的＋[名詞](・**圧倒的**多数　・**圧倒的**勝利)　関 ヲ圧倒する(・相手を**圧倒する**。)

922 **せいりてきな　生理的な**　physiological／生理（上）／생리적인／sinh lí, về mặt cảm giác

①・食欲や排泄欲は**生理的な**欲求だ。

合 生理的欲求、生理的反応　関 生理→＿現象

②・ゴキブリには**生理的な**嫌悪感を覚えてしまう。　・**生理的に**受け付けない。

923 **ちめいてきな　致命的な**　fatal／致命的／치명적인／trí mạng

・食品会社にとって、食中毒事件を起こすことは**致命的な**打撃になる。

・**致命的な**失敗をしてしまった。　・**致命的な**重傷を負う。

関 致命傷

924 **いちじるしい　著しい**　remarkable, very／显著, 明显／현저하다, 뚜렷하다／rõ rệt, nổi bật

・福祉問題に関しては、民主党と共和党は考え方が**著しく**異なる。

・あの学生のレポートは、進歩の跡が**著しい**。

合 著しさ　類 甚だしい☞928、顕著な

925 **けんちょな**　　**顕著な**　　obvious, striking／显著, 明显／현저한／rõ rệt

・新しい薬を試してみたが、今のところ、**顕著な**効果は現れていない。

・この病気は中年男性に**顕著に**現われる。

合 顕著さ　　類 著しい、甚だしい☞928　　関 ガ目立つ

926 **ばくだいな**　　**莫大な**　　huge, enormous／巨大, 大量／막대한／khổng lồ

・元会社社長の本田氏は、**莫大な**遺産を残した。

・地震の被災地には、**莫大な**量のがれきの山が残った。

合 莫大さ　　類 多大な、膨大な☞210、おびただしい

927 **おびただしい**　　large amount, great number／很多／매우 많다, 엄청나다／rất lớn/nhiều

・毎日**おびただしい**量のごみが、この焼却場に運び込まれる。

・**おびただしい**群衆が広場を埋め尽くした。

合 おびただしさ　　類 膨大な☞210

928 **はなはだしい**　　**甚だしい**　　extreme, excessive／太, 甚, 非常／터무니없다, 지나치다, 심하다／vô cùng, rất nhiều

・「私が犯人だなんて、誤解も**甚だしい**」　・AとBは**甚だしく**異なる。

・{思い上がり／勘違い／時代錯誤…}も**甚だしい**。

・あの国では一部の金持ちと庶民との間に、**甚だしい**格差が存在する。

合 甚だしさ　　類 ひどい　　関 著しい☞924

※良くない状況で使うことが多い。

929 **たんてきな**　　**端的な**　　frank, to the point／直率, 直截了当／단적인／rõ ràng, thẳng thắn, ngắn gọn

①・この事件には現代の矛盾が**端的に**現れている。　・**端的な**例を示す。

類 明白な☞225、はっきりした

②・「要点だけを**端的に**述べてください」　・「**端的に**言えば、この絵は駄作だ」

類 簡単に

930 **たんのうな**　　**堪能な**　　proficient, satisfaction／擅长, 享受／능숙한, 만끽한／thành thạo, thưởng thức thỏa thích

①・語学に**堪能な**佐藤課長は海外出張も多い。

類 上手な

②[動 ヲ堪能する]・香港で本場の中華料理を**堪能した**。

※「～に堪能する」という言い方もある。　　関 ガ満足する

Unit 11 形容詞B 練習問題 891 ～ 930

レベル ★★★☆

Ⅰ ＿＿＿の言葉の対義語を書きなさい。

1．色が淡い。 ⇔（　　　　）　2．味が淡白だ。 ⇔（　　　　）
3．緩やかな坂 ⇔（　　　　）　4．やり方が生ぬるい。 ⇔（　　　　）

Ⅱ 似た意味の言葉を下から選んで（　　）に書きなさい。

1．露骨な　―（　　　　）　2．希薄な　―（　　　　）
3．堪能な　―（　　　　）　4．顕著な　―（　　　　）
5．複雑な　―（　　　　）　6．重厚な　―（　　　　）
7．あやうい ―（　　　　）　8．まちまちな ―（　　　　）

あからさまな　あぶない　いちじるしい　うすい
おもおもしい　じょうずな　ややこしい　ばらばらな

Ⅲ 一緒に使う言葉を下から選んで書きなさい。

1．巧妙な（　　　　）　2．旺盛な（　　　　）
3．重宝な（　　　　）　4．著しい（　　　　）
5．端的な（　　　　）　6．画期的な（　　　　）
7．致命的な（　　　　）　8．圧倒的な（　　　　）
9．なまなましい（　　　　）　10．あっけない（　　　　）
11．なごやかな（　　　　）　12．なだらかな（　　　　）
13．おごそかな（　　　　／　　　　）

うそ　儀式　傷あと　欠陥　結末　坂道　勝利
食欲　進歩　説明　道具　発明　雰囲気

（二度使う語もある）

Ⅳ 正しい言葉を〔　　〕の中から一つ選びなさい。

1．彼は〔 淡い　淡白な 〕性格だ。
2．校則が〔 なだらかだ　ゆるやかだ 〕。
3．今日は〔 のどかな　なごやかな 〕日だ。
4．〔 したたかに　しなやかに 〕体を動かす。
5．これは〔 画一的な　画期的な 〕発明だ。
6．ダム建設に〔 莫大な　膨大な 〕費用をかける。
7．骨が〔 あやうく　もろく 〕なる。
8．〔 おびただしい　はなはだしい 〕量のゴミが出る。

V （　　）に入る言葉を下から選び、適当な形にして書きなさい。

A

1．国王の即位式が(　　　　　　)とり行われた。
2．強いと評判のチームが、(　　　　　　)負けてしまった。
3．親に反抗的になるのは、思春期に(　　　　　　)特徴だ。
4．道路でころんで、(　　　　　　)車にひかれそうになった。
5．ビールはもともと好きだが、仕事の後の一杯はまた(　　　　　　)。
6．やっかいな仕事を頼んだら、彼女は(　　　　　　)嫌な顔をした。
7．この店は年中無休なので、店員たちは休暇を(　　　　　　)時期に取る。
8．俳優になりたいと思ったこともあったが、(　　　　　　)夢で終わった。
9．「長々と説明しないで、必要なことを(　　　　　　)述べてください」
10．家族たちの祈りも(　　　　　　)、事故の生存者は見つからなかった。
11．彼のスピーチは特に欠点がなくて(　　　　　　)が、面白みに欠ける。

あっけない	あやうい	おごそかな	かくべつな	けんちょな	
たんてきな	はかない	ぶなんな	まちまちな	むなしい	ろこつな

B

1．彼女は語学に(　　　　　　)、よく通訳を頼まれる。
2．道路は渋滞しているから、電車で行った方が(　　　　　　)。
3．学生時代に、一生の宝となるような(　　　　　　)友を得た。
4．この教会は長い歴史を持つ、どっしりと(　　　　　　)建物だ。
5．インフルエンザは、症状が風邪と(　　　　　　)ので注意がいる。
6．私はタバコのにおいも煙も大嫌いで、(　　　　　　)受けつけない。
7．「一緒にいた母を恋人と間違えるなんて、誤解も(　　　　　　)よ」
8．このカーブは(　　　　　　)が、その割にはけっこう事故が多い。
9．彼はお金に(　　　　　　)、収入がいくらかということはあまり気にしない。
10．この記事に書いてあることは、事実と(　　　　　／　　　　　)異なる。

いちじるしい	かけがえのない	じゅうこうな	せいりてきな	たんのうな
たんぱくな	はなはだしい	ぶなんな	まぎらわしい	ゆるやかな

（二度使う語もある）

Unit 11 形容詞B 851 ～ 930

確認問題

レベル ★★★☆

Ⅰ （　　）に入れるのに最もよいものを、a・b・c・dから一つ選びなさい。

1．実験を繰り返しているが、なかなか(　　　)結果が得られない。
　a　たやすい　　b　おもわしい　　c　ふさわしい　　d　おびただしい
2．失敗して「もうどうにでもなれ」という(　　　)気持ちになった。
　a　したたかな　　b　投げやりな　　c　冷ややかな　　d　素っ気ない
3．彼女は実績といい人柄といい、医者として(　　　)人だ。
　a　満足な　　b　優越の　　c　充実した　　d　申し分ない
4．最近、この俳優は映画における活躍が(　　　)。
　a　ややこしい　　b　おびただしい　　c　いちじるしい　　d　はなはだしい
5．パーティーは終始(　　　)雰囲気に包まれていた。
　a　のどかな　　b　なごやかな　　c　しなやかな　　d　ゆるやかな
6．前髪が伸びて(　　　)なったので、美容院で切ってもらった。
　a　やっかいに　　b　やかましく　　c　うっとうしく　　d　わずらわしく
7．新しい法案は(　　　)多数で可決された。
　a　一方的な　　b　画一的な　　c　強制的な　　d　圧倒的な
8．この子は好奇心が(　　　)、何にでも興味を持つ。
　a　旺盛で　　b　盛大で　　c　豊かで　　d　富んでいて
9．教会にオルガンの音が(　　　)鳴り響いた。
　a　厳かに　　b　厳しく　　c　厳重に　　d　厳密に
10．被災地の復興をどのように行うかは(　　　)問題だ。
　a　切な　　b　切ない　　c　痛切な　　d　切実な

Ⅱ ＿＿＿＿の言葉に意味が最も近いものを、a・b・c・dから一つ選びなさい。

1．あの人は仕事が<u>いい加減だ</u>。
　a　手際がいい　　b　手際が悪い　　c　調子がいい　　d　きちんとしていない
2．AよりBの方法を取った方が<u>無難だ</u>。
　a　簡単だ　　b　平凡だ　　c　安全だ　　d　完璧だ
3．この二つの薬品は<u>紛らわしい</u>ので注意がいる。
　a　よく似ている　　b　混じりやすい　　c　反応しやすい　　d　扱いが難しい
4．けがをしたとき<u>素早く</u>処置をしたので、軽くてすんだ。
　a　急速に　　b　迅速に　　c　機敏に　　d　敏しょうに

5．取り引きで致命的な失敗をしてしまった。

a　生死にかかわる　　b　誰(だれ)もしないような

c　今までにないような　　d　取り返しのつかない

Ⅲ　次の言葉の使い方として最もよいものを、a・b・c・dから一つ選びなさい。

1．速やか

a　ランナーたちは速やかにトラックを走った。

b　今まで晴れていた空が速やかに曇ってきた。

c　事件発生後、警察には速やかに対策本部が設置された。

d　今日のテストは、いつもより速やかにできた。

2．円滑

a　会議は最後まで円滑に進んだ。

b　彼女はフランス語を円滑に話す。

c　この布は手触りがとても円滑だ。

d　あの二人はうらやましいほど円滑な仲だ。

3．無造作

a　計画はまだ無造作な段階だ。

b　無造作な行動は誤解を招くもとだ。

c　気がつくと無造作に涙を流していた。

d　ファイルが机の上に無造作に置いてある。

4．かけがえのない

a　かけがえのない地球環境を守りたい。

b　これは論文を書くのにかけがえのないデータだ。

c　ガン治療にかけがえのない薬が開発されつつある。

d　かけがえのない書類を電車に置き忘れてしまった。

5．生々しい

a　彼は、感情をすぐに生々しく顔に出す。

b　生々しい野菜や果物を摂ることは体にいい。

c　この映画には、戦場の生々しい場面が出てくる。

d　父は退職後、毎日楽しそうに生々しく暮らしている。

Unit 12 名詞 D　931 ～ 1020

レベル ★★★★

76

931 **しゅさい**　ヲ主催スル　organizer, sponsor／主办／주최／tổ chức

・今日の会議の**主催**は部長だ。　・企業が**主催する**展覧会がよく開かれている。

合 __者　関 ヲ共催スル

932 **きかく**　ヲ企画スル　plan, project／计划／기획／kế hoạch

・この新商品の**企画**を立て始めたのは、１年前だ。　・新年会を**企画する**。

連 __を立てる　合 __立案　関 ヲ計画スル、プラン、ヲ立案スル、企て

933 **しゅし**　趣旨　point, aim／宗旨／취지, 목적／mục đích, tôn chỉ

・「本日の会議の**趣旨**をご説明いたします」　・会費を取るのはこの会の**趣旨**に反する。

連 __に反する⇔沿う　関 目的

934 **ようりょう**　要領　gist, essentials, knack, cleverness／要领, 诀窍／요령／ý chính, yếu điểm, nắm bắt yếu điểm

①・あの人の説明はいつも**要領**を得ない。　・**要領**を得た説明　・作業の**要領**をすぐに覚えた。

連 __を得る　類 要点

②・彼女は仕事の**要領**がいい。

・彼は仕事があまりできないのに出世が早いので、「**要領**のいい人」と思われている。

※「要領のいい人」という言葉はあまりいい意味で使わない。

連 __がいい⇔悪い

935 **ゆうずう**　ヲ融通スル　flexibility, lending (money), financing／临机应变, 融资, 通融／융통／sự linh hoạt, cho vay, xoay xở

①・あの人はマニュアル通りにしか動けない**融通**のきかない人だ。

連 __がきく　関 機転

②・会社を設立するのに、友人に資金の一部を**融通して**もらった。

・今は子供の教育費がかかるので、家を建てる費用の**融通**がつかない。

連 __がつく・__をつける

936 **べんぎ**　便宜　convenience, benefit／方便, 权宜／편의／tiện ích, tiện lợi

・旅行者の**便宜**をはかるため、観光地には旅行案内所がおかれている。

・政治家は、自分の知り合いに**便宜**を与えるような行為をしてはならない。

連 ノ／ニ__をはかる、ニ__を与える　合 __的な（・この英和辞書は、**便宜的に**カタカナで発音を示してある。）、__上（・「野菜」「果物」というのは**便宜上**の分類にすぎない。）

937 **くし**　ヲ駆使スル　a good command of, use freely／运用, 使用／구사／sử dụng tối đa

・この車は最新の技術を**駆使して**作られている。

・野間氏は５カ国語を**駆使して**交渉をまとめた。

関 ヲ使いこなす

938 **じっせん**　ヲ実践スル　practice／实践／실천／thực hành, thực hiện

・あの政治家は言うことは立派だが、**実践**が伴っていない。　・理論を**実践**に移す。

・彼女は計画を立てると、それをきちんと**実践する**ところが偉い。　・**実践**的研究

合 __的な　類 ヲ実行スル

939 **ちゃくしゅ**　ガ着手スル　launch, start／着手／착수／khởi động, thực hiện

・そのチームは新しいプロジェクトに**着手した**。　・がれきの撤去作業は明日にも**着手される**。

合 __金　関 ガ着工スル

940 **そち**　ヲ措置スル　measures／措施, 处理办法／조치／giải pháp

・警察はドラッグ使用に断固とした**措置**をとった。

・ハッカーの被害を受けて、各省庁は情報流出防止**措置**を講じた。

・高齢者には税の特別**措置**が取られている。

連 ～__を取る、__を講じる　合 特別__　関 ヲ処置スル、ガ対処スル☞336、ガ対応スル☞335

941 **ぜせい**　ヲ是正スル　correction／订正, 更正／시정／điều chỉnh, chỉnh sửa

・最近の超円高を**是正する**方策が見当たらない。

・選挙における1票の格差の早期**是正**が望まれる。　・{不合理／欠陥／誤り…}を**是正する**。

関 ヲ訂正スル(・新聞記事の誤りを**訂正する**。)

※「訂正」は書いたり言ったりしたことを直すときに使う。

942 **ぜひ**　是非　pros and cons／是非／시비／đúng sai

①・憲法改正の**是非**を問う国民投票が行われた。

連 ニ__を問う　関 是か非か(＝良いか悪いか)

②[副 ぜひ]・「今度、**ぜひ**うちに遊びに来てください」・来年こそ**ぜひ**合格したい。

関 是が非でも(＝どうしても)

943 **もさく**　ヲ模索スル　search, exploration／摸索／모색／tìm kiếm

・問題の解決方法を**模索する**。

・過疎化した村にどのように人を呼び戻すか**模索**が続いている。

合 暗中__

944 **せっちゅう**　ヲ折衷スル　blend, combination／折衷, 合璧／절충／pha trộn, thỏa hiệp

・日本には洋間と和室がある和洋**折衷**の家が多い。

・会議ではA案と、B案、それに二つを**折衷した**C案が討議された。

合 和洋__、__案

945 **きょよう**　ヲ許容スル　permission／容许, 允许／허용／chấp nhận, dung nhận

・我が党としては、与党のこの政策は**許容できない**。

・この騒音は**許容**の範囲を超えている。　・「X線の年間被曝**許容**量はどの程度ですか」

合 __範囲、__量　関 ヲ認める、ヲ許す、ヲ容認スル

946 かんわ ガ／ヲ緩和スル alleviation, mitigation／缓和, 和缓／완화／giảm bớt

・電車の本数が増えたので、多少混雑が**緩和した**。 ・この薬は痛みを**緩和する**。

・規制が**緩和され**、他業種への参入が容易になった。

合 規制＿、緊張＿、金融＿ 関 ガ緩む、ヲ緩める、ガ和らぐ☞1108

947 かいじょ ヲ解除スル lifting, rescinding／解除, 取消／해제／bãi bỏ, tháo dỡ

・台風が通り過ぎ、大雨警報が**解除された**。 ・{警戒／規制／アラーム…}を**解除する**。

合 武装＿ 関 ヲ解く

948 じしゅく ヲ自粛スル self-control/self-discipline／自我约束／자숙／tự nguyện hạn chế

・タバコに対する社会の見方が厳しくなったので、タバコ業界はテレビ CM を**自粛した**。

・節電のため、政府は飲食業者に深夜営業の**自粛**を求めた。

連 ニ＿を求める、ニ＿を促す 合 営業＿ 関 ヲ自制スル

949 ちあん 治安 safe (area), (public) security／治安／치안／trị an, an ninh

・この辺は**治安**がいいので安心だ。

連 ＿がいい⇔悪い、＿を維持する⇔乱す、＿を守る 合 ＿情勢、＿維持(法)

950 かんし ヲ監視スル surveillance／监视／감시／giám sát

・この ATM は 24 時間**監視されて**いる。

・ヘビースモーカーの彼は、入院中も看護師の**監視**の目を逃れて外で吸っていた。

合 ＿カメラ 慣 監視の目を逃れる

951 きんもつ 禁物 forbidden (thing)／严禁／금물／thứ kiêng kị

・試験中、焦りは**禁物**だ。冷静に考えよう。 ・精密機械に湿気は**禁物**だ。

※「～は禁物だ」という形で使う。 合 油断＿

952 ぎわく 疑惑 suspicion／疑惑／유혹／nghi hoặc, nghi vấn

・刑事は被害者の話に**疑惑**(の念)を抱いた。 ・記者が**疑惑**の人物を追いかけるのは当然だ。

連 ニ＿を持つ、ニ＿を抱く、＿が晴れる・＿を晴らす、＿の念 類 疑念

953 けんかい 見解 opinion／见解, 看法／견해／quan điểm, sự nhìn nhận

・来年の経済の見通しについて、政府が**見解**を述べた。 ・**見解**の相違

・事故原因については、専門家の間でも**見解**が分かれている。

連 ＿が分かれる、ニ＿を問う 合 否定的＿⇔肯定的＿ 類 意見、見方 関 観点☞671

954 にんしき ヲ認識スル recognition／认识, 理解／인식／nhận thức, nhận biết

①・彼女は環境問題に関する**認識**が不足している。 ・**認識**が甘い。

・対策を立てるためには、まず状況をよく**認識する**必要がある。

連 ＿が甘い、＿が不足している、＿に欠ける、＿を深める、＿を改める

合 ＿不足、ヲ再＿スル

②・すい星が接近中だということだが、まだ肉眼ではその姿を**認識できない**。

955 **がいねん**　**概念**　notion, concept／概念／개념／khái niệm

・脳死判定が行われるようになり、死の**概念**が変化した。

・「平等」は**概念**としては理解できるが、実践するのは難しい。

合 __的な

956 **かくう**　**架空**　imaginary, fictitious／虚构／가공／hư cấu

・この小説は**架空**の町を舞台としている。

対 実在　類 空想上

957 **しんぴ**　**神秘**　mystery／神秘／신비／thần bí

・研究者になって宇宙の**神秘**を解き明かしたい。

・生命の誕生は**神秘**のベールに包まれている。　・この音楽は**神秘**的なムードに満ちている。

連 __に包まれる、__に満ちる、__を解き明かす　合 __的な、__主義(者)

958 **きょうい**　**驚異**　miracle／惊异／경이／sự kỳ diệu/thần kỳ

・自然界の**驚異**に目を見張った。　・昨日のレースで、**驚異**的な記録が出た。

合 __的な

959 **ゆうすう**　**有数**　leading／屈指可数／유수／hàng đầu, đếm trên đầu ngón tay

・山梨県は日本(で)**有数**のワインの産地だ。　・彼は世界(で)**有数**の生物学者だ。

類 屈指

960 **きざし**　**兆し**　(show) signs of／征兆／징조, 조짐／dấu hiệu

・先月から、景気は回復の**兆し**を見せている。

・２月も半ばを過ぎると、春の**兆し**が感じられる。

連 ～__が見える・～__を見せる　類 前兆、予兆、兆候、前触れ

961 **まくあけ**　**幕開け**　beginning, opening／开幕, 开始／개막／sự bắt đầu/mở màn

・21 世紀の**幕開け**を世界中の人々が祝った。

・この新薬の開発は、ガン治療の新時代の**幕開け**になるだろう。

対 幕切れ　関 幕

★名 **幕**

・舞台の**幕**が開くと、いろいろな動物が現れた。

・犯人が逮捕されて、社会を揺るがした大事件は**幕**を閉じた。

連 __が開く・__を開く⇔閉じる、__が上がる⇔下りる　合 __間　関 カーテン

962 **けいい**　**経緯**　details, circumstances／原委, 经过／경위／quá trình, diễn biến

・新聞には、事件の詳しい**経緯**は載っていなかった。　・交渉の**経緯**を上司に報告する。

類 いきさつ　※「いきさつ」の方が会話的な言葉。　関 経過☞98、成り行き

963 **なりゆき**　成り行き　development, result／动向, 趋势／추세, 경과, 형편／diễn biến

・その場の**成り行き**で、私が議長をすることになってしまった。　・事件の**成り行き**に注目する。

・今後の**成り行き**次第では、社長の辞任もあり得る。

連＿に任せる、＿に注目する、＿を見守る、その場の＿で、ことの＿　合＿任せ、＿次第

関経過☞98、経緯(けいい)

964 **いきちがい／ゆきちがい**　行き違い　getting lost, crossing without meeting (letter, person in the street)／走两岔, 感情失和／엇갈림, 오해／lạc nhau, khác biệt

①・鈴木(すずき)さんを駅まで迎えに行ったのだが、途中で**行き違い**になってしまった。

連＿になる

②・最初の恋人とは、ちょっとした感情の**行き違い**で別れてしまった。

類①②すれ違い

965 **みちのり**　道のり　route, way／路程／거리, 노정／chặng đường

・学校までの５キロの**道のり**を、毎日歩いて通っている。

・人生の今までの**道のり**を振(ふ)り返(かえ)ってみた。

関距離(きょり)

966 **ゆくて**　行く手　way, path／去路／앞길／con đường đi

・険しい山々が一行の**行く手**を阻(はば)んだ。

・彼女の**行く手**には多くの障害(しょうがい)が待ち受けているだろう。

連＿を遮(さえぎ)る、＿を阻(はば)む　類進路　関行(ゆ)く末

967 **はて**　果て　the end, extremity／最后, 末了／끝／nơi tận cùng, cuối cùng

・宇宙の**果て**はどうなっているのだろう。

・彼は職を転々(てんてん)とし、あげくの**果て**に海外へ渡って行方(ゆくえ)不明になった。

連＿がない、あげくの＿(に)　合果てしない　類最後、終わり　動ガ果てる

968 **けつ**　決　vote／决定, 表决／채결／biểu quyết

・**決**を採(と)ったところ、賛成派(さんせいは)が反対派(はんたいは)を上回(うわまわ)った。

連＿を採(と)る　合多数＿、ヲ否＿スル⇔可＿スル　関ヲ採決スル

969 **めやす**　目安　aim, reference／大体的推测, 大致目标／기준, 목표／thước đo, mục tiêu

①・尿(にょう)や血液検査の結果は、健康状態(けんこうじょうたい)を知る**目安**になる。

関基準(きじゅん)、よりどころ

②・毎日１万歩を**目安**に歩くようにしている。

関基準(きじゅん)、目標

970 **めど** aim, prospect／目标, 眉目, 头绪／목표, 전망／mốc, mục tiêu, triển vọng

①・我(わ)が社は来年10月を**めど**に、人員を1,000人削減(さくげん)することを決めた。

②・就職活動(しゅうしょくかつどう)をしているが、なんとか**めど**がつきそうだ。

・問題がこじれて、いつになったら解決するか**めど**が立たない。

連 __が立つ、__がつく　類 見通し☞652、見込み☞651

971 **せんこく** ニ+ヲ宣告スル verdict, sentence, declaration／宣判, 宣告／선고／thông báo, tuyên cáo, tuyên phán

①・彼は医者に余命3カ月の**宣告**(せんこく)を受けた。

②・裁判官(さいばんかん)は被告(ひこく)に懲役(ちょうえき)10年を**宣告**(せんこく)**した**。

③・審判(しんぱん)は選手に退場の**宣告**(せんこく)をした。

連 ①〜③カラ__を受ける　関 ①〜③ニ+ヲ告げる☞736

972 **せいめい** 声明 statement, announcement／声明／성명／bản tuyên bố

・政府は事故(じこ)について公式**声明**(こうしきせいめい)を出した。　・住民は市長に抗議**声明**(こうぎせいめい)を手渡(てわた)した。

連 __を出す、__を発表する　合 __書、__文、公式(こうしき)__、抗議(こうぎ)__

973 **じゅりつ** ガ／ヲ樹立スル establishment／建立, 创造／수립／thiết lập

①・昨日、新政権が**樹立**(じゅりつ)**した**。　・新党を**樹立**(じゅりつ)**する**。　・国交**樹立**(こっこうじゅりつ)

②・マラソンで谷内(たにうち)選手が世界新記録を**樹立**(じゅりつ)**した**。

974 **とうそつ** ヲ統率スル leadership／领导, 统领／통솔／lãnh đạo, chỉ huy

・上司(じょうし)には部下を**統率**(とうそつ)**する**力が求められる。　・サルの群(む)れはボス猿(ざる)によって**統率**(とうそつ)**されて**いる。

合 __力(・**統率力**(とうそつりょく)がある⇔ない)　関 ヲ指揮(しき)スル

975 **せいりょく** 勢力 power, strength, influence／势力, 权势／세력／quyền lực, sức mạnh, thế lực

①・今社内で二つのグループが**勢力**を争(あらそ)っている。　・彼女は芸能界で**勢力**がある。

・台風の**勢力**が衰(おとろ)えた。　・大きな**勢力**を持つ。

連 __がある⇔ない、__を得る、__が増す、__を伸ばす、__が衰(おとろ)える、__を失う、__が強い⇔弱い

合 __争い、__範囲(はんい)　類 勢(いきお)い

②・政界に新しい**勢力**が現れた。

連 ①②__が大きい⇔小さい

976 **たいとう** ガ台頭スル appearance (of), prominence／出现, 抬头／대두／xuất hiện, nổi lên

・短距離走(たんきょりそう)の世界に新勢力が**台頭して**きた。

・経済悪化の状況で保護主義(ほごしゅぎ)の**台頭**が懸念(けねん)される。

関 ガ出現スル、ガ進出スル

Unit 12 名詞D 練習問題

931 ～ 976

レベル ★★★★

Ⅰ （　　）に助詞を書きなさい。

1．新しい仕事(　　)着手する。　2．本田選手が世界新記録(　　)樹立した。

3．彼の話は要領(　　)得ないものだった。　4．あの人は要領(　　)いい。

Ⅱ 「～する」の形になる言葉に○を付けなさい。

主催　企画　実践　是正　是非　模索　措置　便宜　解除　監視

神秘　疑惑　見解　認識　概念　驚異　経緯　宣告　声明　有数

Ⅲ 上の言葉の中から、「的」が付くものを五つ選びなさい。

(　　　　　)(　　　　　)(　　　　　)(　　　　　)(　　　　　)

Ⅳ （　　）に下から選んだ語を書いて、一つの言葉にしなさい。

1．(　　　　)折衷　2．(　　　　)緩和　3．(　　　　)争い

4．(　　　　)解除　5．認識(　　　　)　6．主催(　　　　)

7．統率(　　　　)　8．許容(　　　　)

者　力　規制　勢力　範囲　武装　不足　和洋

Ⅴ 一緒に使う言葉を下から選んで書きなさい。

1．是非を(　　　　　)。　2．認識を(　　　　　)。　3．決を(　　　　　)。

4．便宜を(　　　　　)。　5．企画を(　　　　　)。　6．めどが(　　　　　)。

7．融通が(　　　　　)。　8．必要な措置を(　　　　　)。

9．自粛を(　　　　　)。　10．趣旨に(　　　　⇔　　　　)

改める　きく　沿う　立つ　立てる　問う　とる　はかる　反する　求める

（二度使う語もある）

Ⅵ 一緒に使う言葉を選びなさい。（　）の数字は選ぶ数です。

1．[　融通　要領　便宜　治安　]がいい。(2)

2．[　行き違い　成り行き　]になる。(1)

3．[　疑惑　模索　許容　]を抱く。(1)

4．[　概念　見解　]が分かれる。(1)

Ⅶ □に漢字を１字入れて、正しい言葉にしなさい。

1．この美術館は日本でも□数の規模を誇っている。

2．最寄り駅までは歩いて10分ほどの□のりだ。

3．一行の行く □ には砂漠(さばく)が広がっていた。

4．20 世紀半ば、人類は宇宙(うちゅう)時代の □ 開けを迎えた。

5．政府は今回の事件に関し、□ 明を発表した。

6．世界経済を引っ張る新興勢力(しんこうせいりょく)が台 □ してきた。

7．これは架 □ の話だが、現実にあり得ないことではない。

8．会議で、私の案は否 □ された。

9．健康のため、1日1時間を □ 安に、歩くようにしている。

10．医者から、あと半年の命だと宣 □ された。

11．田中(たなか)氏は社会的不平等(ふびょうどう)の是 □ に力を尽(つ)くした。

12．A 国と B 国の間で国交が樹 □ された。

Ⅷ （　　）に入る言葉を下から選んで書きなさい。

A 1．人間の欲望には(　　　　　)がないと言われる。

2．入院して３カ月、ようやく回復の(　　　　　)が見えてきた。

3．人と上手に付き合うためには、勝手な思い込みは(　　　　　)だ。

4．ようやく経営が安定し、借金返済の(　　　　　)もついた。

5．父は頑固(がんこ)で(　　　　　)のきかない人だが、正義感は強い。

6．私はこれまであまり目標などは立てず、(　　　　　)任せで生きてきた。

7．自然の(　　　　　)には神秘的(しんぴてき)なものを感じる。

8．政府の金融(きんゆう)(　　　　　)政策のおかげで、融資(ゆうし)が受けやすくなった。

かんわ	きざし	きょうい	きんもつ	なりゆき	はて	めど	ゆうずう

B 1．この新製品は、我が社の持てる技術を(　　　　　)して作り上げたものだ。

2．どんなに立派なことを言っても、(　　　　　)が伴っていなければ、信用されないだろう。

3．生物学的な性とは異(こと)なる「ジェンダー」という(　　　　　)が登場したのは、それほど古いことではない。

4．トラブルの(　　　　　)を上司に報告し、指示を仰(あお)いだ。

5．最近年を取ったと(　　　　　)させられるできごとがあった。

6．入社して1年、最近やっと(　　　　　)よく仕事がこなせるようになった。

7．これ以上の環境悪化を防ぐ(　　　　　)を至急講(しきゅうこう)じる必要がある。だが、その方法となると、どこの国もまだ(　　　　　)の段階だ。

がいねん	くし	けいい	じっせん	そち	にんしき	もさく	ようりょう

79

977 **けいせい**　形勢　prospects, condition／形势, 局势／형세／tình thế

・試合の**形勢**は後半になって逆転した。

・２社が特許をめぐって争っているが、**形勢**はＡ社に有利だ。

連 __が変わる、__が逆転する、__が有利な⇔不利な　類 情勢

978 **とっぱ**　ガ突破スル　break-through, exceeding／突破, 冲破／돌파／vượt qua

①・友人は倍率 10 倍の難関を**突破して**、国費留学生に選ばれた。

連 難関を__する　合 __口（・**突破口**を開く。）

②・昨年、この国の人口は１億人を**突破した**。

関 ガ超える

979 **てんかい**　ガ／ヲ展開スル　evolution, development, unfolding／展开, 开展, 展现／전개／triển khai, diễn biến, trải ra

①・二人の学者は激しい論争を**展開した**。　・この先の試合の**展開**はどうなるだろうか。

・事件は思わぬ方向へ**展開した**。

関 ヲ繰り広げる、ガ進展スル

②・飛行機の窓から下を見ると、すばらしい景色が**展開した**。

関 ガ広がる

980 **かいたく**　ヲ開拓スル　cultivation, path finding／开垦, 开拓／개척／khai phá, khai khẩn

①・明治時代になって、北海道の**開拓**は急激に進んだ。　・山野を**開拓する**。

合 __者、__精神　関 ヲ開墾スル、ヲ干拓スル

②・新しい{販路／ルート／分野…}を**開拓する**。

合 新規__　関 ヲひらく

981 **かくさん**　ガ拡散スル　diffusion, spread／扩散／확산／khuếch tán, phát tán

・排気口から出た汚染物質は、風に乗って町中に**拡散した**。　・核**拡散**防止条約

関 ガ広がる

982 **ぼうちょう**　ガ膨張スル　expansion／膨胀／팽창／giãn nở, gia tăng

・空気は暖めると**膨張する**。　・この都市は人口が**膨張している**。

対 ガ収縮スル　関 ガ膨らむ

983 **むすう**　無数　infinite number／无数／무수／vô số

・夜空に**無数**の星が輝いている。

・地球上では、体に感じない地震が**無数**に起きているという。

※副詞的にも使う。　関 おびただしい☞ 927

984 **こしつ**　ガ固執スル　insistence, persistence／固执／고집／bám lấy

・あの人は自分の意見に**固執して**、人の話を聞こうとしない。

※マイナスの意味で使うことが多い。　関 ガ執着スル、ガこだわる☞ 1051

985 **そがい** ヲ阻害スル obstruction／妨碍, 阻碍／저해／ngăn cản, làm phương hại

・親の過剰な干渉は子供の自立を**阻害する**こともある。

・保護主義は公平な競争を**阻害して**いる。

合 ＿要因　対 ヲ促進スル☞79　関 ヲ邪魔スル、ヲ妨げる

986 **ようご** ヲ擁護スル support, advocacy／拥护, 维护／옹호／bảo vệ, bênh vực

・人権を**擁護する**。　・タレントが暴力団を**擁護する**発言をして問題になった。

合 人権＿　関 ヲ守る、ヲ保護スル

987 **ほしょう** ヲ保障スル guarantee, assurance／保障／보장／bảo đảm, bảo vệ

・思想・言論の自由は、憲法によって**保障されて**いる。

・{権利／生活／平和…}を**保障する**。

合 社会＿、安全＿、災害＿、医療＿、警備＿　※「ヲ保証スル」とは意味が違う。

988 **ほしょう** ニ＋ヲ補償スル guarantee, compensation／补偿, 赔偿／보상／đền bù, bồi thường

・銀行が倒産した場合、預金は1,000万円まで**補償される**。　・被害者に**補償する**。

合 ＿金、＿額　関 ヲ賠償スル、ヲ弁償スル、ヲ償う☞1048

989 **ほそく** ヲ補足スル supplement／补充／보충／bổ sung

・〈会議で〉「先ほどの説明を**補足させて**いただきます」

・レポートで、説明に**補足して**グラフや図を載せた。

合 ＿点、＿説明、＿的な　関 ヲ補う、ヲ補充スル

990 **ほきゅう** ヲ補給スル supply, replenishment／补给, 补充／보급／bổ sung

・マラソンでは、走っている途中で水分を**補給する**ことができる。

・車にガソリンを**補給する**。

合 栄養＿、水分＿　関 ヲ補う

991 **せっしゅ** ヲ摂取スル intake, assimilation／摄取, 吸收／섭취／ăn vào, tiếp thu

・日本人は塩分の**摂取**が多い傾向にある。　・外国の文化を**摂取する**。

合 ＿量、過剰＿　関 ヲ取り入れる

992 **けつぼう** ガ欠乏スル shortage, deficiency／缺乏, 不足／결핍／thiếu

・あの国は内戦状態で、食糧が**欠乏して**いる。　・鉄分の**欠乏**で、貧血になった。

・{資金／物資／酸素…}が**欠乏する**。

類 ガ不足スル　関 乏しい☞211

993 **てんか** ヲ添加スル addition／添加／첨가／thêm vào

・食品に防腐剤を**添加する**。

合 食品＿物　関 ヲ加える

994 **せいぶん** 成分 component, ingredient／成分／성분／thành phần

・最近の食品には**成分**表示がしてあるものが多い。 ・米の主要**成分**はでんぷんだ。

合 __表示、__分析(ぶんせき)

995 **うちわけ** 内訳 itemization／详细内容／내역, 명세／các mục chi tiết

・給与明細(きゅうよめいさい)には給与の**内訳**(うちわけ)が書いてある。

関 明細(めいさい)

996 **じょがい** ヲ除外スル exclusion／除外／제외／loại trừ

・応募者(おうぼしゃ)のうち、未経験者を**除外した**。

・計画停電の実施(じっし)にあたり、東京23区の一部は**除外された**。

関 ヲ除く

997 **かんげん** ヲ還元スル return, restoration／还原／환원／hoàn trả

・企業(きぎょう)は利益(りえき)を消費者に**還元する**(かんげん)ことが求められる。

合 〈ジュース〉濃縮(のうしゅく)__ 関 ヲ戻す

998 **きょうぞん／きょうそん** ガ共存スル co-existence／共存, 共处／공존／cùng tồn tại

・このあたりでは、多くの民族が平和的に**共存して**きた。

・自然と人間との**共存**を考えるべきだ。

連 __を図(はか)る 合 平和__、__共栄(きょうえい)

999 **しょうれい** ニ＋ヲ奨励スル incitement, stimulation／奖励／장려／khích lệ, khuyến khích

・学校は生徒に読書を**奨励**(しょうれい)**した**。 ・**奨励**金(しょうれいきん)をもらえるよう頑張(がんば)ろう。

合 __金 関 ヲ勧(すす)める

1000 **ほうしゅう** 報酬 remuneration, reward／报酬／보수／thù lao

・この仕事はめんどうだが、**報酬**(ほうしゅう)がいいのでやめられない。

・**報酬**(ほうしゅう)を{もらう／得る／支払う…}。

合 無__ 連 __がいい⇔悪い

1001 **たいぼう** ヲ待望スル anticipation, long-awaited／盼望, 期待／갈망／mong đợi

・**待望**(たいぼう)の子供が生まれた。

・ようやく**待望**(たいぼう)の我(わ)が家(や)を手に入れた。

・閉塞感(へいそくかん)が濃い時代には、英雄**待望**論(えいゆうたいぼうろん)が出現するようだ。

関 ヲ待ち望む、ヲ期待スル

1002 **せつど** 節度 moderation／适度, 节制／절도／chừng mực

・「旅行中は**節度**(せつど)のある行動をとるように」と先生がおっしゃった。

・お金儲(かねもう)けにも**節度**(せつど)がある。何をしてもいいというわけではない。

連 __を守る、ニ__がある⇔ない、__をわきまえる 関 分別(ふんべつ)

1003 ぎり　　義理　　duty, debt (of gratitude), in-law／情义, 姻亲／의리／tình nghĩa, quan hệ được tạo ra do hôn nhân

①・山本さんには以前助けてもらった**義理**があるので、依頼を断ることはできない。
・本田さんはとても**義理**がたい人だ。　・行きたくなかったが、**義理**で出席した。
連 ニ__がある⇔ない　合 __人情、__堅い　慣 義理と人情の板挟み

②・彼女は弟の配偶者なので、**義理**の妹ということになる。
関 義父、義母、義兄、義姉、義弟、義妹

1004 じょうちょ／じょうしょ　　情緒　　emotion, spirit／情趣, 情绪／정서／bầu không khí, tinh thần

①・このあたりには下町の**情緒**が残っている。　・**情緒**豊かな港街を散歩する。
連 ニ__がある⇔ない　合 __的な、異国__、下町__、__豊かな　類 趣☞1017

②・彼女は失恋して以来、**情緒**が不安定だ。
合 __不安定、__障害　関 精神、心理

1005 どうよう　　ガ動揺スル　　agitation／不安, 心神动摇／동요／dao động, bất ổn

・面接で思わぬことを聞かれて**動揺し**、うまく答えられなかった。
・初恋の人と再会し、心の**動揺**を抑えることができなかった。
連 __が激しい、__を抑える　関 ガ揺れる、ガ揺らぐ☞1083

1006 むら　　unevenness, patchiness／参差不齐, 忽三忽四, 斑斑点点／고르지 못함, 변덕, 얼룩／không đồng đều, thất thường

①・彼の成績は、科目によって**むら**がある。
・気分に**むら**がある。

②・布を赤く染めようとしたら、**むら**になってしまった。
連 __になる、__ができる

連 ①② ニ__がある⇔ない、__が大きい

1007 ふうちょう　　風潮　　trend, tendency／潮流, 倾向／풍조／xu hướng

・「その場の空気を読む」ことを重視するのが、最近の若者の**風潮**だ。
・手軽さを求める世の**風潮**に逆らって、父は手間のかかる有機栽培を続けている。
連 世(の中)の__、時代の__、__に従う⇔逆らう

1008 じったい　　実態　　reality／实际状态／실태／thực tình

・あの会社は儲かっているように見えるが、**実態**はひどいらしい。　・**実態**を調査する。
類 実状

1009 ばくろ　　ヲ暴露スル　　exposure, revelation／曝光, 败露／폭로／phơi bày, vạch trần

・社員の一人が、社長の不祥事をマスコミに**暴露した**。
・{秘密／スキャンダル／悪事…}を**暴露する**。
合 __記事　対 ヲ隠蔽スル　関 ヲ暴く、ヲばらす☞703

81

1010 とうぼう　ガ**逃亡**スル　escape, flight／逃走, 亡命／도망／đào tẩu, chạy trốn

・犯人は５年の**逃亡**の末、警察に捕まった。　・海外へ**逃亡する**。

関 ガ逃げる、ガ逃走スル

1011 とうひ　ガ**逃避**スル　escape, evasion／逃避／도피／chạy trốn, lẩn tránh

・現実から目を背け、夢の世界に**逃避して**も、何の解決にもならない。

合 現実＿　関 ガ逃げる、ガ逃亡スル　※「逃避」は精神的な意味で使うことが多い。

1012 だいさんしゃ　**第三者**　third party／第三者, 局外人／제삼자／bên thứ ba

・粉飾決算が明らかになり、Ａ社は役員会に**第三者**を加えることになった。

・「家族間の問題は複雑なので、**第三者**に調停を依頼しよう」

対 当事者

1013 いいぶん　**言い分**　point, complaint／主张, 想法／이야기, 주장／lý lẽ

・兄弟げんかをすると、母はそれぞれの**言い分**をきちんと聞いてくれた。

・あの交通事故では、被害者と加害者の**言い分**が大きく食い違っている。

連 ニ＿がある⇔ない　類 主張

1014 いいなり　**言いなり**　yes-man, doing as one is told／唯命是从／시키는 대로 함／người phục tùng/nghe lời

・兄は気が弱く、何でも父の**言いなり**だ。

・「これ以上、あなたの**言いなり**にはなりません。自分の思う通りにやります」

連 〜の＿になる　類 言うがまま　関 ガ服従スル

1015 もほう　ヲ**模倣**スル　imitation, copy／模仿, 效仿／모방／mô phỏng, bắt chước

・彼の絵は有名画家の**模倣**に過ぎない。　・子供は親の行動を**模倣する**。

対 ヲ創造スル　類 ヲ真似スル、ヲコピースル　関 独創的な、独創性

1016 ちゃくもく　ガ**着目**スル　attention, focus／着眼, 注目／주목／để mắt, chú ý

・免疫の働きに**着目して**、新しい治療法が開発された。

・売上だけに**着目して**いると、利益率を見逃してしまうことがあるので要注意だ。

関 ガ着眼スル、ガ注目スル、ヲ注視スル

1017 おもむき　**趣**　charm, appearance／情趣, 风情／분위기, 정취／phong vị, dáng vẻ

①・ここは江戸時代に造られた庭園で、とても**趣**がある。

連 ＿がある⇔ない　類 情緒☞1004、情趣、風情

②・このあたりの町並みは、戦前の**趣**を残している。

連 ＿を異にする　類 感じ、雰囲気

1018 **うず** 渦 swirl, vortex／旋涡／소용돌이／vòng xoáy

①・洗面台の栓(せん)を抜くと、水が**渦**(うず)になって流れていった。　・波が**渦**(うず)を巻いている。

②・指紋(しもん)の**渦**(うず)

連①②＿を巻く　合①②＿巻き（・**渦巻き**(うずま)状のパン）

③・事件の**渦**(うず)に巻き込まれる。　・広場は{歓喜(かんき)／興奮(こうふん)／怒号(どごう)…}の**渦**(うず)に包まれた。

1019 **みぞ** 溝 drain, gap／雨水沟, 唱片的纹儿, 隔阂／도랑, 홈, 틈／rãnh, rãnh nước, khoảng cách

①・道の端(はし)に雨水を流す**溝**(みぞ)がある。　・{タイヤ／レコード…}の**溝**(みぞ)

②・子供の教育について意見が対立し、夫婦の間に**溝**ができた。

・今、与党(よとう)と野党(やとう)の間には深い**溝**(みぞ)がある。

連 ＝＿がある、＿が深まる、＿が大きい

連①②＿が深い⇔浅い、＿が埋まる・＿を埋める

1020 **おり** 折(り) chance, opportunity／正当……时候, 机会／때, 시, 기회／dịp, mùa, thời điểm

①・姉は米大統領(べいだいとうりょう)来日の**折り**に通訳(つうやく)を務めた。

・〈手紙〉「寒さ厳(きび)しき**折り**、お体、お大切に」

合 折から（・**折から**の強風にあおられ、火は見る見るうちに燃え広がった。）、折々（・四季**折々**(しきおりおり)の花）　類 時、時期

②・「その件については、私から**折り**をみて話しておこう」　・**折り**に触(ふ)れて思い出す。

連＿を見て、＿に触(ふ)れて、＿があれば　類 機会

コラム 22 表現(ひょうげん)① Expressions (1)／表达①／표현①／Biểu hiện (1)

◆名詞(めいし)

ありがた迷惑(めいわく)　unwelcome favor, mixed blessing／帮倒忙／쓸데없는 참견／điều phiền hà làm ơn
結婚する気もないのにお見合いを勧められるのは、ありがた迷惑だ。

あることないこと　a mixture of fact and fiction, half-truth／有没有的事, 莫须有的事／있는 것 없는 것／việc có và không có
彼女は週刊誌にあることないことを書き立てられた。

行(い)き当(あ)たりばったり　haphazard, hit or miss／漫无计划, 没有准谱／계획성 없는／bừa bãi, tiện đâu dùng đấy
仕事では行き当たりばったりのやり方は許されない。

至(いた)れり尽(つ)くせり　thorough, leave nothing to be desired／无微不至, 万分周到, 尽善尽美／극진한, 빈틈없는／chu đáo hết mức
このホテルのサービスは至れり尽くせりだ。

至(いた)らない点(てん)／ところ　imperfection/fault／不周到的方面/不周到之处／부족한 점/부족한 부분／điểm chưa hoàn hảo/thiếu sót
「至らない点があったことをお許しください」

一大事(いちだいじ)　serious, matter of consequence／一件大事／중대사／đại hệ trọng
このたびの社長の辞任は会社にとって一大事だ。

一夜漬(いちやづ)け　all-nighter, cramming (for a test)／临阵磨枪／당일치기, 벼락치기／học nhồi nhét trong một đêm
テストの前に一夜漬けで勉強した。

一点張(いってんば)り　persist, stick to／坚持一点（不计其余）／끝까지／kiên trì duy nhất, nhất mực
いくら聞いても、彼は「秘密だから」の一点張りだ。

聞(き)き分(わ)け　understanding／听懂／말귀를 알아들음／nghe hiểu
うちの子は聞き分けがいい（⇔悪い）。「そんな聞き分けのないことを言うな」

Unit 12 名詞D 977 〜 1020

練習問題

レベル★★★★

Ⅰ (　　)に助詞を書きなさい。

1．自分の意見(　　)固執する。　2．先輩(　　)言いなり(　　)なる。

3．彼(　　)は義理がある。　4．事件は思わぬ方向(　　)展開した。

Ⅱ 「〜する」の形になる言葉に○を付けなさい。

阻害　擁護　摂取　節度　欠乏　添加　報酬　動揺　成分　除外

還元　共存　情緒　風潮　模倣　暴露　内訳　展開　実態　膨張

Ⅲ 「〜がある⇔ない」の形で使う言葉に○を付けなさい。

形勢　節度　義理　待望　情緒　趣　共存　むら

Ⅳ (　　)に下から選んだ語を書いて、一つの言葉にしなさい。

1．(　　　)保障　2．(　　　)補給　3．(　　　)逃避　4．共存(　　　)

5．補足(　　　)　6．開拓(　　　)　7．うず(　　　)　8．添加(　　　)

9．補償(　　　)　10．情緒(　　／　　)

栄養	共栄	金	現実	社会	精神	説明	的	不安定	物	巻き

Ⅴ 正しい言葉を[　　]の中から一つ選びなさい。

1．[　勢力　開拓　形勢　]が不利になる。

2．彼には彼の[　言い分　言いなり　言いわけ　]があるらしい。

3．新しい顧客を[　開発　開拓　干拓　]する。

4．被害者に[　補充　補償　補給　]する。

5．彼女は気分に[　動揺　みぞ　むら　]がある。

6．無[　給与　賃金　報酬　]で働く。

7．医者に塩分の[　摂取　添加　還元　]量を減らすように言われた。

8．美術教師はその子の色使いに[　視野　着目　集中　]した。

9．人権[　擁護　弁護　保守　]委員会に訴える。

10．私は警備[　保証　保障　補償　]会社に勤めている。

11．温泉の[　特質　分担　成分　]を分析する。

12．一度できた溝を[　直す　閉じる　埋める　]ことは難しい。

13．家に四季[　折り　折々　折から]の花を飾る。

14．１カ月ぶりに[　待望　本望　期待　]の雨が降った。

15．今年入学した留学生は50人、国別の[　分別　内訳　明細　]は次のとおりである。

Ⅵ　□に漢字を１字入れて、正しい言葉にしなさい。また、似た意味の言葉を下から選んで（　　）に書きなさい。

1．栄養を摂□する。（　　　　）　2．食料品が欠□する。（　　　　）

3．犯人が逃□する。（　　　　）　4．説明を補□する。（　　　　）

5．汚染(おせん)物質が拡□する。（　　　　）　6．秘密を□露する。（　　　　）

7．売り上げが１億円を突□する。（　　　　）

8．先輩のやり方を□倣する。（　　　　）

9．高齢者に運動を奨□する。（　　　　）

10．人数を数えるときに、子供を□外する。（　　　　）

11．多くの物質は熱を加えると膨□する。（　　　　）

12．このホルモンの不足は子供の成長を□害する。（　　　　）

おぎなう	こえる	さまたげる	すすめる	とる	にげる
のぞく	ばらす	ひろがる	ふくらむ	不足する	まねる

Ⅶ　（　　）に入る言葉を下から選んで書きなさい。

1．新しく始まった連続テレビドラマの、今後の（　　　　）が楽しみだ。

2．以前渡米(とべい)した（　　　　）に泊まったホテルに、また泊まりたい。

3．古くなって（　　　　）がすり減ったタイヤは、すぐに取り替えないと危険だ。

4．展望台から、海の水が（　　　　）を巻いているのが見えた。

5．この町は小京都(しょうきょうと)と呼ばれているだけあって、（　　　　）のある古い町並みが残っている。

6．（　　　　）の率直(そっちょく)な意見が聞きたい。

7．このジャングルには（　　　　）の鳥が生息(せいそく)している。

8．加害者を（　　　　）するわけではないが、彼が犯行に至った心情は理解できる。

9．円高(えんだか)で利益を上げた企業が、円高差益(えんだかさえき)（　　　　）セールを行った。

10．「（　　　　）にならないよう、きれいに塗ってください」

11．事故に巻(ま)き込まれて試験に遅刻し、（　　　　）して実力が発揮(はっき)できなかった。

12．汚職(おしょく)事件がニュースになったが、（　　　　）はもっとひどいらしい。

13．部下がミスをした。いい（　　　　）なので、食事をしながら、仕事に対する心構(こころがま)えなどを話して聞かせた。

うず	おもむき	おり	かんげん	じったい	だいさんしゃ
てんかい	どうよう	みぞ	むすう	むら	ようご

（二度使う語もある）

Unit 12 名詞D 確認問題 931 ～ 1020

レベル ★★★★

I （　　）に入れるのに最も良いものを、a・b・c・dから一つ選びなさい。

1．この程度の誤差は（　　）範囲だろう。

a　許容　　b　容認　　c　認可　　d　承諾

2．工場の海外進出について、部長は否定的な（　　）を述べた。

a　認識　　b　声明　　c　模索　　d　見解

3．「家族」の（　　）は地域により、年代により、異なる。

a　内訳　　b　概念　　c　成分　　d　形勢

4．あの天文台には、世界（　　）の望遠鏡が備えられている。

a　有数　　b　無数　　c　有名　　d　無名

5．風はまだ冷たいが、太陽の光には春の（　　）が感じられる。

a　幕開け　　b　おもむき　　c　きざし　　d　果て

6．店員の（　　）を得た説明のおかげで、すぐにリモコンの操作方法が理解できた。

a　趣旨　　b　便宜　　c　要領　　d　駆使

7．（　　）力がなければ、リーダーとしてグループをまとめることはできない。

a　引率　　b　開拓　　c　団結　　d　統率

8．新しいものをどんどん作ってどんどん消費するというのが、現代の（　　）だ。

a　実践　　b　風潮　　c　展開　　d　経緯

9．途中で（　　）もあったが、話し合って解決することができた。

a　行き違い　　b　成り行き　　c　言いなり　　d　言い分

10．都市の人口は（　　）を続けている。

a　収縮　　b　増員　　c　膨張　　d　横ばい

II ＿＿＿＿の言葉に意味が最も近いものを、a・b・c・dから一つ選びなさい。

1．この薬は痛みを<u>緩和する</u>働きをする。

a　ゆるめる　　b　やわらげる　　c　うながす　　d　とく

2．いつになったら鉄道が復旧するのか、まだ<u>見通し</u>は立っていない。

a　先行き　　b　見晴らし　　c　めど　　d　めやす

3．<u>架空の</u>話をしてお年寄りから金をだまし取る、という手口の犯罪が増えている。

a　ありもしない　　b　あり得ない　　c　内容のない　　d　頭が空っぽの

4．あの人は言われたことはきちんとやるが、<u>融通がきかない</u>。

a　考え方がかたい　　b　コミュニケーション力が低い

c　実行力がない　　d　自分の考えがない

5．その番組は、宮田（みやた）教授がノーベル賞を受賞するまでの<u>道のり</u>を振り返るものだった。

a　距離　　b　方法　　c　苦労　　d　人生

Ⅲ　次の言葉の使い方として最もよいものを、a・b・c・dから一つ選びなさい。

1．欠乏

a　失業して収入がなくなり、貯金が<u>欠乏</u>した。

b　この前の試験は問題数が多く、時間が<u>欠乏</u>だった。

c　湿度の<u>欠乏</u>により、最近火災の発生件数が増えている。

d　この病気はビタミンＣの<u>欠乏</u>によって起こる。

2．勢力

a　大きな<u>勢力</u>の地震が起こったら、この建物は崩壊（ほうかい）するだろう。

b　台風は大きな<u>勢力</u>を保ったまま、日本に接近しつつある。

c　この国の制度では、大統領に強大な<u>勢力</u>が集中するようになっている。

d　有力な選手が数多く入団したので、今年のＡチームは<u>勢力</u>が強くなった。

3．義理

a　結婚して、<u>義理</u>の母と同居することになった。

b　田中（たなか）さんは受けた恩を忘れない、<u>義理</u>のある人だ。

c　昔の小さな会社では、社長と従業員は<u>義理</u>の関係で結ばれていた。

d　困っていたときに助けてもらった<u>義理</u>を、返さなければならない。

4．是非

a　参加不参加の<u>是非</u>を問わず、明日中に連絡してください。

b　親の経済力の<u>是非</u>にかかわらず、全ての子供に教育を受ける権利がある。

c　私の証言が正確かどうか、何度もその<u>是非</u>を尋ねられた。

d　次の国会では、政府のとった政策の<u>是非</u>が問われるだろう。

5．禁物

a　日本国内に麻薬を持ち込むことは、法律的に<u>禁物</u>だ。

b　ダイエットしているのに、<u>禁物</u>の甘いものを食べてしまった。

c　対戦相手がどこのチームであったとしても、油断は<u>禁物</u>だ。

d　健康状態があまりよくなく、医者から喫煙を<u>禁物</u>された。

Unit 13 動詞 C

1021 ～ 1110

レベル ★★★★

82

1021 **つる** ガ／ヲつる to cramp, slant, put up, hang／吊, 悬, 挂／쥐가 나다, 달다, 매다／chuột rút, treo

①・泳いでいるときに、急に足が**つって**溺れそうになった。

②・台所に棚を**つった**。 ・犯人は首を**つった**状態で発見された。 ・目が**つり**上がった人

合ガつり上がる

1022 **つるす** ヲつるす to hang, suspend／吊, 悬, 挂／매달다, 걸다／treo, đeo

・ベランダに風鈴を**つるした**。 ・洋服はたたむより**つるした**方が探しやすい。

・額縁を**つるす**。 ・この指輪は、ペンダントとして首に**つるす**こともできる。

1023 **とぐ** ヲ研ぐ to sharpen, wash (rice)／磨快, 磨光, 淘米／갈다, 씻다／mài, giũa, vo

①・切れなくなった包丁を**研ぐ**。 ・動物が爪を**研ぐ**。

合ヲ研ぎ澄ます（・{神経／感覚}を**研ぎ澄ます**。）

②・米を**研ぐ**。

1024 **もむ** ヲもむ to massage, squeeze, be trained, worry, (about), bother (about)／揉, 搓, 挤, 锻炼, 操心／주무르다, 비비다, 휩쓸다, 애를 쓰다／bóp, chen đẩy

①・母が肩が凝ったと言うので、**もんで**あげた。 ・きゅうりを塩で**もむ**。

②・毎日人混みに**もまれて**通勤している。

・彼は卒業後、社会に**もまれて**驚くほどしっかりした人間になった。

※受身形で使うことが多い。

③〈慣用表現〉・子供が不登校になりそうで、ずいぶん気を**もんだ**。

関ガもめる（・気が**もめる**。）☞1084

1025 **ゆさぶる** ヲ揺さぶる to shake, jolt／摇晃, 震动／뒤흔들다, 흔들다／lắc, rung, lay động

・台風で街路樹が激しく**揺さぶられて**いる。 ・意識のない人を強く**揺さぶって**はいけない。

・盲目のピアニストの話を知って、{心／胸}を強く**揺さぶられた**。

※「揺すぶる」とも言う。 類ヲ揺する 名揺さぶり→ニ＿をかける

1026 **もたれる** ガもたれる to lean, have indigestion, be difficult to digest／倚靠, 积食／기대다, 거북하다／tựa vào, nặng bụng, khó tiêu

①・壁に**もたれて**立つ。

合ガもたれかかる☞382 類ガ寄りかかる☞381

②・食べ過ぎで胃が**もたれる**。 ・固い食べ物は胃に**もたれる**。

1027 **しがみつく** ガしがみつく to cling／紧紧抓住, 不放手／매달리다, 집착하다／bám lấy

・ジェットコースターに乗ったとき、ずっと前の手すりに**しがみついて**いた。

・生活のため、どんな目に遭っても会社に**しがみつか**なくてはいけないと、覚悟した。

関ガつかまる、ヲつかむ☞108 慣過去の栄光にしがみつく

1028 **つきまとう**　　ガ付きまとう　　to follow around／纠缠, 缠住, 影响／따라다니다／bám đuổi, rình rập

①・最近、好きでもない人にしつこく**付きまとわれ**て困っている。
　関ストーカー、ストーキング

②・高所での仕事には危険が**付きまとう**。　・不安に**つきまとわれる**。

1029 **なつく**　　ガ懐く　　to get used to, become emotionally attached／喜欢, 接近／따르다／quen, quấn quýt

・幼稚園の新しい先生に子供たちはすぐに**懐いた**。

・買ってきた犬が、なかなか私に**なつかない**。
　関人懐っこい

1030 **かまう**　　ガ／ヲ構う　　to care about, be concerned about, look after／介意, 管／상관하다, 신경 쓰다, 상대하다／để ý, lưu tâm

自①・彼女はあまり服装に**構わない**。

・「ちょっと用事で遅れますから、私に**構わない**で会を始めていてください」

・私が嫌な顔をしているのに、彼は**かまわず**幽霊の話を続けた。

・ささいなことに**構って**いては、ものごとが進まない。

・〈取り引き先などで〉「何かお飲みになりますか」「どうぞお**構いなく**」
　類ヲ気にかける

②・「このコピー機を使ってもいいですか」「はい、**構いません**」

他・親は二人とも仕事で忙しくて、なかなか子供を**構って**やる暇がない。
　※否定形で使う、または否定的な表現と一緒に使うことが多い。

1031 **みせびらかす**　　ニ＋ヲ見せびらかす　　to show off／显示, 夸示／과시하다／khoe khoang

・彼は最新のゲーム機を買って、さっそく友達に**見せびらかした**。
　関ヲ見せつける

1032 **ねだる**　　ニ＋ヲねだる　　to pester, coax／死气白赖地要求／조르다／đòi, vòi vĩnh

・親に**ねだって**ディズニーランドに連れて行ってもらった。

・母は孫に**ねだられる**と、何でも買い与えてしまう。　・{小遣い／お土産…}を**ねだる**。
　合おねだり（・子供がお母さんに**おねだり**をする。）

1033 **なだめる**　　ヲなだめる　　to soothe, calm／使平静, 平息／달래다／dỗ dành, làm nguôi

・姉は泣いている妹をやさしく**なだめた**。　・父の怒りを**なだめる**のは大変だった。

1034 **いたわる**　　ヲいたわる　　to be considerate, take (good) care of／怜恤, 照扶, 照顾, 安慰／돌보다, 아끼다, 위로하다／thương, quan tâm

・老人や病人を**いたわる**のは、人間として当然のことだ。

・「もう少し体を**いたわらない**と、病気になりますよ」
　名いたわり（・人に**いたわり**の言葉をかける。）

1035 **ふれあう** ガ触れ合う to touch, come into contact／互相接触, 互相挨着／접하다／chạm, tiếp xúc, giao lưu

①・手と手が**触れ合う**。

②・この動物園では動物と**触れ合う**ことができる。

・この町では町民同士が**触れ合う**イベントを多く催している。

名 触れ合い（・親子の**触れ合い**　・心の**触れ合い**）

1036 **とぼける** ガとぼける to feign ignorance, play the innocent／装糊涂／시치미를 떼다, 모르는 체하다／giả vờ nghễnh ngãng

①・父は都合が悪くなると、年のせいにして**とぼける**。・「**とぼけないで**、ちゃんと答えろ」

②・あのお笑い芸人は、いつも**とぼけた**ことを言って笑わせる。　・**とぼけた**{表情／口調…}

1037 **ごまかす** ヲごまかす to deceive, cheat, dodge, cover up／欺骗, 蒙蔽／속이다／lừa dối, đánh trống lảng

①・商品の量や重さを**ごまかす**ような商人は、信用されない。　・つり銭を**ごまかす**。

関 ヲだます、ヲ欺く☞1075

②・弟は都合の悪いことを言われると、笑って**ごまかそう**とする。

・失敗を**ごまかそう**としたが、見破られてしまった。

・{その場／自分の気持ち…}を**ごまかす**。

名 ①②ごまかし

1038 **おびやかす** ヲ脅かす to threaten, surprise／威胁／위협하다／đe dọa

・ひどい不況が庶民の生活を**脅かした**。

・A チームは今年、昨年優勝の B チームを**脅かす**存在に成長した。

1039 **おびえる** ガおびえる to be frightened, startled／害怕, 胆怯／무서워하다, 겁먹다, 떨다／run sợ

・赤ん坊が大きな音に**おびえて**泣き出した。　・{余震／戦争／悪夢…}に**おびえる**。

・子犬は**おびえた**ような目で私を見た。

類 ヲ怖がる

1040 **とまどう** ガ戸惑う to be perplexed, not know what to do／困惑, 不知所措／망설이다, 당황하다／bỡ ngỡ, lúng túng

・新しい職場で、前の会社とのやり方の違いに**とまどっている**。

・会議で突然指名されて**とまどった**。

名 とまどい→＿を覚える　関 ガまごつく

1041 **つつしむ** ヲ慎む to be careful, avoid, abstain from／谨慎, 慎重, 节制／조심하다, 삼가다／thận trọng, hạn chế

①・「上司に対して失礼です。言葉を**慎みなさい**」　・言動を**慎む**。

合 慎み深い　類 気をつける　名 慎み→＿がある⇔ない（・**慎みのある**人）

関 慎ましい

②・胃の調子が悪いので、辛いものを**慎んでいる**。

類 ヲ控える☞710　慣 身を慎む

1042 **わきまえる**　　ヲわきまえる　　to be well mannered, know one's place／辨别／가리다, 분별하다／phân biệt

・職場では、立場を**わきまえた**ふるまいが求められる。

・{善悪(ぜんあく)／公私(こうし)の別／場…}を**わきまえて**行動する。

類 ヲ心得る　　名 わきまえ→__がある⇔ない

1043 **おしむ**　　ヲ惜しむ　　to regret, be sad, skimp／依依不舍, 觉得可惜, 吝惜／아쉬워하다, 아까워하다／luyến tiếc, thương tiếc

①・出発の日、駅には別れを**惜(お)しむ**友人たちが大勢(おおぜい)詰めかけた。

・若い芸術家の早すぎる死を**惜(お)しむ**。　・友達となごりを**惜(お)しむ**。

関 ヲ残念がる、ヲ悲しむ　　慣 寸暇(すんか)を惜(お)しんで

②・いい結果を得るためには、努力を**惜(お)しんで**はならない。

・「あなたのためなら、協力は**惜(お)しみません**」

関 ヲ嫌(いや)がる　　慣 骨身を惜(お)しまない

イ形 ①②惜(お)しい

1044 **はばかる**　　ヲはばかる　　to worry about (what other people think)／怕, 顾忌, 当权／꺼리다, 주저하다／giữ ý, trưởng thành

①・「これは外聞(がいぶん)を**はばかる**話なので、誰(だれ)にも言わないでください」

・道で夫婦が人目も**はばからず**大声でけんかをしていた。

連 外聞を__、人目を__、世間を__　　名 はばかり→__がある⇔ない

②〈ことわざ〉憎まれっ子世に**はばかる**　　※この場合は自動詞。

1045 **てこずる**　　ガ手こずる　　to have a hard time／棘手, 难对付／애를 먹다／bó tay, đau đầu

・このパズルは難しくて、かなり**手こずった**。

・教師をしているが、クラスのわがままな子供に**手こずらされて**いる。

類 ガ手を焼く

1046 **こりる**　　ガ懲りる　　to be disgusted with, to learn from experience／吃过苦头不想再试／질리다／không làm lần nữa, tỉnh ngộ

・カジノで大損(おおぞん)をした。賭(か)け事(ごと)はもう**懲(こ)りた**。　・失敗に**懲(こ)りず**、また挑戦(ちょうせん)したい。

・「これに**懲(こ)りたら**、これからはもっと慎重(しんちょう)にやりなさい」

合 こりごり（・登山(とざん)はもう**こりごり**だ。）

1047 **とがめる**　　ガ／ヲとがめる　　to feel guilty, blame, take to task／过意不去, 责备, 盘问／가책을 받다, 책망하다, 검문하다／thấy có lỗi, khiển trách

自・親友より先に昇進して、ちょっと気が**とがめる**。

・本当のことを言わなかったので良心が**とがめた**。

連 気が__、良心が__　　名 とがめ

他・仕事のミスを上司(じょうし)に**とがめられた**。　・バイクに乗っているとよく警官に**とがめられる**。

類 ヲ責める、ヲ非難する　　関 ヲ追及(ついきゅう)する☞368

1048 **つぐなう** ヲ償う to compensate, atone for／赔偿, 赎罪／보상하다, 갚다／đền bù, chuộc (tội)

①・株取引で会社に損害を与えた彼は、損害を**償う**ために1,000万円払った。

類ヲ賠償する 関ヲ補償する☞988

②・人の命を奪ったとき、どんな方法で罪を**償える**のだろうか。

名償い→＿をする

1049 **こる** ガ凝る to be absorbed in, be particular about, get stiff (shoulders, etc.)／热衷于; 讲究; 肌肉酸痛／열중하다, 멋지다, 뻐근하다／mê, cầu kì, tỉ mỉ, đau mỏi

①・最近お菓子作りに**凝って**いる。

合凝り症 関ガ熱中する、ガ夢中になる、ガふける

②・休みの日は時間をかけて、**凝った**料理を作るのが私の楽しみだ。 ・**凝った**デザイン

・あのレストランは室内の装飾にも**凝って**いる。

※①②はプラスの意味で使うことが多い。

③・最近年のせいか、肩が**凝る**。

合ガ凝り固まる 名凝り

1050 **こらす** ヲ凝らす to concentrate, apply／凝视, 屏住呼吸, 悉心钻研／집중시키다, 죽이다, 짜내다／căng (mắt), nín (thở), mày mò, kì công

①・暗闇の中で目を**凝らす**と、遠くに小さな明かりが見えた。 ・息を**凝らして**見つめる。

慣目をこらす、息をこらす

②・デザインに工夫を**凝らす**。 ・この家は、省エネのための工夫が**凝らされて**いる。

連工夫を＿

1051 **こだわる** ガこだわる to be concerned with, be particular about／拘泥, 讲究／구애되다, 신경 쓰다／câu nệ, để ý, kén chọn

①・いつまでも失敗に**こだわって**いると、前に進めない。

・あの人は小さなことには**こだわらない**、おおらかな人だ。

・{つまらないこと／体面／メンツ…}に**こだわる**。

②・「当店では食材の質に**こだわって**おります」

・私はビールは何でもいいが、日本酒の味には**こだわる**。

※①はマイナス、②はプラスの意味で使う。

名①②こだわり→ニ＿がある⇔ない

1052 **てっする** ガ徹する to devote oneself to, go through／彻底; 彻夜／전념하다, 밤을 새우다／chuyên/chú trọng một cách triệt để về, thâu (đêm)

①・今回は裏方に**徹して**働こうと思う。 ・この車は走りに**徹して**いて余分な飾りがない。

・社長は技術力もあるが、経営者に**徹して**会社を発展させた。

類ガ打ち込む、ガ専念する☞300

②・夜を**徹して**話し合う。

1053 **きわめる　ヲ極める／究める／窮める**　to succeed, achieve, overcome, go to extremes, master／达到极限, 彻底查明／정복하다, 극도로 어렵다, 터득하다／đạt đến, vô cùng, hết (lời), theo đuổi tìm kiếm

[極]①・世界で初めて南極点を**極めた**のはノルウェーのアムンゼンだ。

・{頂点／山頂…}を**極める**。

②・海底にトンネルを掘る作業は困難を**極めた**。　・{繁栄／栄華…}を**極める**。

〈慣用表現〉・彼は口を**極めて**その絵を{賞賛した／けなした}。

[究／窮]・{真理／芸の道…}を{**究める**／**窮める**}。

自 極まる／窮まる(・失礼**極まる**態度　・どうやってもうまくいかず、進退**窮まった**。)

1054 **とげる　ヲ遂げる**　to achieve, accomplish／完成, 达到／이루다／đạt được, giành được

①・目的を**遂げる**まで、国へは帰らないつもりだ。　・{思い／望み／志…}を**遂げる**。

合 ヲやり＿、ヲ成し＿　類 ヲ果たす、ヲ達成する、ヲ達する

②・あの学生は短期間にすばらしい進歩を**遂げた**。

・{発達／急成長／初優勝／悲惨な最期…}を**遂げる**。

1055 **かかげる　ヲ掲げる**　to raise, proclaim, promote／悬挂, 升起, 树立, 登载／달다, 내걸다, 내세우다／giương lên, đề ra, đăng

①・会場に参加国の国旗を**掲げる**。　・看板を**掲げる**。

類 〈国旗〉ヲ掲揚する

②・若者たちは理想を**掲げて**団体を設立した。

③・上野教授の論文は、学会誌の巻頭に**掲げられた**。

1056 **はかる　ヲ図る**　to work on, promote, attempt／谋求, 企图／꾀하다, 시도하다, 계획하다／nhằm mục đích, ý đồ

・けがで欠場した本田選手は、今再起を**図って**リハビリに励んでいる。

・市民センターは、市民の文化活動の推進を**図って**設立された。

・自殺を**図った**患者が救命病棟に運び込まれた。

連 ニ便宜を＿、再起を＿　関 ヲ意図する☞81、ヲ計画する

1057 **あやつる　ヲ操る**　to manipulate, be fluent in (language), handle/operate／操作, 操纵, 掌握, 耍／부리다, 조종하다, 구사하다／điều khiển, sử dụng thành thạo

①・この人形は上から糸で**操って**動かす。　・言葉で人の心を**操る**。　・運命に**操られる**。

合 操り人形　関 ヲ操作する

②・あの人は５カ国語を**操る**そうだ。　・道具を巧みに**操る**。

1058 **しきる　ヲ仕切る**　to partition, manage／隔开, 掌管／칸막이하다, 도맡아서 처리하다／ngăn, chủ trì

①・子供部屋をベッドとタンスで**仕切って**、二人で使っている。

類 ヲ区切る、ヲ分ける

②・忘年会は全て彼に任せて**仕切って**もらおう。

合 ヲ取り＿

名 ①②仕切り

1059 **ほどこす**　　ヲ施す　　to give, apply, help, add, donate／施行, 施加, 进行, 施舍／궁리하다, 행하다, 장식하다, 베풀다／thực hiện, tiến hành, cho

①・患者に治療を**施す**。　・地球温暖化に対して何らかの対策を**施す**。

・手の**施し**ようがないほど病状が悪化した。

類 ヲ行う　　慣 手の施しようがない

②・写真に修正を**施す**。　・このテーブルには細かい装飾が**施されて**いる。

類 ヲ加える

③・植物に{水／肥料…}を**施す**。　・貧しい人々にお金を**施す**。

類 ヲ与える　　名 施し（※人の場合のみに使う。）

1060 **まにあう**　　ガ間に合う　　to make do with, be enough／够用, 临时凑合, 来得及／족하다, 충분하다／đủ, được

①・１週間の生活費としては、１万円あれば、何とか**間に合う**。

・しょうゆを切らしてしまった。塩で**間に合う**だろうか。

他 間に合わせる（・花瓶がないのでワインの瓶で**間に合わせた**。）→名 間に合わせ

②・〈店で〉「新製品の化粧水はいかがですか」「いえ、**間に合ってます**ので」

1061 **こなす**　　ヲこなす　　to be good at, complete, achieve／很好地扮演, 处理, 掌握／소화하다, 해내다, 처리하다／làm tốt xử lí, hoàn thành

①・あの俳優はどんな役でもうまく**こなす**。

合 使い__、乗り__、弾き__、着__→名 着こなし

②・これだけの仕事量を一人で**こなす**のは大変だ。　・{ノルマ／多量の注文}を**こなす**。

・技術は数を**こなさなければ**身に付かない。

連 数を__

1062 **はかどる**　　ガはかどる　　to make good progress／进展顺利／잘되다, 진척되다／tiến triển

・私は音楽を聞きながらだと勉強が**はかどる**。

・天候不順で、工事がなかなか**はかどらない**。

1063 **いきづまる**　　ガ行き詰まる　　to come up against a wall, reach the limit／停滞不前, 陷入僵局／벽에 부딪치다, 막다른 상태에 빠지다／bế tắc

・高橋さんは研究に**行き詰まって**悩んでいる。

・Ａ社は資金難で経営が**行き詰まり**、倒産した。　・交渉が**行き詰まる**。

名 行き詰まり→__を感じる

1064 **とどこおる**　　ガ滞る　　to delay／堵塞, 积压, 拖延／정체되다, 밀리다／đình trệ, tồn đọng, chậm

①・トラック運転手のストのため、物流が**滞って**いる。　・{仕事／事務…}が**滞る**。

関 ガ停滞する☞655　　名 滞り→__なく（・式は**滞りなく**終わった。）

②・会社の経営状態がよくないらしく、最近は給料の支払いも**滞り**がちだ。

・{家賃／返済…}が**滞る**。

1065 **すえおく** ヲ据え置く　to erect, defer／放置, 维持／설치하다, 유지하다／đặt cố định, giữ nguyên

①・校門の横に創立者の銅像が**据え置かれた**。　・**据え置き**型のエアコン
関ヲ設置する

②・労使の交渉により、賃金は**据え置かれる**ことになった。
関ヲ維持する、ヲ保つ☞134

名①②据え置き

1066 **たずさわる** ガ携わる　to engage in／参与, 从事／종사하다, 관계하다／tham gia

・「お仕事は？」「製薬に**携わって**います」　・開発に**携わる**仕事がしたい。
関ヲ行う、ヲ営む

1067 **たずさえる** ヲ携える　to carry/take someone/something with you／携带, 偕同／손에 들다, 지니다, 데리다／mang theo

①・見知らぬ娘が紹介者の手紙を**携えて**訪れた。　・武器を身に**携える**。
関ヲ持ち運ぶ

②・家族を大事にする彼は、家族を**携えて**赴任した。
関ヲ連れていく

コラム 23　表現②　Expressions (2)／表达②／표현②／Biểu hiện (2)

◆形容詞

いい　good, advanced／好的（说反话）／좋다／tốt
「いい年なんだから、派手なかっこうは似合わないよ」
「もういい大人なんだから、分別を持ちなさい」

へたな　not good, ill-advised, half-hearted／笨拙, 水平不高／서투른／kém
深刻に悩んでいる人にへたなことは言えない。
この寺は国宝だから、へたに修理はできない。

◆副詞的表現

あてずっぽうに　hazard (a guess), a shot in the dark／胡猜, 瞎猜／어림짐작／đoán mò, phỏng đoán
あてずっぽうに答えたら正解だった。／あてずっぽうな答え

いたるところに　everywhere, all over／到处／도처, 곳곳／ở khắp nơi
日本語学校は、日本のいたるところにある。

こう見えても　despite one's appearance／即使看起来这样／이렇게 보여도／trông thế này nhưng
「こう見えても、私、世界記録保持者なんです」

ひょんなことから　by coincidence／由于意外／뜻밖의 일로／không ngờ
ひょんなことから友だちと遠い親戚だとわかった。

ぴんからきりまで　from lowest to highest, the whole spectrum／从开始直到结束／최상급에서 최하급까지／thượng vàng hạ cám
一口にワインといっても、ぴんからきりまである。

我ながら　even if I say so myself／连自己都／내가 생각해도, 내 스스로도／tuy nói về bản thân nhưng
我ながらとてもおいしい料理ができた。
今回のテストは、我ながらひどいできだった。

～をてこに　with … as the driving force/leverage／以~为手段／~을/를 지레로／lấy làm đòn bẩy
あの会社は大幅な収益増をてこに、海外に進出した。

Unit 13 動詞C 練習問題

1021 ～ 1067

レベル ★★★★

Ⅰ （　　）に助詞を書きなさい。

1．悪夢（　　）おびえる。　　2．部屋（　　）本棚（　　）仕切る。
3．気（　　）とがめる。　　4．デザイン（　　）工夫（　　）こらす。
5．親（　　）小遣い（　　）ねだる。　　6．研究（　　／　　）行き詰まる。
7．食べ過ぎで胃（　　）もたれる。　　8．油っこい料理は胃（　　）もたれる。

Ⅱ 「ます形」が名詞になる言葉に○を付けなさい。　例：たるむ→たるみ

いたわる　なだめる　ふれ合う　ごまかす　つつしむ　わきまえる　おびやかす
てこずる　つぐなう　こだわる　かかげる　はかどる　行き詰まる　とどこおる

Ⅲ 一緒に使う言葉を下から選んで書きなさい。

A　1．（　　　）をもむ。　　2．（　　　）をこなす。
3．（　　　／　　　）をごまかす。　　4．（　　　）をとぐ。
5．（　　　）をおしむ。　6．（　　　）をとがめる。　7．（　　　）をつるす。
8．（　　　）をつつしむ。　　9．（　　　）にこだわる。

カーテン　肩　言葉　つり銭　なごり　ノルマ　包丁　ミス　メンツ

（二度使う語もある）

B　1．（　　　）がつる。　2．（　　　）をつぐなう。　3．（　　　）をわきまえる。
4．（　　　／　　　）を極める。　5．（　　　／　　　）をかかげる。
6．（　　　）がとどこおる。　7．（　　　／　　　／　　　）をとげる。

足　思い　国旗　困難　立場　頂点　罪　発展　目的　家賃　理想

C　1．勉強が（　　　　　）。　　2．教育に（　　　　　）。
3．良心が（　　　　　）。　　4．流れが（　　　　　）。
5．装飾を（　　　　　）。　　6．人目を（　　　　　）。
7．自殺を（　　　　　）。　　8．家賃を（　　　　　）。
9．人形を（　　　　　）。　　10．難しい問題に（　　　　　）。

あやつる　すえおく　たずさわる　手こずる　とがめる とどこおる　はかどる　はかる　はばかる　ほどこす

Ⅳ 正しい言葉を〔　　〕の中から一つ選びなさい。

1．・病気の老人を〔　いたわる　なだめる　〕。
　・怒っている上司を〔　いたわる　なだめる　〕。

2．・あのお笑い芸人はよく〔　ごまかした　とぼけた　〕ことを言って、人を笑わせる。
・答えたくないことを聞かれ、笑って〔　ごまかした　とぼけた　〕。

3．・パソコンで作業していると、肩(かた)が〔　こる　こらす　こりる　〕。
・一度大損(おおぞん)したので、賭(か)け事(ごと)はもう〔　こった　こらした　こりた　〕。
・この頃(ごろ)食器集めに〔　こって　こらして　こりて　〕いる。
・息を〔　こって　こらして　こりて　〕綱渡(つなわた)りを見つめた。
・〔　こった　こらした　こりた　〕デザインの服

V　（　　　）に入る言葉を下から選び、適当な形にして書きなさい。

A　1．私は小さい子供によく（　　　　　　　　　　）。
2．ストーカーに（　　　　　　　　　　）困っている。
3．毎日人混みに（　　　　　　　　　　）通勤している。
4．食糧不足により、２万人以上が生存すら（　　　　　　　　　　）いる。
5．その音楽を聞いて、激しく心を（　　　　　　　　　　）。
6．現代社会では、心の（　　　　　　　　　　）が（　　　　　　　　　　）いる。
7．初めての海外生活では、習慣の違いに（　　　　　　）を（　　　　　　）ことも多い。
8．私はラーメンの味には（　　　　　　　　　　）がある。
9．さすがモデルだけあって、彼女は着（　　　　　　　　　　）がうまい。

おびやかす	おぼえる	こだわる	こなす	つきまとう	
とまどう	なつく	ふれあう	ゆさぶる	もとめる	もむ

B　1．いすの背に（　　　　　　　　　　）座った。
2．怖い犬に（　　　　　　　　　　）子供は母親の腕に（　　　　　　　　　　）。
3．「もし遅れたら、私に（　　　　　　　　　　）、先に始めていてください」
4．彼女はダイヤの婚約指輪をみんなに（　　　　　　　　　　）自慢した。
5．どんな分野においても、その道を（　　　　　　　　　　）のは大変なことだ。
6．優勝するためには、どんな努力も（　　　　　　　　　　）つもりだ。
7．この小説家の特徴は、写実に（　　　　　　　　　　）描写(びょうしゃ)にある。
8．母を病院へ連れて行ったら、「もう手の（　　　　　　　　　　）ようがない」と言われた。
9．手みやげを（　　　　　　　　　　）初めての取引先を訪問した。
10．「すみません、少しお金を貸してもらえませんか」「いくらあれば足りますか」
「３万円あれば（　　　　　　　　　　）と思います」
11．彼女は（　　　　　　　　　　）深い性格だ。

おしむ	おびえる	かまう	きわめる	しがみつく	たずさえる
つつしむ	てっする	ほどこす	まにあう	みせびらかす	もたれる

1068 つのる　ガ／ヲ募る　to appeal for, invite, become stronger／募捐, 招募, 思念, 越来越厉害／모으다, 더해지다, 깊어지다, 심해지다／quyên góp, chiêu mộ, tăng lên

他・被災地(ひさいち)に送るための募金を**募る**。　・新しいスポーツジムが会員を**募っ**ている。

類ヲ募集する

自・国の恋人への思いが**募る**ばかりだ。　・望郷(ぼうきょう)の念が**募る**。　・寒さが**募る**。

類ガ増す

1069 おしよせる　ガ押し寄せる　to surge, descend on／蜂拥而至／밀어닥치다, 몰려들다／xô đến, kéo đến

・台風で高波が**押し寄せ**、大きな被害が出た。　・敵(てき)の大群(たいぐん)が城(しろ)に**押し寄せて**きた。

1070 たどる　ガたどる　to pursue, trace／沿路前进, 追寻／더듬어 찾다, 더듬다／đi theo, lần theo

①・海辺(うみべ)へと続く小道(こみち)を**たどる**。　・家路(いえじ)を**たどる**。

連{悪化／破滅(はめつ)…}の一途(いっと)を＿、平行線を＿、軌跡(きせき)を＿

②・事件の日のアリバイを聞かれ、記憶(きおく)を**たどって**みた。　・話の筋(すじ)を**たどる**。

1071 さぐる　ヲ探る　to feel around for, sound out, look for／摸, 探听, 探访, 探险／뒤지다, 더듬다, 살피다, 헤아리다, 찾다, 탐색하다／lục/lần tìm, thăm dò, tìm kiếm

①・小銭(こぜに)がないか、ポケットを**探った**。　・手で**探って**電気のスイッチを探(さが)す。

合手探り（・真っ暗な中を**手探り**で進む。　・**手探り**で探す。）、ヲ探り当てる

類ヲ探(さが)す

②・敵(てき)の動きを**探る**。　・部長の真意(しんい)を**探る**。

合ヲ探り出す、ヲ探り当てる　名探り→ニ＿を入れる

③・これまでの仕事がうまくいかなくなったので、新しい道を**探って**いる。

・{原因／解決(かいけつ)／可能性…}を**探る**。

関ヲ探す

④・洞窟(どうくつ)を**探る**。

類ヲ探検(たんけん)する

1072 うらづける　ヲ裏付ける　to support, substantiate／证实, 印证／입증하다／chứng minh, xác nhận

・彼の犯行を**裏付ける**証拠(しょうこ)はない。　・この実験結果は田中博士(たなかはかせ)の理論を**裏付ける**ものだ。

合裏付け捜査　類ヲ立証(りっしょう)する　名裏付け

1073 うかがう　ヲうかがう　to sound out, see/understand／窥视, 伺机, 看出／엿보다, 살피다, 노리다／dò xét, thăm dò, thấy

①・父はとても怖い人だったので、私はいつも父の顔色を**うかがって**いた。

・不審(ふしん)な男が家の中の様子(ようす)を**うかがって**いる。

連顔色を＿、辺りを＿

②・ボクシングの選手がパンチを出す好機を**うかがって**いる。

・{機会／チャンス／相手のすき…}を**うかがう**。

類ヲ狙(ねら)う

③・彼の顔を見て、{決心の固さ／決意のほど}が**うかがえた**。

※自発動詞として使われることが多い。

1074 **はかる** ヲ謀る to plot, aim to／策划, 企图／꾀하다, 꾸미다／lập mưu, mưu kế

・テロリストたちは大統領の暗殺を**謀った**。

・個人情報の流出を**謀って**、ハッカーたちがネットに侵入した。

類 ヲたくらむ、ヲ企てる　関 陰謀

1075 **あざむく** ヲ欺く to deceive, trick／骗欺／속이다／lừa gạt, đánh lừa

・人を**欺いて**でも利益を得ようという考え方には同意できない。

・「敵を**欺く**にはまず味方から」というのは、中国の古い本に出てくる言葉だ。

類 ヲだます　関 ヲ偽る、ヲごまかす☞1037

1076 **はばむ** ヲ阻む to obstruct, hinder／阻挡, 阻碍／가로막다／chặn, ngăn cản

・登山者は激しい吹雪に行く手を**阻まれた**。　・経済格差が景気の回復を**阻んで**いる。

連 行く手を＿　類 ヲ妨げる、ヲ阻止する、ヲ遮る

1077 **さえぎる** ヲ遮る to block, interrupt／遮挡, 打断, 阻挡／가리다, 차단하다, 막다, 가로막다／chắn, cắt ngang

①・新しいビルに**遮られて**、ここから富士山が見えなくなった。

・ブラインドで直射日光を**遮る**。

・霧が視界を**遮る**。

関 ヲ遮断する

②・人の{話／発言}を**遮って**話すのは失礼だ。　・倒れた木が{道／行く手}を**遮って**いる。

類 ①②ヲ妨げる、ヲ阻む

1078 **さわる** ガ障る to affect, harm, get on one's nerves／有坏影响, 妨碍, 刺耳／해롭다, 지장이 있다, 거슬리다／có hại, ảnh hưởng/tác động đến

①・「そんなに仕事ばかりしていると体に**障る**よ」　・私生活の乱れは仕事に**障る**。

名 障り→ニ＿がある　関 ガ差し支える☞697、ガじゃまになる、ガ妨げになる

②・ガラスをひっかく音は神経に**障る**。

関 気に障る、しゃくに障る

1079 **むしばむ** ヲ蝕む to ruin／侵蚀, 腐蚀／좀먹다, 해치다, 숨다／phá hủy, làm hỏng

・覚醒剤は、心も体も**蝕んで**ぼろぼろにしてしまう。

・この森は酸性雨に**蝕まれ**、すっかり枯れてしまった。

1080 **こもる** ガこもる to shut oneself up, be confined, be full of, be indistinct／闭门不出,（房间等）不通气, 声音不清楚, 集中精力, 诚心诚意／틀어박히다, 꽉 차다, 담기다／ở suốt, tù đọng, ù (tai), mang đầy

①・しばらく家に**こもって**、小説を書くつもりだ。　・僧が{寺・山}に**こもって**修行する。

合 ガ閉じ＿（・自分のからに**閉じこもる**）、ガ引き＿→名 引きこもり

②・ふろ場は湿気が**こもって**カビが生えやすい。　・部屋に{匂い／煙／熱気…}が**こもる**。

③・耳に水が入ると、自分の声が**こもって**聞こえる。

④・ほめられて、練習にいっそう熱が**こもった**。　・心の**こもった**プレゼントをもらった。

他 込める（・気持ちを**込めて**校歌を歌った。）

1081 **ひそむ**　　ガ潜む　　to be hidden, to be concealed／隐藏, 潜藏／숨다／trốn, ẩn nấp

・犯人は知人のアパートに**潜んで**いた。　・トラは草むらに**潜んで**獲物を狙った。

・ひどい頭痛には悪い病気が**潜んで**いることがある。

類 ガ隠れる、ガ潜伏する

1082 **ひそめる**　　ヲ潜める　　to hide, conceal, lower, become inconspicuous／隐藏, 潜藏, 不作声, 屏气不出声／숨기다／giấu, im, nén

①・犯人は知人のアパートに身を**潜めて**いた。　・彼は年をとってから強情さが影を**潜めた**。

連 身を__、影を__　類 ヲ隠す

②・声を**潜めて**話す。　・息を**潜める**。

・昔テレビで活躍したタレントが、今はすっかりなりを**潜めて**いる。

連 声を__、息を__、なりを__

1083 **ゆらぐ**　　ガ揺らぐ　　to swing, shake, sway／摇动, 晃荡, 动摇／흔들리다, 동요하다／lung lay, dao động

①・地震で建物の土台が**揺らいだ**。

・選挙で負けて政権が**揺らいだ**。

他 揺るがす(・社会を**揺るがす**事件)

②・柳の枝が風に**揺らいで**いる。

③・会社をやめるつもりだったが、上司の説得で{気持ち／心}が**揺らいだ**。

・失敗して自信が**揺らいだ**。　・決心が**揺らぐ**。

類 ガ動揺する☞ 1005

類 ①～③ガ揺れる　名 ①～③揺らぎ

1084 **もめる**　　ガもめる　　to have a dispute, worry／发生争执, 焦急／옥신각신하다, 초조해하다／bất đồng, tranh chấp, lo lắng

①・賃金をめぐって雇用側と労働者側が**もめて**いる。　・領土問題でＡ国とＢ国が**もめて**いる。

・出席者の主張が対立し、会議はもめに**もめた**。

合 もめ事、大もめ

②〈慣用表現〉・介護の必要な親を抱えていると、いろいろと気が**もめる**。

関 ヲもむ(・気を**もむ**)☞ 1024

1085 **ひるがえる**　　ガ翻る　　to flutter, waver／改变, 转变, 飘扬／펄럭이다, 바뀌다／bay phấp phới, thay đổi đột ngột

①・旗が風に**翻って**いる。

②・直前になって{考え／意見／決意／態度…}が**翻った**。

類 ガ覆る

1086 **ひるがえす**　　ヲ翻す　　to turn over, change one's mind, wave／转, 翻, 改变, 飘扬／바꾸다, 휘날리다, 날리다／lật, phất, lật ngược, thay đổi đột ngột

①・手のひらを**ひるがえして**見る。

②・スカーフを風に**ひるがえし**ながら歩く。　・体を**翻して**水中に飛び込む。

③・直前になって{考え／意見／決意／態度…}を**翻した**。

類 ヲ覆す

1087 **くつがえる**　ガ覆る
to be discredited, overturned, reversed, overthrown／推翻, 翻转, 翻过来／뒤집어지다, 뒤엎어지다／bị đảo lộn, bị lật ngược/úp/đổ

①・新しい発見により、今までの定説が**覆った**。　・{判定／前提／評価…}が**覆る**。
類ガ翻る
②・中村選手の活躍により、3点差が**覆った**。　・上下が**覆る**。
③・ボートが**覆る**。
④・国家体制が**覆る**。
類③④ガ転覆する
類①～④ガひっくり返る　※「覆る」の方が硬い言葉。

1088 **くつがえす**　ヲ覆す
to overturn, discredit, reverse, overthrow／推翻, 打翻, 弄翻／뒤집다, 뒤엎다／đảo lộn, lật ngược/úp/đổ

①・大方の予想を**覆し**、Aチームが大差で勝った。
・コーチが審判に抗議したが、判定を**覆す**ことはできなかった。
・{評価／予測／定説／常識／理論…}を**覆す**。
類ヲ翻す
②・5点差を**覆して**Aチームが勝利を収めた。
③・ボートを**覆す**ような大波が襲った。
④・天下を**覆す**ような陰謀が発覚した。　・政権を**覆す**。
類①～④ヲひっくり返す　※「覆す」の方が硬い言葉。

1089 **ゆがむ**　ガゆがむ
to bend, be distorted, be warped／歪斜, 歪曲, 不正／휘다, 일그러지다, 비뚤어지다／méo, méo mó

①・このメガネは枠が**ゆがんで**いる。　・涙で目の前が**ゆがんで**見えた。
②・親が愛情を与えないと、子供の心は**ゆがんで**しまう。
関①②ガ曲がる、ガねじれる☞109　名①②ゆがみ→ニ__がある⇔ない、ニ__が生じる
他ゆがめる（・事実を**ゆがめて**報道してはいけない。　・苦いものを食べて顔を**ゆがめる**。）

1090 **こじれる**　ガこじれる
to become complicated, become more serious／别扭, 久治不愈, 复杂化／꼬이다, 더치다／xấu đi, không tiến triển, biến chứng

①・二人とも感情的になったため、話が**こじれて**しまった。
・{仲／交渉／問題…}が**こじれる**。
②・風邪を**こじらせて**、肺炎になってしまった。
※使役形の他に他動詞「こじらす」もあるが、あまり使わない。

1091 **くいちがう**　ガ食い違う
to differ, clash／不一致, 有分歧／어긋나다, 엇갈리다／vênh váo, không thống nhất

・目撃者AとBの証言が**食い違って**いるので、警察は困っている。　・意見が**食い違う**。
名食い違い

1092 **へだたる** ガ隔たる to be distant／相隔, 不一致, 发生隔阂／거리가 있다, 차이가 있다／cách xa, có khoảng cách

・故郷から遠く**隔たった**場所で暮らす。 ・二人の考えはかなり**隔たっている**。

類 ガ離れる 慣 時が隔たる

名 隔たり→__がある⇔ない、__ができる（・転勤がきっかけで夫婦の間に**隔たり**ができた。）

1093 **へだてる** ヲ隔てる to divide, separate／隔开, 间隔, 离间／사이를 두다, 가르다／cách, tạo khoảng cách

・A県とB県は川で**隔てられて**いる。 ・テーブルを**隔てて**向かい合う。

・20年の時を**隔てて**親友と再会した。 ・周囲の反対が二人の仲を**隔てた**。

名 隔て→__がある⇔ない（・**隔てのない**間柄）、__なく（・兄弟を**隔てなく**扱う。）

1094 **つりあう** ガ釣り合う to balance, go well together／平衡, 相称／알맞다, 어울리다／cân bằng, phù hợp

・今月は収入と支出が**釣り合って**いて、赤字にならなかった。

・恋愛心理学では、人は自分と**釣り合う**人を好きになる傾向があるそうだ。

・あの大女優に**釣り合う**男性はなかなかいないだろう。

名 釣り合い→__が取れる・__を取る 関 バランス、均衡☞664

1095 **からむ** ガ絡む to be involved, pick a fight, entwine／缠上, 密切相关, 攀援／관계하다, 치근덕거리다, 휘감기다／dây dưa, liên quan, khà khịa, cuốn vào

①・利害が**絡む**と、公正な判断を下すのは難しくなるものだ。

・この事件には政治家が**絡んで**いるらしい。

類 ガ関係する 名 絡み→[名詞]＋絡み（・政治家**絡み**の事件）

②・あの人は、酔うと人に**絡む**悪い癖がある。

③・フェンスに朝顔のつるが**絡んで**いる。

類 ガ絡まる

1096 **からまる** ガ絡まる to be entwined, tangled／缠绕／얽히다, 휘감기다, 감기다／xoắn vào, rối, mắc vào

・木の幹にツタが**絡まって**いる。

・毛糸が**絡まって**ほどけない。

・足が**絡まって**転んでしまった。

類 ガ絡む 関 ガもつれる

1097 **からめる** ヲ絡める to mix with, be in conjunction with／沾上, 挽上, 与……有关／묻히다, 관련시키다／trộn, móc vào, liên quan đến

①・焼いた肉にたれを**絡めた**。 ・恋人同士が腕を**絡めて**歩いている。

類 ヲ絡ませる

②・高齢者の問題は、少子化問題とも**絡めて**考えなければならないだろう。

類 ヲ関係づける

1098 **まぎれる** ガ紛れる　to be distracted, diverted, find one's way, be concealed／混同, 排遣／뒤섞이다, 틈을 타다, 풀리다／lẫn vào, cảm xúc thay đổi

①・周りの音に**紛れて**相手の声がよく聞こえない。
・人混みに**紛れて**彼女の後ろ姿が見えなくなった。
・「忙しさに**紛れて**、ごぶさたしてしまいました」　・犯人は闇に**紛れて**逃走した。
合 ガ紛れ込む（・社員の中に他社のスパイが**紛れ込んで**いた。）、
～紛れ（・苦し**まぎれ**、悔し**まぎれ**、退屈**まぎれ**、どさくさ**まぎれ**）
慣 闇に紛れる、どさくさに紛れる（・放火犯は火事の**どさくさに紛れて**逃げた。）
②・嫌なことがあっても、好きな音楽を聞くと気が**紛れる**。
・子供の笑顔で悲しみが**紛れた**。　・水で冷やすと少し痛みが**紛れた**。
連 気が＿

1099 **まぎらす** ヲ紛らす　to distract, conceal／排遣, 解消／달래다／làm khuây khỏa, làm vơi đi

・心配なことがあるとき、音楽を聞いて気を**紛らした**。
・{痛み／空腹／悲しみ／寂しさ…}を**紛らす**。
※「紛らわす」「紛らわせる」という形もある。　連 気を＿　関 紛らわしい☞907

1100 **かさばる** ガかさばる　to be bulky, cumbersome／体积大, 体积, 容积／부피가 커지다, 부피／cồng kềnh

・この荷物は重くはないが、**かさばって**持ちにくい。

★名 **かさ**

・**かさ**が張る。　・雨で川の水**かさ**が増す。
類 量
合 ガ＿ばる

1101 **かさむ** ガかさむ　to increase／増加／많아지다, 늘다／tăng lên

・この商品はコストが**かさむ**ので、利益は少ない。
・{費用／経費…}が**かさむ**。

1102 **しなびる** ガしなびる　to shrivel, wither, wrinkle／枯萎, 干瘪／쭈글쭈글하다, 시들다／héo, nhăn nheo

①・1週間前に買ったみかんが**しなびて**きた。
・**しなびた**花を摘み取ると、新しい花が咲いてくる。
関 ガしおれる、ガしぼむ☞760、ガ枯れる
※「しおれる」は回復可能、「枯れる」は回復不能な状態。
②・**しなびた**手の皮膚を見て、年をとったと感じた。

1103 **すたれる** ガ廃れる　to go out of fashion, become obsolete／衰退, 过时／한물가다, 사라지다, 활기가 없다／lỗi thời, bị phế bỏ, suy tàn

・現代社会では、流行は**廃れる**のも早い。　・年長者を敬う価値観は**廃れた**のだろうか。
・かつてこの辺りで盛んだった林業は、今ではすっかり**廃れて**しまった。
類 ガ衰える

1104 **よみがえる** ガよみがえる to be revived, resuscitated／回想, 复活／되살아나다, 소생하다／sống lại, quay về

・遠い昔の記憶が、ふと**よみがえる**ことがある。 ・結婚式のときの感動が**よみがえった**。

・古代人は、死者が**よみがえらない**よう埋葬に工夫を凝らした。

関 ガ復活する、ガ生き返る

1105 **もたらす** ヲもたらす to bring about／带来, 招致／가져오다, 전하다, 초래하다／mang/đưa đến, gây ra

①・この宝石は、身につけると幸運を**もたらす**と言われている。

・首相の突然の辞任の知らせが、議員たちに**もたらされた**。

類 ヲ持って来る、ヲ届ける

②・インターネットは情報の革命を**もたらした**。 ・津波が沿岸地域に甚大な被害を**もたらした**。

1106 **うるおう** ガ潤う to get wet, be moisturized, profit from／润湿, 宽绰起来／촉촉해지다, 윤택해지다／được làm ẩm/tươi mát, hưởng lợi

①・久しぶりの雨で田畑が**潤った**。 ・このクリームを塗ると、肌が**潤う**。

②・自然の中にいると、心が**潤って**くる。

名 ①②潤い

③・新しい工場のおかげで、市の財政が**潤った**。

1107 **うるおす** ヲ潤す to wet, enrich, benefit／润, 滋润, 宽绰／축이다, 윤택해지다, 혜택을 주다／giải khát, làm ẩm, làm phong phú/lợi

①・山登りの途中で水を飲んでのどを**潤した**。 ・川が畑を**潤す**。

②・芸術は人の心を**潤す**。

③・財政を**潤す**ため、市は工場の誘致に努めている。

1108 **やわらぐ** ガ和らぐ to calm down, mitigate, soften／变柔和, 和缓起来／누그러지다, 온화해지다, 풀리다／bớt, dịu đi, trở nên ôn hòa

①・3月に入って、寒さが**和らいで**きた。 ・{衝撃／痛み／怒り…}が**和らぐ**。

関 ガ薄らぐ、ガ緩和する☞946

②・心地よい音楽を聞くと気持ちが**和らぐ**。 ・**和らいだ**表情

・彼女の一言で、緊張したその場の雰囲気が**和らいだ**。

他 和らげる

1109 **とろける** ガとろける to melt／溶化, 心荡神驰／녹다, 녹는다／tan chảy

①・肉が柔らかく煮込んであり、口に入れると**とろける**ようだ。

・このチーズは熱を加えると**とろける**。

②・彼の甘い言葉を聞き、心が**とろける**ようだった。 関 ガ溶ける

他 とろかす(・あめを口に入れて**とろかす**。 ・心を**とろかす**ような甘い音楽)

関 ヲ溶かす

1110 **くつろぐ** ガくつろぐ to relax, feel at home／舒畅, 轻松愉快／편히 쉬다／thư giãn

・仕事から帰ってうちでゆっくり**くつろぐ**ときが、私の幸せな時間だ。

・友達のうちは、自宅のように**くつろげる**。

類 ガリラックスする 名 くつろぎ

コラム 24 表現③ Expressions (3)／表达③／표현③／Biểu hiện (3)

◆動詞・文

相づちを打つ	to give nods and interjections to show you are paying attention／随声附和／맞장구를 치다／cử chỉ/lời nói phụ họa 相づちを打ちながら相手の話を聞く。
後回しにする	to leave something until later／推迟, 往后推, 缓办／뒤로 미루다／để sau, trì hoãn 「いま忙しいから、その件は後回しにしましょう」
あらさがしをする	to find fault with／找（挑）毛病, 挑剔／흠만 보다／bới lông tìm vết 「人のあらさがしをするのはやめなさい」
いい気になる	to flatter yourself, to be conceited／得意扬扬, 沾沾自喜／우쭐대다／tự cao, tự mãn 彼は女性にちやほやされていい気になっている。
一段落つく	to calm down, to be less busy／告一段落／일단락하다／đỡ bận hơn, tạm ổn 仕事が一段落ついた。 これでこのプロジェクトも一段落だ。
浮き彫りになる	to stand out, to be distinct／突出, 突显／부각되다／nổi bật lên この計画の問題点が浮き彫りになった。
うまくいく	to go well／进展顺利／잘 되다／tiến triển thuận lợi 実験はうまくいった。 あの二人はうまくいっている。
うまくやる	to do well／干得好／잘 하다／làm tốt/khéo 息子は会社でうまくやっているようだ。 「彼女とデートすることになった？　うまくやったな」
時間が来る	to come to the time for something／时间到／시간이 오다／đến giờ 出発の時間が来た。
時間になる	to come to the end of the time for something／到时间／시간이 되다／hết giờ 「はい、時間になりました。テストをやめてください」
しらを切る	to pretend to be innocent, to feign ignorance／假装不知道／모르는 일이라고 말하다／giả vờ không biết 容疑者は警察の追及にしらを切り続けた。
そっぽを向く	to turn away, to ignore／置之不理／모르는 체하다／ngoảnh mặt đi, làm ngơ 妹は話しかけてもそっぽを向いて返事をしない。
次にいく	to move on／接下去进行／다음으로 가다／đi tiếp 「では、次（の問題）にいきましょう」
ぴんと来る	to recognize, remember／马上领会, 领悟／즉각 알아차리다／nhận biết, cảm nhận được 〈指名手配のポスター〉「この顔にぴんと来たら 110番」 名前だけではぴんと来なかったが、顔を見たら誰かわかった。
つんとする	to be prim, prissy／摆架子／새침한 척 하다／xộc vào 彼女は何だかつんとしていて親しみにくい。
のびる／ダウンする	to be unable to function, to get sick／因疲劳而倒下/病倒／뻗다, 녹초가 되다/다운되다／bị ốm, gục ngã 徹夜続きでついに｛のびて／ダウンして｝しまった。

Unit 13 動詞C 1068 ～ 1110

練習問題

レベル ★★★★

Ⅰ （　　）に助詞を書きなさい。

1．募金（　　）募る。　　2．寒さ（　　）募る。
3．話の筋道（　　）たどる。　　4．政権（　　）揺らぐ。
5．手（　　）壁（　　）探って、スイッチを探す。　　6．飲み過ぎは体（　　）障る。
7．練習（　　）熱（　　）こもる。　　8．山（　　）こもって修行する。

Ⅱ 「ます形」が名詞になる言葉に○を付けなさい。　例：こだわる→こだわり

押し寄せる　裏付ける　食い違う　釣り合う　絡める　翻る　ゆがむ　隔たる
隔てる　廃れる　もたらす　潤う　とろける　くつろぐ　和らぐ

Ⅲ 一緒に使う言葉を下から選んで書きなさい。

A
1．（　　　）が廃れる。　2．（　　　）がこもる。　3．（　　　）がこじれる。
4．（　　　）が絡む。　5．（　　　）がかさむ。　6．（　　　）がかさばる。
7．（　　　）が覆る。　8．（　　　）が翻る。　9．（　　　）が揺らぐ。

決心　交渉　経費　匂い　荷物　旗　ボート　利害　流行

B
1．（　　　／　　　）が潤う。　2．（　　　／　　　／　　　）が和らぐ。
3．（　　　）がしなびる。　4．（　　　）をひそめて話す。
5．人の（　　　）を遮る。　6．（　　　）に紛れて逃走する。

怒り　痛み　声　寒さ　話　肌　畑　人混み　野菜

C
1．幸運を（　　　　）宝石　2．痛みに顔が（　　　　）。
3．政治家の暗殺を（　　　　）。　4．二人の証言が（　　　　）。
5．記憶が（　　　　）。　6．審判の判定を（　　　　）。
7．のどを（　　　　）。　8．上司の顔色を（　　　　）。
9．酔って人に（　　　　）。　10　新しい可能性を（　　　　）。

うかがう　潤す　からむ　食い違う　覆す 探る　はかる　もたらす　ゆがむ　よみがえる

Ⅳ 下線の言葉と同じ意味になるよう、□に漢字を１字書きなさい。

1．アパートに潜む。→潜□する　2．光を遮る。→遮□する
3．気持ちが揺らぐ。→□揺する　4．痛みを和らげる。→□和する

Ⅴ　下線部の言葉と似た意味の言葉を下から選んで書きなさい。

1．人を欺(あざむ)く。―(　　　　　　)　　2．好機(こうき)をうかがう。―(　　　　　　)

3．足が絡(から)まる。―(　　　　　　)　　4．釣(つ)り合いがとれる。―(　　　　　　)

5．自宅でくつろぐ。―(　　　　　　)　　6．死者がよみがえる。―(　　　　　　)

7．仕事に障(さわ)る。―(　　　　　　)　　8．行く手を阻(はば)む。―(　　　／　　　)

遮(さえぎ)る	差(さ)し支(つか)える	妨(さまた)げる	だます	狙(ねら)う
バランス	復活する	もつれる	リラックスする	

Ⅵ　(　　　)に入る言葉を下から選び、適当な形にして書きなさい。

A　1．遠く(　　　　　　　　)町

2．糸が(　　　　　　　　)ほどけない。

3．心の(　　　　　　　　)プレゼント

4．(　　　　　　　　)のある肌(はだ)

5．かぜを(　　　　　　　　)肺炎(はいえん)になってしまった。

6．テレビが壊(こわ)れ、(　　　　　　　　)映像しか映らない。

7．入院中、退屈(　　　　　　　　)に毎日絵を描(か)いていた。

8．少女はスカートのすそを(　　　　　　　　)走り去った。

9．この国の財政は観光で(　　　　　　　　)いる。

うるおう	からまる	こじれる	こもる
ひるがえす	へだたる	まぎれる	ゆがむ

(二度使う語もある)

B　1．ゼミの夕食会は、教授もノーネクタイで、(　　　　　　　　)雰囲気(ふんいき)だった。

2．「余計なことを言ってしまいましたね。気に(　　　　　　　　)ら謝ります」

3．祖父は全身をガンに(　　　　　　　　)亡くなった。

4．うちと隣の家は、庭の境界線をめぐって(　　　　　　　　)いる。

5．半世紀を(　　　　　　　　)両家は和解した。

6．恋人と腕を(　　　　　　　　)公園を散歩した。

7．郊外に大きなショッピングセンターができたおかげで、昔からある商店街は(　　　　　　　　)しまった。

8．このチョコレートは口に入れるとすっと(　　　　　　　　)、とてもおいしい。

9．ある委員が一人でずっと話し続けるので、司会者がそれを(　　　　　　　　)。

10．家族や友人と頻繁(ひんぱん)にチャットして、寂(さび)しさを(　　　　　　　　)いる。

からめる	くつろぐ	さえぎる	さわる	すたれる
とろける	へだてる	まぎらす	むしばむ	もめる

Unit 13 動詞C 1021 ～ 1110

確認問題

レベル ★★★★

Ⅰ （　　）に入れるのに最もよいものを、a・b・c・dから一つ選びなさい。

1．あの新人選手は3年もすれば、チャンピオンを（　　）存在になるだろう。
　a くつがえす　b おびやかす　c あやつる　d おどす
2．父の怒りを（　　）のは、いつも母の仕事だった。
　a いたわる　b ごまかす　c つぐなう　d なだめる
3．バスが急ブレーキをかけたので、思わずそばの手すりに（　　）。
　a しがみついた　b くっついた　c つきまとった　d つきそった
4．うそをついてしまい、良心が（　　）。
　a とどまる　b まぎれる　c とがめる　d こじれる
5．選手たちは熱意の（　　）目で、新しいコーチの話を聞いていた。
　a ひそんだ　b うるおった　c しみた　d こもった
6．「お仕事は？」「英語教育に（　　）おります」
　a 関係して　b 携わって　c 徹して　d 営んで
7．予想以上に経費が（　　）、利益は少なかった。
　a かさみ　b かさなり　c かさばり　d からまり
8．このカーテンは厚くて光を（　　）ので、昼でも部屋を暗くできる。
　a 断つ　b さまたげる　c さえぎる　d はばむ
9．給料は3年前から（　　）置かれたままだ。
　a 据え　b 差し　c 止め　d 取り
10．事実を（　　）報道することは許されない。
　a ひねって　b ねじって　c ゆがめて　d うらづけて

Ⅱ ＿＿＿の言葉に意味が最も近いものを、a・b・c・dから一つ選びなさい。

1．電車の中で隣りの人に<u>寄り</u>かかって寝てしまった。
　a 押し　b もたれ　c つかみ　d つき
2．彼女は<u>慎ましい</u>性格だ。
　a 慎重な　b 飾らない　c 素直な　d 控えめな
3．この問題には<u>手こずった</u>。
　a 手間がかからなかった　b 難しくて時間がかかった
　c 解けなくて嫌になった　d もうこりごりだ
4．いつまでたっても、あの時の悲しみは<u>やわらぐ</u>ことはない。
　a とろける　b はなやぐ　c うすらぐ　d すたれる

5．人手不足で、工事の予定が遅れている。

a　とどこおっている　　　　b　はかどっている

c　いきづまっている　　　　d　きわまっている

Ⅲ　次の言葉の使い方として最もよいものを、a・b・c・dから一つ選びなさい。

1．くつろぐ

a　久しぶりに休みが取れたので、山登りをしてくつろいできた。

b　友達がすばらしい料理でくつろいでくれた。

c　引っ越してきたばかりだが、この町は住みやすくてくつろげる。

d　母は洋式のホテルより和風の旅館の方がくつろげると言う。

2．こる

a　あの子は最近数学にこって、成績が上がってきている。

b　友人は料理の腕もすばらしいが、食器にもこっている。

c　この機械は誰（だれ）にでも操作しやすいよう、工夫がこっている。

d　3カ月寝たきりだった祖父は足がこって、現在リハビリ中だ。

3．なつく

a　一緒（いっしょ）に住み始めてから、祖母は私になついている。

b　彼は入社して日が浅いが、もう会社になついている。

c　結婚して1年、もうすっかりお互いになついている。

d　我が家の犬は、家族の中で娘に一番なついている。

4．ごまかす

a　売り上げをごまかしていたことがわかった店員は、首になった。

b　信頼していた友人が私をごまかして、財産を取ってしまった。

c　彼は一見優しそうに見えるが、実は奥さんをごまかしていたそうだ。

d　老人を甘い言葉でごまかして、財産を奪い取るという事件が相次いでいる。

5．おびえる

a　雨が続き、市では洪水にならないかとおびえている。

b　あなたはまだ若いのだから、失敗をおびえず挑戦してほしい。

c　妹はお化けの話におびえて、トイレに行けなくなってしまった。

d　動物は火をおびえるので、火のそばには寄って来ない。

Unit 14 副詞B+連体詞 1111 ～ 1170

レベル ★★★★

90

I 行為の様子を表す副詞

Adverbs that express the appearance of actions／表示行为样态的副词／행위의 상태를 나타내는 부사／Phó từ chỉ bộ dạng của hành vi

1111 **いっきに** 一気に　in one go, without stopping, all together／一口气, 一下子／한숨에, 단숨에／một mạch, một hơi, ngay lập tức

・駅の階段を**一気に**駆(か)け上(あ)がったら、息(いき)が切れてしまった。

・ビール大ジョッキを**一気に**飲み干(ほ)した。

・独裁者(どくさいしゃ)が倒されると、民衆(みんしゅう)は**一気に**喜びを爆発(ばくはつ)させた。

1112 **きっぱり(と)**　flatly, plainly／断然, 干脆／단호히／dứt khoát, thẳng thừng

・佐藤(さとう)さんは鈴木(すずき)さんからの援助(えんじょ)の申し出を、**きっぱりと**断った。　・**きっぱり**した態度(たいど)

1113 **てきぱき(と)**　briskly, quickly／麻利, 爽快／척척, 재빠르게／tháo vát, mau lẹ

・母は午前中に**てきぱきと**家事(かじ)をこなし、午後からはパートに行っている。

・**てきぱき**{働く／片付ける…}。

関 きびきび、ガのろのろスル、ガぐずぐずスル

1114 **だらだら(と)** ガだらだらスル　leisurely, sluggish, going on and on, slowly／磨磨蹭蹭; 缓坡; 滴滴答答／질질, 완만하게, 줄줄／ê a, lề mề, dài thoai thoải, long tong

①・夏休みは特に何もせず、**だらだら**過ごしてしまった。　・会議は**だらだらと**5時間も続いた。

・「さっさとしろ！　**だらだらするな**」

関 ガだらける

②・**だらだらと**続く坂道(さかみち)　・山道(やまみち)を**だらだらと**下る。

③・傷口(きずぐち)から血が**だらだらと**流れた。

類 たらたら(と)

1115 **ぐずぐず(と)** ガぐずぐずスル　lingering, taking a long time, to complain, sniffle／慢腾腾, 拖延, 身体不爽, 嘟囔／꾸물대다, 꾸물거리다, 투덜대다／lề mề, lầm bầm, sụt sịt

①・寒い日は布団(ふとん)の中で**ぐずぐずして**いて、なかなか起きられない。

・「**ぐずぐずしないで**、早く食べてしまいなさい」　・返事を**ぐずぐずと**引き延ばす。

関 ガぐずつく(・**ぐずついた**天気)

②・「**ぐずぐず**言わずに、言われたことをやりなさい」

③・風邪(かぜ)をひいて、鼻が**ぐずぐずする**。

1116 **ゆうゆう(と)** 悠々(と)　leisurely, calmly, easily／悠悠, 不慌不忙, 绰绰有余／느긋하게, 유유히, 여유 있게／thong thả, ung dung, dư thừa

①・大きな鳥が**ゆうゆうと**空を飛んでいる。　・**ゆうゆうと**歩く。　・**悠々(ゆうゆう)たる**態度(たいど)

合 ＿自適(じてき)　関 ゆったり☞1124、ゆっくり

②・9時の始業には**ゆうゆう**間に合いそうだ。　・**ゆうゆう**合格する。

関 余裕(よゆう)

1117 **いそいそ(と)** excitedly／高高兴兴地, 欢欣雀跃地／들뜬 마음으로／háo hức

・今日はデートらしく、姉はおしゃれをして**いそいそと**出かけて行った。

1118 **とっさに** suddenly, at once／瞬间, 立刻／순식간에, 얼떨결에／ngay lập tức, bất ngờ

・転(ころ)びそうになり、**とっさに**手をついて体を支えた。

・突然英語で道を聞かれ、**とっさの**ことだったので、うまく言葉が出てこなかった。

慣とっさのこと

1119 **じっくり(と)** without rushing, slowly／慢慢地, 仔细地／곰곰이, 시간을 들여 정성껏／kĩ càng

・すぐに答えを出そうとせず、**じっくり**考えてみることも大切だ。

・骨付(ほねつ)き肉(にく)を**じっくりと**煮込(にこ)むと、いいスープになる。

類ゆっくり

1120 **おろおろ(と)**　　ガおろおろスル flustered, in a daze／坐立不安, 惶惑不安／갈팡질팡, 허둥지둥／hốt hoảng, luống cuống

・母が倒れたとき、私は**おろおろする**ばかりで、何もできなかった。

・心配で、**おろおろと**歩き回る。

1121 **まごまご**　　ガまごまごスル confused, be slow／不知所措, 磨磨蹭蹭／우물쭈물／bối rối, lúng túng

・機械の操作方法(そうさほうほう)がわからず、おばあさんが**まごまごして**いる。

・「早くしろ。**まごまごして**いると置いていくぞ」

関ガまごつく

1122 **ぶつぶつ(と)** mutter, grumble, spots, pimples／抱怨, 牢骚, 一个个（粒状）疙瘩／중얼중얼, 투덜투덜, 뾰루지／lầm bầm, lốm đốm

①・彼は何やら**ぶつぶつと**つぶやいている。

②・「文句(もんく)があるなら、陰(かげ)で**ぶつぶつ**言ってないで、ちゃんと言った方がいいよ」

③[名ぶつぶつ]・顔に**ぶつぶつ**ができた。

類ぼつぼつ☞543

II　気持ちや主観を表す副詞

Adverbs that express feelings or a subjective view／表示心情或主观感受的副词／마음이나 주관을 나타내는 부사／Phó từ chỉ cảm xúc, cảm nhận chủ quan

1123 **うっとり(と)**　　ガうっとりスル spellbound, absorbed／出神, 入迷／넋을 잃고, 황홀히／say đắm, mê mải

・彼女は**うっとりと**音楽に聴(き)き入(い)っていた。

・スターの写真を眺(なが)めて、彼女は**うっとりした**表情を浮かべた。

1124 **ゆったり(と)**　　ガゆったりスル comfortable, loose／宽敞舒适, 轻松舒畅／느긋하게, 넉넉한／thoải mái, rộng rãi

①・長期にわたった出張(しゅっちょう)から帰り、久しぶりに家で**ゆったりと**くつろいだ。

類ガゆっくり(と)スル

②・ぴったりした服より、**ゆったりした**服の方が体型をカバーできる。

対きゅうくつな☞271　　類たっぷりした　　関ゆとり☞621

91

1125 しみじみ(と) keenly, fully, earnestly／痛切, 感慨地／절실히, 깊게／thấm thía, sâu sắc

①・たまに病気をすると、健康の有り難さを**しみじみ**感じる。　類つくづく

②・冬の夜、10年ぶりに会った友人と、人生について**しみじみと**語り合った。

・長い小説を読み終え、**しみじみ(と)**した気分になった。

※「しみじみ(と)した」は連体修飾で使う。

1126 つくづく(と) thoroughly, seriously, completely／仔细, 深切／자세히, 절실히, 정말／kĩ càng, thực sự

①・最近鏡で**つくづくと**自分の顔を眺め、父に似てきたなあと思った。

・40歳を過ぎ、自分の将来を**つくづくと**考えるようになった。

類よくよく、じっくり☞1119、じっと

②・自分は運のいい人間だと**つくづく**思う。　・**つくづく**自分が嫌になる。

類しみじみ

1127 がっくり(と)　ガがっくりスル　drop (to one's knees, one's head), heartbroken, downcast／突然无力地, 萎靡不振, 突然下降／맥없이, 상심하여, 뚝／sụp xuống, suy sụp, sụt (giảm)

①・1位でゴールしたのに失格と判定され、田中選手は**がっくりと**膝をついた。

②・母に死なれた父は**がっくりして**、何をする気にもなれないようだ。

・「あんなにがんばったのに不合格だなんて。**がっくり**きちゃう」

連__くる

③・近所に大型スーパーができると、うちの店の売り上げは**がっくり**落ちた。

1128 うんざり　ガうんざりスル　be fed up with, boring／厌腻, 厌烦／지겹다／ngán

・いくら好きな料理でも、毎日食べると**うんざりする**。

・「こんな単調な仕事、もう**うんざり**だ」

・退職した父は、「時間だけは**うんざりする**ほどある」と言っている。

類ガ飽き飽きスル

1129 てっきり surely／一定, 必定／영락없이／cứ (nghĩ/tưởng)

・待ち合わせ場所に誰もいなかったので、**てっきり**私が場所を間違えたのだと思ったが、実際はみんなが遅刻したのだった。

・「えっ、誕生日、来週なの？　**てっきり**今日だと思って、プレゼント持って来ちゃった」

※会話的な言葉。

1130 いっそ rather／宁可, 索性／차라리／thà rằng

・こんなにつらい思いをするくらいなら、**いっそ**死んでしまいたい。

・将来性のない会社にいつまでもいるよりは、**いっそ**(のこと)転職しようかと思う。

連__のこと＋［動詞］

Ⅲ　強調や限定を表す副詞

Adverbs that express emphasis or restriction／表示强调或限定的副词／강조나 한정을 나타내는 부사／Phó từ chỉ sự nhấn mạnh, hạn định

1131 **きっかり（と）**　exactly, precisely／整, 正好／정각, 딱, 정확히／đúng, chính xác

①・高橋さんは約束通り、9時**きっかり**にやってきた。　・代金は**きっかり** 3,000 円だった。

類ぴったり（と）、ちょうど

②・夫婦で家事を分担したと言っても、それほど**きっかりと**分けたわけではない。

類①②きっちり（と）

1132 **きっちり（と）**　がきっちりスル　properly, thoroughly／正好, 恰好, 正合适／확실하게, 딱／cặn kẽ, khít, vừa đúng

①・調味料を**きっちり**測って入れる。　・彼はお金に**きっちりして**いる。

・私は何でも**きっちりと**計画を立ててやるのが好きだ。　・窓を**きっちり**閉める。

類がきちんとスル　関がちゃんとスル

②・間隔を**きっちり** 1 メートルずつあけて木を植えた。　・ここに**きっちり**百万円ある。

類きっかり、ちょうど

1133 **まことに**　誠に　very, really／实在, 诚然／정말로, 진심으로／thành thật

・「ご配慮いただき、**まことに**ありがとうございます」　・「**誠に**申し訳ありません」

※改まった会話で用いることが多い。　類本当に、実に

1134 **ことに**　in particular／特别, 格外／특히, 특별히／đặc biệt

・今年の冬は例年になく寒いが、今晩は**ことに**冷える。

・このレポートには、**ことに**目新しいことは書かれていない。

類特に　※「ことに」の方が硬い言葉。

1135 **まさに**　surely, certainly, just／的确, 正如／바로, 막／đúng là, chính là

①・この絵は**まさに**彼の最高傑作だ。　・「**まさに**、おっしゃる通りです」

類まさしく、本当に

②・今**まさに**、新しい年が明けようとしている。

1136 **ひたすら**　nothing but／只顾, 一味, 一心／오로지／một lòng

・妻は帰って来ない夫を**ひたすら**待ち続けた。

・けがをした河内選手は、**ひたすら**リハビリに励んだ。

類ただただ、一途に、一心に

1137 **あくまで（も）**　to the (bitter) end／彻底, 到底／끝까지, 어디까지나／đến cùng, dù thế nào thì

①・こんなひどい差別に対しては、私は**あくまで**戦うつもりだ。

類徹底的に

②・会議で話し合うとしても、決定権は**あくまで（も）**社長にある。

③・空は**あくまでも**青く、澄み切っていた。

類どこまでも、完全に

92

1138 めっきり remarkably／(变化) 显著, 急剧／한층, 현저히, 눈에 띄게／hẳn đi

・日中はまだ暑いが、朝夕(あさゆう)は**めっきり**涼しくなった。

・父は70歳を越えて、**めっきり**体が弱くなった。

1139 かろうじて barely, just and no more／好容易才……, 勉勉强强地／간신히, 가까스로／suýt soát

・**かろうじて**予選をパスし、決勝に残ることができた。

・危ないところだったが、**かろうじて**難(なん)を逃(のが)れた。

類 やっと(のことで)、何とか　関 危うく☞911 ③

1140 あえて to go as far as, deliberately／敢, 勉强, 不见得／감히, 굳이, 일부러／cố tình, phải

①・会議で誰(だれ)も何も言わないので、**あえて**反対意見を述べてみた。

・この論文はよく書けているが、**あえて**言えば、論理の展開(てんかい)に少々強引(ごういん)なところがある。

類 強(し)いて

②・**あえて**断るまでもないと思うが、これは一般論であって、全(すべ)ての事例にあてはまるわけではない。

※後ろに、「不必要」を表す意味の表現がくる。　類 特に、わざわざ

1141 あわや in the nick of time, very nearly／眼看就要, 眼看着, 险些, 差一点儿／자칫하면, 하마터면, 위태로운／suýt nữa

・車は**あわや**衝突(しょうとつ)かというところで、やっと止まった。

・**あわや**予選敗退(はいたい)かと心配した。　・**あわや**というところで危機を回避(かいひ)できた。

※「あわや～か」という形で使うことが多い。　類 危うく☞911 ②

1142 もろに right, completely／迎面／정면으로／đúng

・飛んで来たボールが**もろに**顔に当たった。

※会話的な言葉。　類 まともに

1143 いやに very, awfully／离奇／무척, 몹시／vô cùng, khinh khủng

・いつもにぎやかな彼女が、今日は**いやに**おとなしい。どうしたのだろう。

・「まだ梅雨前(つゆまえ)なのに、**いやに**蒸(む)し暑いですね」

類 妙(みょう)に、やけに

1144 やけに too, awfully／厉害, 要命, 非常, 特别／몹시, 괜히, 이상하게／quá, vô cùng

①・もう10月だというのに、今日は**やけに**暑い。

類 むやみに、やたらに、いやに

②・彼女は今日、**やけに**優しい。何か頼みでもあるのだろうか。

類 妙(みょう)に、奇妙(きみょう)に、いやに

※会話的な言葉。

1145 **むやみに** randomly, excessively／胡乱, 随便, 过分／함부로, 무턱대고／mù quáng, dễ dãi, quá

①・**むやみに**人を信じるのはどうかと思う。

②・リストラで人手(ひとで)が減ったせいで、最近**むやみに**忙しい。

合むやみやたら(に)　類やたら(に)

1146 **やたら(に／と)** excessively, impulsively／非常, 胡说八道／마구, 함부로／quá mức

・最近**やたらに**のどが渇(かわ)く。病気だろうか。

合むやみ＿、めった＿　類むやみに、やけに

慣やたらなこと（・誰(だれ)が聞いているかわからないから、**やたらなこと**は言えない。）

1147 **なにしろ**　何しろ at any rate, anyway／无论怎样, 不管怎样／어쨌든, 여하튼, 워낙／điều phải nói ngay là, dù sao thì

・「最近寝不足なんです。**何しろ**忙しくて」　・「暖房(だんぼう)がないので、**何しろ**寒くて」

・「ご両親はお元気ですか」「ええ、でも**何しろ**高齢なもので、世話が大変です」

類とにかく

1148 **もっぱら**　専ら solely, entirely／主要, 完全／오로지, 한결같은／chỉ/chuyên, chỉ là

・休みの日は**もっぱら**山歩きをしている。

・今度のボーナスは昨年より減るだろうというのが、**専ら**のうわさだ。

連＿のうわさ

Ⅳ　その他の副詞

Other adverbs／其他副词／그 외의 부사／Các phó từ khác

1149 **いちおう**　一応 just in case, tentatively, more or less／姑且, 大致／일단, 우선, 대충／cũng ~, đại thể

①・断られるだろうと思ったが、**一応**(いちおう)頼んでみた。

・「テスト、できた？」「答えは**一応**(いちおう)全部、書いたけど……」

類とりあえず

②・研修を受けて、**一応**(いちおう)の仕事の流れはわかった。

類ひととおり

1150 **いったん**　一旦 temporarily, for a moment, once／一旦, 既然, 姑且／일단, 한번／trước tiên, tạm thời, một khi

①・交差点では自転車から**一旦**(いったん)降りて、押して渡らなければならない。

・次の約束時間まで間(ま)があるので、**いったん**会社に戻ることにした。

合が＿停止スル　類ひとまず、一度

②・本田(ほんだ)さんは頑固(がんこ)な人で、**一旦**(いったん)言い出したら、絶対意見を変えようとしない。

・**いったん**引き受けておいて後で断るなんて、無責任だ。

類一度

1151 ひとまず for the time being／暂且, 暂时／일단／tạm thời, một khi

・父の手術が無事(ぶじ)に終わり、**ひとまず**安心だ。

・まだ仕事の途中だが、もう遅いので、**ひとまず**寝て、明日朝早く起きよう。

類 とりあえず、一旦(いったん)、一応(いちおう)

1152 おって　追って later, at a later date／不久／추후에, 뒤에, 나중에／sau

・「会議の日時と場所は次のとおりです。詳細(しょうさい)は**追って**連絡します」

※改(あらた)まった言葉。　類 後(あと)で

1153 げんに　現に actually／实际, 现在／실제로／thực tế là

・この頃(ごろ)佐藤(さとう)さんは集中力に欠けるようだ。**現に**、今日もつまらないミスをしている。

類 実際、事実

1154 いわば　言わば so-called, so to speak／说起来, 可以说／말하자면／có thể nói

・成田(なりた)空港は**言わば**日本の玄関(げんかん)だ。

・大学時代を過ごしたこの町は、私にとって、**言わば**第二の故郷(ふるさと)と言ってもいいだろう。

類 言ってみれば

1155 いかに how, how much, however much／如何, 怎样, 无论怎样, 怎么样／어떻게, 얼마나, 아무리／thế nào

①・青春時代には誰(だれ)でも、「人生、**いかに**生きるべきか」と悩んで当然だ。

※「いかに～か」の形で使う。　類 どのように

②・彼が**いかに**がんばったか、私はよく知っている。　・その時彼女が**いかに**悲しんだことか。

※「いかに～か」の形で使う。　類 どれほど

③・**いかに**苦しくても、途中でやめたらそれまでの努力が水の泡(あわ)だ。

※「いかに～ても／とも」の形で使う。　類 どんなに、どれほど

※①②③とも「いかに」の方が硬(かた)い言葉。

連体 いかなる（・**いかなる**事情があろうとも、犯罪行為(こうい)は許されない。

・いつ**いかなる**場合においても、迅速(じんそく)に行動できるよう、準備しておくこと。）

類 どんな、どのような　※「いかなる」の方が硬(かた)い言葉。

1156 いちりつに　一律に uniformly, standard／一律, 一样／일률적으로／đồng đều, đồng loạt

・アルバイト店員に、ボーナスとして**一律に** 1 万円支給された。

・各社**一律の**値上げは、消費者から見ればおかしなことだ。

関 一様(いちよう)に

1157 おのおの　各々 each, individually／各自, 各／각각의／từng (người/cái)

・人には**おのおの**（の）役割(やくわり)がある。　・昼食は**おのおの**{が／で}準備してください。

類 各自(かくじ)、ひとりひとり、それぞれ、めいめい☞700

1158 **もはや** already／事到如今已经／이미, 벌써／đã

・父は具合が悪いのをずっと我慢していて、病院へ行ったときには**もはや**手遅れだった。

・冬の日は短い。**もはや**日が暮れようとしている。

類もう、すでに　※「もはや」の方が硬い言葉。

1159 **ともすれば／ともすると** liable to, prone to／往往, 每每, 动不动／자칫하면/가끔, 때때로／thường, có xu hướng/tập tính

・人は**ともすれば**楽な方へと流れがちだ。

・私は**ともすると**消極的になるので、そうならないよう気をつけている。

類ややもすれば、ややもすると

1160 **いぜん（として）　依然（として）** at it was before, still, yet／依然, 仍然／여전히／vẫn

・台風は**依然**強い勢力を保ったまま、沖縄に近づいてきている。

・犯人は**依然として**捕まっていない。

類今だに、まだ

1161 **ばくぜんと　漠然と** vaguely／含混, 含糊, 隐隐／막연히／mơ hồ, mập mờ

・将来のことは、まだ**漠然と**しか考えられない。

・多くの現代人は、地球の将来に対して、**漠然と**した不安を抱いているのではないだろうか。

・**漠然たる**不安

※「漠然とした」「漠然たる」は連体修飾で使う。　類ぼんやり（と）スル

1162 **まして** not to mention, still less／何况, 况且／하물며, 더구나／chưa nói đến, thì càng

・この仕事は若い人でも大変なのだから、**まして**老人には無理だろう。

・これだけ離れていてもうるさいのだ。**まして**近くでは、どれほどの騒音だろうか。

※接続詞のように使う。　類ましてや

1163 **なおさら** all the more／更加, 越发／더욱더, 한층더／càng (thế)

・抽象的な言葉の多い文章は難しい。それが苦手な分野の文章だと、**なおさら**難しく感じられる。

・寝不足のときはベッドから出るのがつらい。寒い冬の朝は**なおさら**だ。

類さらに、いっそう、一段と

1164 **ひいては** at least, consequently／进而, 不但……而且／더 나아가서는／do đó, kéo theo đó

・我が社の利益が**ひいては**社会の利益につながる、そんな仕事がしたい。

・アメリカの不況は日本に、**ひいては**我が家の家計にも大きな影響を及ぼす。

1165 **おのずから** as a matter of course, naturally／自然, 自然而然地／자연히, 스스로／tự

・今は皆私の言うことを信じないが、事実は**おのずから**明らかになるだろう。

・両者の意見の相違は、よく読めば**おのずから**わかるだろう。

類自然に、ひとりでに　※「おのずから」の方が硬い言葉。

連体詞

Noun modifiers／连体词／연체사／Liên thể từ

1166 **あくる** 明くる next, following／次，第二／다음／tiếp theo

・先週仕事でイギリスに行った。前の晩遅くに到着、**明くる**日は朝９時から会議だった。

連 __日、__朝、__年　類 次の、翌(よく)

1167 **きたる** 来る coming, next／下次的／오는／tới

・**来る**(きた)15日、中央公園(ちゅうおうこうえん)でフリーマーケットが開かれます。

※年月日を表す言葉の前に付ける。　対 去る　類 次の、今度の

1168 **さる** 去る last／过去／지난／vừa rồi

・**去る**７月10日、創立(そうりつ)50周年の式典(しきてん)が行われた。

※年月日を表す言葉の前に付ける。　対 来る(きた)　類 この前の

コラム 25 オノマトペ(擬態語(ぎたいご))Ⅱ 【ものごとの様子】

Onomatopoeia (Mimetic Words) II Appearance of Things／拟声（拟态词）Ⅱ【事物的样态】／오노마토페(의태어)Ⅱ【사물의 상태】／Tượng thanh (tượng hình) 2,［bộ dạng của sự vật］

	動詞(どうし)	
くるくる(と)	回(まわ)る	to spin round and round (small object)／（轻快地）滴溜溜地转／뱅글뱅글 돌다／quay, xoay vòng
ぐるぐる(と)	回(まわ)る	to spin round and round (large object)／团团转／빙글빙글 돌다／quay, xoay vòng
ころころ(と)	転(ころ)がる	to roll around (small object)／叽哩咕噜地滚（尤指圆形物体）／까르르 구르다／lăn lông lốc
ごろごろ(と)	転(ころ)がる	to roll around (large object)／叽哩咕噜地滚（尤指有一定重量的物体）／데굴데굴 구르다／lăn lộc cộc
ゆらゆら(と)	揺(ゆ)れる	to sway／缓慢地摇晃／흔들거리다／đu đưa đu đưa
ぐらぐら(と)	揺(ゆ)れる	to wobble／晃晃荡荡，摇摆／흔들거리다／lung lay
きらきら(と)	光(ひか)る	to glitter, twinkle／闪闪发光，闪耀／반짝반짝 빛나다／sáng lấp lánh
ぎらぎら(と)	光(ひか)る	to shimmer, glare／闪耀，刺眼／번쩍번쩍 빛나다／sáng chói chang/lóe
ぴかぴか(と)	光(ひか)る	to shine, sparkle／闪闪发光／반짝반짝 빛나다／sáng bóng
ふわふわ(と)	飛(と)ぶ	to float gently／轻飘飘地飘／둥실둥실 날다／mềm, xốp, bồng bềnh
つるつる(と)	すべる	to be slippery, smooth／光溜溜，滑溜溜／반들반들 미끄럽다／trơn nhẵn
すべすべ(と)		to be smooth, sleek／光滑，滑腻／매끈매끈하다／mịn màng, trơn tru
ざらざら(と)		rough／粗糙／까칠까칠한／sần sùi, ráp
さらさら(と)		rustling, silky／干爽／보송보송한／mượt mà
がらがら		clattering, rattling／空空荡荡／텅 빈／khàn khàn, khô khốc
ふかふか(と)		soft and fluffy／松松软软／폭신한／mềm và xốp
かちかちに	凍(こお)る／固(かた)まる	(frozen/rock) solid／硬梆梆／두근두근／(đông) cứng
からからに	乾(かわ)く	to dry thoroughly／干得冒烟／바짝 마르다／khô cong

1169 **れいの**　　**例の**　　that (when the subject is known to both parties)／往常的,（谈话双方都知道的）那个／그, 여느 때／đó, như đã biết

・「**例の**件、どうなった？」「ええ、うまくいきました」　・「**例の**物を持ってきてくれ」

・「田中さん、社長の前でも**例の**調子だから、こちらがひやひやしたよ」

※話し手・聞き手、両者がよく知っていることがら、ものごとを指すときに使う。

類 あの

1170 **ありとあらゆる**　　every single, every possible／所有, 一切／모든, 온갖／tất cả, mọi

・**ありとあらゆる**方法を試してみたが、うまくいかなかった。

※「あらゆる」を強めた言葉。

～する	その他の形	参考
—	くるりと	※人にも使う
—	ぐるりと	※人にも使う
—	ころりと	※人にも使う
○	ごろりと	※人にも使う
○	ゆらりと	※人にも使う　関 ゆらめく
○	ぐらりと	関 ぐらつく
○	きらりと	
○	ぎらりと	関 ぎらつく
○	ぴかりと	
○	ふわりと	※気球など
○	つるりと	※氷、紙など
○	～だ	※床、布、肌など
○	～だ　ざらりと	※紙、床など　関 ざらつく
○	～だ　さらりと	※液体、髪など
—	～だ	※電車、映画館など
○	～だ	※布団など
—	～だ	※氷など
—	～だ	※空気、土など

Unit 14 副詞B＋連体詞 1111 ～ 1170

練習問題

レベル ★★★★

I 「～する」の形になる言葉に○を付けなさい。

だらだら　ぐずぐず　おろおろ　ぶつぶつ　まごまご　つくづく　ゆったり
うっとり　がっくり　じっくり　てっきり　きっちり　きっかり

II 次の動詞と一緒(いっしょ)に使う言葉を下から選んで、（　　　）に書きなさい。

1.（　　　　　　）見る　2.（　　　　　　）動く　3.（　　　　　　）断る
4.（　　　　　　）量(はか)る　5.（　　　　　　）感じる　6.（　　　　　　）老(ふ)ける

うっとり　きっちり　きっぱり　しみじみ　てきぱき　めっきり

III 下線の言葉と似た意味の言葉を下から選んで（　　　）に書きなさい。

A

1. 友達は12時ぴったりにやってきた。→（　　　　　　　　）
2. この地方は雪が多いが、特に今年は記録的な大雪だった。→（　　　　　　　　）
3. 「ご結婚、本当におめでとうございます」→（　　　　　　　　）
4. 「残りの内容については、後でお知らせします」→（　　　　　　　　）
5. どのように資源開発をするべきか、各国で模索(もさく)している。→（　　　　　　　　）
6. 遭難者(そうなんしゃ)はまだ行方不明(ゆくえふめい)のままだ。→（　　　　　　　　）
7. 彼は病気なのではないか。実際、病院で見たという人もいる。→（　　　　　　　　）

いかに　いぜんとして　おって　きっかり　げんに　ことに　まことに

B

1. 事故で電車が遅れたが、なんとか面接には間に合った。→（　　　　　　　　）
2. ツアーの自由時間は、各自好きなところを回った。→（　　　　　　　　）
3. 二浪(にろう)しているから、今年こそ合格しないともう後(あと)がない。→（　　　　　　　　）
4. 将来は法律家になりたいというぼんやりした希望がある。→（　　　　　　　　）
5. この事件の真相(しんそう)は、自然に明らかになるだろう。→（　　　　　　　　）
6. いつもにぎやかな彼女が、今日はやけにおとなしい。→（　　　　　　　　）
7. 父は仕事からいったん帰り、また出かけて行った。→（　　　　　　　　）
8. 最近、彼はやたらにお酒を飲むようになった。→（　　　　　　　　）

いやに　おのおの　おのずから　かろうじて
ばくぜんと　ひとまず　むやみに　もはや

Ⅳ　正しい言葉を〔　　〕の中から一つ選びなさい。

1．休みの日だからといって〔　ぐずぐず　だらだら　〕過ごすのは嫌いだ。
2．ダイヤモンドが本物かどうか〔　じっくり　ゆっくり　〕と鑑定した。
3．突然教授と助手がけんかを始め、学生たちは〔　まごまご　おろおろ　〕した。
4．子供のことは心配だが、〔　あえて　あわや　〕何も言わないようにしている。
5．親の口うるささには、いいかげん〔　うんざり　がっくり　〕する。
6．秋の夕暮れには、〔　しみじみ　つくづく　〕とした情緒がある。
7．〔　てっきり　めっきり　〕鍵を失くしたと思っていたが、バッグの底にあった。
8．彼はお金にとても〔　きっちり　きっかり　きっぱり　〕している。
9．彼女は〔　きっちり　きっかり　きっぱり　〕した人で、ぐずぐずと迷ったりしない。

Ⅴ　（　　）に入る言葉を下から選んで書きなさい。

1．（　　　　）5月7日に住民集会が開かれた。
2．（　　　　）8月1日にコンサートがある。
3．私はクリスマスの（　　　　）日に生まれた。
4．「（　　　　）の件、どうなりましたか」「順調です」

あくる　　きたる　　さる　　れい

Ⅵ　（　　）に入る言葉を下から選んで書きなさい。

A

1．裁判で被告は（　　　　）無罪を主張した。
2．相手が一人でしゃべり続け、私は（　　　　）聞き役になっていた。
3．彼女は遅刻しても平気で、みんなの見ている中で（　　　　）席につく。
4．飛行機は（　　　　）地面に激突かというところで、機体を持ち直した。
5．旅行はキャンセルになるかもしれないが、（　　　　）準備だけはしておいた。
6．授業中ぼんやりしていたら、先生に突然指名されて（　　　　）してしまった。
7．嫌な仕事でストレスをためるより、（　　　　）すっきりと会社を辞めた方がいい。
8．苦しそうな顔で走ってきた田中選手は、ゴール後、（　　　　）とひざをついた。
9．さっきから（　　　　）サイレンの音がしているが、どこか火事なのだろうか。
10．終身雇用制の下で、会社と社員は（　　　　）家族のような関係で結ばれていた。
11．子供が道路に飛び出しかけたので、（　　　　）手を引っぱった。

あくまでも　　あわや　　いちおう　　いっそ　　いわば　　がっくり とっさに　　まごまご　　もっぱら　　やけに　　ゆうゆうと

B

1．大学合格をめざして、1年間（　　　　　　）受験勉強に励んだ。
2．冬の朝は寒いので、ふとんの中でいつまでも（　　　　　　）している。
3．プライバシー保護法は、すべての人に（　　　　　　）適用されるものだ。
4．船で釣(つ)りをしていたら、波を（　　　　　　）かぶってずぶぬれになった。
5．病気で寝込んだりすると、家族のありがたさを（　　　　　　）と感じる。
6．あの政治家のやったことは、（　　　　　　）国民への裏切りにほかならない。
7．登山は苦しいが、だからこそ（　　　　　　）、頂上を極(きわ)めたときの喜びは格別だ。
8．そのタレントは、自分の政界進出の噂(うわさ)を「あり得ない」と（　　　　　　）否定した。
9．この断崖(だんがい)の写真は見るだけでも怖い。（　　　　　　）そこに実際に立つと、どれほど怖いことか。
10．この商品は、ネットのクチコミ欄(らん)に（　　　　　　）いいことばかり書いてある。気をつけた方がいいかもしれない。

いちりつに	いやに	きっぱり	ぐずぐず	しみじみ
なおさら	ひたすら	まさに	まして	もろに

C

1．母はいつも手際よく、（　　　　　　）と家事をこなす。
2．この部屋には、何か（　　　　　　）するようないい香りが漂(ただよ)っている。
3．就職してから、学生時代の友達に会う機会が（　　　　　　）減った。
4．虫歯(むしば)は、消化器(しょうか)、（　　　　　　）全身の健康に影響を及ぼすおそれもある。
5．一人暮らしをしていると、（　　　　　　）外食に頼りがちになってしまう。
6．姉はデートにでも行くのか、（　　　　　　）と出かけるしたくをしている。
7．今は、インターネットで（　　　　　　）知識が手に入ると言っても過言(かごん)ではない。
8．久しぶりに会ったおじは（　　　　　　）と私を見て、「大きくなったなあ」と言った。
9．ウイルス感染(かんせん)の恐れがあるので、発信元(もと)が不明なメールは（　　　　　　）開けてはいけない。
10．「（　　　　　　）まだ新人でわからないことだらけですので、よろしくご指導ください」

ありとあらゆる	いそいそ	うっとり	つくづく	てきぱき
ともすれば	なにしろ	ひいては	むやみに	めっきり

◆動詞・文

話に乗る　to be drawn into something／附和／일에 끼다／phụ họa, tham gia
怪しいのは承知で、その話に乗った。

乗り気になる　to get excited about, to be keen on／感兴趣, 起劲／마음이 내키다／có ý muốn
この商売は儲かると聞いて、乗り気になった。

けりがつく・けりをつける　to be settled, settle／解决／마무리가 지어지다, 마무리를 짓다／giải quyết
トラブルがあったが、話し合いで {けりがついた／けりをつけた}。

拍車がかかる・拍車をかける　to be spurred on, spur on／促进, 加剧／박차가 가해지다, 박차를 가하다／thúc đẩy, kích thích
受験が近づき、学生たちの勉強に拍車がかかった。
円高が企業の業績悪化に拍車をかけた。

のろける　to speak fondly of/praise (one's partner)／津津乐道地谈无聊的事／주책없다／nịnh đầm, ca tụng
友だちは恋人のことをのろけてばかりいる。／のろけ話

きりがない　to be endless／没完没了／끝이 없다／không có giới hạn, không hết
切手の収集は、やり始めるときりがない。

山をかける　to venture, take a chance／押考题／예상하다／đánh cược, học tủ
試験のとき、山をかけたら見事にはずれてしまった。

痛くもかゆくもない　to mean nothing, to not care less／不痛不痒／아무렇지도 않다／không ảnh hưởng gì
少々の失敗など私には痛くもかゆくもない。

ただではすまない　to not be able to get away with something／不算完／그냥 안 두다／không thể bỏ qua
社員が不祥事を起こしたら、社長もただではすまない。

ぱっとしない　to be dull, unspectacular／不显眼／신통찮다／cù lần, không sáng sủa
このタレントは最近ぱっとしない。
この服は何だかぱっとしない。

それはどうだろうか。　I'm not sure if that is true.／那会怎么样／그것은 어떨까／Cái đó thì không biết thế nào.
温暖化はないという説があるが、それはどうだろうか。

◆その他

来い　Come on! /Let's go!／过来／와／Lại đây.
「負けないぞ、さあ来い！」

やった　Yes! /Hooray! /All right!／成功了／해냈다／Tuyệt vời!
「やった！　優勝だ！」

よし　Good! /Right! /Great!／可以, 行／좋아, 그래, 자／Được./Tốt.
〈結果を見て〉「よし、これで OK だ」／「よし！」
〈気合いを入れて〉「よし、がんばるぞ」

しまった　Oops! /Shoot! /Bother!／糟了／아차, 아이고／Chán quá./Hỏng rồi.
「しまった、さいふを忘れて来た」

あしからず　No offence. /Don't take it amiss.／不要见怪, 原谅／양해해 주시길／đừng phật ý
「質問にはお答えしかねます。あしからず」

お楽しみに　Just wait till...／请期待／기대해／hãy kì vọng
「旅行のお土産を送るので、お楽しみに」

なんだ(です)けど　I shouldn't really say this but.../If I do say so myself...／虽然～但是／그렇지만／nhưng ~
自分で言うのもなんだけど、私は学校ではトップクラスだ。
「言ってはなんですが、少し生活を改められた方がいいのでは」

Unit 07 14 副詞・接続詞・連体詞 531〜600/1111〜1170

確認問題

レベル ★★★★

Ⅰ （　　）に入れるのに最も良いものを、a・b・c・dから一つ選びなさい。

1．不況は（　　）改善する様子がない。

a　一見　　b　一向に　　c　一概に　　d　一律に

2．父の急な入院・手術で、今、家の中が（　　）している。

a　ごたごた　　b　だらだら　　c　おろおろ　　d　ぐずぐず

3．首脳会談の日程が、3カ月後の（　　）10月1日に決まった。

a　翌　　b　来る　　c　次の　　d　明くる

4．彼は将来有望な芸術家で、平凡な才能の私など（　　）及ばない。

a　今一つ　　b　極めて　　c　とうてい　　d　なおさら

5．結婚した娘は、一人暮らしの私を心配して（　　）顔を見せてくれる。

a　いそいそ　　b　そこそこ　　c　てきぱき　　d　ちょくちょく

6．鈴木(すずき)さんはきちょうめんで、何事も（　　）していないと気がすまない。

a　がっしり　　b　がっちり　　c　きっちり　　d　きっぱり

7．（　　）お腹が空いていたのか、子供はごはんを5杯もおかわりした。

a　さぞ　　b　さほど　　c　よほど　　d　どうやら

8．（　　）旅行ではみんな楽しくやっているだろうな。行けなくて残念だった。

a　今ごろ　　b　今さら　　c　今や　　d　今どき

9．郊外にショッピングセンターができてから、この商店街は（　　）客が少なくなった。

a　てっきり　　b　ばったり　　c　ひっそり　　d　めっきり

10．この書類をA社に送ってください。（　　）、郵便より宅配の方が安いですよ。

a　ならびに　　b　ちなみに　　c　ただし　　d　もっとも

Ⅱ ＿＿＿の言葉に意味が最も近いものを、a・b・c・dから一つ選びなさい。

1．部屋の中は<u>ひっそり</u>している。

a　しいんと　　b　ざわざわ　　c　しみじみ　　d　ごちゃごちゃ

2．これから片づけなければならない仕事の山を見て、<u>うんざり</u>した。

a　がっかり　　b　がっくり　　c　げっそり　　d　ぐったり

3．シンポジウムは<u>なにしろ</u>盛況で、立ち見が出るほどだった。

a　第一　　b　まして　　c　とにかく　　d　なおさら

4．暑いときに<u>あえて</u>熱い食べ物を食べると、体にいいと言われる。

a　ことに　　b　やけに　　c　何なりと　　d　わざわざ

5．禁煙は強い意志さえあれば実行できる。<u>現に</u>私がそうだった。

a　実は　　b　実際　　c　本当は　　d　現実

Ⅲ　次の言葉の使い方として最もよいものを、a・b・c・dの中から一つ選びなさい。

1．てっきり

a　てっきり明日は雨だと思ったら、そのとおりになった。

b　てっきり今日は水曜日だと思っていたら、火曜日だった。

c　てっきり夏休みを長く取ろうと思っていたが、無理だった。

d　この成績ならてっきり合格は間違いないと思うが、どうだろうか。

2．さぞ

a　外はさぞ寒かったのだろう、あの子の顔は真っ赤だ。

b　弟は学校でいじめを受けて、さぞつらかっただろうか。

c　あの女性はさぞ恵子(けいこ)さんの母親だろう、顔がそっくりだ。

d　詐欺師(さぎし)はさぞ本当らしく商品の説明をして、客をだました。

3．言わば

a　会社は重役たちを一新し、言わば「心臓」を入れ替えた。

b　言わば「CG」とは、コンピューターグラフィックスの略である。

c　この商品は失敗作をヒントにして作られた、言わば「成功作」だ。

d　長引く不況のため、言わば「リストラ」を行う企業が増えている。

4．ともすれば

a　忙しいときこそ体を動かすと良い。ともすればストレスも解消できる。

b　この症状は、ともすれば体の冷えからきているのではないかと思われる。

c　あの二人は仲が悪くて、ともすればけんかになるので、周囲も困っている。

d　この子の絵には非凡なものがある。ともすれば将来すごい画家になるかもしれない。

5．もっとも

a　新幹線のチケットを予約センターで予約した。もっとも、支払いはクレジットカード払いになる。

b　パソコンを通販で6万円で購入したが、安くて良い買い物だった。もっとも、実際の店舗では10万円で売られている。

c　彼は、営業職を希望して採用された。もっとも、入社してみると、配属されたのは研究部門だった。

d　ここ数日彼女はずっと欠勤で、会社は困っている。もっとも、お子さんが熱を出したのではしかたないのだが。

語彙索引（50音順）

＊数字…ページ　■…コラム番号

＊数字…ページ　■…コラム番号

＊数字…ページ　■…コラム番号

＊数字…ページ ■…コラム番号

＊数字…ページ ■…コラム番号

＊数字…ページ ■…コラム番号

な

＊数字…ページ　■…コラム番号

＊数字…ページ　■…コラム番号

安藤栄里子（あんどう　えりこ）

明新日本語学校　教務主任

惠谷容子（えや　ようこ）

早稲田大学日本語教育研究センター　非常勤講師

阿部比呂子（あべ　ひろこ）

桜ことのは日本語学院　校長兼教務主任

改訂版　耳から覚える 日本語能力試験　語彙トレーニングN1

発行日	2012年9月1日（初版） 2021年3月17日（改訂版） 2024年5月16日（改訂版第4刷）
著者	安藤栄里子・惠谷容子・阿部比呂子
編集	株式会社アルク日本語編集部、有限会社ギルド、堀田 弓
翻訳	株式会社ヒトメディア： 英語　Jennie Knowles、矢野口礼子 中国語　儲暁菲、松山峰子 韓国語　洪延周、李柱憲
ベトナム語翻訳	Vu Tuan Khai　　ベトナム語校正 今田ひとみ
イラスト	中島もえ
ナレーション	大山尚雄、都さゆり、安藤栄里子、桑島三幸
録音・編集	株式会社メディアスタイリスト、株式会社ジェイルハウス
デザイン・DTP	有限会社ギルド
装丁デザイン	大村麻紀子
印刷・製本	萩原印刷株式会社
発行者	天野智之
発行所	株式会社アルク 〒141-0001　東京都品川区北品川6-7-29　ガーデンシティ品川御殿山 Website：https://www.alc.co.jp/

PC：7021014
ISBN：978-4-7574-3689-3

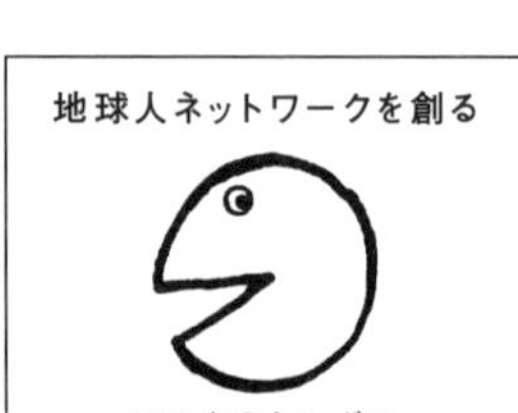

改訂版

耳から覚える日本語能力試験 語彙トレーニング N1

解答

Unit 01
名詞 A

1 ～ 50
練習問題 (P.16)

Ⅰ

ど忘れ、下取り、戸締まり、夜更かし、家出、採用、指図

Ⅱ

縁、毒、とげ、素質、良心

Ⅲ

1．身
2．顔
3．息
4．身
5．身

Ⅳ

1．副食／おかず
2．不採用
3．不作／凶作

Ⅴ

1．痛む
2．出す
3．刺さる
4．浴びる
5．いい
6．低い
7．お米

Ⅵ

1．晩年
2．おんぶ
3．身振り
4．現役
5．所属

Ⅶ

1．操縦
2．採用
3．注意
4．収入
5．支出
6．属している
7．穀物
8．種（しゅ）
9．縁起
10．節約
11．赴任
12．予感

Ⅷ

A

1．じもと
2．せけん
3．どく
4．せたい
5．かたこと
6．したどり
7．こうい
8．そしつ

B

1．つかいすて
2．ずぶぬれ
3．よふかし
4．せいしゅん
5．かいけい
6．れいねん
7．しゅっぴ
8．どわすれ

51 ～ 100
練習問題 (P.26)

Ⅰ

1．に
2．に
3．に
4．を
5．に
6．に
7．と（／に）
8．に、を

Ⅱ

革新、強制、原則、意図

Ⅲ

意図、活気、迫力、規制、権力

Ⅳ

1．空
2．副
3．生
4．悪
5．大

Ⅴ

1．敗北
2．保守

Ⅵ

1．負
2．獲
3．感
4．過
5．却
6．存

Ⅶ

1．拒否
2．抵抗
3．規制
4．意向
5．運営
6．投書
7．向上
8．長い

Ⅷ

A

1．入る
2．引く
3．大きい
4．取る
5．ふち
6．すみ

B

1．薬
2．不安
3．環境
4．雇用
5．アンケート

Ⅸ

1．けんさく
2．けんい
3．あっぱく
4．こうぎ
5．くかん
6．ふっとう
7．しんどう
8．しせつ
9．けた
10．げんそく
11．かたまり

1 ～ 100
確認問題 (P.28)

Ⅰ

1．c
2．a
3．d
4．a
5．d
6．c
7．c
8．a
9．a
10．b

Ⅱ

1．c
2．d
3．c
4．b

5. b
6. d
7. b

Ⅲ

1. c
2. d
3. c
4. b
5. d

Unit 02 動詞A

101 ~ 145 練習問題 (P.38)

Ⅰ

1. を
2. を
3. で
4. を、に
5. を、に（／で）
6. を
7. を、に

Ⅱ

つまむ、ひねる、ささやく、もつ、言いつける、見分ける、見落とす、歩む

Ⅲ

かき回す（／かき上げる）、築き上げる、くぐり抜ける、摘み取る、泣きわめく、乗り越える（／乗り上げる／乗り回す）

Ⅳ

A

1. 花
2. 鼻
3. チャンス（／消息）
4. 頭／蛇口
5. 髪／花
6. 水
7. 頭／髪
8. あめ
9. ダム
10. 消息

B

1. あおぐ
2. ちぎる
3. くわえる
4. たえる
5. ねじれる
6. しげる
7. ささやく
8. たがやす
9. たらす

C

1. 打ち明ける／告白する
2. 維持する／保つ
3. 途絶える／なくなる
4. 言いつける／命じる
5. 識別する／見分ける

Ⅴ

1. 指令、判決、時代
2. 腹、チャンピオン、評価、判断
3. 腕、こつ、人の心

Ⅵ

A

1. こすら
2. さすって
3. いじって
4. 見かけない
5. 見渡した
6. 見落として
7. 乗り過ごして
8. 乗り越え

B

1. ねじれて、ゆがんで
2. ひねった
3. ねじっても、ひねっても

Ⅶ

1. うつむいて
2. ちぎれて
3. とだえる
4. あゆんだ
5. たばねる
6. はって
7. とぎれて
8. かきまわして
9. もちます
10. なめられて
11. たらす
12. たって

146 ~ 190 練習問題 (P.48)

Ⅰ

1. に／を
2. に、を
3. に
4. を、で
5. が、に
6. を
7. で
8. が、に

Ⅱ

励む、からかう、交わる、あせる、心がける、試みる、にぎわう、受け入れる

Ⅲ

1. 体
2. 金
3. 焦点
4. 優劣
5. 願い
6. 眠気

Ⅳ

1. ためす
2. やっつける
3. つかまえる

4. せかす
5. つかむ
6. よせ

Ⅴ

1. 否
2. 制
3. 用
4. 扶
5. 差
6. 流／際
7. 回
8. 反

Ⅵ

1. 心配
2. 恥ずかしさ
3. 怒り
4. 恐怖
5. 驚き

Ⅶ

1. 手、例、利益、全力
2. 家族、集中力、色彩感覚、英気
3. 気、調子、時計、予定、計算
4. 視線、握手、意見、約束、メール

Ⅷ

A

1. きそって
2. とらえて
3. あがって（／あげられて）
4. しみた
5. にじみ（／にじんで）
6. ふけた
7. うけいれて
8. まじえた
9. ぼやけて
10. あげて
11. はげんだ（／はげんでいる）

B

1. しいられて
2. かばって
3. よこさない
4. あせらず
5. よせ（／よしなさい）
6. よわった
7. せかされて
8. からかわれ（て）
9. かえりみず
10. おそわれ（て）、こごえて（／よわって）

101 ～ 190
確認問題　(P.50)

Ⅰ

1. d
2. a
3. c
4. a
5. b
6. d
7. c
8. a
9. d
10. b

Ⅱ

1. b
2. a
3. d
4. c
5. b

Ⅲ

1. d
2. c
3. a
4. a
5. d
6. b

Unit 03
形容詞 A

191 ～ 235
練習問題　(P.58)

Ⅰ

1. 柔軟／正当／客観
2. 正当
3. 十分な
4. 公式な

Ⅱ

1. 非凡な
2. 不当な
3. 異常な
4. 不利な
5. 豊かな
6. 悲観的な
7. 主観的な

Ⅲ

1. 線
2. 採決
3. 注意
4. 見解
5. 検査
6. 表現
7. 前途

Ⅳ

1. がんじょうな
2. せんめいな
3. ふしんな
4. えんきょくな
5. ゆうぼうな
6. ふかけつな
7. かすかな
8. せいじょうな

Ⅴ

1. 急激に
2. 膨大な
3. 乏しい

4．完璧
5．厳しい
6．わずかに
7．余計な
8．正式に
9．華やかな

Ⅵ

1．面
2．事実
3．機械
4．変化
5．におい
6．手触り
7．性格
8．考え
9．述べる
10．評価する
11．反対する

Ⅶ

1．そぼくな
2．てぢかな
3．しぶく
4．きょくたんな
5．もうれつな
6．びみょうに
7．まちどおしい
8．よろこばしい
9．のぞましく
10．うたがわしい
11．せいだいに
12．ゆうりな
13．おおはばに

236 ～ 280
練習問題 (P.68)

Ⅰ

1．に
2．に
3．に
4．に
5．に

Ⅱ

1．勤勉な
2．陰気な
3．鈍感な
4．おしゃべりな
（／口数が多い）
5．臆病な

Ⅲ

1．いさましい
2．かしこい
3．みすぼらしい
4．きつい
5．こどもっぽい
6．オーバーな
7．ずうずうしい
8．うるさい

Ⅳ

軽快な、乱暴な

Ⅴ

卑怯な、利己的な、
のんきな、大らかな、
温和な

Ⅵ

1．戦う
2．話す
3．走る
4．考える
5．話す
6．反応する
7．努力する

Ⅶ

1．くすぐったい
2．のんきに
3．寛大な
4．若い
5．賢明な
6．貧弱だ
7．哀れな
8．未熟だ
9．めちゃくちゃに

Ⅷ

A

1．まえむきに
2．あつかましい
3．らんぼうに
4．ごうまんで
5．だいたん
6．ねづよく
7．ひさんな
8．びんかんに
9．むちゃな

B

1．れいせいに
2．ちゅうじつに
3．なさけない
4．やかましく
5．あやふやで
6．ざんこくな
7．みっせつな
8．きゅうくつで
9．ひきょうな

191 ～ 280
確認問題 (P.70)

Ⅰ

1．d
2．b
3．c
4．a
5．a
6．d
7．b
8．d
9．b
10．c

Ⅱ

1．c
2．a
3．d
4．c
5．b

Ⅲ

1．d
2．b
3．d
4．b
5．c

Unit 04 名詞 B

281 ~ 330 練習問題 (P.80)

Ⅰ
1. に
2. と
3. と（／に）
4. と
5. に
6. と
7. を、に
8. と、で

Ⅱ
1. 論理、自立、協調、絶望
2. 論理、自立、協調
3. 推理、論理、決断、説得
4. 自立、嫉妬
5. 充実、絶望

Ⅲ
1. 体
2. 案
3. 者（／金）
4. 額
5. 金

Ⅳ
1. 建前
2. 明示
3. 劣等感

Ⅴ
1. 沈
2. 張
3. 解（／明）
4. 妬

Ⅵ
1. 同感
2. 没頭
3. 承諾
4. 理屈
5. 納得
6. 理解
7. 独立
8. 苦労
9. 先入観

Ⅶ
1. 深い
2. 狭い
3. かく
4. 出る
5. くだす
6. おかす
7. かける
8. 決裂
9. 入った
10. ぴったりだ

Ⅷ
1. こうしん
2. せいさん
3. つうかん
4. いやがらせ
5. げきれい
6. してき
7. くうはく
8. ねん
9. ないしん
10. ろんり
11. りがい
12. りくつ

Unit 04/ まとめ 名詞 B ＋ 同じ漢字を含む名詞

331 ~ 380 練習問題 (P.92)

Ⅰ
1. と
2. で
3. に
4. に
5. に
6. に

Ⅱ
特定、確定、手際

Ⅲ
反応、手がかり、確信

Ⅳ
反応、手際、発育

Ⅴ

A
1. 力／権
2. 先
3. 力
4. 的
5. 的
6. 策／法（／力）
7. 法
8. 的／力
9. 的／欲（／権）

B
1. 経費
2. 環境
3. 条件
4. 指名
5. 反応
6. 調査
7. 機関

Ⅵ
1. 退化
2. 建設／創造

Ⅶ
1. 利益／犯人／真実
2. 仕事／鉄道／被災地

Ⅷ
1. 進化
2. 対応
3. 発信
4. 反射
5. 余分
6. 余地
7. 報道
8. 削除
9. 破棄
10. 特定
11. 人気
12. 新組織

Ⅸ

A
1. ひとめ
2. はっこう
3. てはい
4. てわけ
5. かげん
6. てほん
7. よち
8. かくほ
9. ひとで

B
1. はんぱつ
2. ついせき
3. かくりつ
4. しんしゅつ
5. とっきょ
6. はっこう
7. いっさい
8. こうけい
9. はんそく

281 ~ 380 確認問題 (P.94)

Ⅰ
1. b
2. c

3. d
4. b
5. a
6. d
7. c
8. a
9. b
10. c

Ⅱ

1. d
2. d
3. a
4. b
5. a

Ⅲ

1. b
2. c
3. a
4. d
5. d

Unit 05 複合動詞

381 ~ 428 練習問題 (P.102)

Ⅰ

1. に
2. に、を
3. を
4. を、に
5. に
6. に

Ⅱ

取りかかる、働きかける、見せかける、食べかける、押しつける、飾りつける、備えつける、書き取る、乗っ取る、踏み切る

Ⅲ

1. つける
2. 取る
3. 返す
4. 切る
5. つける
6. 取る
7. かける
8. 返す
9. かかる
10. かけ
11. つけ
12. 切った
13. かかって (／かけて)
14. 返して
15. つけない
16. かけて
17. つけて、返す

Ⅳ

A

1. 聞き
2. つかみ
3. 乗っ
4. 読み
5. 買い
6. 抜き

B

1. やり
2. 言い
3. 決め
4. 押し
5. にらみ
6. かけ
7. 見せ
8. 備え

C

1. つかみ
2. とり
3. 問い
4. 沈み
5. もたれ
6. 暮れ
7. 死に
8. 詰め
9. 押し
10. 見せ
11. 溺れ

D

1. 出し
2. 言い
3. のぼり
4. わかり
5. 押し
6. 使い
7. 読み
8. 弱り
9. 食べ

Ⅴ

1. にげきった
2. たてかけて
3. ふみきった
4. のっとられた
5. つっかかる
6. はたらきかけて
7. よびつけた
8. つみとって
9. かきかけた、おもいかえして

429 ~ 480 練習問題 (P.112)

Ⅰ

1. を
2. に
3. を
4. から
5. に、を
6. から、を
7. を
8. を、に
9. を、と／に

Ⅱ

取り立てる、取り組む、取りやめる、取り締まる、取り決める、取り扱う、突き上げる、差し引く、引き上げる、引き締める、引きこもる、振り替える

Ⅲ

1. 取り
2. 飛び
3. 引き
4. 取り
5. 引き
6. 飛び
7. 取り
8. 振り (振替)
9. 突き
10. 引き
11. 取り
12. 突き
13. 引き
14. 取り (／引き)
15. 取り
16. 飛び
17. 引き
18. 突き

19. 取り
20. 差し
21 突き

Ⅳ

A

1. 立て
2. 返し
3. まとめ
4. やめ
5. 扱って
6. 寄せる
7. 付ける（／まとめる）
8. 巻く

B

1. 止め
2. 出した
3. はねて
4. 散る／散った
5. 上げ
6. 返され（て）
7. 放す
8. 詰めて
9. 歩いて

C

1. 返る
2. 回す
3. 込む
4. 挟む
5. 伸べる
6. 込む
7. 引き
8. 替えて

D

1. 締める
2. 上げ
3. こもり
4. 延ばす
5. 取って
6. 下がる
7. 立てて（／締めて）
8. 止められた

Ⅴ

1. とりたてて
2. ひきあげ
3. つきあわせた
4. とびつく
5. さしひかえさせて
6. とりこんで
7. さしせまって
8. ひきずられ（て）
9. ふりまく
10. ひきとめられた、とりさげる

381 ~ 480
確認問題 (P.116)

Ⅰ

1. b
2. d
3. a
4. d
5. c
6. b
7. a
8. c
9. a
10. d

Ⅱ

1. a
2. b
3. b
4. d
5. c

Ⅲ

1. d
2. c
3. d
4. a
5. b

Unit 06 カタカナA

481 ~ 530
練習問題 (P.126)

Ⅰ

パック、デビュー、トライ、チャレンジ

Ⅱ

ポピュラー、ヘルシー、マイペース、フェア

Ⅲ

1. ダブル（ス）
2. ノンフィクション
3. アウトドア
4. ヒロイン

Ⅳ

A

1. 品
2. 地
3. 小説
4. 旅行
5. 精神
6. 満点
7. 優勝
8. 防災（／旅行）
9. 真空

B

1. ファン
2. ヘルシー
3. ランク／リスト
4. フェア
5. ランク
6. シングル

Ⅴ

1. ライブ
2. イベント
3. リゾート
4. ディスプレイ
5. ミステリー
6. セクハラ

Ⅵ

A

1. きいている
2. 働く
3. 付ける
4. 起こす
5. いい
6. 多い

B

1. ボイコット
2. フリーター
3. シンポジウム
4. セミナー
5. キャンペーン

Ⅶ

A

1. カタログ
2. イニシャル
3. スポンサー
4. プロフィール（／イニシャル）
5. レジュメ
6. パートナー
7. レシピ

B

1. フリーマーケット
2. プロジェクト
3. パネル
4. ゼミ
5. シンポジウム／フェスティバル／フリーマーケット

Ⅷ

1. トライ
2. センサー
3. ポピュラー
4. ランク
5. アレルギー

6．リストラ
7．マイペース
8．ボリューム

Unit 07 副詞 A ＋ 接続詞

531 ～ 600
練習問題 (P.140)

I

げっそり、ごたごた、べたべた、ごちゃごちゃ

II

1．そくざに、
そうきゅうに
2．じきに、
ちかぢか
3．ちょくちょく、
ひんぱんに
4．いたって、
きわめて
5．いくぶん、
じゃっかん
6．もっか
7．およそ

III

1．ごく
2．何なりと
3．がっちり
4．はるかに
5．不意に
6．ぐんぐん
7．さも
8．今に
9．今ごろ
10．さほど
11．かつて
12．すんなり
13．ぐったり
14．くっきり

IV

1．および、
ならびに
2．または、
もしくは
3．ただし
4．なお
5．もっとも
6．ゆえに、よって

V

A

1．とつじょ
2．ぼつぼつ
3．きんねん
4．しゅうじつ
5．しじゅう
6．いまさら
7．すかさず
8．いちがいに
9．ひといちばい
10．だいいち
11．いっこうに

B

1．さんざん
2．そこそこ
3．とうてい
4．いっけん
5．ろくに
6．なんでも
7．どうやら
8．げっそり
9．そうきゅうに
10．かねて
11．ひととおり、
いまひとつ

Unit 08 名詞 C

601 ～ 650
練習問題 (P.150)

I

1．に
2．に
3．に
4．に
5．を、に

II

自覚、束縛、油断、配慮、侵害、警戒、氾濫、背伸び

III

衝動、衝撃、野心、危機

IV

A

1．相応
2．干渉
3．団らん
4．侵害
5．介入
6．並み
7．危機
8．心地

B

1．自覚
2．遺産
3．首脳
4．格差
5．整備
6．衝動
7．根気
8．規律

C

1．危機／正義
（／警戒）

2．推進／兵／包容
3．犠牲（／貢献／推進）
4．警戒
5．貢献
6．行楽

V

1．成果、危機感、秩序、包容力
2．根気、配慮、自覚、ゆとり
3．意地、体裁、居心地
4．野心、偏見
5．信念、自覚、ゆとり
6．衝撃、声援

VI

A

1．こぼす
2．飛ばす
3．送る
4．張る（／貫く）
5．守る
6．貫く
7．払う
8．挙げる／送る（／収める）
9．収める

B

1．欠ける
2．あたる
3．駆られる
4．負ける／駆られる
5．かからない

VII

1．ほんば
2．だいなし
3．あいせき
4．こころがまえ
5．さしいれ
6．はどめ
7．やじ
8．ほうび
9．こうらく
10．だんらん
11．いさん
12．せのび、そうおう
13．ちつじょ、はんらん

651 ～ 700
練習問題 (P.160)

I

1．に
2．に
3．を
4．に、を

II

流通、廃止、繁栄、停滞、成熟、両立、蓄積、飛躍、直面、分散、左右

III

見込み、教養、つや、さしつかえ、しかけ

IV

見通し、見積もり、しかけ、群れ、さしつかえ

V

A

1．先端
2．公衆
3．流通
4．人材
5．不振
6．教養
7．描写
8．観点

B

1．延べ
2．先
3．枠
4．かげ
5．技
6．先
7．かげ／柄
8．柄／技

VI

1．把握
2．停滞
3．先
4．不振
5．めいめい
6．つや
7．間際
8．柄
9．唯一
10．均衡
11．過程

VII

A

1．とる
2．立つ
3．みがく
4．おちいる
5．なす
6．つかむ
7．合う
8．決まる

B

1．かかる／はまる
2．はまる
3．とげる
4．出す／取る
5．出す
6．現す⇔隠す

VIII

A

1．起源
2．群れ
3．両立
4．過程
5．飛躍
6．恒例
7．先端
8．枠

B

1．繁栄
2．停滞
3．蓄積
4．陰
5．間際
6．把握
7．分散／把握
8．廃止
9．直面

C

1．のべ
2．しわよせ
3．してん
4．かげ
5．しくみ
6．さゆう
7．わな
8．なんらか
9．もくぜん

601 ～ 700
確認問題 (P.162)

I

1．d
2．a
3．b
4．d
5．c
6．a
7．c
8．b
9．d
10．b

II
1. b
2. d
3. a
4. c
5. b

III
1. d
2. b
3. c
4. d
5. a

Unit 09 動詞 B

701 ～ 750
練習問題 (P.172)

I
1. を
2. に
3. に
4. を
5. と、を／を、と
6. に
7. から、を
8. を
9. を、に
10. に（／の）、を
11. を、に

II
訴える、親しむ、
見極める、見逃す、
おだてる、冷やかす、
もてなす、うぬぼれる、
ばらまく、打ち切る、
割り当てる

III
A
1. 注意（／話）
2. 神
3. うそ
4. 初心
5. 客
6. 死者
7. 布
8. 話

B
1. 気配
2. チャンス
3. 責任
4. 望遠鏡
5. 注意
6. 仏像
7. 本質
8. うそ（／本質）

IV
1. 親しむ
2. 切る
3. 当てる
4. 逃す
5. 目
6. 切った

V
1. 戦
2. 進
3. 承
4. 露
5. 任
6. 任（／託）
7. 待
8. 念

VI
1. 霧、気持ち、疑い、
   恨み
2. 優勝、チャンス、
   終電
3. 塩分、入浴、
   外出
4. 武力、良心、視覚、
   裁判、警察

VII
1. 嘆く
2. 憤る
3. 冷やかす
4. けなす
5. うぬぼれる
6. 悔いる
7. おだてる／
   ちやほやする

VIII
1. 見逃す
2. 見抜いた
3. 見なします
4. 見損なった
5. 見いだす

IX
1. もがいて
2. ばらまいて
3. さっする
4. つけず
5. またぐ
6. さく
7. みちびく
8. したしみ

751 ～ 800
練習問題 (P.184)

I
1. に
2. に
3. で
4. に
5. に
6. に
7. に
8. で、を
9. に、を
10. を、に

II
はずむ、ねばる、
たるむ、もよおす

III
1. ほろびる、ほろ
   ぼす
2. ひたる、ひたす
3. とどまる、
   とどめる
4. みちる、みたす
5. 遠ざかる、
   遠ざける

Ⅳ

A

1．性格
2．生活
3．才能
4．才能／特色
5．声
6．花
7．いい匂い
8．雑草

B

1．眠気
2．門
3．美観
4．力
5．被害
6．条件
7．決心
8．精神
9．偽札
10．記憶
11．優先

C

1．なす
2．埋め立てる
3．さえる／鈍る
4．負う／担う
5．溶け込む／なじむ
6．しぼむ／膨らむ
7．劣る／勝る

Ⅴ

1．繁
2．亡
3．制
4．置

Ⅵ

1．気持ち、話、ボール
2．湯、思い出、優越感、悲しみ
3．錯覚、スランプ、パニック

Ⅶ

A

1．むらがって
2．はみださない
3．ありふれた
4．まかなって
5．おびた
6．とどまった
7．あいつぎ（／あいついで）
8．とおざかる
9．ひってきする

B

1．なす
2．もった
3．つくした
4．ねばれ
5．さだまらない（／さだまっていない）
6．つきなかった（／つきない）
7．みちた
8．たるまない
9．ばける
10．とどまった

701 ～ 800 確認問題 (P.186)

Ⅰ

1．d
2．a
3．a
4．c
5．b
6．d
7．b
8．a
9．d
10．c

Ⅱ

1．c
2．d
3．a
4．b
5．a

Ⅲ

1．d
2．c
3．a
4．b
5．c

Unit 10 カタカナB

801 ～ 850 練習問題 (P.198)

Ⅰ

1．と、と
2．に
3．に、を
4．を、に

Ⅱ

アピール、アクセス、シフト、チェンジ、クリアー、Uターン

Ⅲ

カジュアル、シンプル、ドライ、シビア、ソフト、ダイナミック、スムーズ、クリアー

Ⅳ

パワー、バイタリティー、インパクト、スタミナ、ポリシー、テクニック、バラエティー、ギャップ

Ⅴ

1．フォーマルな
2．ハードな
3．ドライな
4．アウト

Ⅵ

1．クリーニング
2．ドリンク
3．アップ
4．スケジュール
5．スパート
6．チェンジ／アップ
7．番組
8．ゲーム

9. 自己
10. ライフ
11. グッド

Ⅶ

1. 強い
2. 長い
3. 大きい

Ⅷ

1. 科学技術
2. 模擬実験
3. 仕組み
4. 書式
5. 過程
6. 周期
7. 信念

Ⅸ

A

1. シビア
2. ソフト（／ドライ）
3. シンプル
4. スムーズ
5. クリアー
6. ドライ
7. ステレオタイプ／シンプル／ドライ／シビア

B

1. 服装
2. 動き
3. トーン
4. ニュアンス
5. フィルター
6. コンセプト

C

1. 達する
2. 切れる
3. つける
4. 張る
5. 取る
6. 整える
7. 陥る

D

1. フィーリング
2. インパクト
3. バイタリティー／バラエティー
4. クリアー
5. Ｕターン
6. ギャップ

Ⅹ

1. マンネリ
2. クリアー
3. ネットワーク
4. シフト
5. タイミング
6. ジェンダー
7. アクセス

Unit 06/10 481 ~ 530/ 801 ~ 850

確認問題 （P.200）

Ⅰ

1. a
2. b
3. d
4. c
5. d
6. b
7. c
8. b
9. a
10. d

Ⅱ

1. c
2. b
3. a
4. a
5. d

Ⅲ

1. c
2. a
3. b
4. d
5. c

Unit 11 形容詞 B

851 ~ 890

練習問題 （P.208）

Ⅰ

1. スムーズな
2. すみやかな
3. くわしい
4. めったにない
5. めんどうな

Ⅱ

素っ気ない、
たくましい、
なれなれしい、まめな、
投げやりな、冷ややかな、
いい加減な

Ⅲ

詳細な、迅速な、
緻密な、ささいな、
ささやかな

Ⅳ

1. 笑顔
2. 贈り物
3. 動き
4. かっこう
5. 動き／心づかい

Ⅴ

1. ささいな／切実な／悩ましい／やっかいな
2. そっけない／投げやりな／なれなれしい／冷ややかな
3. たくましい
4. 軽率な
5. 冷ややかな

6．すこやかな

Ⅵ

1．見事に
2．無造作に
3．素早く
4．ささいな
5．うっとうしい
6．切実に
7．緻密な
8．軽率な

Ⅶ

A

1．たやすい
2．おもわしくない
3．ゆうがに
4．えんかつに
5．まめに
6．みごとな
（／みごとに）
7．すみやかに
8．まれに
9．せつない
10．ひそかに
11．たいまんな

B

1．もはんてきだ
2．なれなれしく
3．たくましく
4．てもちぶさただった
5．むしんけいな
6．ひややかな
7．わずらわしい
8．みっともない
9．しょうさい
10．もうしぶんない

891～930
練習問題　(P.216)

I

1．濃い
2．濃厚だ／濃い
3．急な／きつい
4．厳しい

Ⅱ

1．あからさまな
2．うすい
3．じょうずな
4．いちじるしい
5．ややこしい
6．おもおもしい
7．あぶない
8．ばらばらな

Ⅲ

1．うそ
2．食欲
3．道具
4．進歩
5．説明
6．発明（／道具）
7．欠陥
8．勝利
9．傷あと
10．結末（／勝利）
11．雰囲気
12．坂道
13．儀式／雰囲気

Ⅳ

1．淡白な
2．ゆるやかだ
3．のどかな
4．しなやかに
5．画期的な
6．莫大な
7．もろく
8．おびただしい

V

A

1．おごそかに
2．あっけなく
3．けんちょな
4．あやうく
5．かくべつだ
6．ろこつに
7．まちまちな
8．はかない
9．たんてきに
10．むなしく
11．ぶなんだ

B

1．たんのうで
2．ぶなんだ
3．かけがえのない
4．じゅうこうな
5．まぎらわしい
6．せいりてきに
7．はなはだしい
8．ゆるやかだ
9．たんぱくで
10．いちじるしく／はなはだしく

851～930
確認問題　(P.218)

I

1．b
2．b
3．d
4．c
5．b
6．c
7．d
8．a
9．a
10．d

Ⅱ

1．d
2．c
3．a
4．b
5．d

Ⅲ

1．c
2．a
3．d
4．a
5．c

Unit 12
名詞 D

931 ～ 976
練習問題 (P.226)

Ⅰ
1．に
2．を
3．を
4．が

Ⅱ
主催、企画、実践、是正、模索、解除、監視、認識、宣告

Ⅲ
実践、便宜、神秘、概念、驚異

Ⅳ
1．和洋
2．規制
3．勢力
4．武装
5．不足
6．者
7．力（／者）
8．範囲

Ⅴ
1．問う
2．改める
3．とる
4．はかる
5．立てる
6．立つ
7．きく
8．とる
9．求める
10．沿う⇔反する

Ⅵ
1．要領、治安
2．行き違い
3．疑惑
4．見解

Ⅶ
1．有
2．道
3．手
4．幕
5．声
6．頭
7．空
8．決（／定）
9．目
10．告
11．正
12．立

Ⅷ
A
1．はて
2．きざし
3．きんもつ
4．めど
5．ゆうずう
6．なりゆき
7．きょうい
8．かんわ

B
1．くし
2．じっせん
3．がいねん
4．けいい
5．にんしき
6．ようりょう
7．そち、もさく

977 ～ 1020
練習問題 (P.234)

Ⅰ
1．に
2．の、に
3．に
4．に／へ

Ⅱ
阻害、擁護、摂取、欠乏、添加、動揺、除外、還元、共存、模倣、暴露、展開、膨張

Ⅲ
節度、義理、情緒、趣、むら

Ⅳ
1．社会
2．栄養
3．現実
4．共栄
5．説明（／的）
6．精神
7．巻き
8．物
9．金
10．的／不安定

Ⅴ
1．形勢
2．言い分
3．開拓
4．補償
5．むら
6．報酬
7．摂取
8．着目
9．擁護
10．保障
11．成分
12．埋める
13．折々
14．待望
15．内訳

Ⅵ
1．取、とる
2．乏、不足する
3．亡、にげる
4．足、おぎなう
5．散、ひろがる
6．暴、ばらす
7．破、こえる
8．模、まねる
9．励、すすめる
10．除、のぞく
11．張、ふくらむ
12．阻、さまたげる

Ⅶ
1．てんかい
2．おり
3．みぞ
4．うず
5．おもむき
6．だいさんしゃ
7．むすう
8．ようご
9．かんげん
10．むら
11．どうよう
12．じったい
13．おり

931 ～ 1020
確認問題 (P.236)

Ⅰ
1．a
2．d
3．b
4．a
5．c
6．c
7．d
8．b
9．a
10．c

Ⅱ

1. b
2. c
3. a
4. a
5. d

Ⅲ

1. d
2. b
3. a
4. d
5. c

Unit 13 動詞C

1021 ~ 1067 練習問題 (P.246)

Ⅰ

1. に
2. を、で
3. が
4. に、を
5. に、を
6. が／に
7. が
8. に

Ⅱ

いたわる、ふれ合う、ごまかす、つつしむ、わきまえる、つぐなう、こだわる、行き詰まる、とどこおる

Ⅲ

A

1. 肩
2. ノルマ
3. ミス／つり銭
4. 包丁
5. なごり
6. ミス
7. カーテン
8. 言葉
9. メンツ

B

1. 足
2. 罪
3. 立場
4. 困難／頂点
5. 国旗／理想
6. 家賃
7. 思い／発展／目的

C

1. はかどる
2. たずさわる
3. とがめる
4. とどこおる
5. ほどこす
6. はばかる
7. はかる
8. すえおく
9. あやつる
10. 手こずる

Ⅳ

1. いたわる、なだめる
2. とぼけた、ごまかした
3. こる、こりた、こって、こらして、こった

Ⅴ

A

1. なつかれる
2. つきまとわれて
3. もまれて
4. おびやかされて
5. ゆさぶられた
6. ふれあい、もとめられて
7. とまどい、おぼえる
8. こだわり
9. こなし

B

1. もたれて
2. おびえた（／おびえて）、しがみついた
3. かまわず（／かまわないで）
4. みせびらかして
5. きわめる
6. おしまない
7. てっした
8. ほどこし
9. たずさえて
10. まにあう
11. つつしみ

1068 ~ 1110 練習問題 (P.256)

Ⅰ

1. を
2. が
3. を
4. が
5. で、を
6. に
7. に、が
8. に

Ⅱ

裏付ける、食い違う、釣り合う、ゆがむ、隔たる、隔てる、潤う、くつろぐ

Ⅲ

A

1. 流行
2. 匂い
3. 交渉
4. 利害
5. 経費
6. 荷物
7. ボート
8. 旗
9. 決心

B

1. 肌／畑
2. 怒り／痛み／寒さ
3. 野菜
4. 声
5. 話
6. 人混み

C

1. もたらす
2. ゆがむ
3. はかる
4. 食い違う
5. よみがえる
6. 覆す
7. 潤す
8. うかがう
9. からむ
10. 探る

Ⅳ

1. 伏
2. 断（／光）
3. 動
4. 緩

Ⅴ

1. だます
2. 狙う
3. もつれる
4. バランス
5. リラックスする
6. 復活する
7. 差し支える
8. 遮る／妨げる

Ⅵ

A

1. へだたった
2. からまって
3. こもった
4. うるおい
5. こじらせて
6. ゆがんだ
7. まぎれ
8. ひるがえして
9. うるおって

B

1. くつろいだ
2. さわった
3. むしばまれて
4. もめて
5. へだてて
6. からめて
7. すたれて
8. とろけ（て）
9. さえぎった
10. まぎらして

1021 ~ 1110

確認問題 (P.258)

Ⅰ

1. b
2. d
3. a
4. c
5. d
6. b
7. a
8. c
9. a
10. c

Ⅱ

1. b
2. d
3. b
4. c
5. a

Ⅲ

1. d
2. b
3. d
4. a
5. c

Unit 14 副詞B＋連体詞

1111 ~ 1170

練習問題 (P.270)

Ⅰ

だらだら、ぐずぐず、おろおろ、まごまご、ゆったり、うっとり、がっくり、きっちり

Ⅱ

1. うっとり／しみじみ
2. てきぱき
3. きっぱり
4. きっちり
5. しみじみ
6. めっきり

Ⅲ

A

1. きっかり
2. ことに
3. まことに
4. おって
5. いかに
6. いぜんとして
7. げんに

B

1. かろうじて
2. おのおの
3. もはや
4. ばくぜんと
5. おのずから
6. いやに
7. ひとまず
8. むやみに

Ⅳ

1. だらだら
2. じっくり
3. おろおろ
4. あえて
5. うんざり
6. しみじみ
7. てっきり
8. きっちり
9. きっぱり

Ⅴ

1. さる
2. きたる
3. あくる
4. れい

Ⅵ

A

1. あくまでも
2. もっぱら
3. ゆうゆうと
4. あわや
5. いちおう
6. まごまご
7. いっそ
8. がっくり
9. やけに
10. いわば
11. とっさに

B

1. ひたすら
2. ぐずぐず
3. いちりつに
4. もろに
5. しみじみ
6. まさに
7. なおさら
8. きっぱり
9. まして
10. いやに

C

1. てきぱき
2. うっとり
3. めっきり
4. ひいては
5. ともすれば
6. いそいそ

7. ありとあらゆる
8. つくづく
9. むやみに
10. なにしろ

Unit 07/14 531 ～ 600/ 1111 ～ 1170 確認問題 (P.274)

Ⅰ

1. b
2. a
3. b
4. c
5. d
6. c
7. c
8. a
9. d
10. b

Ⅱ

1. a
2. c
3. c
4. d
5. b

Ⅲ

1. b
2. a
3. a
4. c
5. d

改訂版　耳から覚える日本語能力試験　語彙トレーニング N1
PC：7021014